2002 年—2010 年

全国国际货运代理从业人员岗位专业证书考试真题评析

主　编　孙翠霞　苏同江
副主编　高　伟　王瑞亮

中国商务出版社

图书在版编目（CIP）数据

2002 年～2010 年全国国际货运代理从业人员岗位专业
. 证书考试真题评析/孙翠霞，苏同江主编 . —北京：
中国商务出版社，2011.10
　　ISBN 978 - 7 - 5103 - 0571 - 9

　　Ⅰ.①2…　Ⅱ.①孙…②苏…　Ⅲ.①国际货运—货运
代理—资格考试—题解　Ⅳ.①F511.41 - 44

　　中国版本图书馆 CIP 数据核字（2011）第 204470 号

2002 年—2010 年
全国国际货运代理从业人员岗位专业证书考试真题评析
QUANGUO GUOJI HUOYUNDAILI CONGYERENYUAN GANGWEIZHUANYEZHENGSHU KAOSHI ZHENTIPINGXI
主　编　孙翠霞　苏同江
副主编　高　伟　王瑞亮

出　版：中国商务出版社
发　行：北京中商图出版物发行有限责任公司
社　址：北京市东城区安定门外大街东后巷 28 号
邮　编：100710
电　话：010—64269744（编辑室）
　　　　010—64266119（发行部）
　　　　010—64263201（零售、邮购）
网　址：www.cctpress.com
邮　箱：cctp@cctpress.com
照　排：中国农业出版社印刷厂
印　刷：北京市松源印刷有限公司印刷
开　本：880 毫米×1230 毫米　1/16
印　张：16　字　数：462 千字
版　次：2011 年 10 月第 1 版　　2011 年 10 月第 1 次印刷

书　号：ISBN 978 - 7 - 5103 - 0571 - 9
定　价：30.00 元

前　言

　　为了提高货代从业人员的业务素质和服务水平，提升我国货代行业在世界货运市场中的竞争实力，中国国际货运代理协会从2002年开始在全国开展货代行业从业人员培训考试工作，至今已经连续举办9年了。

　　九年来，货代考试在探索中成长，在历练中壮大，至2010年共有163 287人参加了考试，有56 003人通过考试并取得证书，考试的组织管理、考试内容、考试教材等也已经较为成熟。就考试题型的总体框架、题型等也逐渐相对稳定，但就考试科目而言，经历了从合到分，再由分到合的过程。

　　2002年考试科目为货代基础与货代实务两门，其中货代基础试卷包括货运代理有关基本理论、国际贸易、报关报检等，全部为必答题，题型为名词解释、判断题、单项选择题、多项选择题、问答题。货代实务试卷包括客观题和主观题，客观题作为货代从业人员应知应会的海运、空运、多式联运等基础知识内容，属于考生必答部分；主观题将海运和空运两种业务分开，考生可任意选择其中一种运输方式的题作答。货代实务的题型为单项选择题、多项选择题、判断题、问答题、计算题、案例分析题、操作题。

　　2003年将海运业务与空运业务分开，考试科目为货代基础、海运业务实务、空运业务实务。多式联运、物流分别穿插在两种业务中，同时每科增加了10％的专业英语题。货代基础部分仍为必答卷，货代实务部分考生可在考前根据所从事或所学专业报考海运业务或空运业务。货代基础、海运业务实务、空运业务实务三份试卷的题型一致，首次将试卷分为试卷Ⅰ和试卷Ⅱ，试卷为客观题，题型为单项选择题、判断题、多项选择题；试卷Ⅲ为主观题，题型为问答题、计算题、案例分析题、操作题、英语题（汉译英、英译汉各5分）。

　　2004年为了与国际货运代理协会联合会举办的FIATA证书接轨，对考试科目及考试内容进行了较大的改革，一是将货代基础、海运、空运、多式联运、物流等合而为一，统称货代业务。二是将货代专业英语单列一科，两科均为考生必答题。货代业务的考试题型为单项选择题、多项选择题、判断题、问答题、计算题、案例分析题、操作题；货代英语的考试题型为单项选择题、多项选择题、判断题、英汉互译题、英文单证题。

　　2005年考试科目、考试题型基本没变，只是在专业英语中增加了一个完形填空题型。2006年—2010年考试科目、考试题型与2005年完全相同，题量和分值在2009年和2010年略有调整。

　　综上所述，从货代考试科目、考试题型的设定看，货代考试经过了几年的摸索，现在已经走向稳定和成熟。从另一个侧面来看，虽然考试科目和题型有所变化，但考试内容均围绕货代应掌握的知识进行的，所以了解历年考试内容及答案对于今年的考生来说是非常必要的。

　　为了帮助考生复习和掌握考试的精华内容，在2011年复习考试之前，我们将过去

9 年来历次考试试卷进行分类汇总，并对每道题做出答案和评析，目的就是帮助广大考生去总结提炼货代考试的一些规律性的东西，以便于考生更有针对性的复习和考试，并取得较好的考试成绩。同时，历年的考试内容囊括了货代理论知识和实务知识的精华，本书的评析可以作为在岗的货代业务人员提高自身业务素质的指导和参考书籍。

　　本书由孙翠霞、苏同江主持编写。参加本书编写工作的有（以姓氏笔画为序）：于晓丹、王凤鸣、王瑞亮、刘菊堂、孙勇志、孙春凤、孙翠霞、李莉莉、李佳静、曲慧、苏同江、陈向东、陈萍、冷强、邵琳、周洁、高伟、贾俊龙等。

　　对于在本书的编写、出版过程中给予大力支持和鼎力相助的各位专家学者表示衷心感谢。

　　书中不当之处在所难免，敬请读者指正。

编　者

2011 年 6 月

目　　录

第一部分　国际货代业务试题

一、名词解释

1. 国际货运代理：（2002 年）

答： 根据《中华人民共和国国际货物运输代理业管理规定》第二条的规定，国际货物运输代理业，是指接受进出口货物收货人、发货人的委托，以委托人的名义或者以自己的名义，为委托人办理国际货物运输及相关业务并收取服务报酬的行业。

2. 通关：（2002 年）

答： 通关是指进出境运输工具的负责人、货物的收发货人、物品的所有人及他们的代理人向海关申请办理运输工具、货物和物品的进出口手续，海关对其呈交的单证和申请进出口的运输工具、货物和物品依法进行审核、查验、征缴税费，批准进口或者出口的全过程。

3. 物流：（2002 年）

答： 根据中华人民共和国国家标准《物流术语》的定义，物流是指物品从供应地向接收地的实体流动。它与传统的货物运输不同，它是根据实际需要，将运输、储存、装卸、搬运、包装、流通加工、配送、信息处理等功能的有机结合。

4. 船舶受载期：（2002 年）

答： 船舶受载期是指船舶在航次租船合同中规定的日期内到达约定的装货港，并做好装货准备的期限。如果船舶未能严守受载期约定，即视为违约。除了船舶出租人的可免责原因造成的延误外，承租人有权索赔因船舶延误而造成的损失，如仓储费、预期利润损失等。

5. 航空集中托运：（2002 年）

答： 航空集中托运是指航空代理公司把若干单独发运的货物，组成一整批货物，用一份主运单整批发运到同一到站；或者运交某一约定的代理收货，然后再报关，分拨后交给实际收货人的运输方式。它是一种代理形式的航空货运业务。

6. 公共无船承运人（NVOCC）：（2002 年）

答： 无船承运人，也称公共无船承运人，是指以承运人身份接受托运人的货载，签发自己的提单或者其他运输单证，向托运人收取运费，通过班轮运输公司完成国际海上货物运输，承担承运人责任，并依据法律规定设立的提供国际海上货物运输服务的企业。

7. EDI：（2002 年）

答： EDI 即电子数据交换，是指按照统一规定的一套通用标准格式，将标准的经济信息通过网络通信传输，在贸易伙伴的计算机系统之间进行数据交换和处理。该定义涉及构成 EDI 的三个要素：软件、硬件和通信网络。

二、单项选择题

1. CIC "特殊附加险" 是指在特殊情况下，要求保险公司承保的险别，该险别（　　）。（2002年）

    A. 一般可以单独投保　　　　　　　　B. 不能单独投保

    C. 可单独投保两项以上　　　　　　　D. 在被保险人同意的情况下可以单独投保

答案：B。 按照中国保险条款的规定，特殊附加险不能单独投保，只能在投保基本险后加保。

2. "FCA" 贸易术语是指（　　）。（2002年）

    A. 运费付至指定目的地　　　　　　　B. 运费、保险费付至指定目的地

    C. 货交承运人指定地点　　　　　　　D. 装运港船上交货

答案：C。 根据《INCOTERMS2000》的解释，"FCA"，贸易术语是指卖方只要将货物在指定的地点交给买方指定的承运人，并办理了出口清关手续，即完成了交货。

3. 信用证的第一付款人是（　　）。（2002年）

    A. 进口人　　　　B. 开证行　　　　C. 议付行　　　　D. 通知行

答案：B。 信用证是银行信用，开证银行在信用证业务中承担第一付款人的责任。

4. 一批货物在海运途中发生承保范围内的损失，其修理费用超过货物修复后的价值，这种损失属于（　　）。（2002年）

    A. 实际全损　　　　B. 推定全损　　　　C. 共同海损　　　　D. 单独海损

答案：B。 在货物遇险受损后，进行施救、整理、续运至目的地、收回所有权等所花的费用，超过货物修复后的价值或超过收回标的的价值即为推定全损。

5. 在国际贸易中，运输标志的式样和文字一般由（　　）。（2002年）

    A. 买方提供　　　　　　　　　　　　B. 卖方提供

    C. 运输部门设计并刷制　　　　　　　D. 生产经营单位设计并刷制

答案：B。 按照国际贸易习惯，运输标志的式样和文字一般应由卖方提供和决定，可不订入合同，或只订明 "卖方标志"，由卖方设计后通知买方。

6. 合同中数量条款为 "500/MT 10％ MORE OR LESS AT SELLER'S OPTIONS" 则卖方交货数量为（　　）时，不违反合同。（2002年）

    A. 400/MT　　　　　　　　　　　　B. 449/MT 或 551/MT

    C. 550/MT 到 450/MT 之间的任意数量　D. 600/MT

答案：C。 500/MT 多交 10％ 为 550/MT，500/MT 少交 10％ 为 450/MT。

7. 采用 CIF 贸易术语成交，其运输方式适合（　　）。（2002年）

    A. 海上运输（包括内河运输）　　　　B. 陆上运输

    C. 各种运输　　　　　　　　　　　　D. 航空运输

答案：A。 根据《INCOTERMS 2000》，CIF 术语只能用于海运和内河运输。

8. CIF 贸易术语有多种变形，其目的是（　　）。（2002年）

    A. 明确装货费由谁负担　　　　　　　B. 明确卸货费由谁负担

    C. 明确风险划分的界线　　　　　　　D. 明确运费由谁负担

答案：B。 根据《2000年通则》，CIF 的变形只是为了说明卸货费用的负担问题，并不改变 CIF 的交货地点和风险划分的界限。

9. 信用证是依据买卖合同开立的，出口商要保证安全收汇，其所提供的单据必须做到（　　）。（2002年）

    A. 与买卖合同的规定相符

B. 与信用证的规定相符

C. 在信用证与买卖合同不一致时，应以买卖合同的规定为主，适当参照信用证的有关规定

D. 与所交货物之间相符

答案：B。 根据《跟单信用证统一惯例》，在信用证项下所提交的单据必须与信用证的规定一致，做到单证一致、单单一致。

10. 采用 FCA 贸易术语，应由（　　）。（2002 年）

A. 买方负责办理运输和保险

B. 卖方负责办理运输和保险

C. 由买方负责办理运输，卖方负责保险

D. 由卖方负责办理运输，买方负责保险

答案：A。 根据《INCOTERMS 2000》，采用 FCA 术语应该由买方负责办理运输和保险。

11. 信用证的基础是买卖合同，当信用证与买卖合同不一致时，受益人应要求（　　）。（2002 年）

A. 开证行修改　　　B. 开证申请人修改　　　C. 通知行修改　　　D. 议讨行修改

答案：B。 根据《UCP500》的规定，当信用证与买卖合同不一致时，受益人应要求开证申请人修改。

12. 在国际贸易中，就卖方承担的风险而言（　　）。（2002 年）

A. CIF 比 CFR 大　　　　　　　　　B. CFR 比 CIF 大

C. CIF 与 CFR 相同　　　　　　　　D. 视具体情况而言

答案：C。 根据《INCOTERMS 2000》，就卖方承担风险而言，CIF 与 CFR 术语相比，尽管各自承担的费用和责任不同，但承担的风险是一样的。

13. 在贸易实践中，装运期和结汇期的确定最好是（　　）。（2002 年）

A. 不可同一日期　　　　　　　　　B. 装运期应该早于结汇期

C. 结汇期应该早于装运期　　　　　D. 可以在同一日期

答案：B。 按照惯例，装运期应该早于结汇期，以便出口商有足够的时间用于制单结汇。

14. 下列不属于一切险承保范围内的险别是（　　）。（2002 年）

A. 偷窃提货不着险　　　B. 渗漏险　　　　C. 交货不到险　　　　D. 包装破裂险

答案：C。 A、B、D 三项都属于一般附加险，也都在一切险承保范围内。交货不到险是属于特殊附加险，不属于一切险承保范围之内。

15. 在伦敦保险协会货物保险条款的三种主要险别中，保险人责任最低的险别是（　　）。（2002 年）

A. A 险　　　　　　B. B 险　　　　　　C. C 险　　　　　　D. D 险

答案：C。 C 险在伦敦保险协会货物保险条款的三种主要险别中，是保险人责任最低的险别。它基本上对应于我国保险条款中的基本险——平安险。

16. ICC 险别中，不能单独投保的险别为（　　）。（2002 年）

A. ICC 战争险　　　B. ICC 罢工险　　　C. ICC 恶意损害险　　D. ICC（C）险

答案：C。 ICC 险别中，战争险和罢工险与我国的相应险别不同，其属主险范畴，可以单独投保。

17. 信用证规定到期日为 2002 年 5 月 31 日，而未规定最迟装运期，通常按业务习惯则可理解为（　　）。（2002 年）

A. 最迟装运期为 2002 年 5 月 10 日　　　B. 最迟装运期为 2002 年 5 月 16 日

C. 最迟装运期为 2002 年 5 月 31 日　　　D. 该信用证无效

答案：C。根据《UCP500》第四十二条规定，所有信用证都应该规定一个到期日及一个付款、承兑交单地点。除了自由议付信用证，还应规定一个交单议付地点。任何规定的付款、承兑或议付的到期日将被解释为表明提交单据的到期日。

18. 买方以 FOB 条件购买矿石一批，不愿承担装船费，那么应选择价格条件（   ）签订合同。（2002 年）

    A. FOB 班轮条件   B. FOB 并平舱   C. FOB 并理舱   D. FOB 吊钩下交货

答案：B。由于矿石属于散货，买方又不愿承担装船费，所以只能选择 FOB 并平舱。

19. 信用证规定："Shipment During March/Apr. /May in three equal monthly lots"。因生产原因，3 月份的货未能装运，3、4、5 三个月份货拟于 4 月份装运。根据《跟单信用证统一惯例》（《UCP500》），（   ）。（2002 年）

    A. 3 月份的货不能装运，只能装运 4、5 两个月的货

    B. 3 月份的货不能装运，4、5 两个月的也不能装运

    C. 4 月份与 3 月份的货分成两批，做两套单据，同在 4 月份内装运

    D. 4 月份将所有未装货一次装运

答案：B。根据《UCP500》第四十一条规定，如信用证规定在指定的时期内分期支款及/或分期装运，任何一期未按信用证所规定期限支款及/或装运时，信用证对该期及以后各期均告失效。除非信用证另有规定。

20. 仓至仓条款是（   ）。（2002 年）

    A. 运输公司的责任起讫条款   B. 仓储公司的责任起讫条款

    C. 保险公司的责任起讫条款   D. 货代公司的责任起讫条款

答案：C。仓至仓条款是国际保险业惯用的基本险中保险公司责任起讫条款，即保险责任自被保险货物运离保险单所载明的起运地仓库或储存处所开始运输时即生效，直到该项货物到达保险单所载明的目的地收货人的最后仓库或储存处或被保险人用作为分配、分派或非正常运输的其他储存处所为止，但最长不得超过被保险货物在最后卸载港全部卸离海轮后满 60 天。

21. 中国轻工产品经新加坡贸易商对外成交销售，产品销往南美各国。则该国际贸易方式是（   ）。（2003 年）

    A. 无形商品贸易   B. 直接贸易   C. 服务贸易   D. 间接贸易

答案：D。无形商品贸易是指运输、保险、金融、旅游、技术等无形的商品贸易；直接贸易是指商品生产国与商品消费国不通过第三者而进行的贸易；服务贸易是指一方为了满足另一方的需要而提供的某种劳务；间接贸易是指商品生产国与消费国通过第三国或地区所进行的贸易。本题显然应选择 D。

22. 依据 INCOTERMS 2000，卖方交货义务最大的交货术语是（   ）。（2003 年）

    A. EXW   B. FOB   C. DES   D. DDP

答案：D。依据 INCOTERMS 2000 的规定，EXW 术语下，卖方交货义务在其所在处所；FOB 术语下，卖方交货义务在装运港船舷；DES 术语下，卖方的交货义务在目的港船上；DDP 术语下，卖方的交货义务在进口国内陆指定的地点。因此，卖方交货义务最大的术语应是 D。

23. 买方如不负担货物在装运港装货的费用，可采用（   ）。（2003 年）

    A. FOB liner terms   B. FOB under tackle   C. FOB ST   D. FOB Berth terms

答案：C。以上四个术语均是为说明装船费用由谁承担，在 FOB 术语后附加条件，形成 FOB 变形。FOB liner terms 与 FOB Berth terms 的含义几乎相同，指装船费用按照班轮的做法来办，由买方承担；FOB ST 指卖方承担包括理舱费和平舱费在内的各项装船费用；FOB under tackle 是指卖方仅负担将货物交至船舶的吊杆所及之处，装船费用由买方承担。所以，应选择 C。

24. 按照 INCOTERMS 2000 的规定，CIP 术语与 CIF 术语的差别主要是（　　）。（2003 年）

A. CIP 下卖方承担的货物风险大于 CIF

B. CIP 下卖方承担的货物费用大于 CIF

C. CIP 适用于各种运输方式；CIF 只适用于海运、内河运输

D. CIP 下卖方承担的义务大于 CIF

答案：C。按照 INCOTERMS 2000 的规定，CIP 适用于各种运输方式，而 CIF 只适用于海运、内河运输，这是两者的一个主要差别。CIP 术语下卖方承担的风险、费用和责任并没有大于 CIF。

25. 外贸业务磋商初始阶段的询价是（　　）。（2003 年）

A. 有效要约　　　　　　　　　　　　B. 要约邀请

C. 具有要约要件　　　　　　　　　　D. 具有约束要约人的效力

答案：B。外贸业务磋商初始阶段的询价是指一方向另一方探询商品的成交条件或交易的可能性的业务行为，表达了与对方进行交易的愿望，希望对方接到询价后及时作出发盘，以便考虑接受与否，在法律上属于要约邀请，而不是要约。既然不是要约，自然选项中的 A、C、D 均不成立，所以应选择 B。

26. 信用证下承担第一性付款责任的是（　　）。（2003 年）

A. 开证申请人（买方）　　　　　　　B. 信用证受益人（卖方）

C. 开证行　　　　　　　　　　　　　D. 通知行

答案：C。信用证是一种银行信用，用银行信用来保证商业信用。在信用证业务中，银行处于首先付款人的地位，只要卖方提供的单据符合信用证的条件，银行就不得无理拒付。开证行是开立信用证的银行，它承担保证付款的义务。通知银行是受开证行的委托，将信用证转交出口人的银行。它只证明信用证的真实性，并不承担其他义务。

27. 海运货物的单独海损与共同海损区分的依据是（　　）。（2003 年）

A. 货物运输途中发生损失的原因和后果　　B. 货物运输的区间

C. 国际货物的支付方式　　　　　　　　　D. 国际货物运输险别

答案：A。此题只要掌握单独海损和共同海损的概念，很容易判断出应选择 A。所谓共同海损，是指为船货的共同安全，有意和合理地作出的特殊牺牲和支付的特殊费用。单独海损是指由于意外事故或自然灾害直接造成的损失。

28. 依据 PICC 海洋运输货物保险条款，一批货物投保了平安险，运输途中发生下列何种损失，保险人才予以赔偿损失（　　）。（2003 年）

A. 货物遭淡水雨淋　　　　　　　　　B. 货物部分被偷窃

C. 货物遇台风和雷击被烧坏部分　　　D. 货物因船舶搁浅而水湿

答案：D。依据 PICC 海洋运输货物保险条款，只有 D 项下的货损才属平安险的承保范围。A 和 B 项是普通附加险的承保范围，C 项是自然灾害造成的部分损失，平安险仅承保自然灾害造成的全部损失。

29. 在国际贸易货物外包装上有义务制作运输标志的主体是（　　）。（2003 年）

A. 买方　　　　　　B. 卖方　　　　　　C. 承运人　　　　　　D. 国际商会

答案：B。运输标志作用主要是便于识别货物，便于收货人收货，也有利于运输、仓储、检验和海关等有关部门顺利地进行工作，有义务在国际贸易货物外包装上制作运输标志的主体自然应是卖方。

30. 国际贸易业务中，装运期和结汇期的确定最好是（　　）。（2003 年）

A. 不可同一日期　　　　　　　　　　B. 装运期应该早于结汇期

C. 结汇期应该早于装运期　　　　　　D. 可以在同一日期

答案：B。装运期是指卖方必须在规定的时间内将货物装运的日期，结汇期是指卖方到银行结汇的日期，即信用证的有效期。信用证的有效期一般要晚于装运期限，以便卖方在装船后有足够的时间领取、缮制单据及办理结汇手续。所以说，装运期应该早于结汇期。

31. 按照 INCOTERMS 2000 的规定，CPT 术语与 CFR 术语的主要差别是（　　）。（2004 年）

    A. CPT 下卖方承担的货物风险大于 CFR 下卖方承担的货物风险

    B. CPT 下卖方承担的货物费用大于 CFR 下卖方承担的货物费用

    C. CPT 适用于各种运输方式；CFR 只适用于海运、内河运输

    D. CPT 下卖方承担的义务大于 CFR 下卖方承担的义务

答案：C。按照 INCOTERMS 2000 的规定，CPT 适用于各种运输方式，而 CFR 只适用于海运、内河运输，这是两者的一个主要差别。CPT 术语下卖方承担的风险、费用和责任并没有大于 CFR。

32. 托收方式下的 D/A 和 D/P 的主要区别是（　　）。（2004 年）

    A. D/A 属于光票托收，D/P 属于跟单托收

    B. D/A 是承兑后交单，D/P 是付款后交单

    C. D/A 是远期付款，D/P 是即期付款

    D. D/A 是即期付款，D/P 是远期付款

答案：B。D/A：Document against Acceptance 承兑交单，是代收行凭付款人在远期汇票上的承兑手续，即交付货物运输单据（提单等），付款人于汇票到期日时再向代收行付款。D/P：Document against Payment 付款交单，是代收行凭付款人的实际付款，据以交付运输单据等商业凭证，在付款人付款与交付货物单据之间形成对流关系，收款安全性得到充分保证。D/A 和 D/P 都是跟单托收。

33. 下列不在 1981 年中国人民保险公司海洋运输货物保险一切险承保范围内的是（　　）。（2004 年）

    A. 偷窃、提货不着险　　B. 渗漏险　　　　　　C. 战争险　　　　　　D. 串味险

答案：C。战争险属于特殊附加险，不包含在 1981 年中国人民保险公司海洋运输货物保险一切险承保范围内。ABD 为一般附加险，属于一切险的承保范围。

34. 在国际货物买卖合同中载明：FOB liner terms or FOB stowed & trimmed，则表示：（　　）。（2005 年）

    A. 买卖双方对交货地点另行作特别约定

    B. 买卖双方对货物风险转移界限另行作特别约定

    C. 买卖双方对货物在装运港的装货费作特别约定

    D. 买卖双方对货物在卸货港的卸货费作特别约定

答案：C。为说明装船费用由谁承担，在 FOB 术语后附加条件，形成 FOB 变形。FOB liner terms 指装船费用按照班轮的做法来办，由买方承担；FOB ST 指卖方承担包括理舱费和平舱费在内的各项装船费用。均是买卖双方对货物在装运港的装货费作特别约定，所以应选择 C。

35. 在国际贸易交易活动中，发盘与询价的本质区别主要体现为（　　）。（2005 年）

    A. 询价对接受人有约束力，发盘对受盘人无约束力

    B. 询价对接受人无约束力，发盘对受盘人有约束力

    C. 询价对询价人有约束力，发盘对发盘人无约束力

    D. 询价对询价人无约束力，发盘对发盘人有约束力

答案：D。在国际贸易交易活动中，发盘与询价的本质区别主要体现为有无法律约束力的问题。询价对询价人无约束力，发盘对发盘人有约束力。

36. 在国际贸易实务中，按 CIF 价格术语成交出口的大宗商品，卖方欲不负担货物在目的港的卸货费用，应在买卖合同中规定（　　）。（2006 年）

    A. CIF Liner Terms　　　　　　　　　　B. CIF Landed

    C. CIF Ex Ship's Hold　　　　　　　　　D. CIF Berth Terms

答案：C。关于目的港的卸货费用负担，双方多在买卖合同中采用 CIF 后加变形术语方式，特约双方关于卸货费用的负担。CIF Liner Terms 指班轮条款。按照班轮运输的一般习惯，由承运货物的承运人负责货物卸货费用，该费用已包含在通常运费中，无需另行支付。即由卖方负责卸货费用，CIF landed 指目的港陆地交货。卖方负担货物卸到目的港陆地上的费用，如过驳，则含驳船费用。CIF ex ship's hold 指目的港船舱交货。买方负担货物从目的港船舱卸至岸上的卸货费用。CIF Berth Terms 等同于 CIF Liner Terms。所以卖方欲不负担货物在目的港的卸货费用，应在买卖合同中规定 CIF ex ship's hold。本题知识点为常用贸易术语的变形，要求学生掌握贸易术语变形有关费用的支付问题。

37. 我国甲进出口公司于 2005 年 11 月 15 日上午 8 点用电报向美国乙公司发出要约，规定承诺须于 11 月 20 日前到达甲公司才有效。11 月 18 日，甲公司同时接到乙公司的承诺和撤回承诺的通知。根据《联合国国际货物销售合同公约》的规定，在此情况下（　　）。（2006 年）

    A. 该买卖合同成立

    B. 该买卖合同不成立

    C. 甲公司同意乙公司撤回，该买卖合同不成立

    D. 甲公司不同意乙公司撤回，该买卖合同成立

答案：B。承诺是受盘人在发盘有效期内，以声明或行为表示同意、接受发盘提出的各项条件。承诺是一个重要的法律行为，也是合同订立的必经阶段和程序。承诺的生效就是合同的成立并生效。承诺的撤回必须将承诺撤回通知在承诺到达发盘人之前或同时送达发盘人，才产生撤回的效力，故该买卖合同不成立。

38. 国际货物买卖合同中规定溢短装条款，通常是允许卖方（　　）。（2006 年）

    A. 在交货质量上有一定幅度的差异　　　B. 在交货数量上有一定幅度的差异

    C. 在包装规格上有一定幅度的差异　　　D. 在交货时间上有一定幅度的差异

答案：B。国际货物买卖合同中的溢短装条款明显指的是交货数量，买卖双方在商定交货数量时订有一定的机动幅度，允许卖方交货在一定许可范围内增减，以方便交货和合同履行。

39. 根据《INCOTERMS2000》的规定，在四组贸易术语中，就卖方承担的风险而言（　　）。（2007 年）

    A. E 组最小，C 组其次，F 组和 D 组最大

    B. D 组最小，F 组和 C 组其次，E 组最大

    C. D 组最大，E 组其次，F 组和 C 组最小

    D. E 组最小，F 组和 C 组其次，D 组最大

答案：D。考生掌握国际贸易中《INCOTERMS2000》对价格术语的规定则应该能正确解答此题。价格术语分为 4 组，而 4 组中卖方承担风险以 D 组最大，基本上是以目的地将货物交买方处置时终止。卖方承担风险以 E 组最小，是以卖方所在地（工厂或仓库）将货物交买方处置时终止。C 和 F 组卖方风险基本上是介于 E 和 D 组之间，所以本题应选择 D。

40. 按照 1981 年中国人民保险公司海洋运输货物保险条款和我国海运货物保险实务的做法，投保海洋运输货物一切险后还可以加保（　　）。（2007 年）

    A. 偷窃提货不着险　　B. 串味险　　　　C. 战争、罢工险　　D. 渗漏险

答案：C。我国海洋货物运输保险条款包括三种基本险别，即平安险、水渍险和一切险。在海

运保险业务中，进出口商除了投保货物的上述基本险别外，还可根据货物的特点和实际需要，酌情再选择若干适当的附加险别。附加险别包括一般附加险、特别附加险和特殊附加险。一般附加险不能作为一个单独的项目投保，而只能在投保平安险或水渍险的基础上，根据货物的特性和需要加保一种或若干种一般附加险。一般附加险包括在一切险的承包范围内，故在投保一切险时，不存在再加保一般附加险的问题。上述偷窃提货不着险、串味险和渗漏险属于一般附加险，战争、罢工险属于特殊附加险。

41. 根据《INCOTERMS2000》的规定，下列表述正确的是（　　）。（2007年）

    A. 按 CIF/CIP 贸易术语成交，尽管价格中包括至指定目的港/目的地的运费和保险费，但卖方不承担货物必然到达目的港/目的地的责任

    B. FOB under Tackle 是指卖方承担货物装入船舱、脱离吊钩为止的一切费用和风险

    C. 用 CFR、CIF 术语成交，合同中只规定装运期或交货期；而采用 CPT、CIP 术语，合同中不但要规定装运期，还要规定货物到达目的地的期限

    D. CFR 是指卖方承担货物装入船舱、脱离吊钩为止的一切费用和风险

答案：A。 按照《INCOTERMS2000》的解释，CFR 和 CIF 术语下，当货物在指定的装运港越过船舷，卖方即完成交货，但其必须支付将货物运至指定目的港的运费。交货后货物灭失或损坏的风险及由于各种事件造成的任何额外费用，均转移给买方，卖方不承担货物必然到达目的港/目的地的责任，所以 D 选项肯定不对。FOB 吊钩下交货（FOB Under Tackle），是指卖方将货物交到买方指定船只的吊钩所及之处即可，由买方负担货物起吊开始的装船费用，所以 B 选项肯定也不对。在 A 和 C 选项中，我们知道 C 组四个术语下，都为装运合同，卖方只需保证按时交货，无须保证按时到货，所以本题正确答案应是 A。

42. 国际贸易结算中使用的票据通常以（　　）为主。（2007年）

    A. 汇票   B. 本票   C. 支票   D. 发票

答案：A。 国际贸易结算中使用的票据包括汇票、本票和支票，以汇票为主。各国的法律对票据种类的规定并不完全一致，但在国际贸易中使用的金融票据主要有汇票、本票和支票，其中以使用汇票为主。目前，我国票据法包括汇票、本票和支票。

43. 在国际贸易中，由于交易的商品种类繁多，特点各异，表示品质的方法也不相同，概括起来主要包括以实物表示和凭说明约定两大类。下列（　　）不属于凭说明表示商品品质的范畴。（2008年）

    A. 凭规格买卖   B. 凭等级买卖

    C. 凭样品买卖   D. 凭说明书和图样买卖

答案：C。 凡以文字、图表、相片等方式来说明商品的品质者，均属凭说明表示商品品质的范畴。以实物表示商品品质通常包括凭成交商品的实际品质和凭样品两种表示方法。前者为看货买卖；后者为凭样品买卖。本题正确答案应为 C，凭样品买卖属于以实物表示商品品质。

44. 根据《UCP600》关于商业发票的规定，下列表述不正确的是（　　）。（2008年）

    A. 表面看来系由受益人出具   B. 须做成以申请人的名称为抬头

    C. 币种须与信用证规定币种相同   D. 受益人必须签字

答案：D。 发票是出口商结汇所需的单据之一，是进口商凭以收货、付款以及报关纳税的依据。根据《UCP600》的规定，在信用证支付方式下，发票要在表面上看来系由受益人出具，对收货人的填写须做成以申请人的名称为抬头，且必须将发票币别做成与信用证相同币种，但无须签字。因此，表述不正确的是 D，受益人必须签字。

45. 我国某公司向德国出口一批精致的工艺美术品，装于一个 20 英尺的集装箱，货物投保了中国人民保险公司海洋运输货物保险条款中的一切险，并加保战争险、罢工险。根据保险条款的规

定，保险人对货物（　　）的损失不承担赔偿责任。（2008年）

　　A. 在海上遭遇海盗袭击受损　　　　　　B. 在收货人仓库中因火灾受损

　　C. 在海上遇台风和暴雨淋湿受损　　　　D. 在卸货时从吊杆上脱落坠地受损

　　答案：B。我国《海洋运输货物保险条款》对保险责任的起讫作了具体规定。自被保险货物运离保险单所载明的起运地仓库或储存处所开始运输时生效，包括正常运输过程中的海上，陆上，内河和驳船运输在内，直至该项货物到达保险单所载明目的地收货人的最后仓库或储存处所或被保险人用做分配，分派或非正常运输的其他储存处所为止。显然，货物在收货人仓库中因火灾受损不属于承保范围。

46. 国际货物买卖合同中规定的公差条款（Quality Tolerance），通常是允许卖方在（　　）上有一定幅度的差异。（2008年）

　　A. 交货品质　　　　B. 交货数量　　　　C. 包装规格　　　　D. 交货时间

　　答案：A。公差条款（Quality Tolerance）是指工业制成品由于科技水平或生产水平所限而产生的公认的误差。在国际贸易中，卖方所交付的商品品质只要在合同规定的品质幅度内，买方不得拒收货物，也不得要求调整价格。公差条款可以由买卖双方共同议定，也可以采用国际同行业所公认的误差。

47. 国际货物买卖合同采用FCA贸易术语，卖方在内陆A市集装箱货运站将货物交买方指定的承运人，承运人在B港口装船出运。该批货物的风险应自（　　）转移给买方。（2008年）

　　A. 卖方工厂或仓库　　　　　　　　　　B. B港

　　C. 内陆A市货运站　　　　　　　　　　D. 卸货港

　　答案：C。按照《2000年国际贸易术语解释通则》的规定，在FCA术语下，卖方只要将货物在指定地点交给买方指定的承运人，即完成交货；买方承担自货物交至承运人控制之后的一切风险和费用，及货物特定化后由于其过失所导致的风险和其他费用。

48. 在国际货物买卖交易磋商中，关于发盘与接受的规定，下列（　　）是正确的。（2009年）

　　A. 发盘只能由卖方作出，接受只能由买方作出

　　B. 发盘只能由买方作出，接受只能由卖方作出

　　C. 发盘或接受既可以由卖方作出，也可以由买方作出

　　D. 发盘必须在询盘后作出

　　答案：C。在国际贸易实务中，发盘可以是应对方询盘的要求发出，也可以是在没有询盘的情况下，直接向对方发出。接受就是交易的一方在接到对方的发盘或还盘后，以声明或行动向对方表示同意的行为。从上述四个选项中可以看出只有C项是正确的。

49. 在信用证业务中，银行的责任是（　　）。（2009年）

　　A. 只看单据是否符合信用证的规定，不看货物是否真正装运

　　B. 只看货物是否真正装运，不看单据是否符合信用证的规定

　　C. 只看单据是否符合买卖合同的规定，不看货物是否真正装运

　　D. 只看货物是否真正装运，不看单据是否符合买卖合同的规定

　　答案：A。银行开立信用证实际是进行单据的买卖。根据惯例，银行遵守的审单的原则是：银行必须在收到单据后的五个银行营业日之内合理谨慎地审核信用证的所有单据，以确定其表面上是否与信用证条款相符，并告知有关当事人。此外，根据银行惯例，银行不需亲自询问单据是否是假的、已装运的货物是否是假的、已装运的货物是否真正装运，以及单据签发后是否失效。除非银行知道所进行的是欺诈行为，否则这些实际发生的情况与银行无关。

50. 在国际海上货物运输保险业务中，下列（　　）属于共同海损。（2009年）

　　A. 暴雨所致货物损失　　　　　　　　　　B. 船舶碰撞所致货物损失

C. 失火所致货物损失   D. 救火所致货物损失

答案：D。 共同海损是指当船、货及其他利益方处于共同危险时，为了共同的安全而由船方人为地采取合理的措施所引起的特殊牺牲和额外的费用。单独海损是指由承保风险所直接造成的船、货损失。ABC 三个选项都属于单独海损，只有 D 项属于共同海损。

51. 从上海出口货物到伦敦，使用的贸易术语正确的是（   ）。（2009 年）

    A. FOB 伦敦   B. CIF 上海   C. CFR 伦敦   D. FCA 伦敦

答案：C。 从上海出口货物到伦敦，使用的贸易术语正确的应当是 FOB 上海；FCA 上海；CIF 伦敦和 CFR 伦敦。四个选项中只有 C 项是正确的。

52. A 公司向 B 公司出口一批货物，B 公司通过 C 银行开给 A 公司一份不可撤销的信用证，当 A 公司于货物装船后持全套货运单证向银行办理议付时，B 公司破产倒闭，C 银行（   ）。（2009 年）

    A. 可依据 B 公司破产为由拒绝付款   B. 仍应付款

    C. 可以延迟付款   D. 可以减少付款数额

答案：B。 在信用证交易中，银行根据信用证取代买方承担了作为第一付款人的义务。日后只要卖方提供了符合信用证的单据，即使买方破产，卖方也能从银行取得付款保证。故本题正确选项为 B，即银行仍应付款。

53. 国际货物买卖合同中载明："CIF landed"，则表示买卖双方对（   ）作了特别约定。（2009 年）

    A. 货物交货地点   B. 货物风险转移界限

    C. 货物在装运港的装货费   D. 货物在卸货港的卸货费

答案：D。 关于目的港的卸货费用负担，双方多在买卖合同中采用 CIF 后加变形术语方式，特约双方关于卸货费用的负担。CIF landed 指目的港陆地交货。卖方负担货物卸到目的港陆地上的费用，如过驳，则含驳船费用。

54. 国际货物买卖合同装运条款是一项重要条款，通常包括装运时间、装运港、目的港、是否允许转船与分批装运、装运通知，以及滞期、速遣条款等内容。装运时间是指（   ）。（2010 年）

    A. 买方将合同规定的货物装上运输工具或交给承运人的期限

    B. 卖方将合同规定的货物装上运输工具或交给承运人的期限

    C. 买方收到合同规定货物的期限

    D. 买方将合同规定的货物交给卖方的期限

答案：B。 装运时间又称装运期，是指卖方将合同规定的货物装上运输工具或交给承运人的期限，而不是买方收到合同规定货物的期限。A 选项和 D 选项肯定不对，国际货物买卖合同是卖方将货物交给买方，而不是买方交给卖方。

55. 如果国际货物买卖是以 FOB 贸易术语条件成交，此时订舱工作就可能在货物的卸货地或输入地由进口商办理，该类货物在国际海上集装箱货运代理实践中通常被称为（   ）。（2010 年）

    A. 特约货   B. 指定货   C. 合约货   D. 买方货

答案：B。 按《国际贸易术语解释通则 2000》对 FOB 的解释，卖方的基本义务是办理出口清关手续，并负担货物到装运港船舷为止的一切费用与风险；买方的基本义务是租船、订舱，将船舶开往约定的装运港接运货物，支付运费，并将船名和到港装货日期等给予卖方充分通知。因此，在国际海上集装箱货运代理实践中由买方即进口商办理相关订舱工作，通常把此类货物称为指定货。

56. 我国国际货运代理行业的主管部门是（   ）。（2002 年）

    A. 交通部   B. 海关总署

    C. 外经贸部   D. 民航总局

答案：C。根据《中华人民共和国国际货物运输代理业管理规定》第一章第四条："国务院对外贸易经济合作主管部门负责对全国的国际货物运输代理业实施监督管理。"（注：外经贸部现应为商务部。）

57. 国际货运代理所承担的责任风险主要产生于（　　）。（2003 年）
    A. 国际货运代理本身的过失　　　　　　B. 分包人的过失
    C. 保险责任不合理　　　　　　　　　　D. 以上皆是

答案：D。国际货运代理在经营过程中，产生的责任风险主要来自国际货运代理本身的过失给客户造成的损失，由于分包人的过失引起货运代理人对客户的赔偿责任，保险责任不合理而使分包人的责任小于国际货运代理等。

58. 根据我国有关规定国际货运代理企业至少应具有（　　）名从事 3 年以上国际货物运输代理业务人员。（2003 年）
    A. 5　　　　　　　　B. 6　　　　　　　　C. 7　　　　　　　　D. 8

答案：A。根据《中国国际货物运输代理业管理规定实施细则》的规定，国际货运代理企业至少应具有 5 名从事 3 年以上国际货物运输代理业务人员。

59. 根据《中华人民共和国国际海运条例》的规定，国际货运代理企业经营无船承运业务，应当向（　　）办理提单登记，并交纳保证金。（2004 年）
    A. 交通主管部门　　　　　　　　　　　B. 商务部
    C. 国际货运代理协会联合会　　　　　　D. 中国国际货运代理协会

答案 A。根据中华人民共和国海运条例规定，货代经营无船承运业务的，应向国务院交通主管部门办理提单登记，交纳保证金。

60. 国际货运代理协会联合会（FIATA）作为世界运输领域最大的非政府间国际组织，自 1926 年成立以来先后制定了（　　）种货运代理单证格式。（2005 年）
    A. 5 种　　　　　　B. 6 种　　　　　　C. 7 种　　　　　　D. 8 种

答案：D。国际货运代理协会联合会自 1926 年成立以来先后制定了 8 种货运代理单证格式，它们分别是 FIATA FCR（Forwarders Certificate of Receipt），FIATA FCT（Forwarders Certificate of Transport），FWR（FIATA Warehouse Receipt），FBL（Negotiable FIATA Multimodal Transport Bill of Lading），FWB（Non-negotiable FIATA Multimodal Transport WayBill），FIATA SDT（Shippers Declaration for the Transport of Dangerous Goods），FIATA SIC（Shippers Interposal Weight Certificate），FFI（FIATA Forwarding Instructions）。

61. 根据《中华人民共和国国际海运条例》的规定，国际货运代理企业经营无船承运业务，需要向国务院交通主管部门办理提单登记手续，并缴纳保证金，其金额是（　　）。（2005 年）
    A. 90 万元　　　　　B. 80 万元　　　　　C. 70 万元　　　　　D. 50 万元

答案：B。根据《中华人民共和国国际海运条例》的规定，国际货运代理企业经营无船承运业务，需要向国务院交通主管部门办理提单登记手续，并缴纳保证金 80 万元。

62. 下列有关国际货运代理人的表述不正确的是（　　）。（2005 年）
    A. 国际货运代理人是委托合同的当事人
    B. 国际货运代理人是进出口货物收、发货人的代理人
    C. 国际货运代理人是进出口货物收、发货人的委托人
    D. 国际货运代理人是进出口货物收、发货人的受托人

答案：C。国际货运代理人是进出口货物收、发货人的代理人，在具体业务中，国际货运代理人根据进出口货物收、发货人的委托从事货物运输工作，双方之间签订委托合同，所以国际货运代理人是委托合同的当事人之一，自然也是另一方当事人的受托人。本题要点为国际货运代理人的具

体含义。

63. 根据我国国际货运代理行业主管部门商务部的有关规定，中国国际货运代理企业业务备案工作由（　　）负责具体组织实施。（2006 年）

    A. 中国国际货运代理协会　　　　　　B. 工商行政部门

    C. 人事部　　　　　　　　　　　　　D. 劳动部

    答案：A。2005 年 3 月 23 日商务部办公厅专门发出《关于委托中国国际货运代理协会组织实施货代企业业务备案有关事宜的通知》，委托中国国际货运代理协会具体组织实施货代企业业务备案工作。本题难度不大，知识点为货代企业业务备案有关事宜。

64. 根据我国现行的国际货运代理行业管理规定，国际货运代理企业不得从事的业务有（　　）。（2006 年）

    A. 接受收发货人委托从事货运服务

    B. 接受其他货运代理人转托运的货物

    C. 允许其他单位、个人以该国际货运代理企业或其营业部名义从事国际货运代理业务

    D. 以宣传自己服务优势的竞争手段从事经营活动

    答案：C。根据中华人民共和国国际货物运输代理业管理规定实施细则第四十一条规定：国际货运代理企业不得将国际货运代理经营权转让或变相转让；不得允许其他单位、个人以该国际货运代理企业或其营业部名义从事国际货运代理业务；不得与不具有国际货运代理业务经营权的单位订立任何协议而使之可以单独或与之共同经营国际货运代理业务，收取代理费、佣金或者获得其他利益。A 和 B 两项属于国际货运代理企业经营范围。以宣传自己服务优势的竞争手段从事经营活动属于国际货运代理企业正常经营手段。

65. 按照我国法律的规定，明知委托事项违法，货运代理人为了自身利益，仍然进行货运代理活动的，则（　　）。（2006 年）

    A. 被代理人不负被追偿责任　　　　　B. 货运代理人不负被追偿责任

    C. 货运代理人不负连带责任　　　　　D. 委托人和货运代理人都负连带责任

    答案：D。明知委托事项违法仍予代理的，根据我国《民法通则》、《合同法》的有关规定，委托人和货运代理人都负连带责任。

66. 为了防止或减少国际货运代理企业的责任风险，可以采取的方法有（　　）。（2006 年）

    A. 投保责任险　　　　　　　　　　　B. 使用的单证规范、正确、字迹清楚

    C. 选择有诚信的客户　　　　　　　　D. 以上都对

    答案：D。防止或减少国际货运代理企业的责任风险，可以采取的方法有许多。投保责任险，将风险事先转移，是防止和减少国际货运代理之责任风险的主要办法之一。此外，国际货运代理尚须采取其他的必要措施尽量避免损失的发生，降低其责任风险。包括预防性措施，如使用的单证应规范、正确、字迹清楚，并且适合所需之目的；选择有诚信的客户。

67. 货主提供给货运代理人的货运代理委托书的功能之一是（　　）。（2007 年）

    A. 向承运人发出的订立运输合同的要约　　B. 向货运代理人发出的要约邀请

    C. 货运代理人的工作依据　　　　　　D. 向货运代理进行广告宣传

    答案：C。货运代理委托书是委托方（企业/货主）向被委托方（货运代理人）提出的一种"要约"，被委托方一经书面确认就意味着双方之间契约行为的成立。委托书详列托运各项资料和委办的事项及工作要求，因此它是货运代理人为委托方从事货运的工作依据，而不是要约邀请和广告宣传，更不是向承运人发出的订立运输合同的要约。

68. 美国对货运代理行业及无船承运人（NVOCC）实行营业许可管理制度，从事货运代理及无船承运业务的企业，必须进行注册登记，并需交纳一定的保证金。因此，我国企业若在美国从事

国际货运代理业务或无船承运业务，按要求应提供（　　）美元的保证金。(2007年)

　　A. 20万　　　　　　B. 15万　　　　　　C. 10万　　　　　　D. 5万

　　答案：B。 根据美国1998年航运改革法和美国联邦海事委员会FMC的规定，任何未获得在美国经营业务执照的国外的实体，如为进出美国的外贸运输提供远洋运输中介服务的，应提供15万美元的财政责任保证。因此，我国企业若在美国从事国际货运代理业务或无船承运业务，按规定应提供15万美元。从选择题答题方法来看，应从给予的四个单项选项找出最接近题干的选项，很明显本题最接近题干的选项应是15万美元，而不是其他三个选项。

　　69. 我国某货主委托货运代理人安排货物出口事宜，由于货主所提供的货物资料不清楚，造成货运代理人在办理货物出口申报时资料被退回，影响了货物的正常出运。为此造成货主的损失，应当由（　　）承担。(2008年)

　　　　A. 货运代理人　　　　B. 报关行　　　　C. 船公司　　　　D. 货主

　　答案：D。 国际货运代理从事代理业务，其本身没有过失，不承担任何责任，由委托人承担其法律后果。如果国际货运代理人在代理业务活动中，本身有过失给委托人造成损失，根据相关的法律规定，国际货运代理人应当承担赔偿责任，不能免责。对于货物包装不牢固、缺乏或不当所致货物损失，货物自然特征或潜在缺陷及不可抗力所致货物损失，以及委托人自身过失造成的损失，根据运输法律规定和货运代理标准交易条件，货运代理人都不负赔偿责任。

　　70. 根据中国国际货运代理协会制定的标准交易条件的规定，货运代理公司对货物迟延引起的索赔，如根据标准交易条件无法免责，其赔偿限额为迟延货物所收取运费的（　　）。(2008年)

　　　　A. 1倍　　　　　　B. 1.5倍　　　　　　C. 2倍　　　　　　D. 2.5倍

　　答案：A。 中国国际货运代理协会制定的标准交易条件既针对我国的实际情况，又考虑到与国际的货运代理接轨的问题；既严格依照我国有关的法律法规，又吸收采用一些国际相关的法律规定和一些别的国家的标准交易条件。从而进一步明确货运代理与相关当事人之间的权利和义务，最大限度地维护了货运代理的合法权益。根据中国国际货运代理协会制定的标准交易条件的规定，因货物迟延引起的索赔，如根据本标准交易条件无法免责，则赔偿限额为迟延货物所收取的运费。

　　71. 下列关于国际货运代理协会联合会的描述，不正确的是（　　）。(2008年)

　　　　A. 是非营利性的国际性货运代理行业组织

　　　　B. 是政府间的国际性货运代理行业组织

　　　　C. 维护国际货运代理人的利益，促进行业发展

　　　　D. 协调全球货运代理行业活动

　　答案：B。 1926年5月31日，16个国家的国家级货运代理协会在奥地利首都维也纳成立了国际货运代理协会联合会，即FIATA，它是非营利性的国际性的非政府货运代理行业组织，宗旨是保障和提高国际货运代理在全球的利益。并促进该行业的发展。

　　72. 国际货运代理人作为进出口货物收、发货人的代理人在安排货物运输事宜时，依照我国相关法律法规的规定，其享有一定的权利并需要承担一定的义务，下列表述不正确的是（　　）。(2009年)

　　　　A. 国际货运代理人有权要求委托人支付服务报酬

　　　　B. 国际货运代理人有权在授权范围内自主处理委托事务

　　　　C. 国际货运代理人有向委托人报告委托事务处理情况的义务

　　　　D. 国际货运代理人有向承运人报告委托事务处理情况的义务

　　答案：D。 国际货运代理人作为货主的代理人所承担的义务通常包括：按照指示处理委托事务；亲自处理委托事务；向委托人报告委托事务处理情况；披露委托人、第三人；向委托人转交财产；协助、保密等等。国际货运代理人与承运人之间没有委托合同，故其没有向承运人报告委托事务处

理情况的义务。因而 D 项表述不正确。

73. 根据国际货运代理协会联合会制定的标准交易条件的规定，国际货运代理人对货物的损坏或灭失，每公斤的赔偿限额为（　　）。（2009 年）

　　A. 1 SDR　　　　　　B. 2 SDR　　　　　　C. 3 SDR　　　　　　D. 4 SDR

答案：B。标准交易条件，通常是为了事先明确委托人与货运代理双方的权利义务关系，作为委托人与货运代理的契约附件，并具有约束双方当事人的法律效力。FIATA 推出的标准交易条件范本（即"FIATA 国际货运代理服务示范条例"）基本上已成为各国制定本国标准交易条件的总原则。根据该标准交易条件的规定，国际货运代理人对货物的损坏或灭失，每公斤的赔偿限额为 2SDR。

74. 货运代理企业的责任可以通过投保责任险将风险事先转移，但作为货运代理企业或其工作人员必须清楚地懂得，投保了责任险并不意味着保险公司将承保所有的风险。通常情况下，保险公司对于货运代理企业的（　　）负赔偿责任。（2009 年）

　　A. 倒签提单　　　　　　　　　　　　B. 预借提单

　　C. 无单放货引起的损失　　　　　　　D. 错误与遗漏

答案：D。虽然货运代理的责任可以通过投保责任险将风险事先转移，但作为货运代理必须清楚地懂得，投保了责任险并不意味着保险公司将承保所有的风险，因此绝不可误认为在任何情况下，发生任何事故，即使自己有责任，也不必承担任何风险与责任，统统由保险公司承担。事实上，保单中往往都有除外条款，即保险公司不予承保的除外条款，类似倒签提单、预借提单和无单放货引起的损失等蓄意或故意行为都在保险公司承保范围之外。

75. 国际货运代理企业在经营过程中可能面临许多风险，因此需要投保责任险。通常情况下保险人对于国际货运代理企业的（　　）行为不予承保。（2010 年）

　　A. 迟延交货　　　　B. 填单有误　　　　C. 无单放货　　　　D. 保管疏忽

答案：C。虽然货运代理的责任可以通过投保责任险将风险事先转移，但货运代理即使投保了责任险并不意味着保险公司将承保所有的风险，因此绝不可误认为在任何情况下，发生任何事故，即使自己有责任，也不必承担任何风险与责任，统统由保险公司承担。事实上，保单中往往都有除外条款，如：蓄意或故意行为，倒签提单、预借提单和无单放货引起的损失，保险公司通常都不予承保。

76. 代理报关企业是指（　　）。（2002 年）

　　A. 专业报关企业

　　B. 船舶代理企业

　　C. 货代企业并向海关办理了注册登记手续

　　D. 已向海关办理了注册登记手续的进出口公司

答案：C。代理报关企业是指经营国际货运代理、国际运输工具代理和仓储等业务并兼营代理报关、纳税的境内法人。

77. 保税货物的特征不包括（　　）。（2002 年）

　　A. 免交关税的进口货物　　　　　　　B. 特定目的的货物

　　C. 暂时免纳关税的货物　　　　　　　D. 复运出境的货物

答案：A。"保税"的含义是指海关保留对货物征税的权利。保税货物是指经海关批准未办理纳税手续进境，在境内储存、加工、装配后复运出境的货物。

78. 进口货物的收货人自运输工具申报进境之日起，超过（　　）时间未向海关申报的，其进口货物由海关提取依法变卖处理。（2003 年）

　　A. 1 个月　　　　　　B. 3 个月　　　　　　C. 6 个月　　　　　　D. 1 年

答案：B。 依据我国海关法第 30 条的规定，进口货物的收货人自运输工具申报进境之日起，超过三个月未向海关申报的，其进口货物由海关提取依法变卖处理。

79. 我国检验检疫管制的商品，必须向海关提交出入境检验检疫机构签发的单证是（　　）。（2003 年）

    A. 进口货物报关单 　　　　　　　　　　B. 入境货物通关单

    C. 进口许可证 　　　　　　　　　　　　D. 进口收汇核销单

答案：B。 我国检验检疫管制的商品，必须向海关提交出入境检验检疫机构签发的单证是入境货物通关单。

80. 国际货运代理企业应向（　　）申请代理报检注册登记。（2003 年）

    A. 海关总署 　　　　　　　　　　　　　B. 国家质量监督检验检疫总局

    C. 国家进出口商品检验局 　　　　　　　D. 商务部

答案：B。 根据《出入境检验检疫代理报检管理规定》，国际货运代理企业应向国家质量监督检验检疫总局申请代理报检注册登记。

81. 进出口邮包向海关申报必须填写（　　）。（2003 年）

    A. 报关单 　　　　　　　　　　　　　　B. 报税单

    C.《出入境货物通关单》 　　　　　　　D.《备案清单》

答案：B。 根据《万国邮政公约》的规定，进出口邮包必须由寄件人填写报税单，列明所寄物品的名称、价值、数量，向海关申报。

82. 异地报关备案制度一般只适用于（　　）。（2003 年）

    A. 自理报关企业 　　　　　　　　　　　B. 专业报关企业

    C. 代理报关企业 　　　　　　　　　　　D. 以上三种企业

答案：A。 异地报关备案制度是已经在所在地海关办理了报关注册登记的企业，为取得在其他海关所辖关区报关的资格，而在有关海关办理报关备案审批手续的海关管理制度。异地报关备案制度一般只适用于自理报关企业。

83. 提前报关的进口转关货物应在电子数据申报之日起（　　）天内向进境的海关办理转关手续。（2003 年）

    A. 14 天 　　　　　B. 7 天 　　　　　C. 5 天 　　　　　D. 15 天

答案：C。 根据规定，提前报关的进口转关货物应在电子数据申报之日起 5 天内向进境的海关办理转关手续。

84. 从秦皇岛进口一批需转运至保定某公司的货物，装载货物的运输工具于 2001 年 9 月 26 日申报进境，货物于 10 月 15 日（周一）向秦皇岛海关申报转关；转关货物 10 月 16 日运抵保定海关监管场所，该公司于 10 月 31 日（周三）向保定海关报关。该批货物滞报（　　）天。（2004 年）

    A. 5 天 　　　　　B. 6 天 　　　　　C. 7 天 　　　　　D. 8 天

答案：D。 进口转关货物应自运输工具申报进境之日起 14 日内向进境地海关办理转关手续，在海关限定期限内运抵指运地海关之日起 14 日内，向指运地海关办理报关手续，逾期征收滞报金。

85. 根据我国《关税条例》的规定，海关对进出口货物征收关税时，应按（　　）实施的税率计征关税。（2004 年）

    A. 进出口货物的收发货人办结进出口手续之日

    B. 装载进出口货物的运输工具进境之日

    C. 进出口货物的收发货人或代理人申报货物进口或出口之日

    D. 海关开列税款缴款书之日

答案：C。 根据我国《关税条例》的规定，进出口货物，应当适用海关接受该货物申报进口或出口之日实施的税率。

86. 法定检验检疫的入境货物，海关凭（　　）出入境检验检疫机构签发的《入境货物通关单》验放。(2005 年)

　　A. 最终销售地　　　　　　　　　　B. 收货人所在地
　　C. 最终收货地　　　　　　　　　　D. 报关口岸

答案：D。法定检验检疫的入境货物，海关凭报关口岸出入境检验检疫机构签发的《入境货物通关单》验放。

87. 在我国，一般贸易进出口货物申报时，应填写（　　）的报关单。(2005 年)

　　A. 浅蓝色　　　　B. 粉红色　　　　C. 浅黄色　　　　D. 浅绿色

答案：A。在我国，一般贸易进出口货物申报时，应填写浅蓝色的报关单。

88. 根据我国海关法的规定，进出口货物收发货人、报关企业办理报关手续，必须依法（　　）。(2006 年)

　　A. 有一定报检员　　　　　　　　　B. 经商务部注册登记
　　C. 经海关注册登记　　　　　　　　D. 有一定数量的报关员

答案：C。报关单位分为两种类型，即进出口货物收发货人和报关企业。根据《海关法》规定，依法向海关注册登记是法人、其他组织或者个人成为报关单位的法定要求。欲从事报关业务必须经海关注册登记。

89. 根据我国海关规定，报关企业报关注册登记证书有效期限为 2 年，收发货人报关注册登记证书有效期限为（　　）。(2006 年)

　　A. 2 年　　　　B. 3 年　　　　C. 4 年　　　　D. 5 年

答案：B。我国海关规定，收发货人报关注册登记证书有效期限为 3 年。

90. 根据我国海关法的有关规定，（　　）是指货物在进出境环节交纳了进出口税费，并办结了各项海关手续后，进口货物可以在境内自行处置，出口货物运离关境可以自由流通的海关通关制度。(2007 年)

　　A. 保税进出口通关制度　　　　　　B. 一般进出口通关制度
　　C. 进出口货物转关制度　　　　　　D. 退运进出口货物通关制度

答案：B。本题考的是海关通关制度，根据题干的提示，不难看出正确的答案应当是 B，即一般进出口通关制度，其他选项属于非一般进出口通关制度。

91. 根据我国海关有关规定，报关企业应当经（　　）注册登记许可后，再到工商行政管理部门办理许可经营项目登记，方可到所在地海关办理注册登记手续。(2007 年)

　　A. 工商局　　　　B. 商务部　　　　C. 直属海关　　　　D. 所在地海关

答案：C。根据《中华人民共和国海关对报关单位注册登记管理规定》第三十三条的规定，报关企业申请人经直属海关注册登记许可后，应当到工商行政管理部门办理许可经营项目登记，并且自工商行政管理部门登记之日起九十日内到企业所在地海关办理注册登记手续。逾期海关不予注册登记。

92. 出境货物在我国检验检疫合格后，申请人凭检验检疫机构签发的（　　）办理通关手续。(2008 年)

　　A. 出境货物换证凭单　　　　　　　B. 出境货物换证凭条
　　C. 出境货物通关单　　　　　　　　D. 检验检疫证书

答案：C。对产地和报关地一致的出入境货物，检验合格的出具《出境货物通关单》或《入境货物通关单》，海关凭此通关单放行。对产地和报关地不一致的进出境货物出具《出境货物换证凭单》或《入境货物换证凭单》，由报关地检验检疫机构换发《通关单》。

93. 根据我国《海关法》的规定，进出口货物收发货人、报关企业办理报关手续，必须依法（ ）。（2008 年）

A. 有一定数量报检员　　　　　　　　　　B. 经商务部注册登记

C. 经海关注册登记　　　　　　　　　　　D. 有一定数量的报关员

答案：C。报关单位分为两种类型，即进出口货物收发货人和报关企业。根据《海关法》规定，依法向海关注册登记是法人、其他组织或者个人成为报关单位的法定要求。欲从事报关业务必须经海关注册登记。

94. 我国某公司与美国客户签订货物买卖合同出口一批货物，在广州口岸报关，经深圳口岸出境，合同指定运往香港。《出境货物报检单》的"启运地"和"输往国家（地区）"应分别填写（ ）。（2008 年）

A. 深圳/美国　　　　B. 广州/美国　　　　C. 深圳/香港　　　　D. 广州/香港

答案：C。《出境货物报检单》的"启运地"填报出境货物最后离境的口岸或所在地的中文名称。"输往国家（地区）"是指出口货物直接运抵的国家（地区），是货物的最终销售国。

95. 根据《中华人民共和国进出口关税条例》的规定，下列表述正确的是（ ）。（2009 年）

A. 适用最惠国税率的进口货物有暂定税率的，应当适用最惠国税率

B. 适用协定税率的进口货物有暂定税率的，应当从高适用税率

C. 适用特惠税率的进口货物有暂定税率的，应当从低适用税率

D. 适用普通税率的进口货物有暂定税率的，应当适用暂定税率

答案：C。根据《中华人民共和国进出口关税条例》的规定，适用最惠国税率的进口货物有暂定税率的，应当适用暂定税率；适用协定税率、特惠税率的进口货物有暂定税率的应当从低适用税率；适用普通税率的进口货物，不适用暂定税率。从上述四个选项中可以看出只有 C 项是正确的。

96. 我国办理出境货物检验检疫手续的一般程序是（ ）。（2009 年）

A. 报检→领取《出境货物通关单》→联系检验检疫

B. 报检→联系检验检疫→领取《出境货物通关单》

C. 联系检验检疫→报检→领取《出境货物通关单》

D. 联系检验检疫→领取《出境货物通关单》→报检

答案：B。先检验检疫，后放行通关，即法定检验检疫的进出境货物的收发货人或其代理人向检验检疫机构报检，检验检疫机构受理并计收费后，转检验检疫部门实施必要的检验、检疫、消毒、熏蒸、卫生除害等。对产地和报关地一致的出入境货物，检验合格的出具《出境货物通关单》或《入境货物通关单》；对产地和报关地不一致的进出境货物出具《出境货物换证凭单》或《入境货物换证凭单》，由报关地检验检疫机构换发《通关单》；出境货物检验检疫不合格的出具《出境货物不合格通知单》。

97. 对于应纳关税的单位或个人，因在规定的期限内未向海关缴纳依法应缴纳的税款，海关依法在原应纳税款的基础上，按日加收滞纳税款的（ ）。（2009 年）

A. 0.5‰　　　　B. 1‰　　　　C. 3‰　　　　D. 5‰

答案：A。滞纳金是海关税收管理中的一项行政强制措施。对于应纳关税的单位或个人，因在规定的期限内未向海关缴纳依法应交纳的税款，海关依法在原应纳税款的基础上，按日加收滞纳税款的万分之五的滞纳金。

98. 我国 A 外商投资企业委托 B 外贸公司购买进口设备，由 C 物流公司负责进口货物运输相关事宜，并委托 D 报关公司向海关办理进口报关手续，该批设备报关时报关经营单位填报为（ ）。（2010 年）

A. A 企业　　　　B. B 公司　　　　C. C 公司　　　　D. D 公司

答案：A。根据《中华人民共和国进出口货物报关单填制规范》，外贸公司对外签订并执行投资设备、物品的进口合同，似乎经营单位应填报外贸公司，然而，若进口由外商投资企业委托，使用的是投资总额内资金，且进口的是设备、物品时，"经营单位"栏应填报外商投资企业（委托进口人）的中文名称及代码，并在"备注栏"说明"委托××公司进口"。

99. 市场营销组合的特点体现了市场营销观念中的（   ）的思想。（2003 年）

    A. 以顾客需求为导向   B. 以目标市场为中心

    C. 整合营销   D. 赢利能力

答案：C。由于市场营销组合因素的多层次性，使营销组合具有可控性、复合性、动态性和整体性的特点，体现了整合营销的思想。

100. 以直接的短期促销效果为目标的促销方式是（   ）。（2003 年）

    A. 人员推销   B. 货运广告   C. 营业推广   D. 公共关系

答案：C。营业推广是为了正面刺激消费者的需求而采取的各种促销措施，包括有奖销售、赠送或优惠折扣销售、展示会等，其目的就是为了在短期内迅速增加销量，提高市场占有率。

101. 市场营销的核心是（   ）。（2003 年）

    A. 市场调研   B. 市场细分   C. 分销促销   D. 互利交换

答案：D。市场调研、市场细分、分销、促销是市场营销的职能，市场营销的目的是"导致符合个人和组织目标的交换"，因此市场营销的核心就是通过买卖双方互利的交换，达到双赢效果。

102. 货运代理人向客户提供货运服务时，客户在（   ）情况下比较满意。（2006 年）

    A. 形象价值大于产品价值   B. 客户总价值小于客户总成本

    C. 客户预期价值大于客户感受价值   D. 客户预期价值小于客户感受价值

答案：D。客户需求的满意程度取决于客户总价值（产品价值、服务价值、人员价值、形象价值）与客户总成本（资金成本、时间成本、精力成本、体力成本）的比值。比值越大，满意程度越高，反之亦然。在总价值和总成本一定的情况下，客户的满意程度取决于客户的预期价值与感受价值的比值。比值越小，满意程度越高，反之亦然。

103. 从市场营销的观念来看，货运代理企业的发展方向必然由提供单纯的运输服务向（   ）服务转变。（2007 年）

    A. 仓储   B. 流通加工   C. 多式联运   D. 现代物流

答案：D。物流服务可以说是全方位地参与企业的物流活动，从原料的供给到产品的销售、最大限度地减少客户的库存、加速其资金周转等。因此物流服务的内容比国际多式联运更为广泛，其服务产品更为多样化，不仅仅局限于运输方面，而是综合各种不同的运输方式于物流功能一体，将运输、储存、装卸、搬运、包装、流通加工、配送、信息处理等功能有机结合，为客户创造最大的便利，使客户专心致力于生产过程的经营和管理。

104. 在国际货运代理业务中，货代业务员时常会遇到这样的情况，虽然自己努力遵守着公司的服务规范，但还是有客户不满意。从营销理论上分析产生此类问题的最主要的原因是（   ）。（2008 年）

    A. 该业务员工作还不够努力

    B. 业务员没有了解客户的真正需求，没有因人而异

    C. 客户太挑剔而不好满足

    D. 客户对公司有意见，故意不配合业务员的工作

答案：B。货运市场上客户的需求既包括对船型、舱位、航次、港口、集装箱、运价等方面的物质需求，也包括对运送质量、服务态度及安全性、准确性和购后的满足感等方面的精神需求。在市场经济条件下，无论是物质需求，还是精神需求，绝大部分都要通过市场获得满足。因此，货运

企业必须深入地研究客户需求的特点，才能更好地满足货主需要。

105. 企业在市场调研与市场细分的基础上，根据自身的营销目标和资源条件选择某个或某几个细分市场进行经营，这种经营方式称为（   ）。（2009 年）

    A. 市场细分   B. 市场定位

    C. 目标市场营销   D. 市场营销组合

答案：C。企业根据自己的营销目标和资源条件选择一定的目标市场进行经营，这种经营方式称为"目标市场营销"。

106. 海洋运输中的运费吨（   ）。（2002 年）

    A. 仅指重量吨   B. 仅指尺码吨

    C. 重量吨与尺码吨中较大者   D. 重量吨和尺码吨之和

答案：C。海洋运输中的运费吨是计算运费的一种特定的计费单位，通常是取其重量和体积中相对值较大的为计费标准，以便对船舶载重量和舱容的利用给予合理的费用支付。

107. 国际海上货物运输中，规定了承运人赔偿责任限额最高的是（   ）。（2002 年）

    A. 我国《海商法》   B.《维斯比议定书》

    C.《汉堡规则》   D.《海牙规则》

答案：C。《海牙规则》规定承运人的赔偿责任是每件或每单位货物限额最高不得超过 100 英镑；《汉堡规则》规定承运人的赔偿责任是每件货物限额最高不得超过 835SDR 或者每公斤 2.75SDR；《维斯比议定书》规定承运人的赔偿责任是每件货物限额最高不得超过 10 000 金法郎或按灭失或受损货物毛重每公斤为 30 金法郎。我国《海商法》规定承运人的赔偿限额是按每件或者每个其他货运单位为 666.67 计算单位（即特别提款权），或者按照货物毛重计算，每公斤为 2 计算单位，以两者中赔偿限额较高为准。

108. 航次租船由谁负责船舶营运管理（   ）。（2002 年）

    A. 买方   B. 卖方   C. 船东   D. 租船人

答案：C。航次租船又称为"航程租船"，是指由船舶出租人向承租人提供船舶在指定的港口之间进行一个航次或几个航次的指定货物运输的租船运输方式。航次租船的船舶营运管理由船舶出租人即船东负责。

109. 航次租船合同中由谁"宣载"（   ）。（2002 年）

    A. 托运人   B. 收货人   C. 船长   D. 大副

答案：C。在具体装货之前，船长根据本船的实际装货能力及港口吃水限制等，在规定的百分比范围内选择船舶能够装载货物的实际数量，并以书面的形式向承租人"宣载"。

110. House Bill of Lading 是指由谁签发的单证（   ）。（2002 年）

    A. 班轮公司   B. 无船承运人

    C. 买方的代理人   D. 卖方的代理人

答案：B。House Bill of Lading 是指由无船承运人签发的拼箱货提单。

111.《海牙规则》规定的诉讼时效为（   ）。（2002 年）

    A. 半年   B.1 年   C.2 年   D.3 年

答案：B。《海牙规则》规定的诉讼时效为 1 年，即除非从货物交付之日或应交付之日起一年内提起诉讼，否则承运人在任何情况下，都应免除对灭失或损坏所负的一切责任。

112.《统一提单若干法律规定的国际公约》是（   ）。（2002 年）

    A.《海牙规则》   B.《汉堡规则》

    C.《海牙议定书》   D.《维斯比议定书》

答案：A。《统一提单若干法律规定的国际公约》，又称为《海牙规则》，于 1931 年 6 月 2 日生效。

113. 理论上，集装箱班轮运输下签发的提单通常是（　　）。（2002 年）

A. 预借提单　　　　　　　　　　　B. 收货待运提单

C. 已装船提单　　　　　　　　　　D. 倒签提单

答案：B。 从集装箱班轮运输业务来看，货物通常是交到场、站，然后再进行装运，因此，签发的提单可以认为就是收货待运提单。

114. 《1978 年联合国海上货物运输公约》中确定的法律原理中，被普遍接受的是哪一项（　　）。（2002 年）

A. 完全过失责任制　　　　　　　　B. 赔偿责任限额

C. 保函的法律效力　　　　　　　　D. 诉讼时效

答案：C。 根据《1978 年联合国海上货物运输公约》即《汉堡规则》的有关规定，已经将保函的法律效力合法化。如第十七条规定，托运人为了换取清洁提单可以向承运人出具承担赔偿责任的保函。

115. 海上货物运输中，如果单件货物既超长又超重，计收附加费时，按（　　）。（2002 年）

A. 超长附加费计收　　　　　　　　B. 超重附加费计收

C. 两者中择大计收　　　　　　　　D. 两者相加计收

答案：C。 如果货物既超长又超重，则两者应分别计算，然后按其中收费高的一项收取附加费。因为这类货物装卸、运输，都会增加难度，有些还会增加亏舱、影响船期、增加支出。

116. 航次租船合同中，滞期时间通常按（　　）原则计算。（2002 年）

A. 节省全部时间　　　　　　　　　B. 节省全部工作时间

C. 一旦滞期永远滞期　　　　　　　D. 按同样日

答案：C。 即超过合同规定装卸时间后的装卸时间，该扣除的星期日、节假日及坏天气因素就不再扣除，而按自然日有一天算一天，均作滞期时间计算。

117. 杂货班轮运输中的收货单由（　　）签署。（2002 年）

A. 托运人　　　　B. 收货人　　　　C. 船长　　　　D. 大副

答案：D。 收货单又称大副收据，是船舶收到货物的收据及货物已经装船的凭证。船上的大副根据理货人员在理货单上所签注的日期件数及舱位，并与装货单进行核对后签署大副收据。

118. 租船经纪人以中间人身份促成租船合同订立，他的佣金通常由（　　）支付。（2002 年）

A. 承租人　　　　B. 货主　　　　C. 船东　　　　D. 大副

答案：C。 租船经纪人的佣金是一种劳务报酬。他们拥有广泛的业务联系渠道，能向船方提供询租消息和向租船人提供船源情况，促使双方达成交易。交易成功后，租船经纪人的佣金由船东支付。

119. 出口商在货物装船取得提单后未能及时到银行议付，该提单将成为（　　）。（2002 年）

A. 顺签提单　　　B. 待运提单　　　C. 过期提单　　　D. 预借提单

答案：C。 根据《UCP500》第四十三条规定，"凡要求提交运输单据的信用证，银行将不接受迟于装运日期后 21 天提交的单据。"

120. 一票货物于 2002 年 9 月 10 日开始装船，并于同月 12 日全部装上船，同日船舶开航。问：如果在同月 11 日应托运人要求，承运人签发的已装船提单通常称之为（　　）。（2002 年）

A. 倒签提单　　　B. 顺签提单　　　C. 预借提单　　　D. 待运提单

答案：C。 预借提单是指货物在装船前或装船完毕前，托运人为及时结汇，向承运人预先借用的提单。通常情况下，预借提单比倒签提单危害更大。

121. 班轮公司运输的集装箱货物的交接方式通常是（　　）。（2002 年）

A. CY/CFS   B. CFS/CFS   C. CFS/CY   D. CY/CY

答案：D。CY/CY是指运输经营人在装货港的码头堆场或其内陆堆场接受货物（整箱货），并负责运至卸货港码头堆场或其他内陆堆场，在堆场向收货人交付。这是班轮公司运输集装箱货物的通常交接方式。

122. 班轮公司可以向（　　）支付揽货佣金。（2002年）

　　A. 无船承运人　　　B. 货运代理人　　　C. 托运人　　　D. 出口商

答案：B。根据国际航运惯例，货运代理人替班轮公司揽取货物运输后，班轮公司可以向货运代理人支付揽货佣金。

123. 在班轮运输中，承运人对于货物的责任起讫为（　　）。（2002年）

　　A. 自卖方仓库至买方仓库　　　　　B. 自装运港至目的港

　　C. 自装运港起吊至目的港脱钩　　　D. 自接收货物至交付货物

答案：C。根据有关的国际公约，在班轮运输中，承运人对于货物的责任期间是从货物装上船起，至货物卸下船止。也就是说，除非另有规定外，承运人对货物的责任期间仍然是钩至钩。

124. 表明承运人已将集装箱货物交给收货人的单据是（　　）。（2002年）

　　A. 正本提单　　　B. 场站收据　　　C. 交货记录　　　D. 大副收据

答案：C。交货记录是承运人将集装箱货物交给收货人或其代理时，双方共同签署的，证明货物已经交付，以及该批货物交付时情况的单证。

125. 凡运往非基本港的货物，达到或超过规定的数量，船舶可直接挂靠，但要收取（　　）。（2002年）

　　A. 转船附加费　　　B. 直航附加费　　　C. 港口附加费　　　D. 选港附加费

答案：B。直航附加费是托运人要求承运人将其托运的货物从装货港，不经过转船直接运抵航线上某一非基本港时所增收的附加费。

126. 门到门（DOOR TO DOOR）的集装箱运输最适合于（　　）交接方式。（2002年）

　　A. 整箱交，整箱接　　　　　B. 整箱交，拆箱接

　　C. 拼箱交，拆箱接　　　　　D. 拼箱交，整箱接

答案：A。门到门交接方式是指运输经营人由发货人的工厂或仓库接受货物，负责将货物运至收货人的工厂或仓库交付。在这种交付方式下，货物也都是整箱交接。

127. 海运提单收货人栏内显示"TO ORDER"表示该提单（　　）。（2002年）

　　A. 不可转让　　　　　B. 经背书后，可以转让

　　C. 不经背书即可转让　　　D. 可以由持有人提货

答案：B。"TO ORDER"表示该提单是指示提单，提单收货人栏内显示"TO ORDER"，表示"凭指示"。这种提单可经过背书转让，故在国际贸易中广为使用。

128. 货代公司如果想查询某航运公司开辟的航线和挂靠的港口，了解标准的租船合同条款及具体的解释，可以查询下列哪个组织的网站。（　　）（2003年）

　　A. IMO　　　B. CMI　　　C. BIMCO　　　D. NGO

答案：C。IMO是国际海事组织，主要从事海运立法的机构。CMI是国际海事委员会，其主要工作是草拟各种有关海上运输的公约。BIMCO是波罗的海国际海事协会，提供情报咨询服务，包括提供港口及航线情况、解释租船合同条款等。NGO是指非政府间的国际组织，包括许多民间团体。故应选C。

129. 集装箱长、宽、高的外部尺寸分别是：40英尺、8英尺、9.6英尺，这种集装箱是（　　）。（2003年）

　　A. 1A　　　B. 1AAA　　　C. 1C　　　D. 1B

答案：B。 1A 的规格为 40×8×8.6；1AAA 的规格为 40×8×9.6；1C 的规格为 19.10×8×8；1B 的规格为 29.11×8×8。正确答案应为 B。

130. 集装箱的使用超出了免费使用期时，承运人应向集装箱使用者收取（   ）。（2003 年）
  A. 滞期费   B. 储存费   C. 保管费   D. 无需收费

答案：A。 在规定的集装箱免费使用期内，承运人不收取费用，但超出期限的，承运人应向使用者收取的是滞期费。

131. 按商品的 FOB 价格的一定百分比计收的集装箱运输附加费是（   ）。（2003 年）
  A. 旺季附加费   B. 货币贬值附加费
  C. 超额责任附加费   D. 目的地交货费

答案：C。 旺季附加费是承运人根据运输供求关系状况而加收的附加费；货币贬值附加费是承运人为了补偿因市场汇率变化而带来汇兑损失而加收的附加费；超额责任附加费是承运人承担超过赔偿责任限制时而加收的附加费，按商品的 FOB 价格的一定百分比计收；目的地交货费则未明确具体指的是什么费用。故应选择 C。

132. LCL——FCL 货物交接的运输条款包括（   ）。（2003 年）
  A. CY——CY   B. CY——DOOR
  C. CFS——CY   D. CY——CFS

答案：C。 LCL—FCL 是拼箱货接整箱货交的一种货物交接方式。在四个选择中，只有 C 是在货运站以拼箱货接，到堆场整箱货交。其他三项都表明是整箱货接，整箱交或拼箱交的方式，所以应选择 C。

133. FAK 费率是指（   ）。（2003 年）
  A. 不同等级费率   B. 均一费率
  C. 重量/尺码选择费率   D. 近洋航线费率

答案：B。 FAK 是指 "freight all kinds"，包箱费率或均一费率，对单位集装箱计收的包箱运费率。

134. 下列属于集装箱出口货运特有的单证是（   ）。（2003 年）
  A. 交货记录   B. 场站收据   C. 设备交接单   D. 装箱单

答案：B。 在集装箱出口货运中所特有的单证是场站收据，交货记录是集装箱进口所特有的单证。设备交接单和装箱单则是在集装箱进出口货运中都要使用的单证。

135. 航次租船下，表明船方负责装货费用，但不负责卸货费的术语是（   ）。（2003 年）
  A. FILO   B. FIOST   C. LIFO   D. LINER TERM

答案：C。 FILO 表明船方不负责装货费用，但负责卸货费；FIOST 表明船方不负责装货和卸货费用；LIFO 表明船方负责装货费用，但不负责卸货费；LINER TERM 表明船方负责装货和卸货费用。故此题应选择 C。

136. 可调剂方法计算装卸时间是指（   ）。（2003 年）
  A. 速遣与滞期时间相加   B. 速遣与滞期时间相减
  C. 装卸时间可以共用   D. 装卸时间不能共用

答案：C。 可调剂方法计算装卸时间是指承租人有权选择将约定的装货时间和卸货的时间加在一起计算，根据其含义，只有 C 符合原意，即装卸时间可以共用。

137. 下列（   ）项费用不属于定期租船人支付的项目。（2003 年）
  A. 港口使费   B. 装卸费   C. 船员给养   D. 燃料费

答案：C。 在定期租船合同下，租船人负责支付船舶营运中的可变费用，船方负责支付船舶营运中的固定费用。港口使费、装卸费和燃料费都属于船舶营运中的可变费用。故此题应选择 C。船员给养。

138.航次租船下，所谓"预备航次阶段"是指（　　）的阶段。（2003 年）

    A. 订立合同阶段　　　　　　　　　　B. 船舶开往装货港

    C. 船舶开往卸货港　　　　　　　　　D. 船舶在装港装货

答案：B。 航次租船下，所谓预备航次阶段是指船方为了完成合同约定货物运输的航次，将船舶开往装货港准备装货的航次。因此，船舶开往装货港准备装货的航次即为预备航次阶段。

139.租约规定"满载货物 1 万吨，船方有上下 5‰的幅度选择"。船长宣载 9800 吨，而租方实际提供 9 500 吨货物。问租方应付给船方（　　）的亏舱费。（2003 年）

    A. 300 吨　　　　　　B. 500 吨　　　　　　C. 无亏舱费　　　　　　D. 100 吨

答案：A。 根据题意，船方有权宣载的数量在 9 500 吨至 10 500 吨之间，船长宣载 9 800 吨，符合合同的规定，而租方实际提供 9 500 吨货物，所以租方应支付其中的差额部分的亏舱费，即 300 吨的亏舱费。

140.海运单是（　　）。（2003 年）

    A. 货物收据和海运合同的证明　　　　B. 有价证券

    C. 物权证书　　　　　　　　　　　　D. 流通证券

答案：A。 海运单不同于海运提单，它只是起到货物收据和海运合同的证明的作用，是不能流通转让的，也不是一份有价证券。

141.提单收货人栏记载："TO THE HOLDER"这表明（　　）。（2003 年）

    A. 该提单是记名提单　　　　　　　　B. 该提单是不记名提单

    C. 收货人是"TO THE HOLDER."公司　　D. A 和 C

答案：B。 "TO THE HOLDER"表明向提单持有人交付货物，并没有表示收货人是谁，也没有表明凭谁的指示，所以是一份不记名提单。

142.承运人在提单中列明有关运价本的条款，说明承运人的运价本与提单正面所记载的运价不一致时（　　）。（2003 年）

    A. 以运价本为准　　　　　　　　　　B. 以提单记载为准

    C. 提单条款无效　　　　　　　　　　D. 双方另行商定

答案：B。 提单条款通常规定承运人的运价本与提单正面所记载的运价不一致时，应以提单正面记载的运价为准。

143.依据我国海商法，集装箱运输下承运人的责任期间是（　　）。（2003 年）

    A. 装港接受货物时起至卸港交付货物时止

    B. 装上船至卸下船

    C. 船舷到船舷

    D. 仓库到仓库

答案：A。 根据我国海商法的规定，集装箱运输下承运人的责任期间是从装港接受货物时起至卸港交付货物时止，货物处于承运人掌管的全部期间。

144.使用海运单的风险是（　　）。（2003 年）

    A. 承运人易遭受无单放货的指责或索赔

    B. 收货人没有正本海运单而提货困难

    C. 托运人可能在将货装船出运后难以收回货款，造成钱货两空。

    D. A、B 和 C

答案：C。 使用海运单的情况下，其交货方式不同于海运提单，承运人仅凭收货人的身份交货，收货人也无须向承运人提交海运单。故此题的答案只能是 C。

145. 海运集装箱运输中的场站收据是（　　）。（2003 年）
　　A. 交货凭证　　　　　　　　　　　B. 海关放行单
　　C. 大副收据　　　　　　　　　　　D. 换提单凭证
答案：D。海运集装箱运输中的场站收据主要作用之一，是托运人凭此单向承运人换取提单。

146. 证明海上货物运输合同和货物已经由承运人接收或装船，以及承运人保证据以交付货物的单证是（　　）。（2003 年）
　　A. 提单　　　　　　B. 大副收据　　　　　　C. 场站收据　　　　　　D. 海运单
答案：A。根据我国海商法的规定，提单是证明海上货物运输合同和货物已经由承运人接收或装船，以及承运人保证据以交付货物的单证。

147. 船舶应该在预定期限内抵达装货港准备装货，这个期限称之为（　　）。（2003 年）
　　A. 装卸时间　　　　　B. 受载期　　　　　　C. 宣载期　　　　　　D. 速遣期
答案：B。装卸时间是航次租船合同规定装卸货物的时间；受载期是规定船舶到达约定装货港做好装货准备的期限。

148. 下列哪张单证是海运集装箱进口货运中特有的单证？（　　）（2003 年）
　　A. 交货记录　　　　　B. 场站收据　　　　　C. 设备交接单　　　　D. 装箱单
答案：A。在集装箱出口货运中所特有的单证是场站收据，交货记录是集装箱进口所特有的单证。设备交接单和装箱单则是在集装箱进出口货运中都要使用的单证。

149. 海运中以完成航次运输为目的，按航次所需的实际天数和约定的日租金率计收租金的运输经营方式是（　　）。（2003 年）
　　A. 期租　　　　　　　B. 程租　　　　　　　C. 光租　　　　　　　D. 航次期租
答案：D。海运中以完成航次运输为目的，按航次所需的实际天数和约定的日租金率计收租金的运输经营方式是航次期租。

150. 我国某出口商托运一票货物通过海运去西雅图（Seattle，WA，USA），走下列（　　）航线。（2004 年）
　　A. 远东—北美西岸航线　　　　　　B. 远东—北美东岸航线
　　C. 远东—欧洲航线　　　　　　　　D. 远东—地中海航线
答案：A。根据地理位置，美国西雅图在北美西岸。

151. 一件毛重 200 公斤，实际价值（提单上未注明）为 900SDR 的货物，在运输过程中落海全部灭失，承运人对此负赔偿责任。根据我国海商法的规定，承运人赔偿限额为（　　）。（2004 年）
　　A. 400SDR　　　　　B. 666.67SDR　　　　C. 800SDR　　　　　D. 900SDR
答案：B。我国海商法规定，承运人对货物的灭失或损坏的赔偿限额，未在货物装运前申报货物实际价值或在提单中载明的，按照货物件数或其他货运单位数计算，每件或每个其他货运单位为666.67SDR，或者按照货物毛重计算，每公斤 2SDR，以二者中赔偿限额较高的为准。C 和 D 不对，A 项为 400SDR 小于 B 项 666.67SDR，所以应选 B。

152. 下列（　　）单证在海上货物运输实践中也被称为"下货纸"。（2004 年）
　　A. 提单　　　　　　B. 装货单　　　　　　C. 收货单　　　　　　D. 提货单
答案：B。装货单，亦称下货纸，是托运人（实践中通常是货运代理人）填制交船公司（实践中通常是船舶代理人）审核并签章后，据以要求船长将货物装船承运的凭证。

153. 在国际海上集装箱班轮运输中，运价本中没有的内容是（　　）。（2004 年）
　　A. 条款和规定　　　B. 船期　　　　　　　C. 基本运价　　　　　D. 附加运价
答案：B。运价本也称费率本或运价表，是船公司承运货物向托运人据以收取运费的费率表的汇总。主要由条款和规定、商品分类和费率三部分组成，没有船期的规定。

154. 航次租船合同规定"滞期费每天 3 000 美元，速遣费每天 1 500 美元"。船舶装货滞期 3 天，卸货速遣 3 天。若按装卸时间平均计算，则租方总共应付（　　）滞期费。(2004 年)

　　　A. 9 000 美元　　　　B. 4 500 美元　　　　C. 0 美元　　　　　　D. 3 000 美元

答案：C。 装卸时间平均计算，又称装卸时间均算，是指分别计算装货时间和卸货时间，用一个作业中节省的时间抵消另一个作业中超用的时间。即以卸货港节省的时间抵补装货港的滞期时间。本题两港滞期和速遣时间抵消，自然租方无需支付滞期费。

155. 船方提供给租方一定吨位的运力，在确定的港口之间，以事先约定的时间、航次周期和每航次较均等的运量，完成运输合同规定的全部货运量的租船方式是（　　）。(2004 年)

　　　A. 航次租船　　　　B. 包运租船　　　　C. 定期租船　　　　D. 光船租船

答案：B。 租船方式分为航次租船、包运租船、定期租船、航次期租、光船租船。不同的租船方式的概念是不同的。船方提供给租方一定吨位的运力，在确定的港口之间，以事先约定的时间、航次周期和每航次较均等的运量，完成运输合同规定的全部货运量的租船方式是包运租船。

156. 托运人托运五个箱子的货物，船舶代理人签发了"装货单号"S/O No. SY - 001，货物装船后，托运人要求承运人的代理人分别为五个箱子的货物签发提单，结果签发了五套提单。这样的提单称为（　　）。(2004 年)

　　　A. House B/L　　　　　　　　　　B. OmniBus B/L

　　　C. Separate B/L　　　　　　　　 D. Switch B/L

答案：C。 Separate B/L 分提单，指应托运人要求，承运人将属于同一装货单号下的货物分开，并分别签发的提单。

157. 航次租船合同中，表示船舶出租人不负责装货费用，但负责卸货费用的条款是（　　）。(2004 年)

　　　A. LIFO　　　　　　B. FILO　　　　　　C. FIOST　　　　　D. LINER TERM

答案：B。 FILO 是 free in，liner out 的简略，船舶出租人仅就装货费不负责，其他费用，如卸货港的卸货费用等仍由船舶出租人承担。LIFO 与 FILO 恰相反，船舶出租人仅就装货费负责，其他费用，如卸货港的卸货费用等船舶出租人不承担。FIOST 则表明船舶出租人不负责装卸费用。LINER TERM 表明船舶出租人负责装卸费用。

158. 塔科马（TACOMA）是下列哪一条集装箱货物运输航线上的港口（　　）。(2005 年)

　　　A. 泛太平洋航线　　　　　　　　　B. 澳新航线

　　　C. 跨大西洋航线　　　　　　　　　D. 欧地线

答案：A。 根据地理位置，塔科马港口位于泛太平洋航线。

159. 《维斯比规则》和《海牙规则》对海运承运人规定的两大基本义务是（　　）。(2005 年)

　　　A. 开航和管货义务　　　　　　　　B. 适航和管船义务

　　　C. 适航和管货义务　　　　　　　　D. 管船和管货义务

答案：C。 《维斯比规则》和《海牙规则》对海运承运人规定的两大基本义务是适航和管货义务，因船舶不适航或管货有过失造成货损，承运人要承担赔偿责任。承运人对管船过失造成的货损可以免责。

160. 凡运往非基本港的货物，达到或超过规定的数量，船舶可直接挂靠，但要收取（　　）。(2005 年)

　　　A. 转船附加费　　　B. 直航附加费　　　C. 港口附加费　　　D. 选港附加费

答案：B。 在海上货运中，转船附加费是承运人根据运输过程中货物需要在某个港口换装另一船舶运输时而加收的附加费；直航附加费是托运人要求承运人将其托运的货物从装货港不经过转船而直接运往非基本港所增收的附加费；港口附加费是承运人对港口装卸效率低，或港口使费过高时而加收的附加费；选港附加费则指的是选择卸货港所增加的附加费。故应选择 B。

161. 在国际集装箱海运实践下，国际货运代理人作为 CONSOLIDATOR 时与收发货人所采用的集装箱货物交接方式主要是（　　）。（2005 年）

    A. CY/CY　　　　　B. CY/CFS　　　　　C. CFS/CFS　　　　　D. CFS/CY

答案：C。 本题知识要点为集拼经营人的地位，要求考生掌握集拼经营人与收发货人之间的关系问题。作为集拼经营人与单个收发货人而言，他是承运人，与收发货人交接货物的方式主要是CFS/CFS。

162. 在国际海上货物运输中，指示提单的空白背书是指（　　）。（2005 年）

    A. 提单的收货人一栏内填写"空白"二字，在提单的背面也写上"空白"二字

    B. 提单的收货人一栏填写"TO ORDER"，由提单上记载的收货人在提单背面签字，不写明受让人

    C. 提单的收货人一栏填写"TO ORDER"，由提单上记载的托运人在提单背面签字，不写明受让人

    D. 提单的收货人一栏填写"TO ORDER"，由提单上记载的承运人在提单背面签字，不写明受让人

答案：C。 提单背书是指指示提单在转让时，转让人在提单的背面写明或者不写明受让人，并签名的手续。提单背书分为记名背书、指示背书和空白背书。空白背书是指由提单上记载的托运人在提单背面签字，不写明受让人的背书。

163. 在国际海上集装箱货物运输中，当货运代理人取得集装箱设备交接单，但在提取空箱前，设备交接单中通常不会记载哪一项内容（　　）。（2005 年）

    A. 用箱人的名称　　　　　　　　　　B. 集装箱箱号

    C. 提取空箱的地点　　　　　　　　　D. 集装箱尺寸、类型

答案：B。 集装箱设备交接单通常记载内容包括用箱人的名称、提取空箱的地点、集装箱尺寸、类型等项目，但在提取空箱前，集装箱箱号尚未记载在集装箱设备交接单中。

164. 航次期租下承租人支付的费用是（　　）。（2005 年）

    A. 运费　　　　　　B. 附加费　　　　　C. 租金　　　　　D. 包干运费

答案：C。 海运中以完成航次运输为目的，按航次所需的实际天数和约定的日租金率计收租金的运输经营方式是航次期租。航次期租是介于航次租船和定期租船之间的租船方式，其费用和风险的划分基本上与定期租船方式相同。所以，航次期租下承租人支付的费用是租金而不是运费。

165. 在集装箱班轮运输中，当收货人提取集装箱货物后未能在规定的时间内还空箱时，承运人向收货人收取的费用称为（　　）。（2005 年）

    A. 滞箱费　　　　　B. 滞留损失费　　　　　C. 租金　　　　　D. 滞纳金

答案：A。 集装箱班轮运输中的滞箱费是指在集装箱货物运输中，当收货人提取集装箱货物后未能在规定的时间内还空箱时，承运人向收货人收取的费用，有时称为滞期费。

166. 在国际海上集装箱货物运输中，集装箱设备交接时，如集装箱发生损坏时，应在集装箱设备交接单上做相关记录。集装箱设备交接单上的记录代码 BR、DR 分别代表（　　）。（2006 年）

    A. 破损、污箱　　　　B. 破损、凹损　　　　C. 凹损、污箱　　　　D. 危标、污箱

答案：A。 集装箱设备交接单上损坏记录代码包括 BR、D、M、DR、DL，他们分别代表破损、凹损、丢失、污箱、危标的意思，因此本题正确答案应是 A，而不是其他项。

167. 国际海运集装箱按用途不同可以分成不同类型的集装箱，其中"FR"代表（　　）。（2006 年）

    A. 干货箱　　　　　B. 超高箱　　　　　C. 挂衣箱　　　　　D. 框架箱

答案：D。 干货箱的英文为 dry cargo container，简写 DR；超高箱为 High cube，简写 HC，挂衣箱为 Garment on Hanger，简写 GOH；框架集装箱为 Flat Rack Container，简写 FR。

168. 在租船运输业务中，根据中国《海商法》的规定，对于以下的几种租船方式，只有在（　　）中船舶出租人必须履行班轮运输中承运人的适航义务和不得不合理绕航的义务。（2006 年）

　　A. 航次租船　　　　B. 定期租船　　　　C. 光船租船　　　　D. 航次期租

答案：A。 中国《海商法》仅对航次租船中船舶出租人必须履行班轮运输中承运人的适航义务和不得不合理绕航的义务做出强制性规定，对于其他类型的租船方式，我国海商法并没有强制性规定。

169. 航次租船方式下，货物装卸费由船舶出租人还是承租人承担取决于合同的具体规定。下列（　　）规定表明船舶出租人不承担货物装卸费用。（2006 年）

　　A. FI、FILO　　　　　　　　　　B. FIO、FIOST

　　C. FO、LIFO　　　　　　　　　　D. LINER TERM、GROSS TERM

答案：B。 回答这一问题，需要清楚了解各种缩写术语的具体含义。FI 指船舶出租人不负担装货费，FILO 指船舶出租人不负责装货费，但负责卸货港的卸货费用。FIO 指船舶出租人不负担装卸费条款，FIOST 指船舶出租人不负担装卸费、平舱费和堆舱费。FO 指船舶出租人不负担卸货费、LIFO 指船舶出租人不负担卸货费，但负责装货费。LINER TERM、GROSS TERM 是指船舶出租人负担货物的装卸费用的条款。了解各种缩写术语的具体含义，不难发现只有 B 项符合题意。

170. 鹿特丹（ROTTERDAM）是下列哪一条集装箱货物运输航线上的港口（　　）。（2006 年）

　　A. 远东-北美西海岸航线　　　　　　B. 澳新航线

　　C. 远东-北美东海岸航线　　　　　　D. 欧地线

答案：D。 鹿特丹是欧洲著名港口，因此显然是集装箱货物运输欧地线上的港口。作为货运代理人掌握一定的港口、航线等地理知识还是十分必要的。

171. 根据金康 94 合同的含义，船舶出租人在任何时候，只要估计船舶不能在受载期内抵达装货港，就可以向承租人提出询问。船舶出租人提出该询问之后，承租人必须在 48 小时内做出回答，否则会被自动地当做另有一新修改过的新的解约日，即船舶出租人提出的新的估计可装货日期再加上（　　）。（2006 年）

　　A. 3 天　　　　　　B. 5 天　　　　　　C. 7 天　　　　　　D. 9 天

答案：C。 这是金康 94 合同第 9 条（B）的规定。这条规定比较偏袒船舶出租人的利益，承租人如果在船舶出租人提出该询问之后未给与答复，解约日自动延长 7 天。此题考的是关于**航次租船**合同解约日延长的时间概念。

172. 美国海关 24 小时预申报规则要求船公司或无船承运人在装货港装货前 24 小时以电子**数据**方式向美国海关递交（　　）。（2006 年）

　　A. 装货清单　　　　B. 载货清单　　　　C. 货物积载图　　　　D. 集装箱装箱单

答案：B。 美国海关 24 小时预申报规则（AMS）适用于所有进口到美国的货物或途经美国的货物，要求船公司或无船承运人在装货港装货前 24 小时，将载货清单在装船前以电子数据方式递交给美国海关，以便美国海关在货物装船前预先评价用海运集装箱走私武器的风险。

173. 根据航次租船合同的规定，在船舶抵达港口递交 NOR 一段时间后，开始起算（　　）。（2006 年）

　　A. 装卸时间　　　　B. 受载期　　　　C. 租船合同期限　　　　D. 宣载期

答案：A。 装卸时间是承租人和船舶出租人约定的，承租人保证将合同货物在装货港全部装完和/或在卸货港全部卸完的时间。受载期（1aydays）是船舶在租船合同规定的日期内到达约定的装货港，并做好装货准备的期限。航次租船合同期限一般没有规定。宣载期是船长根据本航次所需要的物料、油水等因素，在装港宣布可以装载的货物数量的时间。

174. 托运人和货运代理人根据某船公司班轮船期表的 ETD 时间（9 月 10 日）和 EIR 条款有关免费用箱时间（7 天）的规定，于 9 月 4 日提取空箱，装货后于 9 月 8 日将集装箱货物送到该船公司指定的码头堆场。由于船舶晚到，9 月 12 日才装完集装箱货物并开航。该船公司因此向托运人（货运代理人）收取滞箱费。你认为船公司（   ）。（2007 年）

  A. 应收取 1 天滞箱费   B. 应收取 2 天滞箱费

  C. 应收取 3 天滞箱费   D. 不应收取滞箱费

  答案：D，本题考的是海运实务知识。托运人和货运代理人已在船公司规定期限内将集装箱运至船公司指定的码头堆场，由于船舶晚到原因装船，船公司无权向托运人（货运代理人）收取滞箱费。

175. 一票货物沿海运输，从上海港运往青岛港，需要承运人签发运输单证。因此，货主可以要求承运人（   ）。（2007 年）

  A. 根据我国《海商法》签发提单   B. 根据我国《海商法》签发运单

  C. 根据我国《合同法》签发提单   D. 根据我国《合同法》签发运单

  答案：D。根据我国海商法的规定，提单是国际海上货物运输合同的证明而不是我国沿海货物运输的证明。因此，在沿海运输中，承运人收到货物后，根据我国合同法的规定，应当签发的单证是运单而不是提单。

176. 在国际不定期船舶运输中，通常情况下，（   ）没有规定租船合同的期限。（2007 年）

  A. 航次租船   B. 光船租船   C. 定期租船   D. 包运租船

  答案：A。航次租船基本上都是以完成特定航次的形式出租船舶的，并没有规定租船合同的期限，而定期租船、光船租船和包运租船则是规定一定期限出租船舶的。

177. 根据航次租船合同的规定，在船舶装卸时间届满后，开始起算（   ）。（2007 年）

  A. 速遣时间   B. 滞期时间   C. 船舶受载期   D. 宣载期

  答案：B。本题涉及航次租船业务中四个有关时间方面的基本概念，承租人所用的实际装卸时间少于合同规定的允许使用时间，节省部分的时间即为速遣时间。如果承租人所用的实际装卸时间超过了合同规定的允许使用时间，超过部分的时间为滞期时间。受载期是船舶在租船合同规定的日期内到达约定的装货港，并做好装货准备的期限。宣载期是指船长根据本航次所需要的物料、油水等因素，在装港宣布可以装载的货物数量的期限。

178. 航次租船合同下，下列（   ）术语表明如果在星期天、节假日内进行装卸作业，也计入装卸时间。（2007 年）

  A. WWDSSHEX   B. WWDSHEX   C. WWDSHEXEIU   D. WWDSHEXUU

  答案：D。WWDSHEX 为晴天工作日，周日和节假日除外；WWDSSHEX 为晴天工作日，周六、周日和节假日除外；为了明确星期天、节假日排除在晴天工作日之外，避免争执，租船实务中通常又把晴天工作日之后加上不同的表述：WWDSHEXEIU 为晴天工作日，周日和节假日除外，即使已使用也不计入；WWDSHEXUU 为晴天工作日，周日和节假日除外，除非已使用，表明此术语下晴天工作日，周日和节假日除外，如果实际使用，则计入装卸时间。

179. 根据有关国家法律、国际公约、提单条款和航运惯例，一般都把交付货物当时或一定期限内收货人未提出货损书面通知视为按提单记载事项将货物交付给收货人的（   ）。（2007 年）

  A. 绝对证据   B. 初步证据   C. 不可推翻证据   D. 象征性证据

  答案：B。我国海商法、海牙规则、维斯比规则等都规定承运人向收货人交付货物时，收货人未提出货损书面通知视为按提单记载事项将货物交付给收货人的初步证据。

180. 在国际海上货物运输中，除非《IMDG Code》中另有规定，一切装有危险货物的包件应以耐久的标志或标志图案明确表明该危险货物的特性。应做到使其在海水中至少浸泡（　　），其标志或标志图案仍清晰可辨。（2007年）

　　A. 4个月　　　　　　　B. 3个月　　　　　　　C. 2个月　　　　　　　D. 1个月

　　答案：B。 根据《IMDG Code》的规定，一切装有危险货物的包件应以耐久的标志或标志图案明确表明该危险货物的特性，应做到使其在海水中至少浸泡三个月其标志或标志图案仍清晰可辨。

181. 根据《国际海运危险货物规则》的规定，油漆、清漆属于（　　）类的危险品。（2007年）

　　A. 爆炸品　　　　　　B. 气体　　　　　　　C. 易燃液体　　　　　　D. 有毒物质

　　答案：C。 国际海上危险货物运输中，包装危险货物根据《国际海运危险货物运输规则》（IMDG Code），按照它们所呈现的危险性或主要的危险性按照联合国《关于危险货物运输的建议书·规章范本》分为9大类，第3类易燃液体是在闭杯闪点试验61℃（相当于开杯试验65.6℃）或在61℃以下时放出易燃蒸气的液体或液体混合物，或含有处于溶液中或悬浮状态的固体或液体（如：油漆、清漆、真漆等，但不包括由于其他危险性已另列入其他类别中的物质），上述温度通常指闪点。

182. 在海上货物运输中，当发生货损货差事故时，（　　）有权向承运人提起索赔。（2007年）

　　A. 正本 B/L 转让后的转让人　　　　　　B. 正本 B/L 转让后的受让人

　　C. 正本 B/L 转让前的收货人　　　　　　D. 正本 B/L 转让后的发货人

　　答案：B。 本题有一定的难度，关键是判断提单转让到谁的手中，提出货物索赔的人原则上应是货物所有人，或提单上记载的收货人或合法的提单持有人。对于 A 项正本 B/L 转让后的转让人，由于提单已转让出去，他不是提单持有人。对于 D 项正本 B/L 转让后的发货人基本上和 A 项相同，他也不是提单持有人。对于 C 项正本 B/L 转让前的收货人，由于提单尚未转让给他，没有提单自然也不具备索赔的条件。只有 B 项持有正本提单的受让人，有权向承运人提出索赔。

183. 阿尔赫西拉斯港（ALGECIRAS, SPAIN）是海上集装箱货物运输中（　　）上的港口。（2008年）

　　A. 远东-北美西海岸航线　　　　　　B. 远东-澳新航线

　　C. 远东-北美东海岸航线　　　　　　D. 远东-欧洲、地中海航线

　　答案：D。 阿尔赫西拉斯港是欧洲著名港口，因此显然是集装箱货物运输欧地线上的港口。作为货运代理人掌握一定的港口、航线等地理知识还是十分必要的。

184. 根据我国《海商法》的规定，在国际海上货物运输中，承运人在签发提单之前与托运人另有约定，且该约定又不同于提单条款规定的内容。若提单转让给收货人，则承运人与收货人之间的权利义务以（　　）。（2008年）

　　A. 提单条款为准　　　　　　B. 该约定为准

　　C. 托运单条款为准　　　　　　D. 运价本条款为准

　　答案：A。 根据我国《海商法》的规定，在国际海上货物运输中，承运人在签发提单之前与托运人另有约定，且该约定又不同于提单条款规定的内容。若提单转让给收货人，则承运人与收货人之间的权利义务以提单条款为准。

185. 国际海上集装箱班轮运输实践中可能使用"货主箱"（SOC），该类箱在海上运输过程中灭失或者损坏时，可以认为它是一种（　　）。（2008年）

　　A. 货物的包装　　　　B. 运输设备　　　　C. 运输工具　　　　D. 货物

　　答案：D。 根据我国《海商法》以及《海牙规则》、《维斯比规则》等国际公约的规定，货物包括由托运人提供的用于集装货物的集装箱、货盘或者类似的装运器具。因此，对于国际海上集装箱班轮运输实践中使用的"货主箱"，也被视为货物。

186. 航次租船合同中规定，装货时间为 5WWDSHEXEIU，卸货时间为 4WWDSHEXUU。在装卸时间单独核算的情况下，装货港滞期两天、卸货港速遣两天，通常情况下（　　）。（2008 年）

    A. 出租人要支付速遣费给承租人，承租人也要支付滞期费给出租人，但速遣费大于滞期费

    B. 出租人要支付速遣费给承租人，承租人也要支付滞期费给出租人，滞期费等于速遣费

    C. 出租人不要支付速遣费给承租人，承租人也不要支付滞期费给出租人，滞期费与速遣费抵消

    D. 出租人要支付速遣费给承租人，承租人也要支付滞期费给出租人，但滞期费大于速遣费

答案：D。 通常情况下，速遣费是滞期费的一半，所以在装卸时间单独核算的情况下，尽管装货港滞期两天、卸货港速遣两天，滞期费肯定大于速遣费，正确答案应是 D。

187. 船方提供给租方一定吨位的运力，在确定的港口之间，以事先约定的时间、航次周期和每航次较均等的运量，完成运输合同规定的全部货运量的租船方式是（　　）。（2008 年）

    A. 航次租船　　　　　B. 包运租船　　　　　C. 定期租船　　　　　D. 光船租船

答案：B。 租船方式分为航次租船、包运租船、定期租船、航次期租、光船租船。不同的租船方式的概念是不同的。船方提供给租方一定吨位的运力，在确定的港口之间，以事先约定的时间、航次周期和每航次较均等的运量，完成运输合同规定的全部货运量的租船方式是包运租船。

188. 在通过租船经纪人成功地签订了租船合同后，通常由船舶出租人向租船经纪人支付"经纪人佣金"。航次租船下，因为一方当事人的过错，导致租船合同不能履行时，为了保护租船经纪人的利益，应当在合同中载明如何处理租船经纪人的佣金问题。94 年金康合同范本规定，在这种情况下由过错方支付原定佣金的（　　）给租船经纪人。（2008 年）

    A. 1/3　　　　　　　　B. 2/3　　　　　　　　C. 1/4　　　　　　　　D. 1/2

答案：A。 94 年金康合同范本规定，并且对于未履行的合同，由过错方支付原定佣金的 1/3 给租船经纪人。

189. 根据有关国家法律、国际公约、提单条款和航运惯例，一般都把交付货物当时或一定期限内收货人未提出货损书面通知视为按提单记载事项将货物交付给收货人的（　　）。（2008 年）

    A. 绝对证据　　　　　B. 初步证据　　　　　C. 不可推翻证据　　　　　D. 象征性证据

答案：B。 根据有关国家法律、国际公约、提单条款和航运惯例，一般都把交付货物当时或一定期限内收货人未提出货损书面通知视为按提单记载事项将货物交付给收货人的初步证据。我国海商法、海牙规则、维斯比规则等均做出相同的规定。

190. 收货人在目的地收到货物后，打开集装箱发现箱内货物受损，且数量少于提单所记载的数量。依据我国《海商法》的规定，收货人应当在集装箱货物交付的次日起（　　）内向承运人提交索赔通知。（2008 年）

    A. 3 日　　　　　　　　B. 7 日　　　　　　　　C. 15 日　　　　　　　　D. 21 日

答案：C。 依据我国《海商法》的规定，收货人应当在集装箱货物交付的次日起 15 日内向承运人提交索赔通知，对于非集装箱货物则是 7 日。

191. 《国际海运危险货物规则》（IMDG Code）是由（　　）制定的。（2008 年）

    A. 国际海事组织　　　　　　　　　　　　B. 国际航空运输协会

    C. 国际货运代理协会联合会　　　　　　D. 联合国经济委员会

答案：A。 涉及国际危险货物运输的相关规则，国际海事组织（IMO）制定了《国际海运危险货物规则》（IMDG Code）；国际航空运输协会（IATA）制定了《危险货物规则》（DGR）；联合国欧洲经济委员会（ECE）制定了《国际公路运输危险货物协定》（ADR）。

192. 危险货物的标志图形符号主要有爆炸的炸弹、火焰、气瓶、三叶形等，其中三叶形图形符号表示该货物具有（　　）。（2008 年）

    A. 磁性　　　　　　　　B. 放射性　　　　　　　　C. 腐蚀性　　　　　　　　D. 杂类

答案：**B**。标志的图形符号主要有：爆炸的炸弹（爆炸性）、火焰（易燃性）、骷髅和两根交叉的骨头棒（毒性）、气瓶（非易燃、无毒气体）、三叶形（放射性）、三个新月形沿一个圆圈重叠在一起（感染性）、圆圈上带有火焰（氧化性）、从两个玻璃器皿中流出的液体侵蚀到手和金属上（腐蚀性）、七条垂直的条带（杂类）。

193. 在我国，对拟交付船舶运输的危险货物，托运人在办理危险货物申报时需要递交的单证通常不包括（ ）。（2008 年）

    A. 危险货物安全适运申报单   B. 集装箱装运危险货物装箱证明书

    C. 危险货物包装检验证明书   D. 危险货物舱单

答案：**D**。在我国，对拟交付船舶运输的危险货物，托运人在办理危险货物申报时需要递交的单证通常包括危险货物安全适运申报单、集装箱装运危险货物装箱证明书、危险货物包装检验证明书。

194.《国际海运危险货物规则》中的第 1 大类危险货物是（ ）。（2008 年）

    A. 放射性物质   B. 易燃液体   C. 爆炸品   D. 腐蚀性物质

答案：**C**。国际海上危险货物运输中，包装危险货物根据《国际海运危险货物运输规则》（IMDG Code），按照它们所呈现的危险性或主要的危险性按照联合国《关于危险货物运输的建议书·规章范本》分为 9 大类，第 1 大类危险货物是爆炸品。

195. 国际海运集装箱按用途不同可以分成不同类型的集装箱，其中"RF"代表（ ）。（2009 年）

    A. 干货箱   B. 冷藏集装箱

    C. 框架集装箱   D. 开顶集装箱

答案：**B**。干货箱的英文为 dry cargo container，简写 DR；冷藏集装箱为 reefer container，简写 RF；框架集装箱为 Flat Rack Container，简写 FR；开顶集装箱为 open - top container，简写 OT。

196. 查尔斯顿港（CHARLESTON，SC，USA）是国际集装箱货物运输挂靠的港口之一，该港口位于（ ）航线上。（2009 年）

    A. 远东-北美西海岸航线   B. 澳新航线

    C. 远东-北美东海岸航线   D. 欧地线

答案：**C**。查尔斯顿港是美国东海岸的一个港口。

197. 在国际海上货物运输中，若按照货物重量或体积或价值三者中较高的一种计收海运运费，则船公司运价表内以（ ）表示。（2009 年）

    A. "W/M"   B. "W/M plus Ad Val"

    C. "W/M or Ad Val"   D. "Ad Val"

答案：**C**。"W/M"表示该货物应分别按其毛重和体积计算运费，并选择其中运费较高者；"W/M plus Ad. Val"表示这种货物除应分别按其毛重和体积计算运费，并选择其中运费较高者外，还要加收按货物 FOB 价格的某一百分比计算的运费。"W/M or Ad. Val."表示该种货物应分别按其 FOB 价格的某一百分比和毛重、体积计算运费，并选择其中运费高者。"Ad. Val."表示该种货物应按其 FOB 价格的某一百分比计算运费。

198. 目前在国际航运租船市场中，通常都采用比较有影响的标准租船合同格式。统一杂货租船合同（uniform general charter），简称"金康（GENCON）合同"属于（ ）。（2009 年）

    A. 航次租船合同   B. 定期租船合同

    C. 光船租船合同   D. 航次期租合同

答案：**A**。目前在国际航运租船市场中，通常采用的"金康（GENCON）合同"属于航次租船合同。

199. 航次租船合同中的"解约日"通常是指（　　）。（2009 年）

    A. 出租人有权解除合同的日期　　　　B. 承租人有权解除合同的日期

    C. 出租人实际解除合同的日期　　　　D. 承租人实际解除合同的日期

答案：B。在航次租船合同下，如果船舶出租人在约定的受载期限内，未能提供船舶的，承租人有权解除合同。当然，承租人也可以放弃解除合同的权利。"解约日"在合同中规定了具体的日期，通常是受载期的最后一天。

200. 在订立航次租船合同装卸费用条款时，承租人要考虑装卸费用条款应与货物买卖合同的价格术语相衔接。例如：CIF ex-ship's hold（CIF，舱底交货）是指买方应在舱底接受货物，并负担卸货费。通常承租人应与船舶出租人约定，在航次租船合同中订立（　　）条款。（2009 年）

    A. Berth Terms　　　　　　　　　　B. FILO

    C. Liner Terms　　　　　　　　　　D. FO

答案：D。CIF ex-ship's hold（CIF，舱底交货）是指买方应在舱底接受货物，并负担卸货费。那么在航次租船合同中应约定"FO"条款。船舶出租人不负担卸船费用，承租人虽然对应船舶出租人而言要承担卸船费用，但实际上根据买卖合同由买方承担。

201. 狭义上的货运事故是指运输中发生的货损货差事故。广义上的货运事故还可以包括运输单证差错、迟延交付货物、海运中的"无单放货"等情况。下列（　　）不属于货运事故。（2009 年）

    A. 装卸工人操作不当造成货损　　　　B. 船员管货过失造成货损

    C. 承运人掌管之下货物被盗　　　　　D. 货物潜在缺陷

答案：D。狭义上的货运事故是指运输中发生的货损货差事故。广义上的货运事故还可以包括运输单证差错、迟延交付货物、海运中的"无单放货"等情况。很显然，货物潜在缺陷不属于运输中发生的货损货差事故。

202. 《国际海运危险货物规则》是由以下（　　）组织制定的。（2009 年）

    A. ICAO　　　　　　B. OCTI　　　　　　C. UN　　　　　　D. IMO

答案：D。国际民用航空组织（ICAO）制定了《空运危险货物安全运输技术规则》；欧洲铁路运输中心局（OCTI）制定了《国际铁路运输危险货物技术规则》；国际海事组织（IMO）制定了《国际海运危险货物规则》。

203. 根据《国际海运危险货物规则》的规定，在海运危险货物运输中，当使用铁桶装载危险货物时，下列表述正确的是（　　）。（2009 年）

    A. 单件最大容积为 450 升　　　　　B. 单件最大容积为 220 升

    C. 单件最大净重为 200 公斤　　　　D. 单件最大净重为 450 公斤

答案：A。危险货物运输包装是防止货物在正常运输过程中发生燃烧、爆炸、腐蚀、毒害、放射射线、污染等事故的重要条件之一，是保障安全运输的基础。当使用铁桶装载危险货物时，海运规定单件的最大容积为 450 升，最大净重 400 公斤。铁路运输规定，铁桶的件容积不得超过 220 升。而航空运输则规定铁桶的最大容积 220 升，最大净重 200 公斤。

204. 在国际海上危险货物运输中，确定是否属于"易燃液体"的标准主要以货物的（　　）来确定。（2009 年）

    A. 闪点　　　　　B. 燃点　　　　　C. 燃烧极限　　　　D. 自燃点

答案：A。闪点（Flash Point）是易燃液体的蒸气和空气形成的混合物与明火接触时可以发生瞬间闪火的最低温度。确定是否属于"易燃液体"的标准主要以货物的闪点来确定。

205. 在国际海上危险货物运输中，LD_{50}（mg/kg）表示危险货物的（　　）大小的指标。（2009 年）

　　　　A. 燃烧性　　　　　　B. 毒害性　　　　　C. 腐蚀性　　　　　D. 放射性

　　答案：B。半数致死剂量（LD$_{50}$）是指使试验动物一次染毒后，在 14 天内有半数试验动物死亡所施用的毒物剂量。单位用 mg/kg 表示，是衡量毒物毒性大小的指标。

　　206. 根据我国《海商法》的规定，承运人对国际海上集装箱货物运输的责任期间，是指（　　），货物处于承运人掌管下的全部期间。（2009 年）

　　　　A. 从货物装上卡车时起至货物卸下卡车时止

　　　　B. 从货物装上船时起至货物卸下船时止

　　　　C. 从装货港接收货物时起至卸货港交付货物时止

　　　　D. 从接受货物时起至交付货物时止

　　答案：C。我国《海商法》第四十六条规定，承运人对集装箱装运的货物的责任期间，是指从装货港接收货物时起至卸货港交付货物时止，货物处于承运人掌管之下的全部期间。承运人对非集装箱装运的货物的责任期间，是指从货物装上船时起至卸下船时止，货物处于承运人掌管之下的全部期间。

　　207. 迈阿密港（MIAMI，FL，USA）是国际海上集装箱货物运输中（　　）上的港口。（2010 年）

　　　　A. 远东-北美西海岸航线　　　　　　　　B. 远东-澳新航线

　　　　C. 远东-北美东海岸航线　　　　　　　　D. 远东-欧洲、地中海航线

　　答案：C。迈阿密港（MIAMI，FL，USA）所在位置为美国东南沿海弗罗里达半岛上，处于北美东海岸，理应选 C。

　　208. 在国际海上集装箱货物运输中，承运人签发的海运提单上通常不会显示（　　）。（2010 年）

　　　　A. 船名　　　　　　B. 装船日期　　　　　C. 到达目的港日期　　　D. 运费已预付

　　答案：C。在国际海上集装箱货物运输中，承运人缮制签发的海运提单上通常显示船名航次、提单号码、装卸港口、货物的名称、货物的件数、货物的毛重和尺码、货物的装船日期、提单的签发地点、运费预付或到付、正本提单份数等信息。船舶到达目的港的日期可以通过查询船公司船期表获得，不显示在提单上。

　　209. 航次租船合同下关于装卸时间的计算有几种方法，由双方当事人选择适用。（　　）是指分别计算装货时间和卸货时间，用一个作业中节省的时间抵消另一个作业中超用的时间。（2010 年）

　　　　A. 可调剂使用装卸时间　　　　　　　　B. 装卸时间平均计算

　　　　C. 装卸时间的分别计算　　　　　　　　D. 装卸共用时间

　　答案：B。在航次租船合同中，装卸时间的计算方法有分别计算和装卸时间统算等方法，作为滞期费或速遣费的核算基础。装卸时间分别计算是指航次租船合同中关于装卸时间的规定是对装货港的装货时间和卸货港的卸货时间分别规定一定的时间，单独计算，不能将装货时间和卸货时间加在一起计算，也不能用一个作业中节省的时间抵消另一作业中超用的时间的一种术语。关于装货港和卸货港的装卸时间的统算，主要有三种约定方法：①装卸共用时间，是一种表明装货港和卸货港的装卸时间统一合起来使用的一种用语。②可调剂使用装卸时间，是指承租人有权选择将约定的装货时间和卸货时间加在一起计算。③装卸时间平均计算，是指分别计算装货时间和卸货时间，用一个作业中节省的时间抵消另一作业中超用的时间。

　　210. 航次租船方式下，货物装卸费由船舶出租人还是承租人承担取决于合同的具体规定。下列（　　）术语表明船舶承租人不承担货物装船费用，但负责货物的卸船费用。（2010 年）

　　　　A. FI、FILO　　　　　　　　　　　　　B. FIO、FIOST

　　　　C. FO、LIFO　　　　　　　　　　　　　D. LINER TERM、GROSS TERM

答案：C。 舱内交货条款（Free Out，FO）简称为 FO 条款，船舶出租人不负担卸货费条款。根据这一条款，在卸货港由承租人负担卸货费。如果船舶出租人仅就卸货费不负责，其他费用仍承担的话，可用"LIFO（Liner In，Free Out）"条款，这是 FO 条款的变形。

211. 我国《海商法》第 97 条规定："船舶出租人在约定的受载期限内，未能提供船舶的，承租人有权解除合同。但是，船舶出租人将船舶延误情况和船舶预期抵达装货港的日期通知承租人的，承租人应当自收到通知时起（　　）内，将是否解除合同的决定通知船舶出租人"。（2010 年）

    A. 48 工作小时　　　　B. 48 小时　　　　C. 24 工作小时　　　　D. 24 小时

答案：B。 我国《海商法》的明确规定，承租人应当自收到通知时起 48 小时内，将是否解除合同的决定通知船舶出租人。

212. 航空货运单是（　　）。（2002 年）

    A. 可议付的单据　　　　　　　　　　B. 物权凭证
    C. 货物收据和运输合同　　　　　　　D. 提货凭证

答案：C。 航空货运单（Air WayBill）是承运人与托运人之间签订的运输契约，也是承运人或其代理人签发的货物收据。但航空货运单不是代表货物所有权的凭证，也不能通过背书转让。收货人提货不是凭航空货运单，而是凭航空公司的提货通知单。

213. 航空运输中，如发生货损货差，根据《华沙公约》规定，最高赔偿为每公斤货物（　　）。（2002 年）

    A. 15 美元　　　　B. 20 美元　　　　C. 30 美元　　　　D. 40 美元

答案：B。 根据《华沙公约》规定，对由于承运人的失职而造成的货物损坏、丢失或延误等所承担的责任，其最高赔偿金额为每公斤毛重 20 美元，或 6.675 英镑，或同等价值的当地货币。

214. 当一笔普通航空货物计费重量很小时，航空公司规定按（　　）计收运费。（2002 年）

    A. 特种运价　　　　B. 声明价值费用　　　C. 起码运费　　　D. 指定运价

答案：C。 起码运费是航空公司办理一批货物所能接受的最低运费。最低运费是航空公司在考虑办理即使是一笔很小的货物运输所产生的固定费用后所制定的。

215. 航空公司与货运代理公司在进口货物交接时，出现清单有记录、有货物、但没有主运单的情况，应采取以下（　　）方式处理。（2002 年）

    A. 主运单退回　　　　B. 主运单后补　　　C. 货物退回　　　D. 清单加主运单号

答案：B。 在航空货物进口运输代理业务程序中，交接时：要进行单单核对，单货核对，核对后如发现清单有记录、有货物、但没有主运单的情况，应采取主运单后补。

216. 由于航空货运单所填内容不准确、不完全，致使承运人或其他人遭受损失，（　　）负有责任。（2002 年）

    A. 托运人　　　　B. 承运人　　　　C. 代理人　　　　D. 机场服务人员

答案：A。 根据《华沙公约》、《海牙议定书》和承运人的承运条件的条款规定，托运人应对货运单所填各项内容的正确性、完备性负有责任。由于航空货运单所填内容不准确、不完全，致使承运人或其他人遭受损失，托运人负有责任。托运人在航空货运单上的签字，证明其接受航空货运单正本背面的运输条件和契约。

217. 航空运输的计费重量，以实际毛重表示时，计费重量的最小单位是（　　）。（2002 年）

    A. 0.5KG　　　　B. 0.1KG　　　　C. 2KG　　　　D. 5KG

答案：A。 国际航协规定，国际货物的计费重量以 0.5 公斤为最小单位，重量尾数不足 0.5 公斤的，按 0.5 公斤计算。

218. 我国国际航空货运单，航空货运代理人持有（　　）。（2003 年）

    A. 正本 3　　　　B. 副本 6　　　　C. 副本 9　　　　D. 正本 1

答案：C。托运人持有正本 3，第三承运人持有副本 6，代理人持有副本 9，出票航空公司持有正本 1。

219.《蒙特利尔第四号议定书》规定的赔偿的责任限额为每千克（ ）个特别提款权。（2003年）

    A. 15   B. 16   C. 17   D. 18

答案：C。《蒙特利尔第四号议定书》规定的赔偿的责任限额为每千克 17 个特别提款权，相当于 20 美元。

220. 在航空货运单中，危险品处理费代码表示为（ ）。（2003年）

    A. AWA   B. CHA   C. RAC   D. SUA

答案：C。"AWA"表示代理人填制的货运单的费用；"CHA"表示代理人代替办理始发地清关业务的费用；"SUA"表示代理人将货物运输到始发地机场的地面运输费。在货运单中，危险品处理费表示为"RAC"。

221. 从运输和报关单据来看，航空快运业务中有一种其他运输形式所没有的单据是（ ）。（2003年）

    A. POD   B. HWB   C. MWB   D. AVI

答案：A。POD（Proof of Delivery），即交付凭证贴在文件或包裹上一起运输，而其他运输方式均不使用 POD。

222. 下列（ ）单证是代理人同航空公司交接的单证。（2003年）

    A. EWB   B. HAWB   C. SLI   D. MAWB

答案：D。MAWB 是主运单，是代理人同航空公司交接的单证。

223. 航空货物的指定商品品名编号在 1000 - 1999 之间的编号代表（ ）货物。（2003年）

    A. 机器、汽车和电器设备   B. 可食用的动植物产品

    C. 活动物及非食用的动植物产品   D. 纺织品、纤维及其制品

答案：C。国际航协规定航空货物的指定商品品名编号在 1 000～1 999 之间的编号代表活动物及非食用的动植物产品。

224. PAP1100CA，其中第一个字母 P 代表（ ）。（2003年）

    A. 注册的飞机集装器   B. 非注册的飞机集装器

    C. 注册的飞机集装板   D. 非注册的飞机集装板

答案：C。集装器代号的第一位字母表示集装器的类型，P 表示注册的飞机集装板。

225. 航空货运中的特殊操作代码 EAT 表示的中文含义（ ）。（2003年）

    A. 活动物   B. 航材   C. 食品   D. 干冰

答案：C。由于航空货运中的操作中规定代码 EAT 表示食品。

226. 某集装箱代号为 AKG1234MU，该集装箱是（ ）。（2003年）

    A. 南方航空公司   B. 东方航空公司

    C. 国际航空公司   D. 中国航空公司

答案：B。集装箱代号最后两位字母表示集装箱所在的航空公司，而 MU 是东方航空公司的两字代码。

227. SCR 表示（ ）运价。（2003年）

    A. 比例运价   B. 指定商品运价

    C. 普通货物运价   D. 等级货物运价

答案：B。SCR 是 Specific Commodity Rate 指定商品运价的缩写。

228. 自中国至 IATA 业务一、二、三区，每票货物的危险品处理费最低标准均为（ ）。

(2003 年)

      A. 100 元人民币   B. 200 元人民币

      C. 300 元人民币   D. 400 元人民币

  答案：D。 国际航协规定自中国至 IATA 业务一、二、三区，每票货物的危险品处理费最低标准为 400 元人民币。

229. 表示航空货物指定商品运价的类别代码是（   ）。（2003 年）

      A. M   B. C   C. N   D. Q

  答案：B。 国际航协规定指定商品运价的类别代码是 C，M 表示最低运费，N 表示标准普通货物运价，Q 表示 45 公斤以上的运价。

230. 航空货运中，General Cargo Rate 表示的中文含义是（   ）。（2003 年）

      A. 普通货物运价   B. 指定商品运价

      C. 等级货物运价   D. 比例运价

  答案：A。 General Cargo Rate 翻译成中文是普通货物运价。

231. （   ）组织是各国政府之间组成的国际航空运输机构。（2003 年）

      A. ICAO   B. IATA   C. SITA   D. FIATA

  答案：A。 ICAO 的成员是联合国下属的专门机构，其成员是各国政府。

232. 一票航空货运主单号 999-3446518X 的第八位检验号是（   ）。（2003 年）

      A. 0   B. 1   C. 2   D. 3

  答案：C。 3446518 除以 7 的余数为 2。

233. 货运单 Not NegotiaBle 的意义（   ）。（2003 年）

      A. 航空业务权不可转让   B. AWB 是不可转让的文件

      C. AWB 上航程不可改变   D. AWB 不可以在运输始发国以外销售

  答案：B。 由于航空货运单仅作为货物航空运输的凭证，所有权属于出票航空公司，与可以转让的海运提单恰恰相反。

234. 日本东京的成田国际机场的三字代码（   ）。（2003 年）

      A. OSA   B. HND   C. KIX   D. NRT

  答案：D。 OSA 是大阪城市的三字代码，HND 是羽田机场的三字代码，KIX 是大阪关西国际机场的三字代码，而 NRT 是成田机场的三字代码。

235. 中国国际航空公司的三位数字代号（   ）。（2003 年）

      A. 781   B. 782   C. 789   D. 999

  答案：D。 中国国际航空公司向国际航协申请的三位数字代号是 999。

236. 如果运输的快件是目的地海关当局对货物有特殊规定，将采用以下运输方式（   ）。（2003 年）

      A. 专人派送   B. 门到机场服务

      C. 机场到机场服务   D. 门到门服务

  答案：B。 如果运输的快件是目的地海关当局对货物有特殊规定，采用门到机场服务，快件到达目的地机场后，当地快递公司及时将到货信息通知收件人，收件人可自己办理清关手续，可委托原快递公司或其他代理公司办理清关手续，但需额外缴纳清关代理费用。

237. 航空货物的指定商品品名编号在 2000 - 2999 之间的编号代表（   ）货物。（2003 年）

      A. 机器、汽车和电器设备   B. 可食用的动植物产品

      C. 活动物及非食用的动植物产品   D. 纺织品、纤维及其制品

  答案：D。 国际航协规定航空货物的指定商品品名编号在 2000－2999 之间的编号代表纺织品、

纤维及其制品。

238. 在航空运输中，承运人之间交接货物、文件的凭证是（　　）。（2004 年）

    A. 分运单   B. 主运单   C. 舱单   D. 转运舱单

答案：D。 在航空运输中，承运人之间交接货物、文件必然涉及转运的问题，所以承运人之间交接货物、文件的凭证是转运舱单。分运单和主运单是航空公司与货主之间交接的凭证文件。

239. 在航空货物运输中，某集装器代号为 PAP2334CA，其中第二个字母"A"表示是（　　）。（2004 年）

    A. 集装器的底板尺寸   B. 集装器的种类

    C. 集装器的所有人   D. 集装器的外形以及与飞机的适配性

答案：A。 空运集装器代号，首位字母是集装器的种类，第二位字母表示集装器的底板尺寸，第三位表示集装器的外形以及与飞机的适配性。

240. 航空货物运输中，指定商品代号 0300 指的货物是（　　）。（2004 年）

    A. 鱼和海鲜   B. 皮革   C. 水果   D. 纺织品

答案：A。 皮革的指定商品代号是 1201，水果的是 0007，纺织品的是 2195。

241. 从上海运往大阪的一票航空货物，品名是报纸，计费重量是 65 公斤，请问选择的适用运价是（　　）。（2004 年）

    A. Normal GCR   B. 50% of the Normal GCR

    C. 45 公斤的运价   D. 100 公斤的运价

答案：B。 对于报纸、杂志货物的运价规定是，WITH IATA AREA 1；BETWEEN IATA AREA 1 AND 2，则适用的运价为 67% OF THE NORMAL GCR。ALL OTHER AREAS 适用的运价为 50% OF THE NORMAL GCR。大阪在日本，属于 TC3 区，所以应选 B。

242. 以下（　　）不是航空集装货物的基本原则。（2004 年）

    A. 底部为金属的货物一般不使用垫板

    B. 体积较小、重量较轻的货物装在集装箱内

    C. 一般情况下不可以组装低探板货物

    D. 一票货物应尽可能集中装在一个集装器上

答案：A。 特别重的货物放在下层，底部为金属的货物和底部面积较小重量较大的货物必须使用垫板，以防金属货物损坏集装板，同时可以分散货物对集装器底板的压力。

243. 在 IATA 运价体系中，在相同航程、相同承运人的条件下，公布直达运价应优先使用（　　）。（2005 年）

    A. 普通货物运价   B. 指定商品运价

    C. 等级货物运价   D. 集装货物运价

答案：B。 在 IATA 运价体系中，在相同航程、相同承运人的条件下，公布直达运价应优先使用指定商品运价。

244. 航空货物的指定商品品名编号在 0001 - 0999 之间的代表（　　）货物。（2005 年）

    A. 机器、汽车和电器设备   B. 可食用的动植物产品

    C. 活动物及非食用的动植物产品   D. 纺织品、纤维及其制品

答案：B。 国际航协规定航空货物的指定商品品名编号在 0001 - 0999 之间的代表可食用的动植物产品。

245. 表示航空货物等级货物附加运价类别代码的是（　　）。（2005 年）

    A. M   B. C   C. S   D. R

答案：C。 国际航协规定指定商品运价的类别代码是 C，M 表示最低运费，R 表示附减的等级

货物运价，表示航空货物等级货物附加运价类别代码的是 S。

246. 在航空货物运输中，某集装器代号为 PAP2334CA，其中第三个字母"P"表示（　　）。（2005 年）

　　A. 集装器的底板尺寸　　　　　　　　B. 集装器的种类

　　C. 集装器所有人　　　　　　　　　　D. 集装器的外形以及与飞机的适配性

答案：D。 在航空货物运输中，空运集装器代号，首位字母是集装器的种类，第二位字母表示集装器的底板尺寸，第三位表示集装器的外形以及与飞机的适配性。

247. 在航空运输中，缩写"CCA"表示（　　）。（2005 年）

　　A. 运费到付　　　　　　　　　　　　B. 货物运费更改通知书

　　C. 货运账目清算系统　　　　　　　　D. 集装器

答案：B。 在航空运输中，缩写"CCA"表示货物运费更改通知书。

248. 航空货运中的特殊操作代码 PER 表示的中文含义是（　　）。（2006 年）

　　A. 活动物　　　　B. 易腐货物　　　　C. 食品　　　　D. 航材

答案：B。 在航空货物运输中，经常可以看到一些常见的特殊操作代码，这些代码主要供操作人员在运输的各个环节中，注意运输货物的性质，采取相应的操作策略。活动物的操作代码为 AVI；易腐货物的操作代码为 PER；食品的操作代码为 EAT；航材的操作代码为 AOG。

249. 在国际航空货物运输中，下列（　　）属于非公布直达运价。（2006 年）

　　A. 普通货物运价　　　　　　　　　　B. 等级货物运价

　　C. 分段相加运价　　　　　　　　　　D. 集装货物运价

答案：C。 按照 IATA 货物运价公布的形式划分，国际货物运价可分为公布直达运价和非公布直达运价。公布直达运价包括普通货物运价，指定商品运价，等级货物运价和集装货物运价。非公布直达运价包括比例运价和分段相加运价。

250. 某集装箱代号为 AKA1234CZ，该集装箱属于（　　）。（2006 年）

　　A. 南方航空公司　　　　　　　　　　B. 东方航空公司

　　C. 国际航空公司　　　　　　　　　　D. 海南航空公司

答案：A。 航空公司一般既有两字代码，也有三字代码，但通常使用的是两字代码。南方航空公司的代码为 CZ；东方航空公司的代码为 MU；国际航空公司的代码为 CA；海南航空公司的代码为 HU。

251. 在国际航空货物运输中，下列说法错误的是（　　）。（2006 年）

　　A. 每件普通航空货物的最小体积不得小于 5 厘米×10 厘米×20 厘米

　　B. 每票普通货物的最小重量不得小于 1 千克

　　C. 易碎物品每件重量不超过 25 千克

　　D. 鲜活易腐货物每件重量以不超过 25 千克为宜

答案：B。 以上四个选项只有 B 是不正确的，每票普通货物的最小重量不得小于 1 千克。

252. 日本大阪关西国际机场的三字代码是（　　）。（2006 年）

　　A. KIX　　　　B. ORD　　　　C. CAN　　　　D. NRT

答案：A。 机场通常用三字代码表示，KIX 表示日本大阪关西国际机场，ORD 表示美国奥黑尔国际机场，CAN 表示中国广州白云机场，NRT 表示日本成田机场。

253. 下列（　　）不符合航空集装货物的基本原则。（2007 年）

　　A. 底部为金属的特重货物需使用垫板

　　B. 在集装箱内的货物应码放紧凑，间隙越小越好

　　C. 一般情况下可以组装低探板货物

D. 一票货物应尽可能集中装在一个集装器上

答案：C。 探板货物组装：一般情况下不组装低探板货物。若因货物多，需充分利用舱位，且货物包装适合装低探板时，允许装低探板。但是，装低探板货物要按照标准码放，码放货物要合理牢固，网套要挂紧，必要时要用尼龙带捆绑，保证集装货物在运输过程中不发生散落或倾斜。

254. 在填制航空货运单时，下列（　　）不符合货运单的填制要求。（2007 年）

　　A. 可用英文大写或小写字母打印货运单

　　B. 货运单已填内容可以修改

　　C. 使用没有标题的阴影栏目一般不需填写，除非承运人特殊需要

　　D. 如果始发地机场名称不明确，可填制机场所在城市的 IATA 三字代号

答案：A。 航空货运单要求用英文打字机或计算机，用英文大写字母打印，各栏内容必须准确、清楚、齐全，不得随意涂改。货运单已填内容在运输过程中需要修改时，必须在修改项目的近处盖章注明修改货运单的空运企业名称、地址和日期。修改货运单时，应将所有剩余的各联一同修改。货运单的各栏目中，有些栏目印有阴影。其中，有标题的阴影栏目仅供承运人填写。使用没有标题的阴影栏目一般不需填写，除非承运人特殊需要。

255. 法国戴高乐机场的三字代码是（　　）。（2007 年）

　　A. CDG　　　　　　　B. KIX　　　　　　　C. JAD　　　　　　　D. PEK

答案：A。 机场通常用三字代码表示，CDG 表示法国戴高乐机场；KIX 表示日本大阪关西国际机场；JAD 表示澳大利亚 JANDAKOT 机场；PEK 表示中国首都国际机场。

256. 在航空运输中，一般来说，下列（　　）货物必须提前预订舱位。（2007 年）

　　A. 服装　　　　　　　B. 乳制品　　　　　　C. 机械零件　　　　　D. 书刊

答案：B。 订舱，就是将所接收空运货物向航空公司申请并预订舱位。货物订舱需根据发货人的要求和货物标识的特点而定。一般来说，大宗货物、紧急物资、鲜货易腐物品、危险品、贵重物品等，必须预订舱位。非紧急的零散货物，可以不预订舱位。

257. 危险品运输是航空货物运输中操作最复杂、难度最大的一类货物，为方便仓储、运输等环节的操作，在货物的外包装上经常看到操作代码，了解这些代码的含义具有实际意义。易燃液体货物代码是（　　）。（2007 年）

　　A. RCL　　　　　　　B. RCM　　　　　　　C. RCX　　　　　　　D. RFL

答案：D。 在航空货物运输中，经常可以看到一些常见的特殊操作代码，这些代码主要供操作人员在运输的各个环节中，注意运输货物的性质，采取相应的操作策略。低温液体货物的操作代码为 RCL；易腐蚀的货物的操作代码为 RCM；爆炸物 1.3C 类货物的操作代码为 RCX；易燃液体货物的操作代码为 RFL。

258. 航空货物的指定商品品名编号在 2000 - 2999 之间的编号代表（　　）货物。（2008 年）

　　A. 机器、汽车和电器设备　　　　　　B. 可食用的动植物产品

　　C. 活动物及非食用的动植物产品　　　D. 纺织品、纤维及其制品

答案：D。 国际航协规定航空货物的指定商品品名编号在 2000 - 2999 之间的编号代表纺织品、纤维及其制品。编号在 4000 - 4999 之间的代表机器、汽车和电器设备，编号在 1000 - 1999 之间的代表活动物及非食用的动植物产品，编号在 0001 - 0999 之间的代表可食用的动植物产品。

259. 2008 年北京奥运会火炬传递专机 CA2008 属于（　　）。（2008 年）

　　A. 中华航空公司　　　　　　　　　　B. 中国国际航空公司

　　C. 中国南方航空公司　　　　　　　　D. 中国东方航空公司

答案：B。 2008 年北京奥运会火炬传递专机 CA2008 属于中国国际航空公司，航空公司一般既有两字代码，也有三字代码，但通常使用的是两字代码。南方航空公司的代码为 CZ；东方航空公

司的代码为 MU；国际航空公司的代码为 CA。

260. 下列城市属于 IATA 三个航空运输业务区中的 TC1 区的是（　　）。（2008 年）

　　　A. 纽约　　　　　　　B. 北京　　　　　　C. 伦敦　　　　　　D. 堪培拉

答案：A。 TC1 区东临 TC2 区、西接 TC3 区，北起格陵兰岛，南至南极洲。主要包括北美洲、拉丁美洲以及附近岛屿和海洋。

261. 在航空货物运输中，说明货物的货运单号码、件数、重量、始发站、目的站、中转站的一种运输标志是（　　）。（2008 年）

　　　A. 操作标签　　　　　B. 特种货物标签　　C. 活动物标签　　　D. 识别标签

答案：D。 识别标签说明货物的货运单号码、件数、重量、始发站、目的站、中转站的一种运输标志。分为挂签、贴签两种。特种货物标签说明特种货物性质的各类识别标志。分为活动物标签、危险品标签和鲜货易腐物品标签。说明货物储运注意事项的各类标志为操作标签。

262. 在国际航空货物运输中，对于收运的危险货物，除按危险品规则收运并收取航空运费外，还应收取危险货物收运手续费，该费用必须填制在货运单"其他费用"栏内。在货运单中，危险品处理费代码为（　　）。（2009 年）

　　　A. SUA　　　　　　　B. DBC　　　　　　C. RAC　　　　　　D. RAA

答案：C。 "SUA"表示代理人将货物运输到始发地机场的地面运输费。"DBC"表示为垫付费，是对于垫付款的数额而确定的费用。在货运单中，危险品处理费表示为"RAC"。

263. 在国际航空货物运输中，一票货物重 5KGS，在目的地遗失，该货物在目的地的实际价值为 SDR500，航空货运单上未填写声明价值，根据《蒙特利尔第四号议定书》，承运人最高赔偿限额为 SDR（　　）。（2009 年）

　　　A. 85　　　　　　　　B. 100　　　　　　　C. 200　　　　　　　D. 500

答案：A。《蒙特利尔第四号议定书》规定承运人赔偿的责任限额为每千克 17 个特别提款权，该票货物重 5KGS，所以承运人最高赔偿限额为 SDR85。如果航空货运单上填写声明价值，则为 SDR500。

264. 美国杜勒斯国际机场的三字代码是（　　）。（2009 年）

　　　A. KIX　　　　　　　B. IAD　　　　　　C. LHR　　　　　　D. ORD

答案：B。 机场通常用三字代码表示，KIX 表示日本大阪关西国际机场，IAD 表示美国杜勒斯国际机场，LHR 表示英国希斯罗国际机场，ORD 表示美国奥黑尔国际机场。

265. 在国际航空货物集中托运的情况下，航空货运单分为主运单和分运单。下列关于主运单和分运单的表述，（　　）是不正确的。（2009 年）

　　　A. 主运单是国际航空货运代理人与承运人交接货物的凭证

　　　B. 分运单是国际航空货运代理人与发货人交接货物的凭证

　　　C. 在主运单中托运人栏和收货人栏都是实际的托运人和收货人

　　　D. 在分运单中托运人栏和收货人栏都是实际的托运人和收货人

答案：C。 在国际航空货物集中托运的情况下，主运单是国际航空货运代理人与承运人交接货物的凭证，分运单是国际航空货运代理人与发货人交接货物的凭证。因此，在主运单中托运人栏和收货人栏都是国际航空货运代理人，在分运单中托运人栏和收货人栏都是实际的托运人和收货人。

266. 我国某航空货运代理企业准备从北京运往巴黎三箱冷冻肉，需要查询（　　）手册才能知道目的地机场有无冷库。（2009 年）

　　　A. SLI　　　　　　　B. TACT　　　　　　C. CCA　　　　　　D. LAR

答案：B。 SLI（托运书 Shippers Letter of Instruction）是托运人用于委托承运人或其代理人填开航空货运单的一种表单，表单上列有填制货运单所需各项内容，并应印有授权于承运人或其代理人代其在货运单上签字的文字说明。TACT（运价手册 The Air Cargo Tariff）是国际航协出版一本通用的运价手册，包括了 IATA 在国际运输中所有规则。CCA 为货物运费更改通知书。LAR 为活动物运输规则，包括了有关活体动物运输的各项内容，如包装种类、操作、和仓储标准等，目的是保证活动物安全到达目的地。

267. 货主因国际航空货物运输延误而提出的赔偿要求，应该在货物由收货人处置之日起（　　）天内提出。（2010 年）

　　　A. 14　　　　　　　B. 21　　　　　　　C. 30　　　　　　　D. 60

答案：B。国际航空货物运输中，根据有关国际航空公约的规定，交付货物时，在下列情况下收货人有权向承运人提出异议，但必须用书面形式：货物延误，自其自由支配货物之日起 21 天内提出；货物的明显损坏，应在发现损坏时立即提出，至迟在收到货物后 14 天内提出；货物没有交付，自填开货运单之日起 120 天内提出；货物的其他损坏，自收到货物之日起 14 天内提出。

268. 在国际航空货物运输中，SLI 的中文全称是（　　）。（2010 年）

　　　A. 航空货运单　　　B. 运输声明价值　　　C. 空运托运书　　　D. 运费预付

答案：C。在航空运输业务中，航空货运单缩写为 AWB（AIR WAYBILL）；无声明价值缩写为 NVD（NO VALUE DECLARED）；空运托运书缩写为 SLI（SHIPPER'S LETTER OF IN-STRUCTION）；运费预付缩写为 PP（CHARGES PREPAID）。

269. 国际航空货物的计费重量以（　　）为最小单位。（2010 年）

　　　A. 0.3kg　　　　　B. 0.5kg　　　　　C. 0.8kg　　　　　D. 1kg

答案：B。国际航协规定，国际货物的计费重量以 0.5 公斤为最小单位，重量尾数不足 0.5 公斤的，按 0.5 公斤计算；0.5 公斤以上不足 1 公斤的，按 1 公斤计算。

270. 在国际航空货物运输中，如果托运人没有声明价值，在航空货运单中"Declared Value for Carriage"栏中必须打印（　　）。（2010 年）

　　　A. AWA　　　　　B. AWC　　　　　C. NVD　　　　　D. NCV

答案：C。无声明价值缩写为 NVD（NO VALUE DECLARED）；没有商业价值 NCV（NO COMMOCIAL VALUE）；航空货运单若由航空公司来销售或填制，则表示为 AWC，表示此项费用归出票航空公司（Issuing Carrier）所有；如果货运单由航空公司的代理人销售或填制，则表示为 AWA，表示此项费用归销售代理人所有。

271. 运输某国际航空等级货物所适用运价是："150% of the Normal GCR"，在填写航空货运单"Rate Class"一栏时，应填写（　　）。（2010 年）

　　　A. R　　　　　　　B. C　　　　　　　C. M　　　　　　　D. S

答案：D。M 为最低运费 Minimum Charge；C 为指定商品运价 Specific commodity Rate；R 为等级货物附减运价 Class Rate Reduction；S 为等级货物附加运价 Class Rate Surcharge。

272. 国际航空货运单上"RAC"表示（　　）。（2010 年）

　　　A. 货运单费　　　B. 垫付费　　　C. 危险品处理费　　　D. 地面运输附加费

答案：C。在国际航空货运单中，危险品处理费表示为"RAC"。货运单费应填制在货运单的"其他费用"一栏中，用两字代码"AW"表示。垫付费的费用代码为"DB"，按 TACT Rules 规定，该费用归出票航空公司所有。在货运单的其他费用栏中，此项费用应表示为"DBC"。"SUA"表示代理人将货物运输到始发地机场的地面运输费。

273. 根据《华沙公约》的规定，如果承运人没有将货物交付收货人，收货人有权自填开航空货运单之日起（　　）天内以书面形式向承运人提出异议。（2010 年）

　　　A. 14　　　　　　　B. 21　　　　　　　C. 60　　　　　　　D. 120

答案：D。国际航空货物运输中，根据有关国际航空公约的规定，交付货物时，在下列情况下收货人有权向承运人提出异议，但必须用书面形式：货物没有交付，自填开货运单之日起120天内提出。

274. 多式联运单据的签发人是（　　）。（2002年）

    A. 船公司　　　　　　B. 货主　　　　　　C. 多式联运经营人　　D. 收货人

答案：C。 根据1980年《联合国国际货物多式联运公约》第二部分单证第五条第一款"多式联运经营人接管货物时，应签发一项多式联运单据"。

275. 国际多式联运经营人是（　　）。（2002年）

    A. 发货人的代理人　　　　　　　　　　B. 承运人的代理人

    C. 具有独立法人资格的经济实体　　　　D. 实际运输人

答案：C。 国际多式联运经营人是指订立多式联运合同的当事人，它是一个独立的法律实体，在联运业务中作为总承运人对货主负有履行合同的责任，并承担自接管货物起至交付货物时止的全程运输责任，以及对货物在运输途中因灭失损坏或延迟交付所造成的损失负赔偿责任。

276. 国际货运代理企业经营多式联运并签发多式联运提单时，其法律地位是（　　）。（2003年）

    A. 代理人　　　　　　B. 承运人　　　　　　C. 发货人　　　　　　D. 收货人

答案：B。 国际货运代理人在从事货运服务中，其法律地位一般情况下分为代理人和当事人两种情形。国际货运代理人以客户的名义从事代理行为时，其法律地位为代理人。国际货运代理人以自己的名义为客户提供运输服务，并签发提单时，其法律地位为当事人，即承运人。

277. 多式联运经营人在网状责任制下，承担的货物运输责任是（　　）。（2003年）

    A. 全程　　　　　　　　　　　　　　B. 自己运输区段

    C. 实际承运人区段外的区段　　　　　D. 自己控制区段

答案：A。 网状责任制是指多式联运经营人对全程运输负责，但对于各区段的货损按照不同运输区段的所适用的法律规定，而各区段的实际承运人仅对自己完成的区段负责。根据题意，应选择A。

278. 国际多式联运公约采用的责任基础为（　　）。（2003年）

    A. 完全过失责任制　　　　　　　　　　B. 不完全过失责任制

    C. 严格责任制　　　　　　　　　　　　D. 结果责任制

答案：A。 关于承运人的责任基础，通常有完全过失责任制、不完全过失责任制、严格责任制三种类型，根据国际多式联运公约的规定，其采用的责任基础为完全过失责任制。

279. 根据国际多式联运公约，多式联运经营人对延迟交付货物，同时伴随货物的灭失或损坏时的赔偿责任限制为（　　）。（2003年）

    A. 延迟交付货物应付运费的2.5倍

    B. 延迟交付货物应付运费的2倍

    C. 应付运费的2.5倍和责任限额的总和

    D. 以公约规定赔偿责任限额为最高限额

答案：D。 根据国际多式联运公约规定，多式联运经营人对延迟交付货物造成的损失的赔偿责任限制为应付运费2.5倍，但当同时伴随货物的灭失或损坏时的赔偿责任限制以公约规定赔偿责任限额为最高限额，所以本题应选择D。

280. 根据1991年国际商会多式联运单证规则，多式联运经营人对每件或每单位货损灭失的赔偿责任限制为（　　）。（2003年）

    A. 920SDR　　　　　　B. 835SDR　　　　　　C. 666.67SDR　　　　　D. 600SDR

答案：C。 根据1991年国际商会多式联运单证规则，多式联运经营人对每件或每单位货损灭失的赔偿责任限制为 666.67SDR。

281. 国际多式联运下的网状责任制是指（　　）。（2003 年）

    A. 对全程运输负责，且对各运输区段承担的责任相同

    B. 对全程运输负责，且对各运输区段承担的责任不同

    C. 对全程不负责任，由实际承运人负责

    D. 仅对自己履行的运输区段负责

答案：B。 国际多式联运下的网状责任制是指多式联运经营人对全程运输负责，且对各运输区段承担的责任是不同的。

282. 以下哪个特点不是国际多式联运所应具有的特点（　　）。（2003 年）

    A. 签订一个运输合同　　　　　　　　B. 采用一种运输方式

    C. 采用一次托运　　　　　　　　　　D. 一次付费

答案：B。 国际多式联运，是指根据一个多式联运合同，采用两种或两种以上的运输方式，由多式联运经营人把货物从一国境内运到另一国境内的行为。采用一种运输方式运输货物，通常情况下不认为是国际多式联运，所以本题应选择 B。

283. 根据国际多式联运公约，多式联运经营人对包含水运货损灭失的赔偿责任限制为毛重每公斤（　　）。（2003 年）

    A. 8.33SDR　　　　　B. 2.75SDR　　　　　C. 3SDR　　　　　D. 2.5SDR

答案：B。 国际多式联运公约规定，多式联运经营人对包含水运货损灭失的赔偿责任限制为毛重每公斤 2.75SDR。

284. 根据 1991 年国际商会多式联运单证规则，多式联运经营人对货物损坏或灭失的赔偿责任限制为毛重每公斤（　　）。（2004 年）

    A. 5SDR　　　　　　B. 4SDR　　　　　　C. 3SDR　　　　　D. 2SDR

答案：D。 根据 1991 年国际商会多式联运单证规则，多式联运经营人的责任限制为每件或每单位 666.67SDR，或者毛重每公斤 2SDR，高者为准。

285. 多式联运经营人在统一责任制下对货物承担的运输责任是（　　）。（2004 年）

    A. 全程　　　　　　　　　　　　　　B. 自己运输区段

    C. 实际承运人区段外的区段　　　　　D. 自己控制区段

答案：A。 统一责任制，是指多式联运经营人对货主赔偿是不考虑各区段运输方式的种类及其所适用的法律，而是对全程运输按一个统一的原则并一律按一个约定的责任限额进行赔偿。所以，本题应选择 A，全程。

286. 按照《联合国国际货物多式联运公约》的规定，下列（　　）不是国际多式联运所具有的特点。（2005 年）

    A. 签订一个运输合同，采用一种运输方式

    B. 签订一个运输合同，采用两种运输方式

    C. 签订一个运输合同，国际多式联运经营人承担全程运输组织工作

    D. 签订一个运输合同，国际多式联运经营人对货物运输的全程负责

答案：A。 国际多式联运，是指根据一个多式联运合同，采用两种或两种以上的运输方式，由多式联运经营人把货物从一国境内运到另一国境内的行为。采用一种运输方式运输货物，通常情况下不认为是国际多式联运，所以本题应选择的答案是 A。BCD 均是国际多式联运所具有的特点。

287. 根据我国海商法的规定，下列运输方式的组合不属于国际多式联运范畴的是（　　）。（2005 年）

    A. 铁路/海运　　　　B. 公路/海运　　　　C. 铁路/空运　　　　D. 空运/海运

答案：C。根据我国海商法第 102 条的规定，多式联运合同是指多式联运经营人以两种以上的不同运输方式，其中一种是海上运输方式，负责将货物从接收地运至目的地交付收货人，并收取全程运费的合同。本题中 C 项铁路/空运并未包括海运，所以选 C。

288. 国际多式联运经营人是（　　　）。（2007 年）

  A. 国际多式联运合同的当事人   B. 国际多式联运合同的委托人

  C. 国际多式联运合同的代理人   D. 国际多式联运合同的经纪人

答案：A。《1980 年联合国国际多式联运公约》第 1（2）条规定："多式联运经营人是指本人或通过其代表订立多式联运合同的任何人，他是事主，而不是发货人的代理人或代表或参加多式联运的承运人的代理人或代表，并且负有履行合同的责任。"由此可见，国际多式联运经营人，是指本人或者委托他人以本人名义与托运人订立一项多式联运合同并以承运人身份承担完成此项合同责任的人。

289. 1991 年《多式联运单证规则》规定多式联运经营人的责任制度为（　　　）。（2007 年）

  A. 分割责任制   B. 网状责任制

  C. 统一责任制   D. 须修改的统一责任制

答案：B。分割责任制是指多式联运经营人和各区段的实际承运人仅对自己完成区段的货物运输负责，各区段的责任原则按该区段适用的法律予以确定。网状责任制是指多式联运经营人对全程运输负责。货物的灭失或损坏发生于多式联运的某一区段的，多式联运经营人的赔偿责任和责任限额适用调整该区段运输方式的有关法律规定。统一责任制是指多式联运经营人对货主赔偿时不考虑各区段运输方式的种类及其所适用的法律，而是对全程运输按一个统一的原则并一律按一个约定的责任进行赔偿。经修正的统一责任制是指多式联运经营人对全程运输负责，并且原则上全程运输采用单一的归责原则和责任限额，但保留适用于某种运输方式的较为特殊的责任限额的规定。目前，多式联运经营人的责任制度多为网状责任制。

290.（　　　）是指多式联运经营人对全程运输负责，货物的灭失或损坏发生于多式联运的某一区段的，多式联运经营人的赔偿责任和责任限额适用调整该区段运输方式的有关法律规定。如果货物的灭失、损坏发生的区段不能确定（俗称为"隐藏损害"），多式联运经营人则按照按海运或双方约定的某一标准来确定赔偿责任和责任限制。（2008 年）

  A. 分割责任制   B. 网状责任制

  C. 统一责任制   D. 经修正的统一责任制

答案：B。分割责任制是指多式联运经营人和各区段的实际承运人仅对自己完成区段的货物运输负责，各区段的责任原则按该区段适用的法律予以确定。网状责任制是指多式联运经营人对全程运输负责。货物的灭失或损坏发生于多式联运的某一区段的，多式联运经营人的赔偿责任和责任限额适用调整该区段运输方式的有关法律规定。统一责任制是指多式联运经营人对货主赔偿时不考虑各区段运输方式的种类及其所适用的法律，而是对全程运输按一个统一的原则并一律按一个约定的责任进行赔偿。经修正的统一责任制是指多式联运经营人对全程运输负责，并且原则上全程运输采用单一的归责原则和责任限额，但保留适用于某种运输方式的较为特殊的责任限额的规定。目前，多式联运经营人的责任制度多为网状责任制。

291. 目前，国际上使用的国际多式联运单据大都采用（　　　）。（2009 年）

  A. 网状责任制   B. 统一责任制

  C. 双重责任制   D. 区段责任制

答案：A。目前，国际上使用的国际多式联运单据大都采用网状责任制。网状责任制是指多式联运经营人对全程运输负责。货物的灭失或损坏发生于多式联运的某一区段的，多式联运经营人的赔偿责任和责任限额适用调整该区段运输方式的有关法律规定。

292. 国际多式联运经营人是（　　）。（2010 年）

    A. 发货人的代理人　　　　　　　　　B. 收货人的代理人

    C. 区段承运人的代理人　　　　　　　D. 承运人

    答案：D。《1980 年联合国国际多式联运公约》第 1（2）条规定："多式联运经营人（Multi-modal transport operator——MTO）是指本人或通过其代表订立多式联运合同的任何人，他是事主，而不是发货人的代理人或代表或参加多式联运的承运人的代理人或代表，并且负有履行合同的责任。"由此可见，国际多式联运经营人，是指本人或者委托他人以本人名义与托运人订立一项多式联运合同并以承运人身份承担完成此项合同责任的人。

293. 对香港地区采用铁路运输时，对外结汇的凭证是（　　）。（2002 年）

    A. 国内铁路运单　　　　　　　　　　B. 港段铁路运单

    C. 承运货物收据　　　　　　　　　　D. 国际铁路联运运单

    答案：C。由于国内铁路部门与香港当局没有货运直接通车运输协议，各地铁路发往香港的货物，不能一票直达至香港，银行不同意用国内铁路运单作为对外结汇的凭证。有鉴于此，为了适应各外贸公司结汇的需要，各地外运公司以运输承运人的身份向发货单位签发"承运货物收据"。各外贸专业公司提供经深圳口岸中转至香港的"承运货物收据"，作为向银行结汇的重要凭证和香港收货人提货的凭证。

294. 使用两种运输方式将卸至美国西海岸港口的货物通过铁路运抵美国的内陆公共点地区，并享有优惠运价的运输方式是（　　）。（2003 年）

    A. SLB　　　　　　B. OCP　　　　　　C. MLB　　　　　　D. IPI

    答案：B。 OCP 是指使用两种运输方式将卸至美国西海岸港口的货物通过铁路运抵美国的内陆公共点地区，并享有优惠运价的一种运输方式。SLB 是指大陆桥运输方式。MLB 是指小陆桥运输方式。IPI 是指使用联运提单，经美国西海岸和美国湾沿海港口，利用集装箱拖车或铁路运输将货物运至美国内陆城市的运输方式。

295. 以下（　　）国际铁路联运规章只适用于铁路本身。（2003 年）

    A. 国际货协　　　　　　　　　　　　B. 统一货价

    C. 统一货价协约　　　　　　　　　　D. 国境铁路协定

    答案：C。以上四个关于国际铁路联运的规章，只有统一货价协约只适用于铁路本身，不适用于收发货人。其他三个规章对铁路和收发货人都适用。故此题应选择 C。

296. 我国铁路滨绥线的终点站是（　　）车站。（2003 年）

    A. 满洲里　　　　　　B. 二连站　　　　　　C. 阿拉山口站　　　　　　D. 绥芬河车站

    答案：D。我国铁路滨绥线的终点站是绥芬河车站。

297. 在国际公路联运运输中，采取件交件收方式交接的货物是（　　）。（2003 年）

    A. 包装货物　　　　B. 散装货物　　　　C. 集装箱重箱　　　　D. 施封的货物

    答案：A。在国际公路联运运输中，采取件交件收方式交接的货物是包装货物；集装箱货物及施封的货物凭标志交接；散装货物肯定不能采取件交件收方式，所以答案为 A。

298. 我国铁路集二线的终点站是（　　）车站。（2003 年）

    A. 满洲里　　　　　　B. 二连站　　　　　　C. 阿拉山口站　　　　　　D. 丹东站

    答案：B。我国铁路集二线的终点站是二连站车站。

299. 公路运输中按件托运的零担货物的长度、宽度、高度分别不得超过（　　）米。（2004 年）

    A. 3.5/1.5/1.3　　　　B. 4/2/1　　　　C. 4.5/2.5/1.5　　　　D. 3/2/1

    答案：A。按件托运的零担货物，单件体积一般不得小于 0.01 立方米（单件重量超过 10 千克的除外）；货物长度、宽度、高度分别不得超过 3.5 米、1.5 米和 1.3 米。

300. 国际铁路联运出口货运中，下列（　　）表明铁路承运人接受承运。（2004 年）

  A. 车站在运单上登记货物装车日期时

  B. 货物进入车站时

  C. 货物装上车时

  D. 车站在货物运单上加盖承运戳记时

  答案：D。国际铁路联运出口货运中，车站在运单上登记货物应进入车站的日期或装车日期，即发站在货物运单上加盖承运日期戳，即表示货物业已承运。

301. 公路零担货物运输系指同一货物托运人托运的货物不超过（　　）。（2005 年）

  A. 4 吨   B. 3 吨   C. 2 吨   D. 1 吨

  答案：B。零担货物运输系指同一货物托运人托运的货物不足 3 吨。按照我国公路运输部门规定，一次托运货物在 3 吨以上的为整车运输，适用整车费率；不满 3 吨的为零担运输，适用零担费率。

302. 北疆线是我国通往（　　）的铁路干线。（2005 年）

  A. 蒙古   B. 哈萨克斯坦   C. 朝鲜   D. 越南

  答案：B。北疆线是我国通往哈萨克斯坦的铁路干线。

303. 目前在全国统一治理公路运输车辆超载超限期间，下列构成超载超限的是（　　）。（2006 年）

  A. 四轴车辆，其车货总重超过 40 吨的   B. 六轴车辆，其车货总重达到 50 吨的

  C. AB 都是   D. AB 都不是

  答案：A。目前在全国统一治理公路运输车辆超载超限期间，四轴车辆，其车货总重超过 40 吨的构成超载。

304. 铁路发站在（　　），开始对承运货物承担有关责任。（2006 年）

  A. 收货完毕后   B. 核对货物后

  C. 接到托运人运单申请后   D. 货运单上加盖承运人承运日期后

  答案：D。货物托运是发货人向铁路提出委托运输的行为。发货人向车站提出货物运单和运单副本，以此作为货物托运的书面申请。车站在运单上登记货物应进入车站的日期或装车日期，即表示受理托运。整车货物一般在装车完毕，铁路发站在货物运单上加盖承运日期戳，即为承运，开始对承运货物承担有关责任。

305. 下列（　　）铁路线不是我国与邻国间进行国际铁路联运的线路。（2006 年）

  A. 图珲线   B. 滨绥线   C. 湘贵线   D. 北疆线

  答案：C。图珲线从图们到珲春，和俄罗斯的卡梅绍瓦亚国境站与金环铁路相连接；滨绥线自哈尔滨起，向东至绥芬河，该线通过俄罗斯的格罗迭科沃（GRODEKOV）车站与俄罗斯远东地区的铁路相连。湘贵线不是湘桂线，后者从湖南衡阳起，经广西柳州、南宁到达终点站凭祥。北疆线从乌鲁木齐到阿拉山口（ALATAW PASS）与哈萨克铁路接轨。

306. 我国与蒙古边境铁路线的国内过境站是（　　）。（2007 年）

  A. 满洲里   B. 二连浩特   C. 丹东   D. 阿拉山口

  答案：B。满洲里是我国与俄罗斯边境铁路线的国内过境站；二连浩特是我国与蒙古边境铁路线的国内过境站；丹东是我国与朝鲜边境铁路线的国内过境站；阿拉山口是我国与哈萨克斯坦边境铁路线的国内过境站。

307. 我国与俄罗斯边境铁路线的国内过境站是（　　）。（2008 年）

  A. 满洲里   B. 二连浩特   C. 丹东   D. 阿拉山口

答案：A。我国与俄罗斯边境铁路线的国内过境站是满洲里。二连浩特是我国与蒙古边境铁路线的国内过境站；丹东是我国与朝鲜边境铁路线的国内过境站；阿拉山口是我国与哈萨克斯坦边境铁路线的国内过境站。

308. 1961 年 7 月 2 日生效的《国际公路货物运输合同公约》，就适用范围、承运人责任、合同的签订与履行、索赔和诉讼以及连续承运人履行合同等都做了较为详细的规定。该公约适用（　　）。(2008 年)

    A. 所有国际公路货物运输　　　　　　　B. 亚洲国际公路货物运输

    C. 欧洲国际公路货物运输　　　　　　　D. 美洲国际公路货物运输

答案：C。《国际公路货物运输合同公约》适用欧洲国际公路货物运输，而不适用其他地区国际公路货物运输合同。

309. 国际货协运单由五联组成，下列（　　）单据的流转程序为：发货人→发站→到站→收货人。(2009 年)

    A. 运单正本　　　　　　　　　　　　　B. 运单副本

    C. 运行报单　　　　　　　　　　　　　D. 货物交付单

答案：A。运单正本的流转程序为发货人→发站→到站→收货人；运单副本的流转程序为发货人→发站→发货人；运行报单的流转程序为发货人→发站→到站→到达铁路；货物交付单的流转程序为发货人→发站→到站→到达铁路。

310. 国际铁路联运运单具有（　　）功能。(2009 年)

    A. 运输合同证明和物权凭证　　　　　　B. 运输合同证明和货物收据

    C. 货物收据和货物凭证　　　　　　　　D. 货物收据和流通性

答案：B。国际铁路联运运单属于 UCP600 规定的公路、铁路或内河运单的范畴，它仅具有运输合同证明和货物收据的功能，不具有物权凭证的功能，不具有流通性。因此，《国际货协》和《国际货约》均明确规定铁路联运运单中的收货人一栏必须是记名的。

311. 从沈阳经铁路运往俄罗斯的货物，在最短运距情况下需经过我国的国境站是（　　）。(2010 年)

    A. 满洲里　　　　　B. 阿拉山口　　　　　C. 丹东　　　　　D. 二连浩特

答案：A。中俄铁路边境铁路车站有满洲里、绥芬河、珲春。阿拉山口是中哈铁路我国国境站。丹东是中朝铁路我国国境站。二连浩特是中蒙铁路我国国境站。

312. 国际汽车运输行车许可证分为 A、B、C 及特别行车许可证四种。用于一般货物运输的是（　　）。(2010 年)

    A. 国际汽车运输特别行车许可证　　　　B. A 种国际汽车运输行车许可证

    C. B 种国际汽车运输行车许可证　　　　D. C 种国际汽车运输行车许可证

答案：D。国际汽车运输行车许可证分为 A、B、C 及特别行车许可证四种。A 种国际汽车运输行车许可证用于定期旅客运输。B 种国际汽车运输行车许可证用于不定期旅客运输。C 种国际汽车运输行车许可证用于货物（含行包）运输。国际汽车运输特别行车许可证用于大型物件运输或危险货物运输。

313. 物流发展的高级阶段是（　　）。(2002 年)

    A. 传统物流管理阶段　　　　　　　　　B. 产成品配送阶段

    C. 综合物流管理阶段　　　　　　　　　D. 物资储存阶段

答案：C。综合物流管理阶段的管理内容已经从企业内部延伸到企业外部，企业开始注重外部关系的研究，这包括与分销商、顾客、供应商以及第三方的关系。它表明物流的发展方向之一是物流协作化与专业化。

314. 物流信息网络的主要实现方式不包括（　　）。（2002 年）

A. GPS　　　　　　　　B. EDI　　　　　　　　C. Internet　　　　　　　　D. Intranet

答案：A。物流信息网络的实现方式目前主要有：Internet、Intranet、EDI。以上三种方式，从物流信息网络的交易对象上讲，分为三个层次：（1）消费者与企业之间的交易，如通过 Internet 进行网络购物等；（2）企业与企业之间的交易，如企业通过 EDI 交换数据，实现整个交易；（3）企业内部的交易，如在企业内部通过 Intranet 交流信息和共享资源。

315. 以下要素中，哪一个是物流主要功能要素（　　）。（2002 年）

A. 装卸搬运　　　　　B. 运输　　　　　　C. 流通加工　　　　　D. 配送

答案：B。运输功能要素，包括供应及销售物流中的车、船、飞机等方式的运输，生产物流中的管理、传送带等方式的运输。它解决了供给者和需要者之间场所和时间的分离，是物流创造"场所效用"及"时间效用"的主要功能要素，因而在物流系统中处于主要功能要素的地位。

316. 第三方物流企业是指（　　）。（2002 年）

A. 提供物流活动咨询服务的企业

B. 具有专业物流经营能力的企业

C. 促进物资流通的商业企业

D. 为物品的供给方和需求方提供物流服务的企业

答案：D。第三方物流是由与货物有关的发货人和收货人之外的专业企业，来承担企业物流活动的一种物流形态。

317. 在仓储的流通控制业务中，储存计划的主要依据是（　　）。（2003 年）

A. 提货人的要求　　　　　　　　　　B. 库场存储能力

C. 货物的性质　　　　　　　　　　　D. 货物的市场供求变化情况

答案：D。流通控制中就是利用仓储的"蓄水池"作用，根据货物的市场供求变化情况合理地安排储存，进行调节。

318. 物流活动的目的是（　　）。（2003 年）

A. 企业利润最大化　　　　　　　　　B. 满足客户的需求

C. 社会效益最大化　　　　　　　　　D. 成本最小化

答案：B。根据物流的定义，物流活动是以满足客户需求为目的的。

319. 仓储管理的市场配置资源以实现（　　）为原则。（2003 年）

A. 资源最大效益　　　　　　　　　　B. 社会效益最大化

C. 客户效益最大化　　　　　　　　　D. 仓库使用效率最大化

答案：A。仓储管理的市场配置资源以实现资源最大化为原则，这是企业经营的目的。配置仓储资源就是依据所拥有的资源在时间和空间上进行优化配置，以获得最大经济效益。

320. 供应链管理的目的是（　　）。（2003 年）

A. 使供应链上各环节协调，实现最佳业绩

B. 使供应链上各环节效益最大化

C. 使供应链成本最低

D. 使供应链上的货物流通最快

答案：A。供应链管理的目的是使供应链上各环节协调，实现最佳业绩。

321. 在商流、资金流、物流和信息流之间，（　　）是导向。（2003 年）

A. 物流　　　　　　　B. 资金流　　　　　C. 信息流　　　　　D. 商流

答案：C。信息流是导向，商流是前提，物流是基础。

322. 规模经济给物流需求企业带来较低的成本所产生的利益属于（　　）。（2003 年）

A. 作业利益　　　　　B. 经济利益　　　　　C. 管理利益　　　　　D. 战略利益

答案：B。经济利益是指与经济或财务相关的利益，规模经济给物流需求企业带来较低的成本属于经济或财务相关的利益。

323. 下列不属于保税货物的是（　　）。（2003 年）

A. 来料加工进口的料件和设备　　　　　B. 进料加工进口的料件

C. 补偿贸易进口的设备　　　　　D. 供应船舶的燃料、零部件

答案：D。供应国际航行的船舶的燃料、零部件是保税货物。如果是供应国内船舶的燃料、零部件不属于保税货物。

324. 保税仓库所存货物如因特殊情况需延长储存期限，应向主管海关申请延期，经海关核准的延期最长不能超过（　　）年。（2004 年）

A. 1　　　　　B. 2　　　　　C. 3　　　　　D. 4

答案：A。保税仓库所存货物的储存期限为一年。如因特殊情况需延长储存期限，应向主管海关申请延期，经海关核准的延期最长不能超过一年。

325. （　　）既是企业生产的终点，又是企业外部物流的起点，它的作用在于便利运输和保护商品。（2004 年）

A. 工业包装　　　　　B. 商业包装　　　　　C. 零售包装　　　　　D. 个性包装

答案：A。包装分为不同类型，工业包装既是企业生产的终点，又是企业外部物流的起点。

326. 仓储业务的根本任务是（　　）。（2004 年）

A. 储藏和保管货物　　　　　B. 促进物资流通

C. 数量管理　　　　　D. 质量管理

答案：A。仓储的主要业务是物资存储、流通控制、数量管理和质量管理，仓储业务的根本任务是存储和保管货物。

327. 以下货物适合于货架方式堆码的是（　　）。（2004 年）

A. 煤炭　　　　　B. 矿砂　　　　　C. 医药品　　　　　D. 木材

答案：C。货架式堆码是使用通用和专用的货架进行货物堆码的方式。主要适用于存放不宜堆高、需特殊保管存放的小件包装的货物。

328. 第三方物流的特点不包括（　　）。（2005 年）

A. 以信息技术为指导，信息技术的合理应用是第三方物流企业的核心

B. 它提供的是个性化的服务，即根据企业流程为企业量身定做的一种物流服务

C. 它能提供网络化服务，能有效协调物流资源，为使用者提供满意服务

D. 第三方物流能够增加产品本身的价值

答案：D。第三方物流的特点是以信息技术为指导，信息技术的合理应用是第三方物流企业的核心；提供的是个性化的服务，即根据企业流程为企业量身定做的一种物流服务；能提供网络化服务，能有效协调物流资源，为使用者提供满意服务。不包括增加产品本身的价值。

329. 主要运用在车辆调度监控方面的物流信息技术是（　　）。（2005 年）

A. EDI 技术　　　　　B. GPS 技术　　　　　C. POS 系统　　　　　D. EOS 系统

答案：B。全球定位系统（GPS）的主要应用在：导航、城市交通疏导、车辆监控功能。

330. 通过前馈的信息流和反馈的物料流及信息流，将供应商、制造商、分销商、零售商，直到最终用户连成一个整体的管理模式是（　　）。（2005 年）

A. 供应链管理　　　　　B. 第三方物流　　　　　C. 国际物流　　　　　D. 区域物流

答案：A。供应链管理是一种集成的管理思想和方法，它执行供应链中从供应商到最终用户的物流的计划和控制等职能。供应链管理通过前馈的信息流和反馈的物料流及信息流，将供应商、制

造商、分销商、零售商，直到最终用户连成一个整体的管理模式。

331. 库存管理中 ABC 分类法的理论依据是（　　）。（2005 年）

　　A. 关键的少数和次要的多数规律　　　　B. 牛鞭效应

　　C. 效率背反规律　　　　　　　　　　　D. 以上都不是

答案：A。 库存管理中 ABC 分类法又称帕累托分析法，也叫主次因素分析法；其理论依据是关键的少数和次要的多数规律。

332. 国际上公认的物流条码码制只有三种，其中最常用的是（　　）。（2006 年）

　　A. ITF - 14 条码　　　　　　　　　　　B. UCC/EAN - 128 条码

　　C. EAN - 13 条码　　　　　　　　　　　D. EAN - 8 条码

答案：C。 物流条码的码制是指条码符号的类型，每种类型的条码符号都是由符合特定编码规则的条和空组合而成，都有固定的编码容量和条码字符集，国际上公认的物流条码只有三种，即 EAN—13 码、交插二五条码和 EAN/UCC—128 条码。我国的商品条形码采用国际标准的条形码为通用商品条形码，在物流领域里面，也采用通用商品条形码。

333. 在库存管理中，CVA 分析法的分类标准是（　　）。（2006 年）

　　A. 库存产品的价值　　　　　　　　　　B. 库存产品的重要性

　　C. 库存产品的大小　　　　　　　　　　D. 库存产品的多少

答案：B。 常见库存管理方法包括 ABC 分类法和关键因素分析法（Critical Value Analysis，CVA）。后者根据库存产品的重要性将其分为最高优先级、高优先级、中等优先级和低优先级四个级别，再分别制定不同的库存管理策略。

334. 下列（　　）属于合理运输方式。（2006 年）

　　A. 过远运输　　　B. 迂回运输　　　C. 联合运输　　　D. 重复运输

答案：C。 不合理运输是在现有条件下可以达到的运输水平而未达到，从而造成了运力浪费、运输时间增加、运费超支等问题的运输形式。目前我国存在的不合理运输形式主要有：返程或起程空驶、对流运输、迂回运输、重复运输、倒流运输、过远运输、运力选择不当、托运方式选择不当。

335. 下列有关供应链管理正确描述的是（　　）。（2006 年）

　　A. 供应链管理是一种集成和系统的管理思想和方法

　　B. 供应链管理就是物流管理

　　C. 供应链管理只关注组织内部的功能整合

　　D. 供应链管理是一个静态的响应系统

答案：A。 供应链管理是一种集成的管理思想和方法，它执行供应链中从供应商到最终用户的物流的计划和控制等职能。现在的供应链管理把供应链上的各个企业作为一个不可分割的整体，使供应链上各企业分担的采购、生产、分销和销售的职能成为一个协调发展的有机体。

336. 仓储企业使用 ABC 分类法进行库存管理时，对 A 类货物应当（　　）。（2007 年）

　　A. 实行严密控制，集中管理　　　　　　B. 采取一般控制，分散管理

　　C. 进行简单控制，分散管理　　　　　　D. 尽量增大安全库存，保证需求

答案：A。 ABC 库存物资分类管理法就是将品种繁多的物资按其重要程度分为特别重要库存（A 类库存），一般重要的库存（B 类库存）和不重要的库存（C 类库存）三个等级，然后针对不同级别的库存进行不同形式的管理和控制。A 类库存：实行严格的集中管理。B 类库存：在管理上实行集中管理与分散管理相结合的管理方式，采取一般的管理方法，适当建立安全库存。C 类物资：进行简单的管理，应采取定量订货方式。

337. 关于企业物流外包的负面效应，下列（　　）说法是错误的。（2007 年）

　　　　A. 肯定导致企业对物流的控制能力降低　　　B. 企业与客户之间的关系被削弱

　　　　C. 出现连带经营风险　　　　　　　　　　　D. 公司战略机密泄露的风险

　　答案：A。第三方物流确实能给用户带来多方面的利益，但这并不意味着物流外包就是所有用户的最佳选择，事实上，第三方物流也不可避免地存在着一些负面效应。例如：企业与客户之间的关系被削弱、出现连带经营风险、公司战略机密泄露的风险、可能导致企业对物流的控制能力降低等。四个选项中 A 项说法是错误的，因为可能导致企业对物流的控制能力降低并不意味着肯定导致企业对物流的控制能力降低。

　　338.（　　）是利用多颗通信卫星对地面目标的状况进行精确测定的系统。它可以实现运行车辆的全程跟踪，并通过相关的数据和输入的其他系统相关数据进行交通管理。（2007 年）

　　　　A. EDI　　　　　　　　B. GPS　　　　　　　　C. GIS　　　　　　　　D. POS

　　答案：B。回答此题关键是掌握四个英文简写术语的含义，EDI 为电子数据交换系统，是对信息进行交换和处理的网络自动化系统。GPS 是利用多颗通信卫星对地面目标的状况进行精确测定的系统，可以实现运行车辆的全程跟踪监视，并通过相关的数据和输入的其他系统相关数据进行交通管理。GIS 为地理信息系统，是以地理信息研究和决策服务的计算机网络系统，其主要功能是即时地提供多种空间的和动态的地理信息。POS 为销售时点信息系统，是指通过能够自动读取信息的设备，在销售商品时，直接读取和采集商品销售的各种讯息，然后通过通信网络或计算机系统将读取的信息传输至管理中心进行数据的处理和使用。

　　339. 基于产品生命周期的供应链设计策略，在（　　）阶段应建立配送中心，减少成品库存。（2008 年）

　　　　A. 引入期　　　　　　B. 成长期　　　　　　C. 成熟期　　　　　　D. 衰退期

　　答案：C。每个产品都具有生命周期，在其生命周期的四个阶段——引入、成长、成熟、衰退阶段中，产品显示出不同的阶段特征，对供应链的要求有所不同，可以采取相应的供应链策略。在成熟期阶段应建立配送中心，减少成品库存。

　　340. 常用物流信息系统包括 TPS、MIS、DSS、POS 等，其中 MIS 的全称是（　　）。（2008 年）

　　　　A. 管理信息系统　　　B. 事务处理系统　　　C. 决策支持系统　　　D. 条形码系统

　　答案：A。回答此题关键是掌握四个英文简写术语的含义，事务处理系统（TPS）是物流业务可以运用的基础系统，它向管理信息系统、决策支持系统和其他信息系统及管理工作提供所需要的数据。管理信息系统（MIS）是帮助管理者通过系统传输的信息，随时掌握和了解业务的进展及变化情况。以便进一步采取有效的管理、控制措施。决策支持系统（DSS）是为管理层提供的信息系统资源，它的作用是给人的决策过程提供所需要的信息、数据支持、方案选择支持。销售时点信息系统（POS）是指通过能够自动读取信息的设备，在销售商品时，直接读取和采集商品销售的各种讯息，然后通过通信网络或计算机系统将读取的信息传输至管理中心进行数据的处理和使用。

　　341. 根据我国有关法律法规，下列有关仓单的正确描述是（　　）。（2009 年）

　　　　A. 仓单不是物权凭证，不能转让

　　　　B. 仓单是物权凭证，但不能转让

　　　　C. 仓单上必须约定明确的提货期限

　　　　D. 存货人或者仓单持有人在仓单上背书，并经保管人签字或者盖章，可转让

　　答案：D。我国《合同法》第三百八十七条规定仓单是提取仓储物的凭证。存货人或者仓单持有人在仓单上背书并经保管人签字或者盖章的，可以转让提取仓储物的权利。从我国《合同法》该条的表述看，仓单应当可以作为物权凭证使用，且经过背书可以转让。

　　342. 物流信息系统包括 GIS、POS、TPS、RF 等系统，其中"GIS"指的是（　　）。（2009

年)

    A. 事务处理系统   B. 销售时点信息系统

    C. 地理信息系统   D. 射频识别系统

答案：C。 回答此题关键是掌握四个英文简写术语的含义，事务处理系统（TPS）是物流业务可以运用的基础系统，它向管理信息系统、决策支持系统和其他信息系统及管理工作提供所需要的数据。销售时点信息系统（POS）是指通过能够自动读取信息的设备，在销售商品时，直接读取和采集商品销售的各种讯息，然后通过通信网络或计算机系统将读取的信息传输至管理中心进行数据的处理和使用。射频—标签识别系统（RF），是一种重要标识技术，它的主要功能是对运动的或静止的标签，进行不接触的识别，这种识别技术是射频技术，通过在物流对象表面贴置的标签，用射频技术进行电磁波射频扫描，就可以把物流对象物的相关信息，从标签上识别并进行直接读写，或者经过计算机网络将信息传输。地理信息系统（GIS）面向空间相关信息，采集、存储、检查、操作、分析和显示地理数据的系统。

343. 根据我国国家标准《物流术语》的规定，由供方和需方以外的物流企业提供物流服务的业务模式属于（　　）。（2009 年）

    A. 第一方物流   B. 第二方物流

    C. 第三方物流   D. 供应链管理

答案：C。 国家标准《物流术语》（GB/T 18354 - 2001）把第三方物流定义为"由供方与需方以外的物流企业提供物流服务的业务模式"。有时也把提供这类服务的企业简称为"第三方物流"。

344. 根据我国相关的国家标准，（　　）是物品从供应地向接收地的实体流动过程。根据实际需要，将运输、储存、装卸、搬运、包装、流通加工、配送、信息处理等基本功能实施有机结合。（2010 年）

    A. 物流   B. 供应链   C. 多式联运   D. 货运代理

答案：A。 2001 年 8 月 1 日，我国颁布了国家标准《物流术语》，对物流的定义是："物流是物品从供应地向接收地的实体流动过程。根据实际需要，将运输、储存、装卸、搬运、包装、流通加工、配送、信息处理等基本功能实施有机结合。"

三、判断题

1. 进料加工与来料加工均为一进一出的两笔交易。（　　）（2002 年）

答案：错误。 在来料加工中，原料的运进和成品的运出均未发生所有权的转移，它们均属于一笔交易，有关事项也在同一个合同中加以规定。而在进料加工中，原料的进口和成品的出口是两笔交易，均发生了所有权的转移，而且原料供应者和成品购买者之间没有必然的联系。

2. 凡装在同一航次及同一条船上的货物，即使装运时间与装运地点不同也不作为分批装运（Partial Shipments）。（　　）（2002 年）

答案：正确。 根据《UCP500》的规定，分批装运是指一笔成交的货物分若干批次装运。但一笔成交的货物，在不同时间和地点分别装在同一航次、同一条船上，即使分别签发了若干不同内容的提单，也不能按分批装运论处。

3. 对包装条款的规定，最好采用"海运包装"和"习惯包装"之类的术语。（　　）（2002 年）

答案：错误。 在实际业务中要尽可能避免使用对包装条款仅作笼统的规定，例如"海运包装"和"习惯包装"之类的术语。因为此类规定缺乏统一解释，容易引起纠纷和争议。

4. CIF 与 CIF 卸到岸上（LANDED）的主要区别在于，卖方除了都要承担货物到达目的港的风险和正常的运费以外，CIF LANDED 条件下，卖方还要承担卸货费用。（　　）（2002 年）

答案：错误。 根据《INCOTERMS2000》，CIF 卸到岸上是指卖方要负担将货物卸到目的港岸上的费用，包括驳船费和码头费，但 CIF 和 CIF 卸到岸上两种术语下，卖方的风险都以装货港船舷为界。

5. "每公吨 88 美元 CFR 上海"这个出口报价是正确的。（　　）（2002 年）

答案：错误。一个完整的出口报价应该包括：计价数量单位、计价货币、贸易术语、装卸地，本题是出口报价，而卸货地是上海，这显然是错误的。

6. FOB 吊钩下交货（UNDER TACKLE）是指卖方负责把货物装进船舱，脱离吊钩。（　　）（2002 年）

答案：错误。根据《INCOTERMS2000》，FOB 吊钩下交货是指卖方仅负责将货物交到买方所派船只的吊钩所及之处的费用，而吊装入舱以及其他各项费用，概由买方负担。

7. 委托代理合同与运输合同是两个独立的合同。（　　）（2002 年）

答案：正确。因为两个合同的法律依据不同，合同的当事人不同，两个合同的特征不同。

8. FCA、CIP、CPT 三种贸易术语，就卖方承担的风险而言 FCA 最小，CPT 其次，CIP 最大。（　　）（2002 年）

答案：错误。根据《INCOTERMS2000》，FCA、CIP、CPT 三种贸易术语的风险转移点均在货物交给指定的承运人保管时。所以，就承担风险而言，它们没有大小之分。

9. 运输合同的当事人是托运人、承运人。（　　）（2002 年）

答案：正确。国际货物运输合同是托运人同承运人签订的，在合同中明确了双方当事人的权利和义务。

10. FOB 价格条件下，由进口商安排运输。因此，提单中的托运人一定是出口商。（　　）（2002 年）

答案：错误。国际贸易航运实务界根据具体情况和海商法规定：在签发的提单上，托运人的填写可以卖方作为托运人，也可以买方作为托运人，二者必居其一，均是合法有效的。

11. CIF 条件下由卖方负责办理货物运输保险，在 CFR 条件下是由买方投保。因此，运输途中货物灭失和损失的风险，前者由卖方负责，后者由买方负责。（　　）（2002 年）

答案：错误。CIF 条件与 CFR 条件都属于装运港交货条件，货物越过船舷后，风险都由卖方转移到买方，因此运输途中货物损失的风险均由买方承担。

12. 信用证支付方式是属于银行信用，所用的汇票是银行汇票。（　　）（2002 年）

答案：错误。信用证支付方式是属于银行信用，但使用的汇票，可以是银行汇票、也可以是商业汇票。

13. D/A30 天比 D/P30 天，对出口商来说承担的风险更大。（　　）（2002 年）

答案：正确。相对 D/P30 天来说，D/A30 天对出口商来说承担的风险更大，因为出口商很可能面临货、款两空的风险。

14. 国外开来信用证规定最迟装运期为 4 月 30 日，有效期为 5 月 15 日。我出口公司于 4 月 12 日将货物装船并取得提单，于 5 月 6 日向银行议付，提交了符合信用证规定的单据。

按《UCP500》规定，银行应予议付。（　　）（2002 年）

答案：错误。按《UCP500》规定，银行不接受运输单据签发 21 天后提交的单据，所以银行不应予议付。

15. 根据我国《海洋货物运输保险条款》的规定，三种基本险和战争险均适用"仓至仓"条款。（　　）（2002 年）

答案：错误。根据我国《海洋货物运输保险条款》的规定，三种基本险适用于"仓至仓"条款。而战争险仅适用于"水上危险"。

16. 在国际贸易中投保人向保险公司投保一切险后，在运输途中遭受任何外来原因造成的一切

货损均可向保险公司索赔。（　　）（2002年）

答案：错误。一切险的责任范围，除了包括平安险和水渍险的责任外，还包括被保险货物在运输途中由于一般外来原因造成的全部或部分损失。但并不是承担任何外来原因造成的一切货损。

17. 某出口公司按CIF出口坯布1000包，根据合同规定投保了水渍险。货在途中因船舱内淡水管道滴漏，致使该坯布中的100包遭水渍，保险公司应负赔偿责任。（　　）（2002年）

答案：错误。舱内淡水管道滴漏而引起的水渍，属于一般附加险—淡水雨淋险，而题中某公司只是投了水渍险，所以保险公司不应负赔偿责任。

18. 中国A城建集团在埃及承建该国公共体育设施项目，按照贸易通常分类方法，该承建活动属于无形商品贸易，也属于服务贸易方式。（　　）（2003年）

答案：正确。无形商品贸易是指运输、保险、金融、旅游、技术等无形的商品贸易；服务贸易是指一方为了满足另一方的需要而提供的某种劳务；承建公共体育设施项目活动既含有技术成分，又含有服务成分，所以答案为正确。

19. 贸易额是一定时期进出该国关境的进出口贸易的总额。（　　）（2003年）

答案：错误。贸易额按进出国境与进出关境不同分为总贸易额和专门贸易额。一定时期进出该国关境的进出口贸易的总额称之为专门贸易额。

20. 依据UCP500，信用证规定出口散装小麦，禁止分批装运，使用信用证结汇，信用证和买卖合同均允许货物溢短装，则卖方的交货数量可在5％以内浮动，但不得超出信用证的金额。（　　）（2003年）

答案：正确。根据UCP500的规定，除非信用证所列的货物数量不得增减，在支付金额不超过信用证金额的条件下，即使不准分批装运，卖方交货数量的伸缩幅度为5％。

21. 一国专门贸易额是一定时期进出该国国境的进出口贸易的总额。（　　）（2003年）

答案：错误。贸易额按进出国境与进出关境不同分为总贸易额和专门贸易额。一定时期进出该国关境的进出口贸易的总额称之为专门贸易额。

22. 任何缺少合同标的、货物价格、货物数量、品质与包装等合同主要条款的国际货物买卖合同都会导致合同无效的法律后果。（　　）（2003年）

答案：错误。一项有效的国际货物买卖合同应当具备必要的内容，但缺少某项主要条款并不意味都会导致合同无效。通常情况下，导致合同无效的原因主要有：当事人没有行为能力；合同内容、形式不合法；合同当事人意思表示不真实等。

23. 信用证条款中约定电汇索偿条款是授权议付行以电报等方式通知开证行审核后付款。（　　）（2003年）

答案：正确。议付行是指买入受益人交来的跟单汇票的银行。信用证条款中约定电汇索偿条款的内容是授权议付行以电报等方式通知开证行审核后付款。

24. 某公司对外商报价：土豆片，每包600美元CIF Callao，该报价属于外贸货物的总价，也即净价。（　　）（2003年）

答案：错误。贸易合同中的价格条款一般包括两项内容，即单价和总价。单价是由四个部分组成，包括计量单位、单位价格金额、计价货币和价格术语。总价是单价和数量的乘积。净价是不包括佣金和折扣的价格。本题表述的是单价，而不是总价，所以是错误的。

25. 伦敦保险协会（ICC）的C条款对承保风险采取列举风险法。（　　）（2003年）

答案：正确。伦敦保险协会（ICC）的A、B、C条款，除A条款外，对承保风险都采取列举风险法，即保险人仅对列明风险造成的货损承担赔偿责任。

26. PICC海运保险条款下，当保险货物到达港口卸离海轮后满60日，即使货物未存入收货人的最后仓库，保险人责任也终止。（　　）（2003年）

答案：正确。 根据 PICC 海运保险条款的规定，保险人的责任期间虽然为"仓至仓"，但也有时间限制，被保险货物到达港口卸离海轮后满 60 日仍然未运抵收货人仓库时，保险人责任即告终止。

27. 伦敦货物保险协会（ICC）的 A 条款对承保风险采取列明风险方式。（　　）（2004 年）

答案：错误。 ICC 的 A 条款大致采用概括方式说明承保的风险，除了明文规定的除外责任外，承保一切原因导致的损失。B 和 C 条款采用了列明风险法。

28. 买卖双方就货物交易达成的"备忘录"，即使符合合同法律的条件，也不具有合同的法律效力。（　　）（2004 年）

答案：错误。 如果买卖双方洽谈的交易条件完整、明确、具体地写在了备忘录中，并经双方签字，即具有合同法律的条件，就具有合同的法律效力。如果双方经洽谈后，只是对某些事项达成一致或一定程度的理解或谅解，并将这种理解或谅解用"备忘录"的形式记录下来，作为双方今后交易或合作的依据。并冠以"理解备忘录"或"谅解备忘录"的名称，这种备忘录就不具有法律上的约束力。

29. 国际贸易合同中货物数量或价款前使用"大约、接近"等约量词，按照《UCP500》的规定，货物数量或价款可以上下浮动不超过 5%。（　　）（2004 年）

答案：错误。 UCP500 规定，凡"约""大概"、"大约"或类似的词语用于信用证金额、货物、数量和单价时，应解释为有关金额、数量或单价不超过 10% 的增减幅度。

30. 蒙古国一批牛奶制品经过中国关境时存入中国海关监管的仓库，后出口转运到日本，该批货物属于直接过境贸易。（　　）（2005 年）

答案：错误。 直接过境贸易是指商品运到过境国后不存入该国的海关仓库而径直向另一国运去。

31. 当国际买卖合同的具体约定与 FOB、CIF 等国际贸易术语规定的义务发生冲突时，买卖双方的权利义务应以合同的具体约定为准。（　　）（2005 年）

答案：正确。 买卖双方的权利义务应以合同的具体约定为准，只有当合同没有约定或者引入 FOB、CIF 等国际贸易术语规定时才适用。

32. 承兑信用证下应开立远期汇票，由银行承兑汇票，于汇票到期时付款。因此，承兑信用证属于商业信用。（　　）（2005 年）

答案：错误。 承兑信用证属于银行信用。

33. 根据 INCOTERMS 2000 的规定，在 F 组贸易术语中，FAS 和 FCA 都适用于各种运输方式。（　　）（2005 年）

答案：错误。 根据 INCOTERMS 2000 的规定，FAS 为船边交货，仅适用包括海运在内的水上运输。FCA 为货交承运人，适用于各种运输方式。

34. 中国甲外贸公司按 CIF 术语出口布匹 1 000 包，根据合同规定投保水渍险。货物在海上运输途中因船舱内淡水管道滴漏，致使该批布匹中的 100 包遭水渍，保险公司应对此负责赔偿。（　　）（2006 年）

答案：错误。 中国人民保险公司海洋运输货物保险条款分为平安险（free from particular average，F. P. A.）、水渍险（with particular average，W. A）和一切险（all risks）三种。水渍险不包括淡水雨淋险，淡水管道滴漏，致使布匹中的 100 包遭水渍，属于一般附加险的承保范围。

35. 承兑信用证属于即期信用证；延期付款信用证属于远期信用证。（　　）（2006 年）

答案：错误。 承兑信用证（Acceptance L/C）是指使用和附随汇票的远期信用证而不属于即期信用证。汇票的付款人在收到符合信用证规定的汇票单据时，先在汇票上履行承兑手续，等到汇票到期再付款。延期付款信用证（Deferred payment L/C）是指远期付款而又不要汇票的信用证。

36. 如买卖合同中未具体约定货物重量以何种方式计量，依据国际贸易惯例，应以货物毛重计

算其重量。（　　）（2006 年）

答案：错误。国际贸易业务中，具体确定和计算商品价值等，均依据商品的净重，商品本身的重量，即除去包装后的商品实际重量。当买卖合同中未约定商品的重量依据时，依据业务惯例，通常是以商品的净重来计算、确定其价格等。

37. 在信用证交易中，银行根据信用证取代买方承担了作为第一付款人的义务；日后只要卖方提供了符合信用证的单据，卖方就能从银行得到付款保证，除非买方破产。（　　）（2007 年）

答案：错误。信用证的特点表现在银行提供信用，在信用证交易中，银行根据信用证取代买方承担了作为第一付款人的义务；日后只要卖方提供了符合信用证的单据，即使买方破产，卖方也能从银行得到付款保证。这样，银行提供了远优于进口商个人信誉的银行信用，较之托收或直接付款方式来说，使卖方风险大为减少。

38. 汇付是指付款人通过银行，使用各种结算工具将货款汇交收款人的一种国际贸易结算方式。汇付属于商业信用和顺汇的范畴。（　　）（2007 年）

答案：正确。按照资金的流向和结算工具的方向划分，国际贸易结算方式可以分成顺汇和逆汇两大类。顺汇是由债务人主动将款项交给本国银行，委托银行使用某种结算工具，汇付给国外债权人或收款人。汇付就属于顺汇的范畴。逆汇是由债务人以出具票据的方式，委托本国银行向国外债务人收取款项的结算方式。在贸易业务中，信用证项下的押汇、跟单托收以及非贸易中的支票托收都属于逆汇。

39. 发盘不一定要明确规定有效期。未明确规定有效期的发盘同样可以为受盘人接受而成立合同。（　　）（2007 年）

答案：正确。发盘中通常都规定有效期。这一期限有双重意义：一方面它约束发盘人，使发盘人承担义务，在有效期内不能任意撤销或修改发盘的内容，过期则不再受其约束；另一方面，发盘人规定有效期，也是约束受盘人，只有在有效期内做出接受，才有法律效力。但有效期不是一项发盘构成的必备条件，如果发盘没有明确规定有效期，可以为受盘人接受而成立合同。

40. 《UCP600》被世界各国银行处理信用证业务时所采用，因此《UCP600》适用于所有在正文中标明按本惯例办理的跟单信用证。（　　）（2007 年）

答案：正确。2007 年的《跟单信用证统一惯例》（国际商会第 600 号出版物，UCP600）被世界各国银行处理信用证业务所适用。在该惯例第一条明确指出，UCP600 适用于所有在正文中标明按本惯例办理的跟单信用证（包括本惯例适用范围内的备用信用证）。除非信用证中另有规定，本惯例对一切有关当事人均具有约束力。

41. 当国际买卖合同的具体约定与《INCOTERMS2000》对贸易术语的规定不同时，买卖双方的权利义务应以合同的特别约定为准。（　　）（2008 年）

答案：正确。买卖双方的权利义务应以合同的具体约定为准，只有当合同没有约定或者引入《INCOTERMS2000》规定时才适用。

42. 在信用证交易中，银行根据信用证取代买方承担了作为第一付款人的义务。日后只要卖方提供了符合信用证的单据，卖方就能从银行取得付款保证，除非买方破产。（　　）（2008 年）

答案：错误。在信用证交易中，银行根据信用证取代买方承担了作为第一付款人的义务。日后只要卖方提供了符合信用证的单据，即使买方破产，卖方也能从银行取得付款保证。

43. 一批货物出口到新加坡，海运方式交货，卖方已投保了中国人民保险公司海洋运输货物保险条款中的一切险，未投保特殊附加险。货物因码头工人持续罢工而无法卸货，遭到损失，该损失应由保险人负责赔偿。（　　）（2008 年）

答案：错误。中国人民保险公司海洋运输货物保险条款一切险并不包括由于罢工原因导致的货物损失。

44. 国际贸易结算中通常所说的票据是指以支付一定数额金钱为目的、用于清偿债权债务的凭证，即由出票人在票据上签名，无条件地规定自己或他人支付确定金额的可流通的证券。（　　）（2008年）

答案：正确。 票据是指以支付一定数额金钱为目的、用于清偿债权债务的凭证，即由出票人在票据上签名，无条件地规定自己或他人支付确定金额的可流通的证券。

45. 电子数据与电子邮件也属于《国际货物销售合同公约》和我国《合同法》规定的合同的书面形式。（　　）（2008年）

答案：正确。《国际货物销售合同公约》和我国《合同法》均认可合同的书面形式包括电子数据与电子邮件。

46. 国际买卖合同约定CIF Pusan和约定CFR Pusan相比，卖方要多承担装运港到Pusan港货物灭失、损害的风险。（　　）（2008年）

答案：错误。 根据《INCOTERMS2000》的规定，就风险划分而言，CIF与CFR都是以装船港船舷为界。因此，CIF Pusan和约定CFR Pusan相比，卖方并未多承担装运港到Pusan港货物灭失、损害的风险。

47. 《INCOTERMS 2000》中的贸易术语被援引入国际货物买卖合同，则该术语规定的各项义务对合同双方具有约束力。（　　）（2009年）

答案：正确。《2000年国际贸易术语解释通则》是国际商会在最初的《1936年国际贸易术语解释通则》的基础上经过多次的修正和完善而制定出来的，它于1999年7月公布，2000年1月1日正式生效。如今，作为一种重要的国际贸易惯例，它已成为国际贸易双方当事人签约、履行及解决业务纠纷的主要依据。《INCOTERMS 2000》中的贸易术语被援引入国际货物买卖合同，则该术语规定的各项义务对合同双方具有约束力。

48. 我国某农产品公司出口国产香蕉，合同规定50KGS/CASE。依据国际贸易惯例，该重量为香蕉的净重。（　　）（2009年）

答案：正确。 净重（Net Weight）是指商品本费的实际重量，不包括包装（皮重）的重量，即净重等于毛重减去皮重。在国际贸易中，对以重量计量的商品，大部分都按净重计价，这是最常见的计量方法。

49. 根据《INCOTERMS 2000》的规定，CFR条件成交的合同双方，风险与费用的划分点均在装运港船舷。（　　）（2009年）

答案：错误。 按照《2000通则》的解释，CFR术语下，卖方于货物在装运港越过船舷即完成交货，但其必须支付将货物运至指定目的港的运费；交货后货物灭失或损坏的风险以及由于各种事件造成的任何额外费用，均转移给买方。

50. 根据《INCOTERMS 2000》的规定，F组的三个贸易术语都适用于各种运输方式。（　　）（2009年）

答案：错误。 FAS和FOB术语仅适用于海运或内河运输。FCA术语适用于各种运输方式，包括多式联运。

51. 通常情况下，我国出口货物如按照FOB价格条件成交，应由国外进口商办理货物运输保险。我国进口货物如按照CIF价格条件成交，应由我国进口商办理货物运输保险。（　　）（2009年）

答案：错误。 我国进口货物如按照CIF价格条件成交，根据《INCOTERMS 2000》的规定，应由国外出口商办理货物运输保险。

52. 有形贸易，是指商品进出口贸易。无形贸易，是指运输、保险、信息、咨询服务以及技术知识等的提供和接受。（　　）（2009年）

答案：正确。有形贸易，是指商品进出口贸易。无形贸易，是指运输、保险、信息、咨询服务以及技术知识等的提供和接受。

53. 我国海洋货物运输保险条款包括平安险、水渍险和一切险三种基本险别，这三种基本险别都承保由于自然灾害造成被保险货物的实际全损或推定全损。（ ）（2010 年）

答案：正确。平安险承担的责任范围包括在运输过程中，由于自然灾害造成被保险货物的实际全损或推定全损。水渍险的责任范围除包括上述"平安险"的各项责任外，还负责被保险货物由于恶劣天气、雷电、海啸、地震、洪水等自然灾害造成的部分损失。一切险的责任范围除包括"平安险"和"水渍险"的所有责任外，还包括货物在运输过程中因一般外来原因所造成的被保险货物的全部或部分损失。

54. 国际贸易术语 CFR SHANGHAI 中 SHANGHAI 是指买卖合同双方当事人约定的海上运输货物的装运港。（ ）（2010 年）

答案：错误。CFR（成本加运费）下，卖方安排运输并支付将货物运至指定目的港所必需的运费和其他费用。因此，CFR SHANGHAI 是指目的港，而不是装运港。

55. 根据我国《合同法》的规定，受托人处理委托事务时，因不可归责于自己的事由受到损失，或委托人经受托人同意另行委托第三人处理委托事务而给受托人造成损失，受托人有权要求赔偿。（ ）（2010 年）

答案：正确。见我国《合同法》第 407 条、第 408 条的规定。

56. 作为代理人，国际货运代理只对其本身（在履行义务过程中）的过失及其雇员的过失负责。（ ）（2002 年）

答案：正确。根据过失责任原则，一般讲代理人只承担过失责任，除非法律规定可以免责的事项除外。

57. 货运代理一词来自"THE FREIGHT FORWARDER"。（ ）（2002 年）

答案：正确。货运代理一词来源于英文"THE FREIGHT FORWARDER"，在国际上至今尚无一个普遍公认的、统一的定义。国际货物运输代理联合会（FIATA）对此下的定义是：货运代理人是根据客户的指示，并为客户的利益而揽取货物运输的人，其本人并不是承运人。货物代理人也可以依这些条件从事与运送合同有关的活动，如储货（也含寄存）、报关、验收、收款。

58. 业务经营范围包括国际多式联运业务的国际货运代理企业应有在商务部登记备案的国际货运代理提单。（ ）（2003 年）

答案：错误。我国关于国际货运代理管理的有关规定中，并没有规定国际货运代理企业必须应有国际货运代理提单。如果国际货运代理企业在境内签发国际货运代理提单，则必须在商务部登记备案。

59. 国际货运代理企业必须在批准证书有效期届满前 45 天申请换证。（ ）（2003 年）

答案：错误。依据《中华人民共和国国际货运代理业管理规定实施细则（试行）》的规定，国际货运代理企业必须在批准证书有效期届满 60 天前申请换证。

60. 国际货运代理从事纯粹代理业务，无论本身是否有过失，都不承担任何责任。（ ）（2003 年）

答案：错误。国际货运代理从事纯粹代理业务，其本身没有过失，不承担任何责任，由委托人承担其法律后果。如果国际货运代理人在代理业务活动中，本身有过失给委托人造成损失，根据相关的法律规定，国际货运代理人应当承担责任。

61. 国际货运代理投保责任险，是防止或减少其责任风险的主要办法之一。（ ）（2004 年）

答案：正确。国际货运代理在经营过程中存在着许多风险，投保责任险，是防止或减少其责任风险的主要办法之一。

62. 国际货运代理协会联合会是一个营利性的国际货运代理行业组织，其宗旨是保障和提高国际货运代理在全球的利益。（　　）（2004年）

答案：错误。国际货运代理协会联合会是一个非营利性的国际代理行业组织，也是世界运输领域最大的非政府间的国际组织。

63. 目前我国国际货运代理行业实行的是以国务院商务主管部门为主，其他相关部门依职权参与管理，政府主管部门行政管理和行业协会自律并重的管理体制。（　　）（2005年）

答案：正确。目前我国国际货运代理行业实行的是以国务院商务主管部门为主，其他相关部门依职权参与管理，政府主管部门行政管理和行业协会自律并重的管理体制。

64. 经商务部批准由国内投资主体投资设立的国际货运代理企业及其分支机构，在取消审批以后，不需要到商务部门办理备案手续。（　　）（2005年）

答案：错误。经商务部批准由国内投资主体投资设立的国际货运代理企业及其分支机构，在取消审批以后，同样需要到商务部门办理备案手续。

65. 中国国际货运代理协会的宗旨之一是配合政府部门加强对我国国际货运代理行业及其相关行业的管理。（　　）（2006年）

答案：正确。中国国际货运代理协会的宗旨之一是配合政府部门加强对我国国际货运代理行业及其相关行业的管理。

66. 按照我国的有关规定，国际货运代理企业从事航空运输销售代理活动，应当取得中国航空运输协会颁发的资格认可证书。（　　）（2006年）

答案：正确。根据民航总局《关于移交航空运输销售代理资格认定工作的通知》和《中国航空运输协会章程》的有关规定，中国航空运输协会自2006年3月31日起正式对外开展航空运输销售代理资格认可工作，履行销售代理资格认可的管理职能。国际货运代理企业从事航空运输销售代理活动，应当取得中国航空运输协会颁发的资格认可证书。

67. 在我国，凡由外商投资设立经营国际快递业务的国际货运代理企业，不需要再由我国商务部负责审批和管理。（　　）（2006年）

答案：错误。中华人民共和国商务部修订通过，自202005年12月11日起施行新的《外商投资国际货物运输代理企业管理办法》规定：外商投资设立经营国际快递业务的国际货运代理企业由商务部负责审批和管理；外商投资设立经营其他业务的国际货运代理企业由各省、自治区、直辖市、计划单列市及新疆生产建设兵团商务主管部门（以下简称省级商务主管部门）负责审批和管理。

68. 我国国际货运代理企业应当在每年1月底前向注册地国际货运代理行业中介组织或商务主管部门备案，报送上年业务经营情况。（　　）（2007年）

答案：错误。货运代理企业在每年3月底前向注册地货运代理行业中介组织或商务主管部门备案，报送上年业务经营情况。

69. 对于国际货运代理是作为代理人还是当事人的法律地位，国际上通常有强制性的法律法规的规定。（　　）（2007年）

答案：错误。确定货运代理究竟是作为代理人还是作为缔约当事人，国际上通常不存在任何硬性规定。货运代理的身份将取决于具体情况、具体事实和所属国的法律。

70. 在我国，国际货运代理企业既可以作为代理人从事国际货运代理业务，也可以作为独立经营人从事国际货运代理业务。（　　）（2008年）

答案：正确。根据我国国际货运代理管理规定，国际货物运输代理企业既可以作为代理人从事国际货运代理业务，也可以作为独立经营人从事国际货运代理业务。

71. 目前，中国国际货运代理协会已经制定了标准交易条件，托运人与货运代理人之间订立的

委托合同必须将该标准交易条件并入合同，以明确双方的权利义务。（ ）（2008 年）

答案：错误。 中国国际货运代理协会虽然已经制定了标准交易条件，但该标准交易条件并不是强制性规定，托运人与货运代理人之间订立的委托合同可以将该标准交易条件并入合同，以明确双方的权利义务。

72. 国际货运代理协会联合会是一个营利性的国际货运代理行业组织，其宗旨是保障和提高国际货运代理在全球的利益。（ ）（2008 年）

答案：错误。 国际货运代理协会联合会是一个非营利性的国际货运代理行业组织，而不是一个营利性的国际货运代理行业组织。

73. 当发生货损后，国际货运代理人可以在任何情况下作为货主的代理人以索赔人的身份向有关方提出索赔。（ ）（2008 年）

答案：错误。 国际货运代理人只有在接受货主的委托情况下可以作为货主的代理人向有关方提出索赔。

74. FIATA 标准交易条件范本对我国国际货运代理企业具有强制约束力。（ ）（2009 年）

答案：错误。 FIATA "国际货运代理服务示范条例"，是由 FIATA 制订的关于货运代理与客户之间订立的合同的标准条款，并向至今尚无标准交易条件的各国货运代理推荐，供其在制定本国的该标准交易条件时作为准则参考。因此，FIATA 标准交易条件范本对我国国际货运代理企业不具有强制约束力。

75. 国际货运代理人以自己的名义与第三人签订合同，往往被认定为当事人并承担当事人的责任。（ ）（2009 年）

答案：正确。 身为货运代理以自己的名义同第三人签订合同，就第三人而言，其代理身份已经改变，成为与第三人签订合同的一方当事人，所以往往被认定为当事人并承担当事人的责任。

76. FIATA 对"国际货运代理及物流服务"的最新定义指的是：所有和货物的运输（即采用单一的模式或多式联运模式所完成的运输）相关的服务，及货物的拼箱、储存、处理、包装或配送等相关的服务，和与上述服务相关的辅助性及咨询服务，其中包括，但不局限于海关和财政事务、货物的官方申报、安排货物的保险、代收或支付货物相关的款项及单证等服务。（ ）（2009 年）

答案：正确。 2004 年的 10 月，在与欧洲的几家主要的交通运输、货运代理及物流行业的协会磋商之后，根据行业发展的最新特点，FIATA 总部推出了"国际货运代理及物流服务"的最新定义："所谓的国际货运代理及物流服务，指的是所有和货物的运输（即采用单一的模式或多式联运模式所完成的运输）相关的服务，及货物的拼箱、储存、处理、包装或配送等相关的服务，和与上述服务相关的辅助性及咨询服务，其中包括，但不局限于海关和财政事务、货物的官方申报、安排货物的保险、代收或支付货物相关的款项及单证等服务。国际货运代理服务还包括物流服务，即将现代信息和通讯技术应用于货物的运输、处理和储存及实质上的整体供应链管理之中。所有这些服务，都可以根据客户的要求及具体的服务内容而量身定做，灵活运用。"

77. 我国国际货运代理企业从事国际货运代理业务，必须使用税务机关核准的发票。（ ）（2010 年）

答案：正确。 这是我国货运代理企业必须遵循的行为规范之一。

78. 海关监管仓库全部由海关自行管理。（ ）（2002 年）

答案：错误。 海关监管仓库有的由海关自行管理；也有的因进出口业务量的增大，海关自行管理不便，交由专营仓储企业经营管理，海关只行使行政监管职能。

79. 保税仓库的经营人一般不经营进出口商品，但仓库可供各类进口商共同存放保税货物。（ ）（2002 年）

答案：正确。 依据我国《海关对保税仓库及所存货物的管理办法》的规定。

80. 保税仓库所存货物如需延长储存期限，应向主管海关申请延期，延期最长不超过半年。（　）（2002 年）

答案：错误。保税仓库所存货物的储存期限为一年。如因特殊情况需延长储存期限，应向主管海关申请延期，延期最长不超过一年。

81. 凡保税货物可以全部免纳关税。（　）（2002 年）

答案：错误。保税货物未办理纳税手续进境，属于暂时免纳，而不是免税，待货物最终流向确定后，视货物的出口情况，海关再决定是否征税或免税。

82. 代理报关企业只能接受有进出口经营权的单位委托，代办进出口货物的报关、纳税事宜。（　）（2003 年）

答案：正确。根据我国有关规定，代理报关企业只能接受有进出口经营权的单位委托，代办进出口货物的报关、纳税事宜。

83. 某自理报关企业报关员利用本企业的进料加工手册代他人进口原材料构成走私行为，其法律责任应由企业与该报关员共同承担。（　）（2003 年）

答案：正确。报关单位应对报关人员的一切报关行为负法律责任。

84. 海关在查验进出境货物、物品时，损坏被查验的货物、物品的，依法应当赔偿直接损失和间接损失（　）（2003 年）

答案：错误。根据我国海关法第 94 条的规定，海关在查验进出境货物、物品时，损坏被查验的货物、物品的，依法应当赔偿实际损失。因此，对于间接损失，海关不承担责任。

85. 转关货物在境内储运途中发生损坏、短少、灭失等情形时，必须由承运人或存放场所负责人承担税赋责任。（　）（2003 年）

答案：错误。转关货物在境内储运途中发生损坏、短少、灭失等情形时，除不可抗力外，承运人、货物所有人、存放场所负责人应承担税赋责任。

86. 减免税货物主要集中于流动资产，保税货物主要集中于固定资产投资。（　）（2003 年）

答案：错误。保税货物主要集中于流动资产，减免税货物主要集中于固定资产投资。

87. 进口和出口货物在进出境环节办理了进出境手续，经海关放行后，即意味着结关。（　）（2003 年）

答案：错误。对于一般进出口通关制度的货物而言，经海关放行后，即意味着结关。但对于保税货物、减免税货物和暂时进出口货物，放行并未结关，仍须海关监管。

88. 保税货物是免税的进口货物。（　）（2003 年）

答案：错误。根据我国海关法的规定，保税货物，是指经海关批准未办理纳税手续进境，在境内储存、加工、装配后复运出境的货物。

89. 出口货物的发货人除海关特准的之外应当在装货前 24 小时向海关申报。（　）（2003 年）

答案：错误。根据我国海关法的规定，出口货物的发货人除海关特准的外应当在货物运抵海关监管区后、装货的 24 小时以前，向海关申报。

90. 一般进出口货物必须在进出境环节完纳进出口税费。（　）（2003 年）

答案：正确。在一般进出口通关制度下，进出口货物必须在进出境环节完纳进出口税费。

91. 国际货运代理企业申请代理报关由所在地海关审核办理。（　）（2003 年）

答案：正确。国际货运代理企业申请代理报关由所在地海关审核办理。

92. 某公司从日本购买一艘货轮，拟从事国际货物运输，该货轮进境时应按进境运输工具向海关报关。（　）（2004 年）

答案：错误。根据我国海关法第 100 条的规定，进出境运输工具，是指用以载运人员、货物、物品进出境的各种船舶、车辆、航空器和驮畜。

93. 进口货物的完税价格包括货物的货价、货物运抵中国境内输入地点起卸前的运输及其相关费用、保险费。（　）（2004 年）

答案：正确。 根据我国海关法的有关规定，进口货物的完税价格包括货物的货价、货物运抵中国境内输入地点起卸前的运输及其相关费用、保险费。

94. 目前，我国出口货物实行的是先报检后报关的货物出境制度。（　）（2005 年）

答案：正确。 我国出口货物实行的是先报检后报关的货物出境制度。

95. 进出口货物报关单是指进出口货物收发货人或其代理人，按海关规定的格式对进出口货物的真实情况做电子或书面申明，海关对其货物适用海关制度而办理通关手续的法律文书。（　）（2005 年）

答案：正确。 进出口货物报关单是指进出口货物收发货人或其代理人，按海关规定的格式对进出口货物的真实情况做电子或书面申明，海关对其货物适用海关制度而办理通关手续的法律文书。

96. 获得报关权的进出口货物收发货人既可为本单位报关，也可委托报关企业为其办理报关手续。（　）（2006 年）

答案：正确。 进出口货物收发货人应当通过本单位所属的报关员办理报关业务，或者委托海关准予注册登记的报关企业，由报关企业所属的报关员代为办理报关业务。

97. 海关对出现报关单填制不规范、报关行为不规范，以及违反海关监管规定或者有走私行为未被海关暂停执业、撤销报关从业资格的报关员予以记分、考核。（　）（2006 年）

答案：正确。 根据海关总署制定自 202005 年 1 月 1 日起施行《中华人民共和国海关对报关员记分考核管理办法》，海关对出现报关单填制不规范、报关行为不规范，以及违反海关监管规定或者有走私行为未被海关暂停执业、撤销报关从业资格的报关员予以记分、考核。

98. 广州某公司因业务关系，需要在上海海关办理报关业务。由于该企业已在广州海关办理了注册登记手续取得了报关权，因此，不需再到上海海关办理注册登记手续。（　）（2007 年）

答案：正确。 本题解答略有难度，虽然本题没有说明"某公司"是属于哪一类的企业，但含义是指进出口货物收发货人，如果是报关企业，按照中华人民共和国海关对报关单位注册登记管理规定第十六条：报关企业如需要在注册登记许可区域以外从事报关服务的，应当依法设立分支机构，并且向拟注册登记地海关递交报关企业分支机构注册登记许可申请。本题并没有提到报关企业分支机构注册登记许可事宜。根据该规定第三十五条，进出口货物收发货人应当按照规定到所在地海关办理报关单位注册登记手续。进出口货物收发货人在海关办理注册登记后可以在中华人民共和国关境内各个口岸地或者海关监管业务集中的地点办理本企业的报关业务。所以本题可以判断为正确。

99. 在货物进出境需要办理"报检、报验"手续时，一般而言，办理报关、纳税手续在先，办理报检、报验手续在后。（　）（2007 年）

答案：错误。 在货物进出境需要办理"报检、报验"手续时，一般而言，办理报检、报验手续在先，办理报关、纳税手续在后。

100. 一般进口货物是指在进境环节缴纳了应征的进口税费并办结了所有必要的海关手续，海关放行后不再进行监管，可以直接进入生产和流通领域的进口货物。（　）（2008 年）

答案：正确。 一般进口货物是指在进境环节缴纳了应征的进口税费并办结了所有必要的海关手续，海关放行后不再进行监管，可以直接进入生产和流通领域的进口货物。

101. 海关在查验进出境货物、物品时，损坏被查验的货物、物品的，依法应当赔偿直接损失和间接损失。（　）（2008 年）

答案：错误。 根据我国海关法第 94 条的规定，海关在查验进出境货物、物品时，损坏被查验的货物、物品的，依法应当赔偿实际损失。因此，对于间接损失，海关不承担责任。

102. 按我国有关法规，报关企业的报关员可以在我国关境内各口岸或者海关监管业务集中的地

点执业。（　　）（2008 年）

答案：错误。 进出口货物收发货人在海关办理注册登记后可以在中华人民共和国关境内各个口岸地或者海关监管业务集中的地点办理本企业的报关业务。报关企业如需要在注册登记许可区域以外从事报关服务的，应当依法设立分支机构，并且向拟注册登记地海关递交报关企业分支机构注册登记许可申请。

103. 根据我国海关法律法规的规定，进出口货物的收发货人及其他们的代理人，是关税的纳税义务人。（　　）（2008 年）

答案：错误。 根据我国海关法律法规的规定，进出口货物的收发货人是关税的纳税义务人，不包括他们的代理人。

104. 根据我国海关法律法规的规定，未依法经海关注册登记的企业和未依法取得报关从业资格的人员，不得从事报关业务。（　　）（2009 年）

答案：正确。 根据我国海关法的规定，依法向海关注册登记是法人、其他组织或者个人成为报关单位的法定要求，因此未依法经海关注册登记不得从事报关业务。作为报关员必须取得报关员从业资格，并在海关注册登记才能从事报关业务。

105. 根据我国《海关法》的规定，在进口环节由海关代征增值税。计算进口增值税的公式为：（关税完税价格＋关税额＋消费税额）×增值税率。（　　）（2009 年）

答案：正确。 我国《海关法》规定，在进口环节由海关代征增值税。计算进口增值税的公式为：（关税完税价格＋关税额＋消费税额）×增值税率。

106. 某公司一名员工取得了《报检员证》，该公司其他人也可持其《报检员证》到检验检疫机构办理报检业务。（　　）（2009 年）

答案：错误。 员工取得了《报检员证》只能表明其本人可以从事代理报检业务，而并不代表其他人也可以持别人的《报检员证》到检验检疫机构办理报检业务。

107. 报关单位注册登记分为报关企业注册登记和进出口货物收发货人注册登记。报关企业应当经直属海关注册登记许可后，方能办理注册登记。进出口货物收发货人可以直接到所在地海关办理注册登记。（　　）（2009 年）

答案：正确。 根据我国海关法的规定，报关单位注册登记分为报关企业注册登记和进出口货物收发货人注册登记。报关企业应当经直属海关注册登记许可后，方能办理注册登记。进出口货物收发货人可以直接到所在地海关办理注册登记。

108. 济南某企业出口一批货物，拟从青岛口岸报关出口，该企业向济南检验检疫机构报检时，应申请签发"货物调离通知单"。（　　）（2010 年）

答案：错误。 对产地和报关地不一致的出境货物，检验合格后取得《出境货物通关单》；对产地和报关地不一致的出境货物取得《出境货物换证凭单》，凭《出境货物换证凭单》在出口口岸的检验检疫机构换取《出境货物通关单》。

109. 报关单位注册登记分为报关企业注册登记和进出口货物收发货人注册登记。报关企业应当经直属海关注册登记许可后，方能办理注册登记。进出口货物收发货人可以直接到所在地海关办理注册登记。（　　）（2010 年）

答案：正确。 2006 年 6 月 1 日实施的《中华人民共和国海关对报关单位和报关员的管理规定》对此作出具体规定。

110. 集装箱装载危险货物时，危险货物外包装表面必须张贴《国际海运危规》规定的危险品标志和标记。（　　）（2002 年）

答案：正确。《国际海运危险货物规则》规定如此。

111. 国际海事组织 IMO 是政府间的国际组织，是联合国在海事方面的一个技术咨询和海运立

法机构，《国际海运危险货物规则》就是 IMO 制订的。（　　）（2004 年）

答案：正确。国际海事组织 IMO（International Maritime Organization）是联合国在海事方面的一个技术咨询和海运立法机构，所有联合国成员国均可成为国际海事组织的会员国。

112. 当外贸出口时，如果我国《水路危规》与《国际危规》对危险货物的分类不一致，在国内运输区段内，其包装件要标贴《国际危规》要求的危险货物标志。（　　）（2005 年）

答案：正确。在外贸出口时，如果我国《水路危规》与《国际危规》对危险货物的分类不一致，在国内运输区段内，其包装件要标贴《国际危规》要求的危险货物标志。

113. 危险易燃液体货物的闪点越高，其易燃性越大，易燃危险性也越大。（　　）（2005 年）

答案：错误。危险易燃液体货物的闪点应该是越低，其易燃性越大，易燃危险性也越大。

114. 液体危险货物的闪点越低，说明其危险性越大。（　　）（2007 年）

答案：正确。闪点是易燃液体的蒸气和空气形成的混合物与明火接触时可以发生瞬间闪火的最低温度，所以液体危险货物的闪点越低，说明其危险性越大。

115. ADR 是国际（欧洲）铁路运输危险货物的统一规则。该规则对铁路运输危险货物的分类、性质、包装规格、要求、检验及其他一系列问题做了详细规定。（　　）（2007 年）

答案：错误。ADR 是《国际公路运输危险货物协定》的简写，于 1957 年由联合国欧洲经济委员会（ECE）制定，适用于公路运输危险货物，保证公路运输危险货物的安全性。题干表述的是《国际铁路运输危险货物技术规则》（RID），它是国际（欧洲）铁路运输危险货物的统一规则。该规则对铁路运输危险货物的分类、性质、包装规格、要求、检验及其他一系列问题作了详细规定。关键是掌握英文简写所代表的含义。

116. 法律对涉及索赔的诉讼案件规定了诉讼时效。索赔人应在规定的诉讼时效届满之前提起诉讼。否则，就失去了起诉的权利，往往也失去了索赔的权利和经济利益。（　　）（2007 年）

答案：正确。我国海商法、国际提单公约以及相关各国法律对涉及索赔的诉讼案件都规定了诉讼时效。索赔人应在规定的诉讼时效届满之前提起诉讼。否则，就失去了起诉的权利，往往也失去了索赔的权利和经济利益。

117. 我国《海商法》规定，就海上货物运输向承运人要求赔偿的请求权，时效期为一年，自承运人交付或者应当交付货物之日起计算。（　　）（2008 年）

答案：正确。根据我国《海商法》的规定，就海上货物运输向承运人要求赔偿的请求权，时效期为一年，自承运人交付或者应当交付货物之日起计算。

118. 根据 IATA《危险货物规则》的规定，易燃液体沸点大于 35℃ 的，不论闪点如何，都用 I 级包装。（　　）（2008 年）

答案：错误。根据 IATA《危险货物规则》的规定，易燃液体沸点小于而不是大于 35℃ 的，不论闪点如何，都用 I 级包装。

119. 根据我国有关法规的规定，海运出口危险货物的包装容器，应由经检验机构批准的生产厂家按《国际海运危险货物规则》的要求组织生产，并由检验机构出具《海运出口危险货物包装容器性能鉴定证书》。（　　）（2008 年）

答案：正确。危险货物的包装正确与否，质量好坏直接关系到危险货物能否交付运输及运输的安全。为此，国际公约、规则和我国法规对危险货物包装及管理都作了明确的规定。海运出口危险货物的包装容器，应具有《海运出口危险货物包装容器性能鉴定证书》。

120. 装有危险货物的集装箱，应至少有 4 幅规格不少于 250cm×250cm 的《国际海运危险货物规则》类别标志（标牌），并将该标志（标牌）贴在外部明显的地方，每侧各一幅，前后端各一幅。（　　）（2009 年）

答案：正确。装有危险货物的集装箱，应至少有 4 幅规格不少于 250cm×250cm 的《国际海运危险货物规则》类别标志（标牌），并将该标志（标牌）贴在外部明显的地方，每侧各一幅，前后端各一幅。

121. 根据《国际海运危险货物规则》，所有危险品货物的标志上的符号、文字和号码都要用黑色表示。（　　）（2009 年）

答案：错误。根据《国际海运危险货物规则》，并不是所有危险品货物的标志上的符号、文字和号码都要用黑色表示。第 8 类的标志，文字和类别号用白色；标志底色全部为绿色、红色或蓝色时，符号、文字和号码可用白色。

122. 市场营销的最终目的是使企业能够赢利。（　　）（2003 年）

答案：正确。市场营销的目的就是帮助组织达到自己的目标——获得利润。但在市场营销观念下，企业实现其赢利目标的手段不是一味追求利润本身，而是把获得利润作为做好满足客户需要的必然产物。

123. 客户需求的满意程度取决于客户总价值与客户总成本的比值。（　　）（2003 年）

答案：正确。客户总价值与客户总成本的比值的大小决定了客户满意程度的高低，比值越大满意程度越高，反之，亦然。

124. 货运服务人员既是服务的提供者，又是服务产品的一部分。（　　）（2003 年）

答案：正确。服务性行业是以人为中心的产业，因此服务产品的质量很大程度上取决于提供服务的具体人员。货运服务产品是通过货运服务人员提供货运劳务的形式实现的。

125. 由于货运服务提供者个体的差异，必然导致货运服务质量的差异。（　　）（2004 年）

答案：正确。服务性行业是以人为中心的产业，因此产品的质量较大程度上取决于提供服务的具体人员，由于个体的差异，必然导致货运服务质量也有较大的差异。

126. 在航运业务中"揽货"即揽取货载，也就是销售运力的行为。因此航运企业的产品就是运力。（　　）（2005 年）

答案：错误。货运企业为客户提供产品是一个整体的运输服务产品，包括从揽货订舱开始直至货交收货人的全过程。

127. 班轮运费计收标准中的"W/M Plus Ad. Val"是指计收运费时，应按三者中较高者计收。（　　）（2002 年）

答案：错误。班轮运费计算的标准中，按货物重量或尺码选择其高者，再加上从价运费计算，则以"W/M Plus Ad. Val"表示。

128. 海运提单的签发日期应早于保险单的签发日期。（　　）（2002 年）

答案：错误。根据《UCP500》第 34 条的规定：除非信用证另有规定，或除非保险单据表明保险责任最迟于装船或发运或接受监管之日起生效，银行将拒绝接受出单日期迟于运输单据注明的装船或发运或接受监管日期的保险单据。

129. 承运人签发倒签提单属于具有欺骗性质的行为。（　　）（2002 年）

答案：正确。由于托运人未能在装运期内交货，但仍要求承运人签发装运期限内日期的提单，这种倒填签发日期的提单被称为倒签提单。由于倒签提单的日期与货物实际装船日期不符，是一种具有欺骗性质的行为，因此，这是一种既违约又违法的提单。

130. 若杂货班轮在目的港的交货实际数量少于 B/L 记载数量，其短少损失应由承运人赔偿。（　　）（2002 年）

答案：正确。根据国际航运惯例和有关提单的国际公约规定，若杂货班轮在目的港的交货实际数量少于 B/L 记载数量，其短少损失应由承运人赔偿。

131. 海运运价分为班轮运价、租船运价、集装箱运价。（　　）（2002 年）

答案：正确。按国际航运市场形式划分，海运运价分为：班轮运价、租船运价（不定期船运价）、集装箱运价。

132. 速遣费费率通常是滞期费费率的一半。（　　）（2002 年）

答案：正确。根据国际航运惯例，速遣费率通常是滞期费费率的一半，除非合同另有明确规定。

133. 滞期/速遣时间是通过实际装卸作业使用的时间与合同允许使用的时间相比较得出的。（　　）（2002 年）

答案：正确。只有将实际装卸作业使用的时间与合同允许使用的时间相比，才能准确地知道滞期与速遣时间。

134. 班轮条款下的装卸费用均由班轮公司负担。（　　）（2002 年）

答案：正确。这是班轮运输的特点所决定的。

135. 使用海运单时不需要签发正本。（　　）（2002 年）

答案：错误。海运单通常只签发一份正本。但是，如经请求，也可以签发两份或者两份以上的正本海运单。

136. House Bill of Lading 不能换取提货的权利。（　　）（2002 年）

答案：错误。House Bill of Lading 可以换取提货的权利。

137. 清洁提单上一定记载有"Clean"字样。（　　）（2002 年）

答案：错误。清洁提单是指没有任何有关货物残损、包装不良或其他有碍于结汇的批注的提单。

138. 不清洁提单上记载有"Dirty"字样。（　　）（2002 年）

答案：错误。不清洁提单是承运人在提单上记有货物及包装状况不良或存在缺陷等批注的提单。

139. 不清洁提单上记载有"Foul"字样。（　　）（2002 年）

答案：错误。不清洁提单是承运人在提单上记有货物及包装状况不良或存在缺陷等批注的提单。

140. 班轮运输中，通常不规定滞期/速遣条款。（　　）（2002 年）

答案：正确。班轮运输由班轮公司负担装卸货物，所以不计算速遣费和滞期费。

141. 集装箱装载危险货物托运订舱时，必须随附"危险货物说明书"或"危险货物技术证明书"。（　　）（2002 年）

答案：正确。集装箱装载危险货物托运订舱时，随附"危险货物说明书"或"危险货物技术证明书"一式数份，显示品名、别名、分子式、性能、运输注意事项、急救措施、消防方法等内容，供港口、船舶装卸、运输危险货物时参考。

142. 为了避免货物由于中途转船延误时间，造成货损货差，在 FOB 条件进口时，买方应争取在买卖合同中，订明"不准转船"的条款。（　　）（2002 年）

答案：错误。在 FOB 条件进口时，由买方负责洽租运输工具，为了避免货物在中途港转船，增加货物受损或其风险，而且还会延误到货时间。所以，买方通常与船公司订立运输合同时明确规定不许转船。

143. 按照港口规定和运价本的规定，通常将单件重量为 5 吨以上的货物称为重件货，计收超重附加费。（　　）（2003 年）

答案：正确。通常情况下，单件货物的重量超过 5 吨为重件货，要收超重附加费。

144. S. O. C 箱通常没有箱主代号。（　　）（2003 年）

答案：错误。每一个集装箱都应有箱主代号。

145. 海运集装箱货物交接的主要方式是 CY—CY。（　　）（2003 年）

答案：错误。海运集装箱货物交接的主要方式包括 CY－CY，CFS—CFS 等。

146．货物积载因数的大小说明货物的轻重程度。（　　）（2003 年）

答案：正确。货物积载因数是指每一吨货物在正常堆装时实际所占的容积，所占的容积越大，说明该货物越轻，所以货物积载因数的大小说明货物的轻重程度。

147．船舶运输航次成本应包括船舶的资本成本、航次营运成本和航次变动成本。（　　）（2003 年）

答案：正确。船舶运输航次成本应包括船舶的资本成本、航次营运成本和航次变动成本。

148．集装箱是航空货运中唯一的集装设备。（　　）（2003 年）

答案：错误。航空货运中的集装设备中还包括集装板和集装棚。

149．班轮运价按制定形式划分，可分为单项费率运价、等级运价和航线运价。（　　）（2003 年）

答案：正确。按制定形式划分班轮运价可分为单项费率运价、等级运价和航线运价。

150．包运租船方式在很大程度上具有连续航次租船形式的基本特征。（　　）（2003 年）

答案：正确。包运租船方式是在连续航次租船的运营形式的基础上发展而来的一种租船方式，因此在很大程度上具有连续航次租船形式的基本特征。

151．在无论船舶靠泊与否条款下，如果泊位是空着，由于天气不好使船舶不能驶入，也可以起算装卸时间。（　　）（2003 年）

答案：错误。因为根据"无论船舶靠泊与否条款"的含义，仅指船舶因泊位被他船占用而不能靠泊时，可以起算装卸时间。如果泊位是空着，由于天气不好使船舶不能驶入的话，则不可以起算装卸时间。

152．程租下，只有在"指定船舶"的情况下，才有可能在合同中订立"代替船条款"。（　　）（2003 年）

答案：正确。因为法律所承认的给与承运人的选择权只有一次。在船名待指定的情况下，已经给与承运人一次选择的权利。

153．航次期租的特点、费用和风险的划分基本上与航次租船方式相同。（　　）（2003 年）

答案：错误。航次期租是介于航次租船和定期租船之间的租船方式，其费用和风险的划分基本上与定期租船方式相同。

154．提单作为货物收据的法律效力，在不同的当事人之间不尽相同。（　　）（2003 年）

答案：正确。根据有关国际公约和我国海商法的规定，提单作为货物收据的法律效力在承运人与托运人之间为初步证据，在承运人与善意受让提单的包括收货人在内的第三人之间为绝对证据。

155．提单的空白背书，是指在提单背面不作任何背书。（　　）（2003 年）

答案：错误。提单背书是指指示提单在转让时，转让人在提单的背面写明或者不写明受让人，并签名的手续。提单背书分为记名背书、指示背书和空白背书，不论是何种形式的背书，背书人都要在提单上签名。

156．承运人接受的托运人保函具有对抗收货人的效力。（　　）（2003 年）

答案：错误。保函仅在承运人和托运人之间有效，保函在承运人与收货人之间无效，因此承运人接受的托运人保函不具有对抗收货人的效力。

157．过期提单是收货人在船舶到港后才收到的提单。（　　）（2003 年）

答案：错误。过期提单是指出口商在取得提单后未能及时到银行议付的提单。

158．不清洁提单是提单本身存在表面污损严重的提单。（　　）（2003 年）

答案：错误。不清洁提单是指承运人在提单上加注有货物及包装状况不良或存在缺陷等批注的提单。

159. 倒签提单是指提单日期早于船舶实际开航日期的提单。（　　）（2003 年）

答案：错误。 倒签提单是指提单上记载的签发日期早于货物实际装船完毕的日期。

160. 包运租船方式的性质、费用和风险的划分基本与期租船方式相同。（　　）（2003 年）

答案：错误。 包运租船方式是在连续单航次租船的运营方式的基础上发展而来的，所以包运租船方式的性质、费用和风险的划分基本与航次租船方式相同。

161. 件杂货班轮运输虽然"仓库收货、集中装船"，船公司的责任、风险仍然以船舷或钩为界，货物装上前的风险、责任由托运人承担。（　　）（2003 年）

答案：正确。 件杂货班轮运输虽然"仓库收货、集中装船"，依据海牙规则、我国海商法等规定，船公司的责任、风险仍然以船舷或钩为界，货物装上前的风险、责任由托运人承担。

162. 海上运输的集装箱卸港后，由汽车运往内地的集装箱场站，这种海陆联运的形式属于国际多式联运范畴。（　　）（2003 年）

答案：错误。 依据联合国国际多式联运公约及有关规定，这种形式不属于国际多式联运范畴。

163. 集装箱提单背面条款中一般都规定，承运人或其代理人对于事先不知其性质而载运的危险品，途中可任意处置而不负任何责任。（　　）（2003 年）

答案：正确。 根据有关海上运输国际公约和我国海商法的规定，承运人或其代理人对于事先不知其性质而载运的危险品，途中可任意处置而不负任何责任。提单上的规定符合法律的规定。

164. 程租合同下，由于不可抗力导致船舶不能在解约日前抵达装货港，租方不能解除合同。（　　）（2003 年）

答案：错误。 程租合同下，由于不可抗力导致船舶不能在解约日前抵达装货港，租方有权解除合同。

165. 提货单（D/O），俗称"小提单"，是收货人凭以向现场提取货物的凭证，与提单的作用相同。（　　）（2003 年）

答案：错误。 提货单是收货人凭以向现场提取货物的凭证，但其作用与提单的作用是不相同的，提单是运输合同的证明、物权凭证、货物收据。提货单只不过是船公司指令有关方向收货人交付货物的凭证，不具备流通及其他作用。

166. 预借提单是承运人收到货物后，实际装船前签发的没有填写船名和装船日期的提单。（　　）（2003 年）

答案：错误。 承运人收到货物后，实际装船前签发的没有填写船名和装船日期的提单是收货待运提单。

167. 海运单是海运提单的简称。（　　）（2003 年）

答案：错误。 海运单不同于海运提单。

168. A 轮，165E 航次中，分别在 3 个港口装运同一合同项下的盘元钢，海运提单载明了不同的装船日期和不同的装货港口，依据惯例，应视为分批装运。（　　）（2004 年）

答案：错误。 分批装运是指一个买卖合同下，凡一笔成交、数量较大的货物，分若干批次不同的航次、车次、班次装运。UCP500 规定，同一航次装运的货物，即使提单上表示为不同装船日期及（或）不同装货港口，也不作为分批装运。

169. 航次租船合同中通常都对船舶完成一个航次或几个航次所需的时间做出规定，超出规定时间承租人应支付滞期费。（　　）（2004 年）

答案：错误。 航次租船租期的长短取决于完成一个航次或几个航次所费的时间，但航次租船并不规定完成一个航次或几个航次所需的时间。在规定的装卸时间届满后，租方才向出租人支付规定的滞期费。

170. 根据我国海商法，收货人未在规定的时间内就货物损坏书面通知承运人，视为承运人已经

按照运输单证的记载交付以及货物状况良好的初步证据。（　　）（2004 年）

答案：正确。我国海商法第 81 条明文规定，收货人未在规定的时间内就货物损坏书面通知承运人，视为承运人已经按照运输单证的记载交付以及货物状况良好的初步证据。

171. 一罐液化气需要通过海上运输，货运代理人应当选用液化气船进行运输。（　　）（2004 年）

答案：错误。一罐液化气通过海上运输选用液化气船显然浪费很大，费用很高，可以选择集装箱班轮运输。

172. 在集装箱班轮运输中，进口货物的收货人没有在规定的时间内及时将空箱交还班轮公司，则收货人要向船公司支付滞箱费。（　　）（2004 年）

答案：正确。集装箱班轮运输中的滞箱费是指在集装箱货物运输中，当收货人提取集装箱货物后未能在规定的时间内还空箱时，承运人向收货人收取的费用，有时称为滞期费。

173. 班轮运输下的装卸费用通常应由班轮公司负担。（　　）（2004 年）

答案：正确。在班轮运输下，由于货主支付的运费包括班轮公司所负担的各种成本，所以班轮运输下的装卸费用通常应由班轮公司负担。

174. 海运单虽然是一种不可转让的单证，但也必须由发货人转让给收货人，以便收货人以此为凭证要求承运人交付货物。（　　）（2004 年）

答案：错误。海运单是证明海上货物运输合同和货物已经由承运人接管或装船，以及承运人保证将货物交给指定收货人的一种不可转让的单证。海运单不一定寄给收货人，收货人只要在目的地出示有效身份证件证明他确系海运单上记载的收货人，并将其签署完的到货通知书交给承运人的办事机构或当地代理人，同时出示海运单副本即可。

175. 航次租船下，如果船长递交 NOR 时船舶尚未做好装卸准备，则 NOR 视为自始至终无效。（　　）（2004 年）

答案：正确。在航次租船下，船长递交 NOR 的前提条件是船舶做好装卸准备，如果船舶未做好准备便递交 NOR，则 NOR 视为自始至终无效。

176. 班轮公会、联营体以及战略联盟都是通过制定统一运价来提高船公司的竞争力，而形成船公司之间的合作协议。（　　）（2005 年）

答案：错误。班轮公会是通过制定统一运价来提高船公司的竞争力，而联营体以及战略联盟都是通过制定合作协议来致力于集装箱运输合理运作。

177. 在班轮公司运价表中，规定计算运费的单位为运费吨。这表明按货物的重量计收运费，而不按货物的体积计收运费。（　　）（2005 年）

答案：错误。在班轮公司运价表中，规定计算运费的单位为运费吨是指按货物的重量和体积中相对值较大的为计算标准来计收运费。

178. 国际海事组织 IMO、国际海事委员会 CMI、波罗的海国际海事协会 BIMCO 和国际航运公会 ICS 都属于政府间的国际航运组织。（　　）（2005 年）

答案：错误。除了国际海事组织 IMO 属于政府间的国际航运组织外，其他组织国际海事委员会 CMI、波罗的海国际海事协会 BIMCO 和国际航运公会 ICS 都属于非政府间的国际航运组织。

179. 根据 1994 年金康合同，船舶所有人由于船舶延误向承租人提出询问，承租人没有做出回答，则表示承租人接受了新的解约日。（　　）（2005 年）

答案：正确。根据 1994 年金康合同，船舶所有人由于船舶延误向承租人提出询问，承租人没有在规定的时间内（48 小时）做出回答，则表示承租人接受了新的解约日。

180. 在计算港口集装箱吞吐量时，一个 40 英尺长的集装箱计为 2 个 TEU。因此，托运人使用一个 40 英尺长的集装箱可以装载的货物重量相当于 2 个 20 英尺长集装箱能够装载的货物重量。

（　　）（2005 年）

答案：错误。一个 40 英尺长的集装箱可以装载的货物重量并不相当于 2 个 20 英尺长集装箱能够装载的货物重量。一个 40 英尺长的集装箱最大总重量为 30480 公斤，1 个 20 英尺长集装箱最大总重量为 24000 公斤。

181. 租船合同一方当事人违背合同中的保证条款，另一方当事人只能提出赔偿要求，而不能依此取消合同或拒绝履行合同中的义务。（　　）（2005 年）

答案：正确。保证条款是指合同中次要的、非本质性的条款。对履行合同不产生决定性影响。即使合同的一方违背了这些条款，也不至于影响合同的商业目的的实现。受害方只能提出赔偿要求，而不能以此取消合同或拒绝履行合同中的义务。

182. 在国际海上运输中，托运人托运一件货物。货物的重量为 0.6 吨，体积为 0.7 立方米，通常其运费吨就是 0.7。（　　）（2006 年）

答案：错误。在运费计算中，重量单位用"吨（metric ton）"；体积单位用"立方米（cuBic meter）"。以 1t 或 1m³ 为一计费吨。不足一计费吨的按一计费吨计算。故其运费吨就是 1 而不是 0.7。

183. 在海上危险货物运输时货主和货运代理公司以及承运人均无过失，但由于该批货物的特性而造成船舶损失时，货主和货运代理公司要承担赔偿责任。（　　）（2006 年）

答案：错误。货主和货运代理公司如果在托运海上危险货物运输中没有过失是不承担赔偿责任的。

184. 航次租船租期的长短取决于完成一个航次或几个航次所费的时间。为此航次租船合同规定完成一个航次或几个航次所需的时间。（　　）（2006 年）

答案：错误。航次租船租期的长短取决于完成一个航次或几个航次所费的时间，但是航次租船合同并未规定完成一个航次或几个航次所需的时间。

185. 受载期是船舶在租船合同规定的日期内到达约定的装货港，并做好装货准备的期限。船舶在受载期这一段时间内的任意一天到达装港都是租约允许的，无论是受载期的第一天还是最后一天，船舶抵达装港并做好装货准备即可。（　　）（2006 年）

答案：正确。受载期通常规定一段期限，船舶只要在受载期这一段时间内的任意一天到达装港都是租约允许的。

186. 包运租船方式是在连续单航次程租船的运营方式的基础上发展而来的，和连续单航次程租船相比，包运租船不要求一艘固定的船舶完成运输，船舶出租人在指定船舶上享有较大的自由。（　　）（2006 年）

答案：正确。包运租船和连续单航次程租船相比的一个显著特点是不要求一艘固定的船舶完成运输，只要船舶出租人提供运力，完成货运任务即可。

187. 在国际海上货物运输中，从中国出口途经美国西海岸港口后转运到墨西哥的货物不需要进行美国海关 AMS 申报。（　　）（2006 年）

答案：错误。美国海关 AMS 适用于所有进口到美国的货物或途经美国的货物。

188. 在国际海上集装箱运输中，散装集装箱（Bulk container）属于通用集装箱。（　　）（2006 年）

答案：错误。在国际海上集装箱运输中，散装集装箱（Bulk container）不属于通用集装箱，散货集装箱主要用于运输啤酒、豆类、谷物、硼砂、树脂等货物。

189. 在航次租船合同中，约定承租人"责任终止条款"的效力取决于船方是否能够有效行使留置权。（　　）（2006 年）

答案：正确。在一般的租船合同中，都会约定承租人的责任终止条款和船舶出租人的留置权条款，其是指承租人在货物装船支付预付运费、亏舱费以及装港的滞期费之后，就可以免除进一步履行租船合同的责任。如果根据提单或卸货港所适用的法律，船舶出租人无权就应由承租人负担的运费、亏舱费、滞期费和共同海损分摊费用等，而对非租船合同当事人的提单受让人或收货人的货物实行留置权；或者船舶出租人虽有留置权，但不能有效行使，则承租人履行租船合同的责任，并不因此而终止。

190. 在国际海上集装箱货物运输中，冷藏货物装箱期间，承运人应保持冷藏装置的正常运转，以达到装载冷藏货所要求的温度。（　　）（2007 年）

答案：错误。在出口冷藏（冻）货物装箱时，承运人应保持冷藏装置的正常运转，以达到装载冷藏货所要求的温度是不科学的，对货物和集装箱都有可能带来负面影响，从而不能保证高品质的集装箱冷藏（冻）运输。原因是，如果装货前预冷过集装箱，那么在打开柜门准备装货时，外界高温度、高湿度的空气将会大量地进入柜内与低湿度、低温度的空气汇合，这会使得大量的水珠凝结在集装箱内壁上，这些水珠不仅会滴到货物的外包装上从而影响外包装的美观，而且会影响集装箱制冷系统的运作，从而有可能对货物品质带来不利影响。

191. 在我国港口与欧洲港口之间的班轮运输中，涉及鹿特丹港、汉堡港、不来梅港、安特卫普港、费利克斯托港、马尔萨什洛克港、塔科马港和新奥尔良港等众多欧洲港口。（　　）（2007 年）
答案：错误。塔科马港和新奥尔良港不属于欧洲港口。

192. 在满足有关规定的情况下，国际货运代理企业可以从事集装箱货物的拼箱业务，并签发自己的运输单证。在从事拼箱业务（混拼业务）时，若发现拼箱货物误装、误卸，应及时向各挂靠港口的 CFS 发出 CARGO TRACER，以查清情况。（　　）（2007 年）

答案：正确。本题难度不大，国际货运代理企业在从事拼箱业务（混拼业务）时，若发现拼箱货物误装、误卸，应及时向各挂靠港口的 CFS 发出 CARGO TRACER，以查清情况。

193. 船舶的容积吨位（GT/NT）是指船舶货舱内实际能够装载货物的空间，包括散装舱容和包装舱容。（　　）（2007 年）

答案：错误。船舶的容积吨位是表示船舶容积的单位，又称登记吨或注册吨，是指船舶为登记注册的需要，按照有关的丈量公约或规范所规定的丈量办法和计算公式确定的船舶容积吨位，一个"吨位"等于 2.83 立方米的丈量容积，又称 1 个容积吨。根据不同的用途分为总吨位、净吨位和运河吨位。船舶的货舱容积是指船舶货舱内实际能够装货物的空间，一般分为散装舱容（容积）与包装舱容（容积）两种。

194. 根据《1993 年航次租船合同装卸时间解释规则》，工作日是指没有被装卸时间明确排除在外的日数。据此，合同中没有明确从装卸时间中扣除的日期均应作为工作日，不论是星期六、星期日还是节假日，只要合同中没有明确扣除的话，都不能扣除。（　　）（2007 年）

答案：正确，见教材 P301。根据《1993 年航次租船合同装卸时间解释规则》，合同中没有明确从装卸时间中扣除的日期均应作为工作日，不论是星期六、星期日还是节假日，只要合同中没有明确扣除的话，都不能扣除。节假日主要指公共节日，不包括星期天或者星期六。

195. 航次租船合同中，FILO 术语表示船舶承租人负责货物装船费用，但不负责卸货费用。（　　）（2007 年）

答案：正确。回答这一问题，需要清楚了解各种缩写术语的具体含义。FI 指船舶出租人不负担装货费，FILO 指船舶出租人不负责装货费，但负责卸货港的卸货费用。FIO 指船舶出租人不负担装卸费条款，FIOST 指船舶出租人不负担装卸费、平舱费和堆舱费。FO 指船舶出租人不负担卸货费、LIFO 指船舶出租人不负担卸货费，但负责装货费。了解各种缩写术语的具体含义，不难发现本题表述正确。

196. 如果出口货物是以 FOB 价格条件成交，则货物运输由进口商安排，此时班轮订舱工作就

可能在货物的卸货地或输入地由进口商办理，这就是卸货地订舱。（　　）（2008 年）

答案：正确。FOB 价格条件下，由买方负责安排运输事宜，因此可能在货物的卸货地或输入地办理订舱，故称之为卸货地订舱。

197. 在集装箱运输中，"TEU"和"FEU"二者在集装箱船的载箱量、港口集装箱吞吐量、允许装载的货物重量和体积等方面都按照两倍关系来进行计算。（　　）（2008 年）

答案：错误。一个 40 英尺长的集装箱可以装载的货物重量并不相当于 2 个 20 英尺长集装箱能够装载的货物重量。一个 40 英尺长的集装箱最大总重量为 30 480 公斤，1 个 20 英尺长集装箱最大总重量为 24 000 公斤。因此，允许装载的货物重量和体积等方面不能按照两倍关系来进行计算。

198. 海运单虽然是一种不可转让的单证，但也必须由发货人转让给收货人，以便收货人以此为凭证要求承运人交付货物。（　　）（2008 年）

答案：错误。海运单是证明海上货物运输合同和货物已经由承运人接管或装船，以及承运人保证将货物交给指定收货人的一种不可转让的单证。海运单不一定寄给收货人，收货人只要在目的地出示有效身份证件证明他确系海运单上记载的收货人，并将其签署完的到货通知书交给承运人的办事机构或当地代理人，同时出示海运单副本即可。

199. 航次租船合同下，若合同规定每天每舱装卸多少吨，其含义是指用船舶具体装卸货物的数量除以每舱日装卸率与船舶舱口数的积而得出装卸天数。例如：合同规定"每日每舱装货 400 吨"，船舶共装载 10 000 吨货物，分别装于 5 个舱内，则装卸时间等于 5 天。（　　）（2008 年）

答案：正确。航次租船合同下，若合同规定每天每舱装卸多少吨，其含义是指用船舶具体装卸货物的数量除以每舱日装卸率与船舶舱口数的积而得出装卸天数。

200. 受载期是船舶在租船合同规定的日期内到达约定的装货港，并装货完毕的最后期限。（　　）（2008 年）

答案：错误。船舶受载期是指船舶在航次租船合同中规定的日期内到达约定的装货港，并做好装货准备的期限。

201. 集装箱船载箱量、港口集装箱吞吐量、集装箱保有量等的计算单位通常是以 20 英尺的集装箱作为换算标准箱。（　　）（2009 年）

答案：正确。为了便于计算集装箱数量，通常以 20 英尺的集装箱作为换算标准箱（简称 TEU，Twenty－foot Equivalent Unit），并以此作为集装箱船载箱量、港口集装箱吞吐量、集装箱保有量等的计量单位。

202. 提出货物索赔的人原则上是货物所有人，或提单上记载的收货人或合法的提单持有人。因此，货运代理人不可以代替他们办理货运事故的索赔事宜。（　　）（2009 年）

答案：错误。提出货物索赔的人原则上是货物所有人，或提单上记载的收货人或合法的提单持有人。但是，根据收货人提出的"权益转让书"（letter of subrogation），也可以由有代位求偿权的货物保险人或其他有关当事人提出索赔。货运代理人接受货主的委托，也可以办理货运事故的索赔事宜。

203. 航次租船合同中关于船舶出租人权利和义务的规定，适用于船舶的预备航次。因此，由于不可抗力原因导致船舶不能在合同规定的解约日前抵达装货港，承租人不能解除合同，但可以要求船舶出租人赔偿其损失。（　　）（2009 年）

答案：错误。我国《海商法》第 97 条规定："船舶出租人在约定的受载期限内，未能提供船舶的，承租人有权解除合同。因为预备航次是航次租船合同的一部分，所以在预备航次中，由于航次租船合同免责条款规定的事由发生，致使船舶延迟到达装货港，给承租人造成的损失，船舶所有人可以提出免责的抗辩。

204. 定期租船是指由船舶出租人向承租人提供约定的由出租人配备船员的船舶，由承租人在约定的时间内按照约定的用途使用，并支付租金的一种租船方式。这种租船方式以约定的使用期限为船舶租期，而不以完成航次数多少来计算，租期的长短完全由船舶出租人和承租人根据实际需要约定。（　　）（2009 年）

答案：正确。定期租船以约定的使用期限为船舶租期，而不以完成航次数多少来计算。

205. 航次租船下，WWDSHEXUU 术语与 WWDSHEXEIU 术语相比较而言，前者有利于船舶承租人，后者有利于船舶出租人。（　　）（2009 年）

答案：错误。WWDSHEXUU 术语与 WWDSHEXEIU 术语相比较而言，前者有利于船舶出租人，后者有利于船舶承租人。因为在 WWDSHEXUU 术语下，如果在星期天节假日进行工作，则计入装卸时间。

206. 在国际海上集装箱货物运输中，由于港口装卸工人操作不当致使货物受损。根据我国《海商法》的规定，承运人不承担对货主的赔偿责任。（　　）（2009 年）

答案：错误。在国际海上集装箱货物运输中，由于港口装卸工人操作不当致使货物受损。根据我国《海商法》的规定，承运人承担对货主的赔偿责任。因为在承运人责任期间发生的货损，承运人与托运人根据运输合同解决了货损、货差的赔偿问题之后，再根据事故的责任追究第三方责任人即港口装卸公司。

207. 一票货物装船后，国际货运代理人委托快递公司派人去承运人处取回提单，快递工作人员在路上将该全套提单遗失。为使承运人能够补发提单，货运代理人应该要求快递公司登报申明该套提单作废。（　　）（2009 年）

答案：错误。如果提单签发后遗失，托运人提出补发提单，承运人会根据不同情况进行处理。一般是要求提供担保或者保证金，而且还要依照一定的法定程序将提单声明作废。中华人民共和国海事诉讼特别程序法第 100 条规定："提单等提货凭证持有人，因提货凭证失控或者灭失，可以向货物所在地海事法院申请公示催告。"

208. 根据我国《海商法》的规定，承运人对集装箱装运的货物的责任期间，是指从货物装上船时起至卸下船时止，货物处于承运人掌管之下的全部期间。（　　）（2010 年）

答案：错误。在集装箱班轮运输中，承运人对货物的责任期间是从装货港接受货物时起至卸货港交付货物时止，通常班轮公司对集装箱的交接方式是 CY/CY。对非集装箱货物运输，承运人对货物的责任期间是从货物装上船起，至货物卸下船止。

209. 海运单是记名的，收货人通常无须出具海运单，承运人只要将货物交给海运单上所列的收货人，就被视为已经做到了谨慎处理交货。但如果是指示海运单，则承运人只有在收回该正本海运单的前提下，才能交付货物。（　　）（2010 年）

答案：错误。在使用海运单的情况下，收货人无须出具海运单，承运人只要将货物交给海运单上所列的收货人，就被视为已经做到了谨慎处理。通常收货人在取得提货单提货之前，应出具海运单副本及自己确实是海运单注明的收货人的证明材料。海运单必须记名收货人；海运单通常签发一份正本；收货人提货时不需出具正本海运单，而只要证明其是海运单中的收货人。

210. 无船承运人除可以从货主那里获得代理服务报酬外，因其客观上也为班轮公司提供了货载，所以还应从班轮公司那里获得奖励，即通常所说的佣金。（　　）（2010 年）

答案：错误。无船承运人是指承运人身份接受托运人的货载，签发自己的提单或者其他运输单证，向托运人收取运费，承担承运人责任；无船承运人可以与班轮公司订立协议运价以从中获得利益。但是，无船承运人不能从班轮公司那里获得佣金。

211. PSS 是目前国际海上集装箱班轮运输中出现的一种附加费，是在托运人要求承运人承担超过提单上规定的赔偿责任限额时承运人增收的附加费。（　　）（2010 年）

答案：错误。PSS（旺季附加费）也称高峰附加费，这是目前在集装箱班轮运输中出现的一种附加费，在每年运输旺季时，承运人根据运输供求关系状况而加收的附加费。托运人要求承运人承担超过提单上规定的赔偿责任限额时承运人增收的附加费是超额责任附加费（Additional for excess of liability）。

212. 目前使用的国际集装箱规格尺寸主要是第一系列的 4 种箱型，即 A 型、B 型、C 型和 D 型。TEU 通常是指 A 型集装箱。（　　）（2010 年）

答案：错误。 目前使用的国际集装箱规格尺寸主要是第一系列的 4 种箱型，即 A 型、B 型、C 型和 D 型。A 型是指 40 英尺集装箱，相当于 2TEU；B 型是指 30 英尺集装箱，相当于 1.5TEU；C 型是指 20 英尺集装箱，为 1TEU；D 型是指 10 英尺集装箱，相当于 0.5TEU。

213. 在预备航次中，由于航次租船合同免责条款规定的事由发生，致使船舶延迟到达装货港，给承租人造成的损失，船舶出租人可以提出免责的抗辩。（　　）（2010 年）

答案：正确。 预备航次，是指为完成航次租船合同的货物运输，船舶前往装货港准备装货的航次。在船舶抵达装货港前，船舶在出租人的控制之下，对船舶所发生的风险和费用由船舶出租人承担。因为预备航次是航次租船合同的一部分，所以在预备航次中，由于航次租船合同免责条款规定的事由发生，致使船舶延迟到达装货港，给承租人造成的损失，船舶所有人可以提出免责的抗辩。

214. 航次期租的特点是没有明确履行的航次，只是明确租船的期限。（　　）（2010 年）

答案：错误。 航次期租的长短取决于完成一个航次或几个航次所花费的时间，但并不规定完成一个航次或几个航次所需的时间。

215. 在航次租船合同下，递交装卸准备就绪通知书的意义在于一方面是承租人宣布船舶已经对装卸工作准备就绪，可以进行装卸作业；另一方面意味着滞期时间可以按合同规定开始起算。（　　）（2010 年）

答案：错误。 递交装卸准备就绪通知书的意义在于一方面是出租人宣布船舶已经对装卸工作准备就绪，可以进行装卸作业；另一方面意味着装卸时间可以按合同规定开始起算。

216. 在国际海上集装箱货物运输中，应根据货物的不同种类、性质、包装，选用不同规格的集装箱，选用的集装箱应符合国际标准，经过严格的检查，并具有检验部门发给的合格证书。（　　）（2010 年）

答案：正确。 在国际海上集装箱货物运输中，应根据货物的不同种类、性质、包装，选用不同规格的集装箱，选用的集装箱应符合国际标准，经过严格的检查，并具有检验部门发给的合格证书。

217. 中国是国际民用航空组织的理事国。（　　）（2002 年）

答案：正确。 国际民用航空组织是各国间组成的国际航空运输机构。我国 1974 年正式加入该组织，也是理事国之一。

218. 国际航空协会是各国航空运输企业之间的联合组织。（　　）（2002 年）

答案：正确。 国际航空协会的会员必须是国际民用航空组织成员国的空运企业。

219. IATA 会员必须是国际民用航空组织的成员国。（　　）（2002 年）

答案：错误。 IATA 会员必须是持有国际民用航空组织的成员国颁发的定期航班运输许可证的航空公司。

220. 非定期航班运输许可证是由国际民用航空组织向各航空公司颁发的。（　　）（2002 年）

答案：错误。 国际民用航空组织只向成员国有关航空公司颁发定期航班运输许可证。

221. 空运情况下，通常大货、重货装在集装箱内；体积较小、重量较轻的货物装在集装板上。（　　）（2002 年）

答案：错误。 集装货物的基本原则应该是：一般情况下，大货、重货装在集装板上；体积小、重量较轻的货物装在集装箱内。

222. 填写空运托运书时，若机场名称不明确，可填城市名称。（　　）（2002 年）

答案：正确。 在国际航空货运业务中，填目的地机场，如果机场名称不明确时，可以填写城市名称，若某一城市名称用于一个以上国家时，应加上国名。

223. 在国际航空货物运输当中，托运人在填写托运书中品名栏目时可填写"样品"、"部件"（　　）。（2002 年）

答案：错误。 若一票货物包括多种物品时，托运人应分别申报货物的品名，填写品名不能使用"样品"、"部件"等这类比较笼统的名称。货物中的每一项均须分开填写，并尽量填写详细。

224. 运送航空货物可用带有碎屑、草末等材料作包装，如草袋、粗麻包等。（　　）（2002 年）

答案：错误。 运送航空货物时，为了不使密封舱飞机的空调系统堵塞，不得用碎屑、草末等材料作包装，如草袋、草绳、粗麻包等。包装的内衬物，不得外漏。

225. 活动物在航空运输过程中，由于自然原因而发生的病、伤或死亡，承运人不负责任。（　　）（2002 年）

答案：正确。 按照 IATA 的有关规定，活动物在航空运输过程中，由于自然原因而发生的病、伤或死亡，承运人不负责任；除非证明由于承运人造成的责任。

226. 蔬菜可与鲜花、植物放在同一飞机货舱内运输。（　　）（2002 年）

答案：错误。 由于大多数蔬菜会散发出一种叫乙醇的气体，能对鲜花和植物造成影响，因此蔬菜不可与鲜花、植物放在同一飞机货舱内运输。

227. 航空运输活动物所用容器、饲料、饮用水等重量应该包括在货物的计费重量内。（　　）（2002 年）

答案：正确。 根据 IATA 出版的《活动物规则》的有关规定。

228. 航空货运代理公司的职能是作为航空公司的代理接受货物，出具航空公司的主运单和自己的分运单。（　　）（2002 年）

答案：正确。 航空货运代理公司接受货物后，要填开两种运单：即分运单和主运单，前者是与发货人交接的凭证，后者是与承运人交接货物的凭证，同时又是承运人运输货物的正式文件。

229. 航空快件规定，每件运输货物的最小体积不得小于 $5 \times 10 \times 20$cm。（　　）（2003 年）

答案：错误。 在航空快件运输中，没有对运输货物的体积作最小要求。

230. 带土的树种或植物苗等不得用麻袋、草包、草绳包装，应用塑料袋包装。（　　）（2003 年）

答案：正确。 使用带土的树种或植物苗等不得用麻袋、草包、草绳包装，会影响飞机的空调系统正常运行，因此应用塑料袋包装。

231. 蔬菜可与鲜花、植物放在同一飞机货舱内运输。（　　）（2003 年）

答案：错误。 大多数蔬菜会散发出一种叫乙醇的气体，会对鲜花和植物造成影响，因此蔬菜不可与鲜花、植物放在同一舱内。

232. 在航空运输中，承运人可根据需要改变运输方式或更换飞机，不需要事先通知货主或代理人。（　　）（2003 年）

答案：正确。 根据航空货运单背面的契约条款第 11 条"承运人为完成本契约的运输可做合理的安排。承运可改变承运人或飞机并无需事先通知改变运输方式，但应适当照顾托运人的利益。"

233. 上舱载客，下舱载货的飞机称为客货混用机。（　　）（2003 年）

答案：错误。 上舱载客，下舱载货的飞机称为全客机。

234. 向航空公司提出索赔的通常不是分运单上填写的托运人或收货人。（　　）（2003 年）

答案：正确。 向航空公司提出索赔的应是主运单上填写的托运人或收货人。客户或分运单上的托运人、收货人或其他代理应向主运单上填写的托运人或收货人提出索赔。

235. 航空法的国际性特点，使得国内航空法与国际航空法具有高度的统一性。（　　）（2003年）

答案：正确。国内航空法应尽可能采用国际航空法律规范和国际上的通行做法，否则不利于国际航空交往，也将阻碍本国民用航空事业的发展。因此，国内航空法的许多法律规范往往直接来源于国际航空法，就航空法的内容而言，各国航空法在某种程度上是"大同小异"。

236. 固定包舱指的是托运人只有向承运人交付货物，才支付协议上规定的运费。（　　）（2003年）

答案：错误。固定包舱指的是托运人在承运人的航线上通过包板（舱）的方式运输时，托运人无论向承运人是否交付货物，都必须支付协议上规定的运费；

237. IRP是运费更改通知书，在运费发生变化时使用。（　　）（2003年）

答案：错误。IRP是NOTICE OF NON - DELIVERY无法交货通知书，指的是对于无人提取的货物通常发出无法交付货物通知单。

238. 在航空主运单上，填写的运价不可以是协议运价。（　　）（2003年）

答案：正确。国际航协规定在航空主运单上，填写的运价只能是国际航协运价。

239. 在航空运输中，如果承运人证明受害人自己的过失是造成损失的原因或原因之一，法院可以按照其法律规定，免除或减轻承运人的责任。（　　）（2003年）

答案：正确。根据华沙公约第二十一条：如果承运人证明受害人自己的过失是造成损失的原因或原因之一，法院可以按照其法律规定，免除或减轻承运人的责任。

240.《华沙公约》的"无过失责任"指的是托运人必须证明航空公司一方有过失。（　　）（2003年）

答案：错误。《华沙公约》对行为过失的认定，采用了推定过失责任原则，即在这种过失责任中，假定承运人是有过失的，除非承运人能证明他和他的代理人已经采取了一切必要措施或者不可能采取这种措施时方能免除责任，也就是承运人要想不承担责任必须证明自己无过错。这里强调的是承运人举证，是一种倒置举证。

241. 航空运费就是指运输始发地机场至目的地机场间的运输货物的航空费用，不包括其他费用。（　　）（2003年）

答案：正确。航空运费就是指运输始发地机场至目的地机场间的运输货物的航空费用，不包括其他费用。

242. 在国际航空运输中，国际航班的国内段只能适用国内航空法，不能适用华沙体制。（　　）（2003年）

答案：错误。国际航空运输的国际航班的国内段同样适用于华沙体制，而不能适用国内航空法。

243. 在航空运输中，如果承运人承运货物而不出具运单，则无权享受法律所规定的免责及责任限额。（　　）（2003年）

答案：正确。《华沙公约》第五条：货物承运人有权要求托运人填写一种称为"航空货运单"的凭证，托运人有权要求承运人接收这项凭证，因此如果承运人承运货物而不出具运单，则无权享受法律所规定的免责及责任限额。

244. 在航空运输中，托运人在履行运输合同所规定的一切义务的条件下，有权要求在始发地航空站或目的地航空站将货物退回。（　　）（2003年）

答案：正确。根据《华沙公约》第十二条（1）托运人在履行运输合同所规定的一切义务的条件下，有权在始发地航空站或目的地航空站将货物退回，或在途中经停时中止运输，或在目的地或运输途中交给非航空货运单上所指定的收货人，或要求将货物退回始发地航空站，但不得因行使这种权利而使承运人或其他托运人遭受损失，并应偿付由此产生的一切费用。

245. 包板使得代理人掌握着舱位价格的制定权。（　　）（2003 年）

答案：正确。包板是代理人同航空公司就舱位达成协议，舱位由代理人控制，因此代理人掌握着舱位价格的制定权。

246. 在航空运输中，托运人的货物价值超过每公斤 250 法郎，托运人便有权要求在空运单上申明货物价值，承运人不得以任何理由拒绝托运人去声明价值。（　　）（2003 年）

答案：正确。根据《华沙公约》第二十二条"在运输交运的行李和货物时，承运人的赔偿责任以每公斤 250 法郎为限，除非旅客或托运人在向承运人交运包裹时，曾特别申明在目的地交付时的利益，并已交付必要的附加费。在后一情况下，承运人应偿付到声明的金额，除非承运人证明声明的金额高于在目的地交付时旅客或托运人的实际利益。"

247. 在航空运输中，承运人对各种资料或单证是否正确或完备没有检查的义务。（　　）（2003 年）

答案：正确。根据《华沙公约》第十六条"承运人对这种资料或单证是否正确或完备没有检查的义务。"

248. 航空货运合同的主体是承运人，客体是托运人。（　　）（2003 年）

答案：错误。航空货物运合同的主体，一方是承运人，另一方是托运人，还有收货人作为特殊的第三人参加法律关系（在邮件运输中，另一方当事人是邮政机构）；航空货物运输合同的客体是承运人的运送货物的行为；

249. 每家航空公司都可以使用其他航空公司的同等型号的集装箱。（　　）（2003 年）

答案：错误。考虑到安全角度，每家航空公司在没有同其他航空公司协商的情况下，不得使用其他航空公司的同等型号的集装箱。

250. 在航空货运中，运送小狗或时装都必须提前订舱。（　　）（2003 年）

答案：错误。小狗是活动物，根据要求必须提前订舱，但时装是普货，不一定必须提前订舱。

251. 航空主运单的发货人栏和收货人栏列明的是真正的托运人和收货人。（　　）（2004 年）

答案：错误。航空分运单中，发货人栏和收货人栏都是真正的托运人和收货人。在航空主运单中通常都是代理人。

252. 国际航空运输协会（IATA）的目标主要是调解有关商业飞行上的一些法律问题，简化和加速国际航线的客货运输。（　　）（2004 年）

答案：正确。国际航空运输协会（IATA）的目标主要是调解有关商业飞行上的一些法律问题，简化和加速国际航线的客货运输。

253. 填制航空货运单必须用英文大写字母。（　　）（2004 年）

答案：正确。填制航空货运单必须用英文大写字母，不能用英文小写字母。

254. 在航空运输中，托运人交运鲜活易腐货物时，应书面提出在运输中需要注意的事项及允许的最长运输时间。（　　）。（2004 年）

答案：正确。在航空运输中，托运人交运鲜活易腐货物时，应书面提出在运输中需要注意的事项及允许的最长运输时间。

255. 对于在航空货运单上所填货物的项目和声明的正确性，承运人应负责任。（　　）（2004 年）

答案：错误。托运人应保证在航空货运单上所填货物的项目和声明的正确性，承运人不应负责任。

256. 航空集中托运的每一件货物既要有航空公司标签，还要有分标签。（　　）（2005 年）

答案：正确。航空集中托运的每一件货物既要有航空公司标签，还要有分标签。

257. 在航空运输中，贵重货物只能使用挂签，不能使用贴签。（ ）（2005 年）

答案：正确。在航空运输中，对于贵重货物只能使用挂签，不能使用贴签。

258. 在航空运输中，如果混运货物使用一个外包装将所有货物合并运输，则该包装物的运费按混运货物中运价最高的货物的运价计收。（ ）（2005 年）

答案：正确。在航空运输中，如果混运货物使用一个外包装将所有货物合并运输，则该包装物的运费按混运货物中运价最高的货物的运价计收。

259. 集装箱是航空货运中的唯一的集装设备。（ ）（2005 年）

答案：错误。航空货运中的集装设备包括集装板、集装棚和集装箱。

260. 向航空公司提出索赔的应是分运单上填写的托运人或收货人。（ ）（2005 年）

答案：错误。向航空公司提出索赔的应是主运单上填写的托运人或收货人。客户或分运单上的托运人、收货人或其他代理应向主运单上填写的托运人或收货人提出索赔。

261. 在国际航空货物运输中原木作为货物包装需要做熏蒸的目的是为了防止木制品病虫害蔓延。（ ）（2006 年）

答案：正确。为了防止木制品病虫害蔓延，在国际航空货物运输中原木作为货物包装需要做熏蒸。

262. 在国际航空货物运输中，贵重货物在装机或装集装箱过程中至少应有三人在场，其中一人必须是承运人的代表。（ ）（2006 年）

答案：正确。在国际航空货物运输中，贵重货物在装机或装集装箱过程中至少应有三人在场，其中一人必须是承运人的代表。

263. 在航空货物运输中，活动物的运输也可以办理运费到付。（ ）（2006 年）

答案：错误。在航空货物运输中，活动物的运输只能办理运费预付，而不是到付。

264. 航空运输活动物所用容器、饲料、饮用水等重量应包括在货物的计费重量内。（ ）（2006 年）

答案：正确。航空运输活动物所用容器、饲料、饮用水等重量应包括在货物的计费重量内，因为这是运输活动物所必需的用品。

265. 在国际航空运输中，托运书的收货人栏内不得填写"to order"或"to order of the ship-per"（按托运人的指示）等字样，主要原因在于航空货运单不能转让。（ ）（2006 年）

答案：正确。航空货运单不能转让，所以托运书的收货人栏内不能填写"to order"或"to or-der of the shipper"等字样。

266. 在国际航空货物运输中，当运输两点间无公布直达运价而使用非公布直达运价时，优先使用比例运价构成全程直达运价；当两点间无比例运价时，使用分段相加办法组成全程最低运价。（ ）（2007 年）

答案：正确。运价的使用顺序是如果有协议运价，则优先使用协议运价。在相同运价种类、相同航程、相同承运人条件下，公布直达运价顺序使用之一是：如果当运输两点间无公布直达运价，则应使用非公布直达运价：优先使用比例运价构成全程直达运价。当两点间无比例运价时，使用分段相加办法组成全程最低运价。

267. 在国际航空运输中，承运鲜活易腐物品前必须查阅 LAR 的第七部分：关于各个国家对鲜活易腐物品进出口、转口的运输规定，例如机场能否提供冷库等等，确定无误后方可承运。（ ）（2007 年）

答案：错误。承运前必须查阅 TACT 规则本中的第七部分，关于各个国家对鲜活易腐物品进出口、转口的运输规定。如机场能否提供冷库、清关的时间范围等，确定无误后方可承运。LAR 是《活动物规则》（Live Animal Regulations），包括了有关活体动物运输的各项内容，如包装种类、操作、和仓储标准等。

268. 在非固定包舱包板方式下，无论托运人是否向承运人交付足够货物，都必须交纳协议上规定的运费。（　　）（2007 年）

答案：错误。目前航空公司通常采取固定包舱和非固定包舱。固定包舱：托运人在承运人的航线上通过包板（舱）的方式运输时，托运人无论向承运人是否交付货物，都必须支付协议上规定的运费；非固定包舱：托运人在承运人的航线上通过包板（舱）的方式运输时，托运人在航班起飞前 72 小时如果没有确定舱位，承运人则可以自由销售舱位，但承运人对代理人的包板（舱）的总量有一个控制。

269. 在航空运输中，由于自然原因造成的动物死亡或由于动物本身的或与其他动物相互间的行为，如：咬、踢、抵、牙刺或窒息造成的动物死亡或伤害以及由此产生的一切费用，承运人不承担责任。（　　）（2007 年）

答案：正确。在航空运输中，由于自然原因造成的动物死亡或由于动物本身的或与其他动物相互间的行为，如：咬、踢、抵、牙刺或窒息造成的动物死亡或伤害以及由此产生的一切费用，承运人不承担责任。

270. 航空货运代理签发分运单给托运人，表明航空货运代理是航空公司的代理人，代理航空公司安排航空运输事宜。（　　）（2007 年）

答案：错误。代理人在进行集中托运货物时，首先从各个托运人收取货物，在收取货物时，给托运人的凭证就是分运单（HAWB - HOUSE AIR WAYBILL），它表明托运人把货物交给了代理人，代理人收到了托运人的货物，所以分运单就是代理人与发货人交接货物的凭证，代理人承担承运人的责任。

271. 在国际货物托运书上显示的价格是航空公司的优惠价格加上其他费用或者协议运价，而不是 TACT 上公布的适用运价和费率。（　　）（2008 年）

答案：正确。货运单上显示的运价虽然与托运书上的运价有联系，但互相之间有很大区别。货运单上显示的是 TACT 上公布的适用运价和费率，托运书上显示的是航空公司优惠价加上杂费和服务费或使用协议价格。

272. 填制国际航空货物运单时，品名一栏一般用英文填写，到达香港地区的可以用中文。（　　）（2008 年）

答案：错误。货运单一般用英文填写，目的地为香港地区的货物运单可以用中文填写，但货物的品名一定用英文填写。

273. 在国际航空货物运输中，如果所托运的货物是易碎物品，则每件重量不应超过 25 公斤，且用木箱包装，内加垫衬物，外包装上贴"易碎物品"标签。（　　）（2008 年）

答案：正确。在国际航空货物运输中，对于易碎物品，要求每件重量不应超过 25 公斤，且用木箱包装，内加垫衬物，外包装上贴"易碎物品"标签。

274. 在包机运输方式下，包机人可以在包机航班执行前 24 小时书面通知承运人取消航班，但应向承运人付退包费，退包费从包机费用中由承运人扣减。（　　）（2008 年）

答案：正确。包机人可以在包机航班执行前 24 小时，以书面形式通知承运人取消航班，但应根据国航标准向承运人付退包费，退包费应从包机费用中由承运人扣减。

275. 我国某托运人要托运一小箱价值 USD900 的养殖珍珠，该票货在国际航空货物运输中属于贵重货物运输。（　　）（2009 年）

答案：正确。钻石（包括工业钻石）、红宝石、蓝宝石、绿宝石、蛋白石、珍珠（包括养殖珍珠），以及镶有上述钻石、宝石、珍珠等的饰物在国际航空货物运输中属于贵重货物运输。

276. 在国际航空货物运输中，如货物的一部分发生遗失、损坏或者延误，以致影响同一份货运

单所列的另一包装件的价值时，在确定责任限额时，另一包装件的总重量也应当考虑在内。（　　）（2009年）

答案：正确。根据国际航空公约的规定：如交运的行李或货物的一部分或者货物中任何物件发生遗失、损坏或者延误，以致影响同一份货运单所列的另一包装件或者其他包装件的价值时，在确定责任限额时，另一包装件的总重量也应当考虑在内。

277. 在国际航空货物运输中，托运人在承运人的航线上通过固定包板（舱）的方式运输时，托运人无论向承运人是否交付货物，都必须支付协议上规定的运费。（　　）（2009年）

答案：正确。包舱、包集装箱（板）作为航空货物运输的形式之一，是指托运人根据所运输的货物在一定时间内需要单独占用飞机部分或全部货舱、集装箱、集装板，而承运人需要采取专门措施予以保证。目前航空公司通常采取固定包舱和非固定包舱。固定包舱：托运人在承运人的航线上通过包板（舱）的方式运输时，托运人无论向承运人是否交付货物，都必须支付协议上规定的运费。

278. 在国际航空货物运输中，当运输两点间无协议运价和公布直达运价，则比例运价优先于分段相加运价使用。（　　）（2009年）

答案：正确。运价的使用顺序是如果有协议运价，则优先使用协议运价。在相同运价种类、相同航程、相同承运人条件下，公布直达运价顺序使用之一是：如果当运输两点间无公布直达运价，则应使用非公布直达运价；优先使用比例运价构成全程直达运价。当两点间无比例运价时，使用分段相加办法组成全程最低运价。

279. 在国际航空货物运输中，根据《华沙公约》的规定，托运人必须举证航空公司的过失，才能获得赔偿。（　　）（2009年）

答案：错误。《华沙公约》对行为过失的认定，采用了推定过失责任原则，即在这种过失责任中，假定承运人是有过失的，除非承运人能证明他和他的代理人已经采取了一切必要措施或者不可能采取这种措施时方能免除责任，也就是承运人要想不承担责任必须证明自己无过错。这里强调的是承运人举证，是一种倒置举证。

280. 国际航空货物集中托运时，集运商应出具分运单，并粘贴分标签，显示分运单号和目的地城市或机场的三字代码。（　　）（2010年）

答案：正确。国际航空货物集中托运时，集运商应出具分运单，并粘贴分标签，显示分运单号和目的地城市或机场的三字代码。

281. 国际航空运价表中的最低运费是指一票货物自始发地机场至目的地机场航空运费的最低限额，按照最低运费收取运费的货物不再收取其他附加费用。（　　）（2010年）

答案：错误。最低运费是指一票货物自始发地机场至目的地机场航空运费的最低限额。

货物按其适用的航空运价与其计费重量计算所得的航空运费，应与货物最低运费相比，取高者。在组织一票货物自始发地至目的地运输的全过程中，除了航空运输外，还包括地面运输、仓储、制单、国际货物的清关等环节，提供这些服务的部门所收取的费用即为其他费用。

282. 任何IATA成员都不允许印制可以转让的航空货运单，货运单上的"不可转让"字样不可被删去或篡改。（　　）（2010年）

答案：正确。货运单的右上端印有"不可转让"（Not Negotiable）字样，其意义是指航空货运单仅作为货物航空运输的凭证，所有权属于出票航空公司，与可以转让的海运提单恰恰相反。因此，任何IATA成员都不允许印制可以转让的航空货运单，货运单上的"不可转让"字样不可被删去或篡改。

283. 国际航空货物集装过程中，大货、重货装在集装箱内；体积较小、重量较轻的货物装在集装板上。（　　）（2010年）

答案：错误。国际航空货物集装过程中，一般情况下，大货、重货装在集装板上；体积较小、重量较轻的货物装在集装箱内。

284．在国际航空货物运输中，凡是运输声明价值毛重每公斤超过 1 000 美元的任何物品都属于国际航空货运中的贵重货物。（　　）（2010 年）

答案：正确。在国际航空货物运输中，凡交运的一批货物中，其声明价值毛重每公斤超过（或等于）1 000 美元的任何物品称为贵重货物。

285．在国际航空货物运输中，托运航空危险品时，托运人必须填写一份危险品申报单，并随货运至目的站。（　　）（2010 年）

答案：错误。在国际航空货物运输中，托运人必须填写一式两份的危险品申报单，签字后一份交始发站留存，另一份随货物运至目的站。申报单必须有托运人填写、签字并对申报的所有内容负责。任何代理人都不可替代托运人签字。

286．在国际航空货物运输中，收运活体动物前，必须订妥全程舱位。（　　）（2010 年）

答案：正确。在国际航空货物运输中，活体动物必须在订妥全程舱位之后方可收运。动物运输不办理运费到付。

287．在国际航空货物运输中，混运货物可以办理部分货物的声明价值。（　　）（2010 年）

答案：错误。集中托运货物只能按整票（整批）货物办理声明价值，不得办理部分货物的声明价值，或办理两种以上的声明价值。所以，混运货物声明价值费的计算应按整票货物总的毛重。

288．《国际多式联运公约》中有关诉讼时效的规定为两年，时效时间自多式联运经营人交付货物之日起的次日起算。（　　）（2002 年）

答案：正确。根据 1980 年《联合国国际货物多式联运公约》第 25 条第 1 款、第 2 款的规定。

289．对港澳地区的铁路运输属于国际多式联运。（　　）（2002 年）

答案：错误。对港澳地区的铁路运输既不属于国际多式联运、不同于国际联运，也不同于一般的国内运输，它是一种特定的运输方式。

290．国际多式联运就是"门到门"运输。（　　）（2003 年）

答案：错误。国际多式联运是指多式联运经营人根据一个多式联运合同，采用两种或两种以上的运输方式来完成货物运输工作。它可以为货主提供"门到门"运输服务，但"门到门"运输不一定就是国际多式联运，单一的运输方式也可以提供"门到门"运输服务。

291．根据 1991 年国际商会多式联运单证规则，多式联运经营人的责任限制为每件或每单位666.67SDR。（　　）（2003 年）

答案：正确。1991 年国际商会多式联运单证规则规定，多式联运经营人的责任限制为每件或每单位 666.67SDR。

292．国际多式联运经营人只能签发不可转让的多式联运单据。（　　）（2003 年）

答案：错误。根据国际多式联运公约的规定，国际多式联运经营人根据托运人的要求，可签发可转让或不可转让的多式联运单据。

293．多式联运经营人的责任期间为从装货港接受货物时起到卸货港交付货物时止。（　　）（2003 年）

答案：错误。根据国际多式联运公约和我国海商法的规定，多式联运经营人的责任期间为从接受货物时起到交付货物时止。

294．统一责任制下，多式联运经营人按损失发生区段适用法律确定责任及赔偿数额。（　　）（2003 年）

答案：错误。统一责任制下，是指多式联运经营人对货主损失赔偿时不考虑各运输区段运输方式所适用的法律，而是对全程运输按一个统一的原则并一律按一个约定的责任限额而进行赔偿。

295. 多式联运经营人的责任期间为从接受货物时起到交付货物时止。（　　）（2003 年）

答案：正确。根据联合国国际多式联运公约及有关规定，多式联运经营人的责任期间为从接受货物时起到交付货物时止。

296. 国际多式联运就是指海陆空三种形式的联合运输。（　　）（2003 年）

答案：错误。国际多式联运是指以两种或两种以上的运输方式，而并非一定是海陆空三种形式的联合运输。

297. 国际多式联运公约规定毛重每公斤的赔偿限额与华沙公约规定的数额是相同的。（　　）（2003 年）

答案：错误。国际多式联运公约规定毛重每公斤的赔偿限额与华沙公约规定的数额是不相同的。

298. 国际多式联运公约是调整国际多式联运方面的国际公约，它强制适用多式联运经营人。（　　）（2003 年）

答案：错误。国际多式联运公约虽然是调整国际多式联运方面的国际公约，但至今仍未生效，所以它不能强制适用多式联运经营人。

299. 国际多式联运提单就是通常所说的联运提单。（　　）（2003 年）

答案：错误。国际多式联运提单与联运提单存在本质上的不同，联运提单一般都规定承运人仅对自己完成的区段承担责任，而国际多式联运提单下，多式联运经营人对全程运输承担责任。

300. 国际多式联运所运输货物必须是集装箱货物，不可以是一般的散杂货。（　　）（2004 年）

答案：错误。绝大多数国际公约或国内立法对国际多式联运所运输的货物的种类通常没有限制，可以是集装箱货物、成组托盘货物，也可以是一般的散杂货等。

301. 网状责任制下，多式联运经营人按多式联运合同统一规定的标准进行赔偿。（　　）（2004 年）

答案：错误。网状责任制，是指多式联运经营人尽管对全程运输负责，但对货运事故的赔偿原则仍按不同运输区段所适用的法律规定，当无法确定货运事故发生区段时则按海运法规或双方约定原则予以赔偿。

302. 国际多式联运经营人根据发货人的要求，可签发转让或不可转让的多式联运单证。（　　）（2004 年）

答案：正确。国际多式联运公约中对提单所下的定义与海上运输提单的性质与作用是一致的。承运人可以签发转让多式联运单证，也可签发不可转让多式联运单证。

303. 两机场间的航空运输，需要利用汽车运输进行货物的接送，这种陆空联运的形式属于有关多式联运的国际公约或惯例所界定的国际多式联运范畴。（　　）（2004 年）

答案：错误。在履行航空特快专递、机场至机场航空运输或港至港间海上集装箱运输过程中，会涉及汽车运输或铁路运输的接送，这种陆空联运或陆海联运已明确规定适用于单一运输方式的国际公约或国内立法（即航空运输或海上运输方面的国际公约或国内立法），因此在国际多式联运的国际公约或惯例中均将其排除在外。

304. 《联合国国际货物多式联运公约》是调整国际多式联运方面的国际公约，因此对多式联运经营人具有强制适用性。（　　）（2005 年）

答案：错误。《联合国国际货物多式联运公约》虽然是调整国际多式联运方面的国际公约，但该公约至今仍未生效，因此对多式联运经营人不具有强制适用性。

305. 《联合国国际货物多式联运公约》对运输方式的种类未做限制，可以由陆海、陆空、海空等运输方式组成。（　　）（2005 年）

答案：正确。《联合国国际货物多式联运公约》对运输方式的种类未做限制，可以由任何两种或两种以上的不同运输方式组成。

306. 关于多式联运单证的表现形式，目前并没有统一的格式。所以可以认为集装箱提单就是多式联运的单证。（　　）（2007 年）

答案：错误。关于多式联运单证的表现形式，目前并没有统一的格式。实践中，多式联运单证可以有各种不同的格式、名称出现，其记载的内容和特点可能也有差别。集装箱提单是指为集装箱运输所签发的提单。它既可能是港到港的直达提单，也可能是海船转海船的转船提单或联运提单，还可能是海上运输与其他运输方式接续完成全程运输的多式联运提单。由于集装箱运输并不一定都是多式联运，因而为集装箱运输所签发的提单也不一定都是多式联运提单。

307. 签发多式联运单证、全程统一费率、一次托运、一次付费等条件是构成国际多式联运的充分条件，并非必要条件，不具备这些条件，国际多式联运仍然成立。（　　）（2008 年）

答案：正确。签发多式联运单证、全程统一费率、一次托运、一次付费等条件是构成国际多式联运的充分条件，并非必要条件。

308. 集拼运输有时也称为"组装化运输"，它是指作为集拼人的国际货运代理企业将起运港几个发货人运往同一卸货港几个收货人的小批量货物汇集起来，拼装成整箱货运输。货物运抵卸货港后，由当地集拼货物的分拨人将货物分别交付各个收货人。因此，集拼运输属于国际多式联运。（　　）（2009 年）

答案：错误。联合国国际多式联运公约关于国际货物多式联运的定义是指："按照多式联运合同，以至少两种不同的运输方式，由多式联运经营人将货物从一国境内接管货物的地点运至另一国境内指定交付货物的地点"。虽然集装箱运输在多式联运中得到极为普遍的应用，但集装箱运输并不一定属于国际多式联运。

309. 《1991 年多式联运单证规则》是关于国际多式联运方面的一个国际公约。（　　）（2009 年）

答案：错误。1991 年联合国贸易和发展会议/国际商会（UNCTAD/ICC）制定的《多式联运单证规则》属于民间规则，其适用不具有强制性，需由当事人在多式联运合同中自愿采纳。

310. 在国际多式联运方式下，货物运输途中的换装、转运等事宜均由多式联运经营人负责办理。（　　）（2010 年）

答案：正确。多式联运经营人负责货物的全程运输事宜。

311. 可转让的国际多式联运单据，通常称为国际多式联运提单，具有"多式联运合同的证明、货物收据与物权凭证"三大功能。（　　）（2010 年）

答案：正确。国际多式联运单据分为可转让和不可转让的两种形式，可转让的多式联运单据通常称为国际多式联运提单，具有"多式联运合同的证明、货物收据与物权凭证"三大功能。

312. 目前，陆空联运广泛采用"卡车航班"运输形式，因而，"卡车航班"作为一种多式联运形式，应按照国际多式联运公约来处理有关事宜。（　　）（2010 年）

答案：错误。如果整个全程采取国际航空货运单"一票到底"的形式，就要求货运的始发站或目的地必须有国际航空组织公认的航空代码。由于此时仅使用航空货运单，因此"卡车航班"不是多式联运，要按照航空货物运输来处理有关事宜。

313. 国际铁路零担货物运输系指按一份托运的一批货物，重量不超过 5000 公斤，按其体积或种类不需要单独车辆运送的货物。（　　）（2003 年）

答案：正确。零担货物运输系指按一份托运的一批货物，重量不超过 5000 公斤，按体积或种类不需要单独车辆运送的货物。

314. 国际铁路联运中承运人是以各国铁路整体的名义与发收货人订立合同的。（　　）（2003 年）

答案：正确。根据《国际货约》的规定，承运人是指参加联运的各国铁路，国际铁路联运中承运人是以各国铁路整体的名义与发收货人订立合同的。

315. 国际公路货物运输中，发货人一张运单发运的货物可以同时选择保价和不保价。（ ）（2003 年）

答案：错误。国际公路货物运输中，发货人一张运单发运的货物可以选择保价和不保价，但只能选择其中一种，不能同时选择两种。

316. 公路计时包车运输中的计时时间是指车辆到达托运人指定地点起至完成任务时止的时间，车辆在包车过程中发生的故障、修理和驾驶员用餐时间应予以扣除。（ ）（2005 年）

答案：正确。公路计时包车运输中的计时时间是指车辆到达托运人指定地点起至完成任务时止的时间，车辆在包车过程中发生的故障、修理和驾驶员用餐时间都应予以扣除。

317. 在国际铁路联运中，铁路有义务检查发货人在运单上所添附的文件是否正确和是否齐全。（ ）（2005 年）

答案：错误。在国际铁路联运中，铁路无义务检查发货人在运单上所添附的文件是否正确和是否齐全。

318. 亚欧大陆桥运输是指国际集装箱从东亚、东南亚国家或地区由海运或陆运进入我国口岸，经公路运往蒙古、欧洲、中东等国家和地区或相反方向的过境运输。（ ）（2006 年）

答案：错误。亚欧大陆桥运输指国际集装箱从东亚、东南亚国家或地区由海运或陆运进入我国口岸，经铁路运往蒙古、前苏联、欧洲、中东等国家和地区或相反方向的过境运输。

319. 滨洲线是我国通往俄罗斯进行国际铁路联运的最重要铁路线，其出口国境站是满洲里。（ ）（2006 年）

答案：正确。滨洲线自哈尔滨起向西北至满洲里，全长 935 公里。通过我国的边境口岸满洲里到俄罗斯的后贝加尔（ZABAIKALSK）与西伯利亚铁路相连接。滨洲铁路是我国通往邻国的几条铁路干线中最重要的铁路。

320. 按《国际货协》的规定，金银和金属制品、钻石、貂皮大衣、拍摄的电影片、家庭用品等货物，发货人在托运时必须声明货物价格。（ ）（2006 年）

答案：错误。按《国际货协》的规定，发货人在托运下列货物时应声明价格：金、银、白金及其制品；宝石，贵重毛皮及其制品；摄制的电影片、画、雕像、艺术制品、古董、家庭用品。《国际货协》并没有规定必须声明货物价格。

321. 无运单、运单不正规或运单丢失都不影响公路运输合同的成立及有效性。（ ）（2006 年）

答案：正确。公路货物运输合同以签发运单来确认，无运单、运单不正规或运单丢失不影响运输合同的成立及有效性。

322. 根据《国际货协》的规定，在我国通过国际铁路联运的进出口货物，其国内段运送费用的核收应按照《国际货协》进行计算。（ ）（2007 年）

答案：错误。根据《国际货协》的规定，我国通过国际铁路联运的进出口货物，其国内段运送费用的核收应按照我国《铁路货物运价规则》进行计算。

323. 从事国际公路运输经营的申请人一旦取得《公路运输经营许可证》，就不需要到外事、海关、检验检疫、边防检查等部门另外办理有关运输车辆、人员的出入境手续。（ ）（2007 年）

答案：错误。根据 2005 年 6 月 1 日实施的《国际公路运输管理规定》的有关规定，从事国际公路运输经营的申请人应取得《公路运输经营许可证》，并且需要到外事、海关、检验检疫、边防检查等部门办理有关运输车辆、人员的出入境手续。

324. 国际铁路联运运单属于《UCP600》规定的公路、铁路或内河运单的范畴，它仅具有运输合同证明和货物收据的功能，不具有物权凭证的功能，不具有流通性。因此，《国际货协》和《国际货约》均明确规定铁路联运运单中的收货人一栏必须是记名的。（　　）（2008年）

答案：正确。《国际货协》和《国际货约》均明确规定铁路联运运单中的收货人一栏必须是记名的。

325. 我国是《国际货协》参加国，在办理国际铁路货物托运业务时，作为唯一法定的运单是国际货协运单。（　　）（2009年）

答案：正确。我国是《国际货协》参加国，在办理国际铁路货物托运业务时，作为唯一法定的运单是国际货协运单。

326. 在跨境道路货物运输中，按运输的路途区间可划分为国界间运输和国内段运输，分界地点为边境口岸海关监管区。（　　）（2010年）

答案：正确。跨境道路运输按运输的路途区间可划分为国界间运输和国内段运输，分界地点为边境口岸通关监管区。国界间运输指车辆经公路口岸来往于我国同邻国之间，在口岸海关监管区内装卸货物的运输形式。

327. 由于暴雨和泥石流导致铁路货物运输受阻，造成货物逾期运到，为此铁路运输承认应当承担赔偿责任。（　　）（2010年）

答案：错误。对于自然灾害造成的铁路货物运输逾期运到，铁路运输部门免责。

328. 在道路货物运输中，在货主拒签或无法通知的情况下，道路运输承运人可自行签发《货运事故记录》。（　　）（2010年）

答案：错误。收货人、托运人在约定的时间内不与承运人签注货运事故记录的，或者无法找到托运人、收货人的，承运人可邀请两名以上无利害关系的人签注货运事故记录。

329. 专用保税仓库是由贸易商经海关批准而建立的自管自用性质的保税仓库。（　　）（2002年）

答案：正确。专用保税仓库是由有外经贸经营权的国际贸易商，经过海关批准而建立的自管自用性质的保税仓库，仓库内只储存本企业经营的保税货物。

330. 现代物流仓库与传统仓库在管理上有本质的不同。（　　）（2002年）

答案：正确。（1）现代物流仓库是对供应链的整体物流过程的管理，其物流活动除了有储存和运输外，还常常提供存货管理、客户关系等多种物流增值服务。而传统仓库是受货主的委托，提供保管服务的被动式经营管理。（2）现代物流仓库是使物流管理向供应商和消费者两头延伸，使社会物流与企业物流结合在一起。而传统仓库主要集中于物流职能的仓储业务。

331. 微观物流与宏观物流是两个不相关联的物流活动。（　　）（2002年）

答案：错误。微观物流与宏观物流是两个相互关联的物流活动。宏观物流是从社会再生产总体角度认识和研究的物流活动。微观物流主要是研究企业所从事的实际的、具体的物流活动。

332. 现代物流管理不包括物流信息的收集、处理及传输。（　　）（2003年）

答案：错误。物流信息系统是现代物流管理的神经系统，物流信息系统需要物流信息的收集、处理及传输。

333. 运输合理化最主要的就是选择合理的运输方式和选择合理的运输路线。（　　）（2003年）

答案：正确。运输合理化最主要的就是选择合理的运输方式和选择合理的运输路线。

334. 物流信息是指有关物流活动本身，以及与物流活动有关的其他活动的信息。（　　）（2003年）

答案：正确。物流信息是指有关物流活动本身，以及与物流活动有关的其他活动的信息。

335. 物流信息与物流活动是分离的，物流信息控制着物流活动。（　　）（2003年）

答案：错误。物流信息是伴随着物流活动发生的，不是分离的。

336. 物流本身不创造物品的使用价值，但是，物流活动使商品在流通过程中实现其时间价值和空间价值，是一个价值增长过程。（　　）（2003 年）

答案：正确。 物流本身不创造物品的使用价值，但是，物流活动使商品在流通过程中实现其时间价值和空间价值，是一个价值增长过程。

337. 供应链是物流的一部分，是物流系统的实体部分流动的链条。（　　）（2004 年）

答案：错误。 物流是供应链管理中的一部分，同时供应链管理还包括对采购、生产计划、供应和需求的分析等管理活动。

338. 物流的主要功能要素包括运输、仓储、装卸、流通加工。（　　）（2004 年）

答案：错误。 物流的服务体系由包装、装卸搬运、运输、储存保管、流通加工等组成。

339. 在货物验收入库过程中，如果超过规定的损溢范围，经核对查实后，按照入库通知单的记载数量入库，然后交涉处理。（　　）（2004 年）

答案：错误。 如果超过规定的损溢范围，经核对查实后，按照按实际数量填过磅单和验收记录，交发货人和存货人交涉处理。在该批货物未做出处理结果前，应将该批货物单独堆放，妥善保管。待结案后，方可办理入库手续。

340. 为了向用户提供更有效的商品，或者为了弥补加工不足，或者为了合理利用资源，需要在物流过程中进行一些辅助的加工活动，这些加工活动，称之为流通加工。（　　）（2004 年）

答案：正确。 流通加工为了向用户提供更有效的商品，或者为了弥补加工不足，或者为了合理利用资源，需要在物流过程中进行一些辅助的加工活动。

341. 最低的运输费用并不意味着最低的运输总成本，最低的运输总成本也并不意味着合理化的运输。（　　）（2005 年）

答案：正确。 最低的运输费用并不意味着最低的运输总成本，最低的运输总成本也并不意味着合理化的运输。

342. 物流本身不创造商品的使用价值，物流活动仅使商品在流通过程中实现时间与空间的位移，因此物流活动不具备增值作用。（　　）（2005 年）

答案：错误。 物流本身不创造物品的使用价值，但是，物流活动使商品在流通过程中实现其时间价值和空间价值，是一个价值增长过程。

343. 物流信息是指伴随着物流业务活动而发生的，以及在物流业务活动以外发生的对物流业务活动有影响的一切信息，而商流中的交易、合同等信息没有提供物流的依据，因此说商流信息属于物流信息。（　　）（2005 年）

答案：错误。 商流信息和物流信息相互区别又互相联系，两者不能混为一体。

344. 在存放期间发生仓储物损害或变化的，保管人应及时通知存货人及时处理，并且采取必要的处理措施，以减少损失。（　　）（2005 年）

答案：正确。 当在存放期间发生仓储物损害或变化的，作为保管人应及时通知存货人及时处理，并且采取必要的处理措施，以减少损失。

345. 在货物堆码中，对于箱、桶、麻袋装的货物以及木材、钢材等货物一般采用成组堆码方式储存。（　　）（2006 年）

答案：错误。 货物堆码的方式包括：散堆方式，这种方式适用于不用包装的颗粒状、块状的大堆散货，如煤炭、矿砂、散粮、散化肥、海盐等；货架方式，主要适用于存放不宜堆高、须特殊保管存放的小件包装的货物；成组堆码方式，采用成组工具先将货物组成一组，再进行装卸等操作；堆垛方式，这种方式是指直接利用货物或其包装外形进行堆码，适合于有外包装和不需要包装的特大件货物，如箱、桶、麻袋装的货物，以及木材、钢材等。

346. 货物出库时可以采取货主自提或送货上门的方式。为避免出现差错货主不能委托第三方办

理。（　）（2006年）

答案：错误。 货主可以委托第三方办理货物出库业务。

347.供应链由所加盟的节点企业组成，一般有一个核心企业，该核心企业必须是生产制造企业。（　）（2006年）

答案：错误。 供应链是围绕核心企业，通过对信息流、物流、资金流的控制，从采购原材料开始，制成中间产品以及最终产品，最后由销售网络把产品送到消费者手中的将供应商、制造商、分销商、零售商、直到最终用户连成一个整体的功能网链结构模式。供应链由所有加盟的节点企业组成，其中一般有一个核心企业，可以是产品制造企业，也可以是大型零售企业。

348.B to C型电子商务是企业与消费者之间的电子交易业务。（　）（2006年）

答案：正确。 B to C型电子商务是企业与消费者之间的电子交易业务。

349.在货物验收过程中，发现数量不符，若在损益范围内的，应当按照送货单数量入库。（　）（2006年）

答案：错误。 对计重验收的货物，数量上出现损溢时，凡其损溢量在规定范围以内的，仓库可按实际验收时的数量验收入库，并填写入库单（验收单）。如果超过规定损溢范围，经核对查实后，按实际数量填过磅码单和验收记录，交发货人和存货人交涉处理。在该批货物未作出处理结果前，应将该批货物单独堆放，妥善保管。待结案后，方可办理入库手续。

350.电子数据交换系统是被物流领域使用的重要信息系统，它的主要功能是利用计算机广域网，进行远程、快速的数据交换和数据的自动处理。（　）（2007年）

答案：正确。 电子数据交换系统是对信息进行交换和处理的网络自动化系统，是将远程通讯、计算机及数据库三者有机结合在一个系统中，实现数据交换、数据资源共享的一种信息系统。电子数据交换系统是物流领域非常重要的信息系统，它的主要功能是利用计算机广域网，进行远程、快速的数据交换和数据的自动处理。

351.仓单是提取仓储物的凭证。存货人或者仓单持有人在仓单上背书并经保管人签字或者盖章的，可以转让提取仓储物的权利。（　）（2007年）

答案：正确。 存货人交付仓储物的，保管人应当给付仓单。保管人应当在仓单上签字或者盖章。仓单是提取仓储物的凭证。存货人或者仓单持有人在仓单上背书并经保管人签字或者盖章的，可以转让提取仓储物的权利。

352.供应链是指"生产与流通过程中涉及将产品或服务提供给最终用户活动的上游与下游企业所形成的网络结构"。（　）（2007年）

答案：正确。 国家标准《物流术语》（GB/T 18354—2001）把供应链定义为"生产与流通过程中涉及将产品或服务提供给最终用户活动的上游与下游企业所形成的网络结构"。

353.信息处理和运输构成了物流的两大支柱，在物流活动中处于中心地位，其他物流活动都是围绕着它们进行的。（　）（2007年）

答案：错误。 物流系统的基本功能要素有包装、装卸搬运、运输、储存保管、流通加工、配送以及与上述功能相关的信息处理等。储存保管与运输构成了物流的两大支柱，在物流活动中也是处于中心地位，其他物流活动都是围绕着储存保管与运输进行的。

354.供应链战略联盟是指供应链上的两个或多个企业之间，为实现供应链战略目标，通过各种协议、契约而结成的优势互补、风险共担的紧密性组织。（　）（2007年）

答案：错误。 供应链管理环境下的战略联盟是以供应链为合作基础的企业联盟，它是指供应链上的两个或多个企业之间，为实现供应链战略目标，通过各种协议、契约而结成的优势互补、风险共担的松散性组织，而不是紧密性组织。

355.仓储是对有形产品和无形物品提供存储场所，对存放物品进行相应保管，并实施物品存取

过程管理的行为的总称。（　　）（2008 年）

答案：错误。仓储是对有形产品而不是无形物品提供存储场所，对存放物品进行相应保管，并实施物品存取过程管理的行为的总称。

356. 制造业物流是为了将各种物料、零件、配件等物品从原始形态转成特定的产品形态而产生的一种物品运动方式。（　　）（2008 年）

答案：正确。制造业物流是为了将各种物料、零件、配件等物品从原始形态转成特定的产品形态而产生的一种物品运动方式。

357. 第三方物流是个性化的物流服务，第三方物流经营者和客户企业之间是一种联盟合作伙伴关系。（　　）（2008 年）

答案：正确。第三方物流服务应按照顾客的业务流程来制订，所以是个性化的物流服务。第三方物流和客户之间的关系，不是竞争关系，而是具有共同利益的共赢关系，因此，第三方物流经营者和客户企业之间是一种联盟合作伙伴关系。

358. 供应链是生产与流通过程中涉及将产品或服务提供给最终用户活动的上游与下游企业所形成的网状结构。（　　）（2008 年）

答案：正确。国家标准《物流术语》（GB/T 18354—2001）把供应链定义为"生产与流通过程中涉及将产品或服务提供给最终用户活动的上游与下游企业所形成的网络结构"。

359. 在库存 ABC 管理中，A 类库存指的是在管理上实行集中管理与分散管理相结合的管理方式，采取一般的管理方法，适当建立安全库存。（　　）（2009 年）

答案：错误。ABC 库存物资分类管理法就是将品种繁多的物资按其重要程度分为特别重要库存（A 类库存），一般重要的库存（B 类库存）和不重要的库存（C 类库存）三个等级，然后针对不同级别的库存进行不同形式的管理和控制。A 类库存：实行严格的集中管理。B 类库存：在管理上实行集中管理与分散管理相结合的管理方式，采取一般的管理方法，适当建立安全库存。C 类物资：进行简单的管理，应采取定量订货方式。

360. 供应链管理是指利用计算机网络技术全面规划供应链中的商流、物流、信息流、资金流等，并进行计划、组织、协调与控制。（　　）（2009 年）

答案：正确。供应链管理是指利用计算机网络技术全面规划供应链中的商流、物流、信息流、资金流等，并进行计划、组织、协调与控制。

361. 制造企业将物流业务外包给第三方物流服务提供者经营，可以使本企业集中精力发展核心业务，减少投资，降低风险。（　　）（2009 年）

答案：正确。制造企业将物流业务外包给第三方物流服务提供者经营，可以使本企业集中精力发展核心业务，减少投资，降低风险。

362. 物流系统按地域范围为标准进行分类时，只要物流的起运地点、目的地点或约定的经停地点有一项不在一国境内，便构成国际物流。（　　）（2009 年）

答案：正确。物流系统按地域范围为标准进行分类时，只要物流的起运地点、目的地点或约定的经停地点有一项不在一国境内，便构成国际物流。

363. 物流系统是由相互存在有机联系的物流各要素所组成的综合体。（　　）（2009 年）

答案：正确。物流系统是由相互存在有机联系的物流各要素所组成的综合体。

四、多项选择题

1. 根据我国海洋货物运输保险条款的规定，保险人的除外责任包括（　　）。（2002 年）

    A. 被保险人的故意行为或过失所造成的损失

    B. 属于发货人责任所引起的损失

  C. 在保险责任开始前，被保险货物已存在的品质不良或数量短差所造成的损失

  D. 被保险货物的损耗、本质特性、缺陷及市价跌落、运输延迟所引起的损失或费用

  E. 由于承运人责任所造成的货损

  答案：ABCD。 为分清货物在海上运输过程中的各关系人对损失的责任，使保险人的赔偿责任更为明确，《海洋运输货物保险条款》中规定了保险人的除外责任，即保险人不负责赔偿责任的范围，如本题中的 A、B、C、D。对于承运人责任所造成的货损，只要属于承保范围，保险人应当赔偿，然后可以向承运人追偿。

  2.《1941 年美国对外贸易定义修订本》与《2000 年通则》对 FOB 的解释不同，主要在于（ ）。（2002 年）

  A. 交货地点不同   B. 风险划分界限不同

  C. 办理出口手续的有关费用由谁负担不同 D. 运输手续由谁办理不同

  答案：ABC。《INCOTERMS2000 年通则》与《1941 年美国对外贸易定义修订本》对 FOB 解释的区别在于：交货地点不同；风险划分界限不同；办理出口手续的有关费用由谁负担不同。

  3. 在出口业务中，卖方可凭以结汇的运输单据有（ ）。（2002 年）

  A. 海运提单   B. 铁路运单正本

  C. 承运货物收据   D. 大副收据

  答案：ABC。 大副收据即收货单是指某一票货物装上船后，由船上大副签署给托运人的作为证明船方已经收到该票货物并已装上船的凭证。托运人取得了经大副签署的收货单，即可凭以向船公司或其代理人换取已装船提单。卖方不可以凭大副收据办理结汇。

  4. 我国对外贸易货运保险可分为（ ）。（2002 年）

  A. 海上运输保险   B. 陆上运输保险

  C. 航空运输保险   D. 邮包运输保险

  答案：ABCD。 我国为适应对外经济贸易发展的需要，由中国人民保险公司（PICC）根据我国保险业务的实际情况，并参照国际保险市场的习惯做法，分别制定了海上、陆上、航空、邮包等多种运输方式的货物运输保险条款，总称为《中国保险条款》。

  5. 构成一项有效的接受应具备的条件是（ ）。（2002 年）

  A. 接受由特定的受盘人作出   B. 接受的内容必须与发盘相符

  C. 必须在有效期内表示接受   D. 接受必须送达发盘人才能生效

  答案：ABCD。 根据《联合国国际货物销售合同公约》，一项有效的接受应具备以下条件：（1）接受由受盘人作出；（2）接受的内容必须与发盘的内容一致；（3）接受必须送达发盘人才能生效；（4）受盘人必须在发盘的有效期内接受。

  6. 我国进出口商品的作价基本原则是（ ）。（2002 年）

  A. 根据国际市场价格水平作价   B. 结合国别地区政策作价

  C. 结合购销意图作价   D. 以盈利为目标作价

  答案：ABC。 我国进出口商品的作价基本原则是：在贯彻平等互利的原则下，根据国际市场价格水平作价，结合国别（地区）政策，并按照我们的购销意图确定适当的价格。

  7. 根据我国海洋货物运输保险条款的规定，基本险有（ ）。（2002 年）

  A. 水渍险 B. 战争险 C. 平安险 D. 一切险 E. 罢工险

  答案：ACD。 B、E 属于特殊附加险。

  8. 按 CIF 条件达成交易，如果卖方愿意承担卸货费用，可以选用（ ）。（2002 年）

  A. CIF LINER TERMS   B. CIF EX TACKLE   C. CIF LANDED

  D. CIF EX SHIP'S HOLD   E. CIF GROSS TERMS

答案：**ABCE**。本题中，只有 D、CIF EX SHIP'S HOLD 是舱底交货，即货到目的港后，由买方自行启舱，并负担从舱底卸到码头的费用。而题中的 ABCE 均为卖方承担卸货费用。

9. 国际贸易自由结汇方式主要有（　　）。（2003 年）

    A. 汇付方式　　　　B. 票据支付　　　C. 信用证结汇　　D. 记账贸易

答案：**ABC**。国际贸易结汇方式主要有汇付方式、票据支付、信用证结汇三种方式。

10. 国际货物买卖合同的法定形式主要有（　　）。（2003 年）

    A. 口头形式　　　　　　　　　　B. 信函形式

    C. 电传、传真　　　　　　　　　D. 电子数据与电子邮件

答案：**ABCD**。在国际上，对货物买卖合同的形式没有特定的限制。根据《国际货物销售合同公约》的规定，货物买卖合同可以是书面形式，也可以是信件、电报、电传、传真形式，也可以是口头形式，合同也可以采用电子信息形式。所以本题四个选项都对。

11. 卖方违反合同品质约定，买方享有的合同救济权利有（　　）。（2003 年）

    A. 修理或替代货物　　　　　　　B. 请求支付违约金

    C. 拒收货物　　　　　　　　　　D. 请求赔偿损失

答案：**ABCD**。根据《国际货物销售合同公约》的规定，卖方交付货物，必须符合合同约定的质量。如卖方交货不符约定的品质条件，买方有权要求损害赔偿，也可要求修理或替代货物，拒收货物和撤销合同。

12. 依据 UCP 500，信用证支付方式的特点是（　　）。（2003 年）

    A. 信用证属于银行信用，开证行负有第一性付款责任

    B. 信用证一经开证行开立，即是独立于买卖合同之外的自足性文件

    C. 信用证条件下由申请人（买方）直接向卖方付款

    D. 信用证业务是一种单纯的单据业务，银行只处理单据，无涉货物和合同行为

答案：**ABD**。信用证是一种银行信用，用银行信用来保证商业信用。在信用证业务中，银行处于首先付款人的地位，只要卖方提供的单据符合信用证的条件，银行就不得无理拒付。虽然信用证是根据买卖合同开立的，但银行和受益人只根据信用证行事，信用证是独立于买卖合同之外的自足性文件。

13. 付款交单业务的主要特征是（　　）。（2003 年）

    A. 付款交单属于商业信用

    B. 付款交单业务中为融资目的也可使用远期汇票

    C. 付款交单的安全性高于承兑交单

    D. 付款交单属于银行信用

答案：**ABC**。付款交单属于商业信用，银行并不负直接付款的责任。付款交单业务中为融资目的也可使用远期汇票。付款交单的安全性高于承兑交单。

14. 申请签发普惠制原产地证明书时应提供的单证和资料有（　　）。（2003 年）

    A. 普惠制原产地证明书申请书一份。

    B. 普惠制原产地证明书（FORM A）一套。

    C. 正式的出口商业发票副本一份；装箱单一份。

    D. 含有进口成分的产品，应提交《申请 FORM A 产品成本明细单》。

答案：**ABCD**。以上单证和资料，在申请签发普惠制原产地证明书时都应向检验检疫机构提供。

15. 玉米等谷物产品实行非"一批一证"制度的出口许可证使用（　　）。（2003 年）

    A. 无配额管理　　　　　　　　　B. 多次出口报关使用

    C. 最多不超过 12 次　　　　　　D. 海关在许可证上签批

答案：**BCD**。玉米仍属于我国实行出口配额管理的农产品品中之一，所以 A 项不对。对于实行非"一批一证"制度的出口许可证使用有效期最长为六个月，允许多次出口报关使用，但最多不超过 12 次，由海关在许可证上签批出口数量。

16. 中国向非洲某国出口整套水电站发电设备，并提供技术转让、员工培训和银行贷款协议服务。依据国际贸易的分类原则，这种综合出口业务具有的贸易特性有（ ）。（2004 年）

    A. 直接贸易   B. 有形商品贸易

    C. 服务贸易   D. 无形商品贸易

答案：**ABCD**。直接贸易是商品生产国与商品消费国不通过第三者而进行的贸易。有形商品贸易是指有形的、可以看得见的各种具体的商品贸易。无形商品贸易是指运输、保险、金融、旅游技术等无形的商品贸易。服务贸易是从无形商品贸易发展演变而来的，是指一方为满足另一方的需要而提供的某种劳务。

17. 依据 INCOTERMS 2000 的规定，仅适用海上运输方式的贸易术语有（ ）。（2004 年）

    A. DAF，DDU，DDP   B. FOB，CIF，CFR

    C. FAS，DES，DEQ   D. FCA，CIP，CPT

答案：**BC**。依据 INCOTERMS 2000 的规定，仅适用于水上运输的方式的贸易术语有：FAS、FOB、CFR、CIF、DES、DEQ。因此，上述四个组合选项中，BC 是正确的。

18. 运输工具在运输途中发生了搁浅、触礁、沉没等意外事故。不论在意外发生之前或之后，货物在海上遭遇恶劣气候、雷电、海啸等自然灾害而造成的被保险货物的部分损失，属于以下（ ）险别的承保范围。（2005 年）

    A. 平安险   B. 水渍险

    C. 一切险   D. 英国协会货物险 A 条款

答案：**ABCD**。依据 PICC 海洋运输货物保险条款平安险、水渍险、一切险和英国协会货物险 A 条款的规定，运输工具在运输途中发生了搁浅、触礁、沉没等意外事故。不论在意外发生之前或之后，货物在海上遭遇恶劣气候、雷电、海啸等自然灾害而造成的被保险货物的部分损失，均属于承保范围。

19. 独家代理与包销的正确说法是（ ）。（2005 年）

    A. 代理人与委托人之间为委托代理关系，而包销商与出口人之间为买卖关系

    B. 代理人赚取的是佣金，包销商赚取的是商业利润

    C. 两者专营权不同

    D. 都属于逐笔售定贸易方式

答案：**ABC**。独家代理与包销的不同，代理人与委托人之间为委托代理关系，而包销商与出口人之间为买卖关系；代理人赚取的是佣金，包销商赚取的是商业利润；两者专营权不同。

20. 我国出口一批货物从天津到曼谷，根据《INCOTERMS 2000》，下列（ ）贸易术语规定货物的风险自装运港货物超过船舷时从卖方转移给买方。（2006 年）

    A. CIF   B. FOB   C. FCA   D. FAS

答案：**AB**。根据《INCOTERMS 2000》的规定，货物的风险自装运港货物超过船舷时从卖方转移给买方的贸易术语有 FOB、CFR、CIF，故本题选项为 AB。FCA 指货物交付于买方指定的承运人，货物的风险自承运人实际接管时起从卖方转移给买方。装运港船边交货。卖方在装运港将货物交付至码头或驳船靠近船边，即完成了交货义务。

21. 在信用证业务的有关当事人之间，存在合同关系的有（ ）。（2006 年）

    A. 开证申请人与开证行   B. 开证申请人与受益人

    C. 开证行与受益人   D. 开证申请人与通知行

答案：ABC。根据 UCP 500 的规定和一般信用证业务使用情况，信用证业务活动主要的当事人有开证申请人，开证银行，通知银行，受益人，议付行，付款银行。开证申请人与通知行之间不存在合同关系。

22. 根据《INCOTERMS2000》，下列对 CFR 术语表述正确的是（　　）。（2007 年）

    A. 卖方在装货港 CY 交货，即完成了交货义务

    B. 卖方在卸货港 CY 交货，即完成了交货义务

    C. 卖方无义务保证在约定时间内货物必须到达目的港

    D. 卖方应保证在约定时间内货物必须到达目的港

答案：AC。根据《INCOTERMS 2000》的规定，CFR 术语下，卖方于货物在装运港越过船舷即完成交货，但其必须支付将货物运至指定目的港的运费；交货后货物灭失或损坏的风险以及由于各种事件造成的任何额外费用，均转移给买方，卖方无义务保证在约定时间内货物必须到达目的港。

23. 根据《联合国国际货物销售合同公约》的规定，构成一项有效发盘的条件是（　　）。（2007 年）

    A. 发盘必须向一个或一个以上特定的人提出

    B. 发盘的内容十分确定

    C. 表明发盘人在得到接受时承受约束的意旨

    D. 发盘中明确规定有效期

答案：ABC。根据《联合国国际货物销售合同公约》的规定，"向一个或一个以上特定的人提出的订立合同的建议，如果十分确定并且表明发盘人在得到接受时承受约束的意旨，即构成发盘。一个建议如果写明货物并且明示或暗示地规定数量和价格或规定如何确定数量和价格，即为十分确定"。因此，构成一项有效发盘的条件为 ABC 三个选项。发盘中通常都规定有效期，这一期限有双重意义：一方面它约束发盘人，使发盘人承担义务，在有效期内不能任意撤销或修改发盘的内容，过期则不再受其约束；另一方面，发盘人规定有效期，也是约束受盘人，只有在有效期内做出接受，才有法律效力。但有效期不是一项发盘构成的必备条件，发盘可以没有明确规定有效期。

24. 国际货物买卖中的检验证书是检验机构对进出口商品进行检验、鉴定后签发的书面证明文件。各种检验证书是针对不同商品的不同检验项目而出具的，其所起的作用包括（　　）。（2008 年）

    A. 是证明卖方所交货物的品质、数量、包装以及卫生条件等方面是否符合合同规定的依据

    B. 是办理索赔和理赔的依据

    C. 是海关验关放行的依据

    D. 是卖方办理货款结算的依据

答案：ABCD。检验证书是证明卖方所交货物是否符合合同规定的依据，办理索赔和理赔的依据，是海关验关放行的依据，是卖方办理货款结算的依据。

25. 货物运输标志又称唛头，通常是由一个简单的几何图形和一些字母、数字及简单的文字组成，其主要内容通常包括（　　）。（2008 年）

    A. 收货人的代号　　　　　　　　B. 目的港

    C. 货物的件数、批号　　　　　　D. 承运人的代号

答案：ABC。货物运输标志主要内容包括：（1）目的地的名称或代号；（2）收、发货人的代号；（3）件号、批号。此外，有的运输标志还包括原产地、合同号、许可证号和体积与重量等内容。运输标志的内容，繁和简不一，由买卖双方根据商品特点和具体要求商定。

26. 国际贸易术语"货交承运人"（FCA）是指卖方只要将货物在合同规定的期限内，在指定

地点交给由买方指定的承运人，并办理了出口报关手续，即完成了交货。这里的承运人包括（　　）。（2010年）

    A. 铁路运输承运人　　　　　　B. 公路运输承运人
    C. 航空运输承运人　　　　　　D. 海运运输承运人

答案：ABCD。《国际贸易术语解释通则2000》中FCA贸易术语对"承运人"作了解释，其是指在运输合同中，承诺通过铁路、公路、空运、海运、内河运输或上述运输的联合承担履行运输或承担办理运输业务的任何人。

27. FOB、CFR、CIF三种贸易术语的共同点在于（　　）。（2009年）

    A. 交货地点相同　　　　　　B. 适用的运输方式相同
    C. 风险划分的分界点相同　　D. 费用分担相同

答案：ABC。FOB、CFR、CIF术语的共同点在于卖方于货物在装运港越过船舷即完成交货义务；都适用海上运输；风险划分都是以装运港船舷为界。他们的不同点在于费用分担不尽相同。

28. 国际海运货物在海上遭遇恶劣气候、雷电、海啸等自然灾害而造成的部分损失，如果货物已投保，属于中国人民财产保险公司海洋运输货物保险条款（　　）险别的承保范围。（2009年）

    A. 平安险　　B. 水渍险　　C. 一切险　　D. 战争险

答案：BC。平安险不承保自然灾害而造成货物的部分损失，水渍险和一切险予以承保。战争险仅承保由于战争等类似的风险造成的货物损失。因此，本题正确答案为B和C。

29. 信用证规定，"最迟装运期为2007年9月15日，有效期为2007年9月30日，单据必须在提单日后15天内提交"。若提单的出单日期为2007年9月10日，则货物保险单的出单日期可以为（　　）。（2009年）

    A. 2007年9月10日　　　　　B. 2007年9月10日以前
    C. 2007年9月15日　　　　　D. 2007年9月25日

答案：AB。保险单上的签发日期，一般应早于提单日期或者与其相同，不得迟于提单日期。因此，本题正确答案为A和B。

30. 国际货运代理企业为货主提供服务时，应当遵循的经营方针是（　　）。（2002年）

    A. 安全　　B. 迅速　　C. 准确　　D. 节省　　E. 方便

答案：ABCDE。根据《中华人民共和国国际货物运输代理业管理规定》第四章第十八条之规定。

31. 按我国货代管理规定，国际货运代理企业不允许从事的行为有（　　）。（2003年）

    A. 出借、出租或转让批准证书
    B. 出借提单
    C. 国际货运代理企业之间互相委托办理全部或部分国际货运代理业务
    D. 以分享佣金、退返回扣从事经营活动

答案：ABD。根据我国国际货物运输代理业管理规定第22条，国际货物代理不得有下列行为：以不正当竞争手段从事经营活动；出借、出租或者转让批准证书和有关国际货物运输代理业务单证。因此，ABD项的行为都属我国货运代理管理法规不允许从事的行为。同时根据该规定，国际货运代理企业之间可以互相委托办理全部或部分国际货运代理业务。

32. 国际货运代理人的除外责任有（　　）。（2003年）

    A. 货物包装不牢固、缺乏或不当所致
    B. 货物自然特征或潜在缺陷
    C. 不可抗力
    D. 货运代理自己的过失或疏忽

答案：ABC。由于货运代理自己的过失或疏忽给客户造成的损失，货运代理人应承担赔偿责任，不能免责。对于货物包装不牢固、缺乏或不当所致货物损失，货物自然特征或潜在缺陷及不可抗力所致货物损失，根据运输法律规定和货运代理标准交易条件，不论货运代理人是以代理人身份还是以当事人身份，货运代理人都不负赔偿责任。

33. 下列（　　）属于国际货物运输代理企业的经营范围。（2004年）
　　A. 国际展品运输代理　　　　　　B. 国际多式联运
　　C. 私人信函快递业务　　　　　　D. 报关、报检

答案：ABD。根据我国国际货运代理管理规定，国际货物运输代理企业的经营范围包括国际展品运输代理、国际多式联运、报关、报检等，但私人信函快递业务由国家邮政部门负责。

34. 中国国际货运代理协会的主要业务范围有（　　）。（2005年）
　　A. 协助政府主管部门依法规范国际货运代理企业经营行为
　　B. 开展行业市场调查，编制行业统计
　　C. 组织行业培训及行业发展研究
　　D. 为会员企业提供信息咨询服务

答案：ABCD。根据《中国国际货运代理协会章程》，该协会的主要业务范围有协助政府主管部门依法规范国际货运代理企业经营行为；开展行业市场调查，编制行业统计；组织行业培训及行业发展研究；为会员企业提供信息咨询服务等。

35. 根据我国民航总局的有关规定，国际货运代理企业申请民用航空运输销售代理资格应具备的条件是（　　）。（2006年）
　　A. 申请人必须是注册资本达到一定数额的企业法人
　　B. 必须有至少三名取得国际货运代理资格证书的销售人员
　　C. 必须有固定的独立营业场所
　　D. 必须有必要的电信设备

答案：ACD。根据民航总局《关于移交航空运输销售代理资格认定工作的通知》和《中国航空运输协会章程》的有关规定，申请销售代理资格应当具备以下主要条件：首先，申请人必须是注册资本达到一定数额（一类销售代理150万元，二类销售代理50万元）的企业法人；其次，必须有至少三名取得从业合格证书的销售人员；另外，须拥有固定的独立营业场所和必要的电信设备等。取得国际货运代理资格证书的销售人员并不意味着取得航空运输销售代理从业合格证书。

36. 按照我国《民法通则》的有关规定，代理具有（　　）基本特征。（2007年）
　　A. 代理行为必须是具有法律意义的行为
　　B. 代理人独立进行意思表示
　　C. 以被代理人本人名义实施民事法律行为
　　D. 代理后果直接对被代理人发生效力，由被代理人承担责任

答案：ABCD。代理是指代理人以被代理人名义在代理权限内进行直接对被代理人发生效力的法律行为。代理具有以下四个基本特征：代理行为必须是具有法律意义的行为；代理人独立进行意思表示；以被代理人本人名义为法律行为；直接对被代理人发生效力，由被代理人承受该行为的一切法律后果，包括权利、义务、费用、损害赔偿等。因此，本题的正确答案为ABCD。

37. 国际货运代理人所从事的业务范围非常广泛，通常为接受客户的委托，完成货物运输的某一个环节或与此有关的各个环节的任务，其服务对象有（　　）。（2008年）
　　A. 出口商　　　B. 进口商　　　C. 班轮公司　　　D. 航空公司

答案：ABCD。国际货物运输代理业，是指接受进出口货物收货人、发货人的委托，以委托人的名义或者以自己的名义，为委托人办理国际货物运输及相关业务并收取服务报酬的行业。国际货

运代理的服务对象包括：发货人（出口商）、收货人（进口商）、海关、承运人、班轮公司、航空公司，在物流服务中还包括工、商企业等。

38. 根据 FIATA 货运代理标准交易条件的规定，国际货运代理人可以提供的服务包括办理（　　）。（2009 年）

    A. 货物的储存　　　　　　　　　　B. 货物的运输

    C. 货物的保险　　　　　　　　　　D. 货物的官方申报

答案：ABCD。 根据 FIATA 货运代理标准交易条件的规定，国际货运代理人可以提供的服务包括办理货物的储存，货物的运输，货物的保险，货物的官方申报等。

39. 报检入境废物时必须提供的单证是（　　）。（2003 年）

    A.《入境货物通关单》　　　　　　B. 合同、发票、提单

    C.《进口废物批准证书》　　　　　D.《进口货物报关单》

答案：BC。 根据有我国有关法规的规定，入境报检时，应填写入境货物报检单，并提供合同、发票、提单等有关单证。在报检入境废物时还必须提供国家环保部门签发的《进口废物批准证书》。

40. 海关的任务包括（　　）。（2004 年）

    A. 监管进出境的货物　　　　　　　B. 征税

    C. 查缉走私　　　　　　　　　　　D. 编制海关统计

答案：ABCD。 根据我国海关法的规定，海关的任务包括以上四项内容。

41. 海关签字，并加盖"海关验讫章"的出口报关单可作为（　　）使用。（2005 年）

    A. 出口收汇证明　　　　　　　　　B. 出口退税证明

    C. 出口收汇核销证明　　　　　　　D. 保税加工核销证明

答案：ABD。 海关规章：海关签字，并加盖"海关验讫章"的出口报关单可作为出口收汇证明、出口退税证明、保税加工核销证明。

42. 报关员代表所属企业向海关办理报关业务时，应履行的义务是（　　）。（2006 年）

    A. 熟悉所申报货物的基本情况，提供进出口报关单向海关办理报关手续

    B. 负责在规定的时间内办理缴纳所申报进出口货物的各项税费的手续、海关罚款手续和销案手续

    C. 接受社会各类企业、单位委托办理报关手续

    D. 配合海关对走私违规案件的调查

答案：ABD。 进出口货物收发货人在海关办理注册登记后，可以在中华人民共和国关境内各个口岸地或者海关监管业务集中的地点办理本企业的报关业务，但不能代理其他单位报关。因此，C 项不正确。

43. 根据我国《海关法》中关于一般进出口货物申报地点的规定，在一般情况下（　　）。（2007 年）

    A. 进口货物应当在进境地海关申报

    B. 出口货物应当在出境地海关申报

    C. 进口转关货物应当在设有海关的起运地申报

    D. 出口转关货物应当在设有海关的起运地申报

答案：ABD。 一般情况下，进口货物向进境地海关申报；出口货物向出境地海关申报。进口转关货物应当在设有海关的指运地申报；出口转关货物应当在设有海关的起运地申报。经电缆、管道或其他特殊方式进出境的货物，进出口货物收发货人或其代理人应当定期向指定海关申报。

44. 下列有关通关规则的描述正确的有（　　）。（2009 年）

    A. 进口货物的收货人经海关同意，可以在申报前查看货物或者提取货样

B. 进出口货物的收发货人应当向海关如实申报，交验进出口许可证件和有关单证

C. 实践中，进出口货物都是经过海关实地查验后才能放行，有关当事人应配合海关查验

D. 进出口货物收发货人交清税款或者提供担保后，由海关签印放行

答案：ABD。 根据我国《海关法》规定，对进口货物收货人经海关同意可以看货取样，对法检货物应在检疫合格后提取货样；进出口货物的收发货人应当向海关如实申报，交验进出口许可证件和有关单证；进出口货物收发货人交清税款或者提供担保后，由海关签印放行；

实践中，并不是所有进出口货物都必须经过海关实地查验后才能放行。因此，本题正确答案为A、C和D。

45. 下列（　　）是隐含危险品的物质。（2003 年）

A. INSTRUMENTS　　　　　　B. DIVING EQUIPMENT

C. CAMPING GEAR　　　　　　D. HOUSEHOLD GOODS

答案：ABCD。

INSTRUMENTS　　　　仪器可能含有压力计、气压计、水银开关、温度计等

DIVING EQUPIMENE　　潜水设备：可能含有高强度的灯泡，在空气中使用时，会发出高热，因此为了安全，应将灯泡和电池拆卸后再进行运输；

CAMPING GEAR　　　　野营用具：可能会含有易燃气体、易燃液体、火柴和其他危险品；

HOUSEHOLD GOODS　　家用物品：可能含有有害物质，例如：油漆、气溶胶、漂白粉等；

46. 国际货运代理人在填写海上危险货物托运单时应注明的内容有（　　）。（2005 年）

A. 联合国危险货物编号

B. 危险货物 DANGEROUS CARGO 字样

C. 危险货物的性质和类别

D. 按《国际海运危险货物规则》填写货名

答案：ABCD。 在海上运输危险货物时，国际货运代理人在填写海上危险货物托运单时应注明的内容有联合国危险货物编号；危险货物 DANGEROUS CARGO 字样；危险货物的性质和类别；按《国际海运危险货物规则》填写货名等内容。

47. 下列（　　）是隐含危险品的物质。（2005 年）

A. FRESH APPLES　　　　　　B. CLOTH

C. TOYS　　　　　　　　　　D. HOUSEHOLD GOODS

答案：CD。 TOYS 为玩具，可能由易燃的材料所制；HOUSEHOLD GOODS 为家用物品：可能含有有害物质，例如：油漆、气溶胶、漂白粉等；FRESH APPLES 和 CLOTH 不属于隐含危险品的物质。

48. 涉及国际危险货物运输的相关规则主要有（　　）。（2007 年）

A. DGR　　　　　　　　　　B. IMDG CODE

C. RID　　　　　　　　　　D. ADR

答案：ABCD。 国际海事组织（IMO）制定的《国际海运危险货物规则》（IMDG Code）；国际航空运输协会（IATA）制定的《危险货物规则》（DGR）；欧洲铁路运输中心局（OCTI）制定的《国际铁路运输危险货物技术规则》（RID）；联合国欧洲经济委员会（ECE）制定的《国际公路运输危险货物协定》（ADR）。

49. 根据我国《海运危险货物装箱安全技术要求》的规定，装运危险货物集装箱时要求（　　）。（2008 年）

A. 集装箱内清洁干燥，外观上适合装货

B. 集装箱内未装入不相容的货物

　　C. 集装箱及其包件有正确的标志

　　D. 集装箱内所装每票货物都有危险货物申报单

　　答案：ABCD。 装运危险货物集装箱时要求包括（a）集装箱清洁、干燥，外观上适合装货；（b）集装箱内未装入不相容的货物；（c）所有包件都经过外部破损检查，装入箱内的包件是完好的；（d）所有包件都已恰当地装入集装箱并加以牢固；（e）集装箱及其包件都有正确的标记、标志；（f）对集装箱内所装的每一票货物，已经收到其根据《国际海运危险货物规则》所要求的危险货物申报单。

　　50. 危险品标志的图形符号主要有（　　）。（2009 年）

　　A. 火焰　　　　　B. 三叶形　　　　C. 爆炸的炸弹　　　　D. 气瓶

　　答案：ABCD。 危险品标志的图形符号主要有：爆炸的炸弹（爆炸性）、火焰（易燃性）、骷髅和两根交叉的骨头棒（毒性）、气瓶（非易燃、无毒气体）、三叶形（放射性）、三个新月形沿一个圆圈重叠在一起（感染性）、圆圈上带有火焰（氧化性）、从两个玻璃器皿中流出的液体侵蚀到手和金属上（腐蚀性）、七条垂直的条带（杂类）。

　　51. 货运市场需求的特征有（　　）。（2003 年）

　　A. 派生性　　　　　　　　　　B. 滞后性

　　C. 非储存性　　　　　　　　　D. 个别需求的差异性和整体需求的规律性

　　答案：ABD。 非储存性是货运市场供给的特征，货运市场需求的特征有 ABD 三个方面。

　　52. 服务营销组合因素在有形产品营销组合的基础上又增加了（　　）。（2004 年）

　　A. 分销渠道　　B. 人员　　C. 过程　　D. 有形展示

　　答案：BCD。 服务营销组合因素在有形产品营销组合的基础上又增加了 3 个 P，即人员、过程、有形展示。

　　53. 关于市场营销的概念，以下表述正确的有（　　）。（2005 年）

　　A. 市场营销是一个管理过程　　　B. 市场营销就是推销

　　C. 市场营销的核心是交换　　　　D. 市场营销的目的是实现双赢

　　答案：ACD。 市场营销不同于推销，是一种从现代市场需要出发的管理过程，市场营销的核心是交换，通过买卖双方互利的交换，达到双赢效果。因此，本题正确选择应是 ACD。

　　54. 人员推销的基本形式有（　　）。（2006 年）

　　A. 上门推销　　B. 柜台推销　　C. 会议推销　　D. 寄发广告

　　答案：ABC。 人员推销是指企业利用销售人员推销产品，主要有两种方式：一种是派出揽货人员向客户和潜在客户面对面地介绍本企业的服务；另一种是设立市场业务部，由营业员向客户推销产品，沟通信息。采用人员推销的方式，具有直接、准确和双向沟通的特点。寄发广告属于非人员推销。

　　55. 货运企业是为广大货主提供货物在运输过程中所需各项服务工作的服务性企业，其产品是货运服务。作为服务产品的特征有（　　）。（2007 年）

　　A. 无形性　　B. 差异性　　C. 不可储存性　　D. 可储存性

　　答案：ABC。 作为服务产品有五个特征：无形性、不可分离性、差异性、不可储存性和缺乏所有权。

　　56. 市场营销观念是一种以顾客需要和欲望为导向的经营哲学，它把企业的生产经营活动看作是一个不断满足顾客需要的过程，而不仅是制造或销售某种产品的过程，因此也称为需求中心论，它与推销观念及其他传统的经营思想存在着根本的不同。市场营销观念的核心内容包括（　　）。（2008 年）

　　A. 以市场为中心　　　　　　　B. 以客户的需求为导向

C. 以整体营销为手段　　　　　　D. 以赢利为目的

答案：ABCD。 市场营销观念有四大核心内容，（1）目标营销；（2）顾客导向；（3）协调的整体性营销；（4）赢利能力。企业的一切计划、策略及一切部门都是从目标市场出发，以客户为中心，以满足客户的需要为己任，并通过使客户满足来获得利润。

57. 海运情况下，凭保证书提货后，收货人应（　　）。（2002 年）

    A. 在取得提单后及时交给承运人　　B. 取回保证金

    C. 取回保证书　　　　　　　　　　D. 宣布提单无效

答案：AC。 根据国际航运惯例，在海运情况下，凭保证书提货后，收货人应该在取得提单后及时交给承运人，取回保证书。

58. 班轮运输最基本的特点有（　　）。（2002 年）

    A. 固定航线　　　　　　　　　　　B. 固定港口

    C. 固定使用提单　　　　　　　　　D. 相对固定的运价

    E. 固定船期

答案：ABDE。 班轮运输最基本的特点有：固定航线、固定港口、固定船期、相对固定的运价。由于各个船公司使用的提单是有差异的，所以不可能是固定使用提单。

59. 选择海上货物承运人时，主要考虑的因素包括（　　）。（2002 年）

    A. 运输服务的定期性

    B. 运输速度

    C. 运输费用

    D. 运输的可靠性

    E. 承运人的经营状况和承担责任的能力

答案：ABCDE。 选择海上货物承运人时，主要考虑的因素是能够按合理的费用、在合理的期限，将货物完整无损地运到指定地点，并交给收货人。

60. 在使用提单的正常情况下，收货人要取得提货的权利，必须（　　）。（2002 年）

    A. 将全套提单交回承运人　　　　　B. 将任一份提单交回承运人

    C. 提单必须正确背书　　　　　　　D. 付清应支付的费用

    E. 出具保函

答案：BCD。 根据国际海上货运公约，在使用提单的正常情况下，收货人要取得提货的权利，必须将任一份提单交回承运人；提单必须正确背书；付清应支付的费用。

61. 提单中 Shipper 一栏内通常可以记载（　　）。（2002 年）

    A. 与承运人订立合同的人　　　　　B. 代表他人与承运人订立合同的人

    C. 将货物交给承运人的人　　　　　D. 承运人

    E. 与托运人订立合同的人

答案：ABC。 Shipper 是指委托运输的人，在贸易中通常是合同的卖方，即与承运人订立合同的人；代表他人与承运人订立合同的人；将货物交给承运人的人。

62. 以下哪些是班轮船期表的内容（　　）。（2002 年）

    A. 航线和船名　　　　　　　　　　B. 船舶总吨和净吨

    C. 船舶载箱能力　　　　　　　　　D. 始发港，中途港，终点港

    E. 预计抵港和离港时间

答案：ADE。 船舶总吨和净吨与船舶载箱能力属于船舶规范，通常不列为班轮船期表的内容。

63. 海运"电放"实践中，有关当事人应注意的事项包括（　　）。（2002 年）

    A. 承运人不能交错货　　　　　　B. 指示提单不能安排"电放"

  C. 收货人（买方）能提到货   D. 托运人（卖方）能收到货款

  E. 收货人应履行解除担保的责任

答案：ACD。 指示提单可以安排"电放"；收货人不应履行解除担保的责任。

64. 准确计量货物对货物运输有着非常重要的意义，下列说法中错误的有（ ）。（2003 年）

  A. 货物的量尺体积取货物外形平均长、宽、高的乘积

  B. 货物的准确计量直接决定集装箱货物的运价和运费计算

  C. 货物的重量一般以净重计算

  D. 货物的体积和重量可以通过测量货物的积载因数的方法计算出

答案：ABC。 A 项的错误在于货物的量尺体积应取货物的最大处长、宽、高的乘积，而不是外形平均长、宽、高的乘积；B 项的错误是货物的准确计量并不直接决定集装箱货物的运价和运费计算，只是确定运价和计算运费的基础；C 项的错误在于货物的重量一般以毛重计算，而不是按净重计算。

65. 货主或委托货代到码头堆场提空箱时，通常与堆场业务人员一起对集装箱进行检查。检查的主要内容包括（ ）。（2003 年）

  A. 集装箱外部是否有损伤、变形、破口等异样

  B. 集装箱箱门能否做 270 度开启

  C. 箱内是否清洁

  D. 附件是否齐全

答案：ABCD。 对集装箱的检查通常包括外部检查、内部检查、箱门检查、清洁检查和附属件的检查等项目。

66. 船舶载货清单（M/F）是（ ）。（2003 年）

  A. 根据大副收据或提单编制的全船实际载运货物汇总清单

  B. 根据托运单留底联编制的全船待装货物汇总清单

  C. 船舶报关单证

  D. 办理进口货物手续时海关验放单证

答案：ACD。 B 项根据托运单留底联编制的全船待装货物汇总清单是指装货清单。

67. 关于集装箱装箱单（CLP）的表述，正确的是（ ）。（2003 年）

  A. 货运站缮制   B. 一个集装箱一套装箱单

  C. 处理货损索赔事故原始单证之一   D. 只有拼箱货（LCL）装箱时使用该单证

答案：BC。 集装箱装箱单是详细记载集装箱内货物的名称、数量等内容的单据，每个载货集装箱都要制作这样的单据，它是根据已装进集装箱内的货物制作的。不论是发货人自己装箱，还是集装箱货运站负责装箱，负责装箱人都要制作装箱单。集装箱装箱单又是处理货损索赔事故原始单证之一。所以，答案应为 BC。

68. 航次租船方式可以分为（ ）形式。（2003 年）

  A. 单航次租船   B. 往返航次租船

  C. 航次期租   D. 连续单航次租船

答案：ABD。 航次租船方式可以分为单航次租船、往返航次租船、连续单航次租船和往返连续单航次租船。航次期租是介于航次租船和定期租船之间的租船方式，其费用和风险的划分基本上与定期租船方式相同，不属于航次租船。

69. 在航次租船下，根据我国法律，船方必须履行的义务是（ ）。（2003 年）

  A. 管货义务   B. 适航义务

  C. 不得不合理绕航义务   D. 航行安全义务

答案：BC。根据我国海商法的规定，航次租船合同下，船方必须履行适航和不得不合理绕航的义务。

70. 提单背书一般分为（　　）。（2003 年）

　　A. 记名背书　　　　B. 指示背书　　　　C. 空白背书　　　　D. 任意背书

答案：ABC。提单背书是指指示提单在转让时，转让人在提单的背面写明或者不写明受让人，并签名的手续。提单背书分为记名背书、指示背书和空白背书。

71. 货代企业承办集拼业务必须具备的条件有（　　）。（2003 年）

　　A. 有 CFS 装箱设施和装箱能力

　　B. 与国外卸货港有拆箱分运能力的航运或货运企业有代理关系

　　C. 经批准有权从事集拼业务　　　　D. 能签发自己的抬头提单

答案：ABCD。货代企业承办集拼业务必须具备以上的条件。

72. 下列何种术语不属于集装箱整箱接受、拆箱交付方式（　　）。（2003 年）

　　A. DOOR/CY　　　　　　　　　　B. DOOR/CFS

　　C. TACKLE/CFS　　　　　　　　　D. CY/TACKLE

答案：AB。在四个选择中，都属于集装箱整箱接受方式，而以拆箱交付的方式通常是在货运站进行的，C、D 属于集装箱整箱接受、拆箱交接方式。

73. 以下哪些术语表明在航次租船下，船方不负责货物的卸货费用（　　）。（2003 年）

　　A. 舱内收货条款　　　　　　　　B. 舱内交货条款

　　C. 舱内收交货条款　　　　　　　D. 班轮条款

答案：BC。A 项表明船方不负责装货费用；B 项表明船方不负责卸货费用；C 项表明船方不负责装、卸货费；D 项班轮条款表明船方负责装货和卸货费用。故此题应选择 BC。

74. 提单按收货人一栏内的不同记载，可以分为（　　）。（2003 年）

　　A. 记名提单　　　B. 指示提单　　　C. 不记名提单　　　D. 海运单

答案：ABC。提单按收货人一栏内的不同记载，可以分为记名提单、指示提单、不记名提单。

75. 可以用来表示正本提单第二联的方式有（　　）。（2004 年）

　　A. 2ND ORIGINAL　　　　　　　B. 2ND COPY

　　C. DUPLICATE　　　　　　　　　D. SECOND ORIGINAL

答案：ACD。标注 COPY 字样的为副本提单。

76. 承运人凭保函签发清洁提单所带来的风险有（　　）。（2004 年）

　　A. 承运人不能以保函对抗善意第三人　　B. 承运人可能丧失责任限制的权利

　　C. 船东保赔协会通常不负责给予赔偿　　D. 向托运人追偿也比较困难

答案：ABCD。由于承运人凭保函签发清洁提单给托运人是帮助托运人掩盖或隐瞒货物装船的实际情况，因此承运人将要承担由此而产生的风险，包括以上四个选项。

77. 依据我国海商法的规定，承运人对下列（　　）原因造成的货损不负责任。（2004 年）

　　A. 船舶不适航　　　　　　　　　B. 管货过失

　　C. 航行过失　　　　　　　　　　D. 货物固有缺陷

答案：CD。依据我国海商法的规定，承运人的义务有提供适航船舶和管货的义务，A 和 B 原因造成的货损，承运人要负责。

78. 航次租船合同关于装卸时间的统算主要有（　　）约定方法。（2004 年）

　　A. 装卸共用时间　　　　　　　　B. 可调剂使用装卸时间

　　C. 装卸时间加权计算　　　　　　D. 装卸时间平均计算

答案：ABD。航次租船合同关于装卸时间的统算有三种不同方法，即 ABD。至于选择哪一种统算方式取决于合同的约定。

79. 按照美国海关 AMS 预申报的规定，船公司申报的舱单信息，应当包括的内容有（　　）。（2005 年）

    A. 承运人代码   B. 船舶航次号

    C. 集装箱铅封号   D. 承运人提单号码和货物数量

答案：ABCD。按照美国海关 AMS 预申报的规定，船公司申报的舱单信息，应当包括的内容有 14 项，以上四个选项的内容均在其中。

80. 在国际海上货物运输中，下列（　　）单证通常是收货人向船公司/承运人提出损害赔偿要求的证明材料，也是船公司/承运人处理收货人索赔要求的原始资料和依据。（2005 年）

    A. 过驳清单   B. 装货单   C. 货物溢短单   D. 货物残损单

答案：ACD。除了装货单外，其他三个单证均是在卸货港通常使用的单证，是收货人向船公司/承运人提出损害赔偿要求的证明材料，也是船公司/承运人处理收货人索赔要求的原始资料和依据。

81. 在国际海上货物运输中，场站收据的作用包括（　　）。（2005 年）

    A. 是出口货物报关的凭证之一

    B. 是承运人已收到托运货物并开始对其负责的证明

    C. 是换取海运提单或联运提单的凭证

    D. 是船公司、港口组织装卸、理货和配载的凭证

答案：ABCD。场站收据是海运集装箱运输中最重要的单据之一，它的作用包括以上四个选项的内容。

82. 国际货运代理企业在海运拼箱货的操作中，下列表述正确的有（　　）。（2006 年）

    A. 拼箱货操作一般不能接受指定货（即指定船公司的货物）

    B. 拼箱货操作一般应接受指定货（即指定船公司的货物）

    C. 收到拼箱货时不要核定丈量货物的尺码及重量

    D. 收到拼箱货时要核定丈量货物的尺码及重量

答案：AD。此题型只能有两个选项，拼箱货操作中一般不能接受指定货（即指定船公司的货物），收到拼箱货时要核定丈量货物的尺码及重量，以便计算运费。

83. 在国际海上集装箱运输中，运输危险货物时应使用的单据是（　　）。（2006 年）

    A. 危险货物安全适运申报单   B. 海运危险货物包装容器性能检验结果单

    C. 限重危险货物证明   D. 集装箱装运危险货物装箱证明书（装箱证明）

答案：ABD。在国际海上集装箱运输中，运输危险货物没有限重危险货物证明。

84. 航次租船合同的主要特点包括（　　）。（2006 年）

    A. 船舶出租人配备船员   B. 船舶出租人负责船舶营运

    C. 船舶承租人配备船员   D. 船舶承租人负责船舶营运

答案：AB。航次租船合同的主要特点包括船舶出租人配备船员和负责船舶营运。光船租船合同的特点是船舶承租人配备船员，负责船舶营运。定期租船合同下船舶承租人负责船舶营运。

85. 船舶出租人和承租人签订一份航次租船"订租确认书"，下列（　　）内容一般应包括在订租确认书中。（2006 年）

    A. 装卸港名称   B. 交还船时间和地点

    C. 运费和支付方法   D. 合同范本

答案：ACD。由于是航次租船，不包括交还船时间和地点的规定，通常在定期租船和光船租船合同中规定交还船时间和地点。

86. ICO 第一系列集装箱主要分为 10、20、30、40 英尺四种箱型，其中 20 英尺的箱型包括（　　）。（2007 年）

    A. 1A   B. 1AA   C. 1C   D. 1CC

答案：CD。 目前使用的国际集装箱规格尺寸主要是第一系列的 4 种箱型，即 A 型、B 型、C 型和 D 型，分别代表 40、30、20、10 英尺四种箱型，所以 20 英尺的箱型包括 1C 和 1CC。

87. 通常海运集装箱有三种租赁形式，包括（　　）。（2007 年）

    A. 航次期租   B. 定期租赁   C. 程租   D. 活期租赁

答案：BCD。 通常集装箱有三种租赁形式：即定期租赁、程租和活期租赁。

88. 根据《1993 年航次租船合同装卸时间解释规则》，下列（　　）具有相同的含义。（2007 年）

    A. 工作日   B. 晴天工作日

    C. 24 小时晴天工作日   D. 连续 24 小时晴天工作日

答案：BCD。 根据 1993 年航次租船合同装卸时间解释规则，晴天工作日、24 小时晴天工作日和连续 24 小时晴天工作日三个术语的含义是一致的，即除去天气不良影响船舶装卸任何时间之外的连续 24 小时晴天工作日。

89. 在航次租船下，货物装卸费由船舶出租人还是承租人负责取决于合同的具体规定。下列（　　）表明船舶出租人不负责货物装船费用。（2007 年）

    A. FILO   B. FIOST   C. LIFO   D. LINER TERM

答案：AB。 FILO 指船舶出租人不负责装货费，但负责卸货港的卸货费用；FIOST 指船舶出租人不负担装卸费、平舱费和堆舱费；LIFO 指船舶出租人不负担卸货费，但负责装货费；LINER TERM 是指船舶出租人负担货物的装卸费用的条款。了解各种缩写术语的具体含义，不难发现本题正确答案为 AB。

90. 在国际海上集装箱货物运输中，场站收据的作用包括（　　）。（2008 年）

    A. 是出口货物报关的凭证之一

    B. 是承运人已收到托运货物并开始对其负责的证明

    C. 是换取海运提单或联运提单的凭证

    D. 是船公司、港口组织装卸、理货和配载的凭证

答案：ABCD。 场站收据是海运集装箱运输中最重要的单据之一，它的作用包括以上四个选项的内容。

91. 班轮运输也称定期船运输，是指班轮公司将船舶按事先制定的船期表在特定航线的各挂靠港口之间，经常地为特定的众多货主提供规则的、反复的货物运输服务，并按运价本或协议运价的规定计收运费的一种营运方式。与租船运输相比，班轮运输的特点是（　　）。（2008 年）

    A. 定线、定港、定期和相对稳定的运费费率

    B. 通常由船方负责对货物的装卸，运费中包括装卸费

    C. 船方与货主之间不规定装卸时间

    D. 船方与货主之间规定滞期、速遣条款

答案：ABC。 与租船运输相比，班轮运输的特点包括定线、定港、定期和相对稳定的运费费率，通常由船方负责对货物的装卸，运费中包括装卸费，船方与货主之间不规定装卸时间等。船方与货主之间规定滞期、速遣条款则是租船运输的特点。

92. 下列（　　）条款通常会出现在航次租船订租确认书中。（2008 年）

    A. 运费支付和运费率   B. 租金支付和租金率

    C. 装卸时间和装卸费用   D. 交船/还船地点

答案：AC。航次租船订租确认书中，不包括租金支付以及交还船时间和地点的规定，这些条款通常在定期租船和光船租船合同中做出规定。

93. 在航次租船合同下，下列（　　）费用由船舶出租人承担。（2008 年）

　　A. 船员工资　　　　B. 港口使费　　　　C. 船舶燃料费　　　　D. 船用物料

答案：ABCD。在航次租船合同下，船舶出租人占有和控制船舶，负责船舶的营运调度，配备和管理船员。船舶出租人还负责船舶营运所支付的费用。这些费用包括：船舶资本费用（船舶成本、船舶资本借贷偿还、资本金利息）、固定营运费用（船员工资和伙食、船舶物料、船舶保养费用、船舶保险费用、润滑油、企业事务费用等）和可变营运费用（燃料费、港口使费、引水费、合同规定的装卸费、其他费用）。

94. 国际标准化组织（ISO）第一系列集装箱长度主要分为 10、20、30、40 英尺四种类型，集装箱宽度为 8 英尺类型的包括（　　）。（2009 年）

　　A.1A　　　　　　B.1B　　　　　　C.1C　　　　　　D.1D

答案：ABCD。目前使用的国际集装箱规格尺寸主要是第一系列的 4 种箱型，即 A 型、B 型、C 型和 D 型，其长度分别为 40、30、20、10 英尺，但集装箱宽度是一样的，都是 8 英尺。因此，本题正确答案为 ABCD。

95. 美国海关 AMS 规定适用于（　　）的货物运输。（2009 年）

　　A. 从中国海运出口到美国　　　　　　　B. 从美国海运出口到中国

　　C. 从中国海运出口途经美国到加拿大　　D. 从美国海运出口途经加拿大到中国

答案：AC。美国海关"自动舱单系统"适用于所有途经美国的货物，不论该货物是进口货物还是途经货物，要求船公司或者无船承运人在装港装货前 24 小时，而不是在最后装货港，将舱单在装船前用电子数据递交给美国海关，由其在货物装船前预先评价用海运集装箱走私武器的风险。

96. 航次租船合同中通常就装卸时间是分别计算还是统算的方法做出具体规定，不同的方法有着不同的含义和不同的结果。下列（　　）表明装卸时间要统算。（2009 年）

　　A. 平均方法计算　　　　　　　　　　B. 可调剂方法计算

　　C. 装卸共用时间　　　　　　　　　　D. 加权方法计算

答案：ABC。航次租船合同中关于装卸时间统算的方法通常包括平均方法计算；可调剂方法计算；装卸共用时间。

97. 受载期是船舶在租船合同规定的日期内到达约定的装货港，并做好装货准备的期限。如果航次租船合同规定受载期为 11 月 1 日至 11 月 5 日，船舶可以在下列（　　）期间抵达约定的装货港，并做好准备。（2009 年）

　　A.10 月 30 日　　　　　　　　　　　B.11 月 3 日

　　C.11 月 5 日　　　　　　　　　　　　D.11 月 6 日

答案：ABC。受载期是船舶在租船合同规定的日期内到达约定的装货港，并做好装货准备的期限，只要船舶在受载期中或之前抵达均可。

98.《海牙规则》规定承运人可以免责的事项包括（　　）。（2010 年）

　　A. 海盗行为　　　　　　　　　　　　B. 战争行为

　　C. 管理货物疏忽或过失　　　　　　　D. 航行或管理船舶中疏忽或过失

答案：ABD。《海牙规则》实行的是不完全过失责任制。关于承运人免责的规定共有十七项，包括两类：一是过失免责，一是无过失免责。海盗、战争和航行或管船中疏忽引起的货损可以免责。《海牙规则》第 5 条第 2 款规定，承运人应妥善和谨慎地装载、操作、配载、运送、保管、照料与卸载。亦即在海运全过程中对货物要妥善管理，是承运人的义务。因此，管货过失不能免责。

99. 根据对货物外表状况有无不良批注为标准，海运提单可以分为（　　）。（2010 年）

A. 空白提单　　　B. 清洁提单　　　C. 批注提单　　　D. 不清洁提单

答案：BD。 提单按对货物外表状况有无批注为标准分为清洁提单和不清洁提单。清洁提单（Clean B/L）指没有任何有关货物残损，包装不良或其他有碍于结汇的批注的提单。不清洁提单（Unclean B/L or Foul B/L）指承运人在提单上加注有货物及包装状况不良或存在缺陷，如水湿、油渍、污损、锈蚀等批注的提单。

100. 在泊位租船合同下，船舶出租人起算装卸时间，船舶必须是一艘抵达泊位的船舶，如果船舶没有抵达合同指定的泊位，不论船舶离此泊位有多近，均不算抵达指定的地点，因此也不能起算装卸时间。在这种情况下，泊位拥挤、天气不良、航道堵塞使船舶不能靠上泊位的时间损失风险是由船舶出租人承担的。为解决这一问题，在航次租船合同中，通常订有（　　）等规定。（2010 年）

A. 无论船舶靠泊与否　　　　　　　B. 到达即可靠泊
C. 等泊损失时间计入装卸时间　　　D. 滞期连续计算

答案：ABC。 在泊位租约当中，船舶要想起算装卸时间必须是一艘抵达泊位的船舶，此时港口拥挤的风险是由船舶出租人承担的，为了解决这一问题，在租船合同中，通常订有无论船舶靠泊与否、到达即可靠泊、等泊损失时间计入装卸时间等条款。

101. 运价本是船公司承运货物向托运人据以收取运费的费率表的汇总，其主要由（　　）等部分组成。（2010 年）

A. 条款和规定　　B. 费率　　　　C. 船舶规范　　　D. 商品分类

答案：ABD。 运价本（Tariff），也称费率本或运价表，是船公司承运货物向托运人据以收取运费的费率表的汇总，运价本主要由条款和规定、商品分类和费率三部分组成。

102. 托运人在航空货物发运后，可以对货运单上除（　　）外的其他各项做变动。（2002 年）

A. 运价　　　　B. 航空运费　　　C. 声明价值　　　D. 保险金额

答案：CD。 根据国际航空货运惯例，托运人在航空货物发运后，可以对货运单上除声明价值和保险金额外的其他各项做变动，托运人要求变更时，应出示货运单正本并保证支付由此产生的费用。对货运单各种修改应在剩余各联同时进行，修改后的内容应尽可能靠近原内容，并注明修改企业的 IATA 代号和修改地机场或城市代号。

103. 航空货运代理公司在接受货物时出现下列哪些问题，可以向航空公司申请开具商务事故证明（　　）。（2002 年）

A. 纸箱开裂　　　　　　　　　　　B. 木箱上防震、防倒置标志泛红
C. 无包装货物金属管折弯　　　　　D. 木箱完好，内部机器无法使用

答案：ABC。 在航空货运业务中，货代公司请航空公司开具商务事故证明的通常有：包装货物受损、裸装货物受损、木箱或精密仪器上防震、防倒置标志泛红；货物件数短缺。而本题中的 D，属于货物内损，只有在收货人提取后或者交海关时才能发现。

104. 在航空货运中，下列哪些商品是隐含危险品的物质（　　）。（2002 年）

A. FRESH VEGETABLES　　　　　B. HOUSEHOLD GOODS
C. MACHINERY PARTS　　　　　　D. PHOTOGRAPHIC SUPPLIES

答案：BCD。 某些危险品，名称上虽然看不出是危险品，但实际上是有危险的，如电器开关，可能含有水银；冷冻水果、蔬菜，可能含有干冰。所以此类物品属于隐含危险品物质。

105. 在航空货运中，下面哪些货物可以混运（　　）。（2002 年）

A. 塑料玩具　　B. 活动物　　　C. 衣服　　　　D. 金表

答案：AC。 在航空运输中，混运的货物中不得包括下列物品：贵重货物；尸体、骨灰；外交信袋；作为货物运送的行李；机动车辆。

106. 在航空货运中，下面哪些货物必须预订舱位（　　）。（2002 年）

A. 活螃蟹　　　　B. 活鹦鹉　　　　C. 皮鞋　　　　D. 打火机

答案：ABD。货物订舱需根据发货人的要求和货物标识的特点而定。一般来说，紧急物资、鲜活易腐物品、危险品、贵重物品等，必须预订舱位。

107. 经常用航空快递的方式运输的货物有（　　　）。（2003 年）

A. 投标书　　　　B. 合同　　　　C. 海鲜　　　　D. 提单

答案：ABD。海鲜不适用航空快递方式。

108. 以下（　　　）是世界性的快递公司。（2003 年）

A. TNT　　　　B. UPS　　　　C. DHL　　　　D. FedEx

答案：ABCD。以上四家公司都是从事跨国的航空快递业务，因此都是世界性的快递公司。

109. 在航空运输中，需要事先订妥全程吨位的货物有（　　　）。（2003 年）

A. 蛋白石　　　　B. 服装　　　　C. 黑猩猩　　　　D. 易腐货物

答案：ACD。根据航空货物运输要求，特种货物运输需要事先订妥全程吨位，在四个选项中只有服装不是特种货物。

110. 每个活动物容器上至少贴（　　　）标签。（2003 年）

A. 活动物标签　　　　　　　　　B. 危险品标签
C. 不可倒置标签　　　　　　　　D. 有毒标签

答案：AC。每个活动物容器上至少贴活动物标签和不可倒置标签，而只有有毒动物需要贴有毒标签，危险品才贴危险品标签。

111. 下面的货物属于航空运输当中的贵重货物有（　　　）。（2003 年）

A. 股票　　　　B. 金表　　　　C. 人工养殖珍珠　　　D. 公司文件

答案：ABC。国际航协规定的贵重货物种类不包括公司文件，其他三种都包括。

112. 下列（　　　）货物不得以集中托运形式运输。（2003 年）

A. 贵重物品　　　B. 活动物　　　C. 尸体、骨灰　　　D. 外交信袋

答案：ABCD。根据国际航协规定，特种货物不得以集中托运形式运输，以上四种货物都属于特种货物。

113. 对于航空货物是液体类的包装要遵循以下原则（　　　）。（2003 年）

A. 容器内至少有 5％～10％的空隙　　B. 封盖严密
C. 每一容器的容量不得超过 500 毫升　D. 每件重量不超过 25 公斤

答案：ABC。对于航空货物是液体类的包装没有对单件货物的重量作特殊要求。

114. 航空集装器包括（　　　）。（2003 年）

A. 集装板和网套　　　　　　　　B. 结构集装棚
C. 非结构集装棚　　　　　　　　D. 集装箱

答案：ABCD。航空集装器按种类可划分为：集装板和网套；结构与非结构集装棚；集装箱。

115. 下列城市属于 IATA 三个航空运输业务区中的 TC3 区的有（　　　）。（2004 年）

A. 伦敦　　　　B. 开罗　　　　C. 大阪　　　　D. 釜山

答案：CD。TC3 区包括亚洲（除中东包括的亚洲部分国家）、大洋洲及太平洋岛屿的广大地区。因此，伦敦和开罗不在 TC3 区范围之内，而在 TC2 区。

116. 相对于其他交通运输方式，以下属于航空货运的优势有（　　　）。（2004 年）

A. 快速　　　　B. 破损率低　　　C. 载重少　　　D. 运价高

答案：AB。相比较其他运输方式，快速和破损率低是航空货运的优势，载重少和运价高不是航空货运的优势。

117. 下列（　　　）城市属于 IATA 三个航空运输业务区中 TC3 区。（2005 年）

  A. 新德里   B. 开罗   C. 惠灵顿   D. 釜山

答案：ACD。TC3 区包括亚洲（除中东包括的亚洲部分国家）、大洋洲及太平洋岛屿的广大地区。A 为印度的首都，B 为埃及的首都，C 为新西兰的首都，D 为韩国的港口城市。B 开罗在非洲，因此，B 开罗不在 TC3 区范围之内。

118. 在国际航空运输当中，某货运代理人从不同货主处接收了下列货物，其中可以拼装成一票货进行运输的货物是（ ）。（2006 年）

  A. 工业钻石   B. 普通电器元件

  C. 运动鞋   D. 大使馆的邮件

答案：BC。对于拼装成一票货进行运输，不得包含下列物品：贵重货物、动物、尸体、骨灰、外交信袋、作为货物运送的行李。

119. 国际航空集装器代号由通常由前面 3 个字母、中间 4 位数字和后面 2 个字母组成。有关它们的说明的正确表述是（ ）（2006 年）

  A. 前 3 个字母依次表示集装器的类型、底板尺寸、外形或适配性

  B. 中间 4 位数字表示集装器的序号

  C. 最后 2 个字母表示集装器所属的所有人、注册人

  D. 最后 2 个字母表示集装器的生产方

答案：ABC。集装器代号的组成包括前面 3 个字母、中间 4 位数字和后面 2 个字母，第一个字母表示集装器的类型，第二个字母表示底板尺寸，第三个字母表示外形或适配住，第 4, 5, 6, 7 数字表示序号，第 8, 9 字母表示所有人、注册人。

120. 在航空货物运输中，下列（ ）属于可能隐含危险品的物质。（2007 年）

  A. 医疗用品   B. 野营用具   C. 奶酪   D. 冷冻胚胎

答案：ABD。在航空运输中，有些货物在名称上虽看不出危险品，但实际上是具有危险性的危险货物。如电器开关，其中可能含有水银；冷冻水果、蔬菜，其中可能含有干冰。医疗用品可能含有危险性的化学物品；野营用具可能会含有易燃气体、易燃液体、火柴和其他危险品；冷冻胚胎可能含有液氮。

121. 在国际航空货物运输中，下列有关鲜活易腐货物运输方面的说明，正确的是（ ）。（2007 年）

  A. 托运人应提交书面的运输注意事项和允许的最长运输时间

  B. 每件重量以不超过 25 千克为宜

  C. 为减少货物在仓库存放时间，托运人或收货人可直接到机场办理交运和提取手续

  D. 货运单品名栏应注明"PERISHABLE"字样，并应注明已订妥的各航段航班号和日期

答案：ABCD。在国际航空货物运输中，以上四个选项都是鲜活易腐货物的收运条件。

122. 托运人在航空货物发运后，可以对货运单上（ ）做变动。（2008 年）

  A. 运费到付改为运费预付   B. 收货人和目的站

  C. 声明价值   D. 保险金额

答案：AB。托运人在货物发运后，可以对货运单上除声明价值和保险金额外的其他各项做变动，托运人要求变更时，应出示货运单正本并保证支付由此产生的费用，托运人的要求，在收货人还未提货或还未要求索取货运单和货物，或者拒绝提货的前提下应予以满足。托运人的要求不应损害承运人及其他托运人的利益，当托运人的要求难以做到时应及时告之。

123. 某国际航空货物运单上的"Rate Class"一栏印有"N"，说明（ ）。（2008 年）

  A. 该票货物的计费重量达到 45 公斤 B. 该票货物的计费重量没有达到 45 公斤

  C. 该票货物采用最低运费   D. 该票货物没有采用较高重量点的运价

答案：BD。 一般地，普通货物运价根据货物重量不同，分为若干个重量等级分界点运价。例如，"N"表示标准普通货物运价（Normal General Cargo Rate），指的是 45 公斤以下的普通货物运价（如无 45 公斤以下运价时，N 表示 100 公斤以下普通货物运价）。同时，普通货物运价还公布有"Q45"、"Q100"、"Q300"等不同重量等级分界点的运价。这里"Q45"表示 45 公斤以上（包括 45 公斤）普通货物的运价，依此类推。对于 45 公斤以上的不同重量分界点的普通货物运价均用"Q"表示。

124. 在国际航空货物运输中，装运货物时应考虑到飞机本身的装载限制。这些限制因素包括（　　）。（2009 年）

  A. 最大重量限额   B. 机舱容积限制

  C. 舱门限制   D. 地板承受力限额

答案：ABCD。 在国际航空货物运输中，装运货物时应考虑到飞机本身的装载限制。这些限制因素包括上述 ABCD。

125. 在国际航空货物运输中，一票货物中包含有不同物品称为混运货物。下列（　　）不得作为混运货物运输。（2009 年）

  A. 贵重货物   B. 儿童读物   C. 外交信袋   D. 服装

答案：AC。 对于拼装成一票货进行运输，不得包含下列物品：贵重货物、动物、尸体、骨灰、外交信袋、作为货物运送的行李。

126. 下列国家中属于 IATA 三个航空运输业务区中的 TC2 区的有（　　）。（2010 年）

  A. 法国   B. 荷兰   C. 埃及   D. 南非

答案：ABCD。 为保证国际航行的安全，各国运输企业在技术规范、航行程序、操作规则上必须统一，同时为了便于航空公司间的合作和业务联系，国际航协（IATA）将世界划分为三个航空运输业务区。TC2 区东临 TC3 区，西接 TC1 区，北起北冰洋诸岛，南至南极洲，包括欧洲、非洲、中东及附近岛屿。法国和荷兰为欧洲国家，埃及和南非为非洲国家，属于 TC2 区。

127. 下列有关国际航空货运单的表述正确的有（　　）。（2010 年）

  A. 航空货运单遗失，不影响运输合同的效力

  B. 航空货运单的遗失，影响运输合同的效力

  C. 航空货运单是运输合同的证明

  D. 航空货运单是运输合同

答案：AC。 航空货运单是由托运人或者以托运人的名义填制，是托运人和承运人之间在承运人的航线上运输货物所订立的运输契约证明。承运人有权要求托运人填写航空货运单，托运人有权要求承运人接受该航空货运单。托运人未能出示航空货运单，航空货运单不符合规定或有航空货运单遗失，不影响运输合同的存在或者有效。

128. 国际多式联运经营人在集装箱货运站收货后并签发提单，意味着（　　）。（2003 年）

  A. 发货人应自行负责货物报关   B. 多式联运经营人负责货物报关

  C. 发货人负责联系海关监装及加封   D. 多式联运经营人负责制作装箱单

答案：AD。 国际多式联运经营人在集装箱货运站收货后并签发提单，说明货物是由多式联运经营人负责装箱，自然由其制作装箱单，并由其负责联系海关监装及加封。作为发货人应自行负责货物的报关。因此，应选 AD。

129. 以下哪些运输组织方式属于多式联运方式（　　）。（2003 年）

  A. SLB   B. OCP   C. MLB   D. IPI

答案：ACD。 OCP 不是多式联运方式。

130. 目前，国际多式联运单证可以分为以下哪些种类（　　）。（2003 年）

    A. Port to Port B/L   B. FBL

    C. Multidoc   D. ComBined transport B/L

答案：BCD。 A 项为港至港的海运提单，不属于国际多式联运单证。

131. 根据国际多式联运公约，多式联运单据的签字形式，如不违背所在国法律，可以是（　　）。（2004 年）

    A. 手签   B. 盖章

    C. 符号   D. 机械或电子仪器打出

答案：ABCD。 根据国际多式联运公约，多式联运单据的签字形式，如不违背所在国法律，可以是以上四个选项中的任何一项。

132. 国际多式联运的优点主要表现在（　　）。（2005 年）

    A. 无货损   B. 降低运输成本，节约运杂费用

    C. 安全迅速   D. 手续简便、提早结汇

答案：BCD。 国际多式联运的优点主要表现在降低运输成本，节约运杂费用；安全迅速；手续简便、提早结汇等方面。国际多式联运并不能确保货物在运输当中无货损，因此 A 自然不是国际多式联运的优点。

133.《联合国国际货物多式联运公约》规定的多式联运经营人对货物灭失、损坏的责任限额是（　　）。（2005 年）

    A. 国际货物多式联运如包括水运在内，每件货物为 920SDR

    B. 国际货物多式联运如包括水运在内，按货物毛重每公斤 2.75SDR

    C. 国际货物多式联运如不包括水运在内，赔偿限额为货物毛重每公斤 8.33SDR

    D. 国际货物多式联运如不包括水运在内，每件货物为 920SDR

答案：ABC。《联合国国际货物多式联运公约》规定的多式联运经营人对货物灭失、损坏的责任限额分为包括水运和不包括水运两种方式。如包括水运在内，每件货物为 920SDR 或者按货物毛重每公斤 2.75SDR；如不包括水运在内，赔偿限额为货物毛重每公斤 8.33SDR。

134. 关于海运提单、航空运单、铁路运单、多式联运单据的表述正确的是（　　）。（2006 年）

    A. 它们都是运输合同的证明   B. 它们都是物权凭证

    C. 它们都是收货凭证   D. 它们都可以流通转让

答案：AC。 此题需要掌握这些单证的性质和作用，找出它们的相同点。航空运单不是物权凭证，所以不能选择 B 项。航空运单和铁路运单都不能流通转让，所以也不能选择 D 项。

135. 国际多式联运的优点主要表现在（　　）。（2008 年）

    A. 无货损   B. 降低运输成本，节约运杂费用

    C. 安全迅速   D. 手续简便、提早结汇

答案：BCD。 国际多式联运的优点主要表现在降低运输成本，节约运杂费用；安全迅速；手续简便、提早结汇等方面。国际多式联运并不能确保货物在运输当中无货损，因此 A 自然不是国际多式联运的优点。

136. 下列关于调整国际多式联运当事人权利义务关系方面比较有影响的国际规则中，（　　）作为民间规则，其适用不具有强制性，需由当事人在多式联运合同中自愿采纳。（2009 年）

    A.《联合运输单证统一规则》   B.《联合国国际货物多式联运公约》

    C.《多式联运单证规则》   D.《国际铁路货运公约》

答案：AC。《联合运输单证统一规则》由国际商会于 1973 年制订，1975 年修订的最早的国际多式联运规则。1991 年联合国贸易和发展会议/国际商会共同制定了 1991 年《多式联运单证规则》，这两个规则属于民间规则，其适用不具有强制性，需由当事人在多式联运合同中自愿采纳。

137. 公路运输中的特种货物运输包括（   ）运输。（2003 年）

    A. 集装箱货物   B. 危险货物

    C. 大笨重货物   D. 鲜活易腐货物

答案：BCD。特种货物运输是指被运输货物本身的性质特殊，在装卸、储存、运送过程中有特殊的要求，以保证货物完整无损及安全性。这种运输分为大笨重货物运输、贵重货物运输、鲜活易腐货物运输和危险货物运输四种，不包括集装箱货物运输。因此，应选 BCD。

138. 我国通往邻国的铁路干线的货物需要在国境站换装后，才能运送到国外的铁路线是（   ）。（2003 年）

    A. 滨洲线   B. 梅集线   C. 集二线   D. 北疆线

答案：ACD。除了梅集线以外，其他的三种铁路干线因为两国的铁路轨距不同，货物需要在国境站换装后，才能运送到国外的铁路线。

139. 按《国际货协》的规定，发货人在托运（   ）时应申明价格。（2003 年）

    A. 图书   B. 艺术制品   C. 古董   D. 雕像

答案：BCD。根据《国际货协》的规定，发货人在托运金、银、白金及其制品，艺术制品，宝石，古董，雕像等货物时应申明价格。

140. 以下哪些国际铁路联运规则适用于铁路和发收货人（   ）。（2003 年）

    A. 国际货协   B. 统一货价

    C. 货协细则   D. 国境铁路协定

答案：ABD。货协细则只适用于铁路的工作人员和铁路之间的关系。

141. 公路运输中哪些货物发货人必须派人押运（   ）。（2003 年）

    A. 文物   B. 尖端精密产品

    C. 稀有珍贵物品   D. 危险货物

答案：ABC。公路运输中对于文物、尖端精密产品、稀有珍贵物品等货物发货人必须派人押运。而对于危险品货物，由承运人与发货人双方根据实际情况确定是否派人押运。

142. 哪些货物在国际铁路货物运输中只限按整车办理，不得按零担运送（   ）。（2003 年）

    A. 冷藏货   B. 蜂蜜

    C. 装于容器的活动物   D. 不易计算件数的货物

答案：ABD。国际铁路货物运输中只限按整车办理，不得按零担运送的货物不包括装于容器的活动物，如果是未装于容器的活动物则包括在内。

143. 根据运输组织分类，汽车货物运输可分为（   ）。（2004 年）

    A. 拖挂货运   B. 包车货运   C. 集装化运输   D. 包装货运

答案：ABC。对于汽车货物运输的类别有各种分类方法，如按地域范围分类、按货物性质分类、按货物包装情况分类、按运输组织分类等。ABC 属于运输组织分类，而包装货运属于按货物包装情况分类。

144. 下列关于《国际货协》运单，表述正确的是（   ）。（2007 年）

    A. 运单正本是运输合同

    B. 运行报单是各承运人间交接、划分责任的证明

    C. 运单副本是承运人接收货的证明

    D. 货物交付单是承运人合同履行的证明

答案：BCD。运单正本是运输合同凭证，而不是运输合同。

145. 下述关于国际铁路货物联运正确的表述是（   ）。（2007 年）

    A. 在由一国铁路向另一国铁路移交货物时需要发货人与收货人参与

B. 由铁路部门负责从托运人接货到向收货人交货的全过程运输

C. 经过两个或两个以上国家的铁路运输

D. 在整个联运过程中使用一份国际联运运单

答案：BCD。国际铁路货物联运是指使用一份统一的国际铁路联运票据，在跨及两个及两个以上国家铁路的货物运送中，由参加国铁路负责办理两个或两个以上国家铁路全程运送货物过程，由托运人支付全程运输费用的铁路货物运输组织形式。在由一国铁路向另一国铁路移交货物时，由参与承办国际铁路联运的铁路方安排完成，不需要发货人与收货人参与。

146. 公路货物过境运输的组织形式、管理模式、使用的运输单证、具体操作方法等应根据双边或多边汽车运输协定的规定执行。我国公路货物过境运输的运作具有以下特点（   ）。（2008 年）

A. 实行经营许可证制度

B. 实行行车许可证制度

C. 应当使用《国际公路货物运单》

D. 必须遵守有关的国际公约、货物途经国家的法律规定以及国际惯例

答案：ABCD。我国公路货物过境运输的运作的特点包括以上四个选项。

147. 国际公路运单具有（   ）功能。（2009 年）

A. 货物收据　　　　　　　　　　B. 物权凭证

C. 运输合同证明　　　　　　　　D. 流通性

答案：AC。国际公路运单属于《UCP600》规定的公路、铁路或内河运单的范畴，它仅具有运输合同证明和货物收据的功能，不具有物权凭证的功能，不具有流通性。

148. 道路大件货物运输具有（   ）等特点。（2010 年）

A. 运输对象特殊　　　　　　　　B. 运输工具特殊

C. 实施分类经营许可制度　　　　D. 实行预先审批与通行证制度

答案：ABCD。现代意义上的大件货运，是指使用非常规车辆运载超重、超长、超宽、超高等特殊规格大型物件的道路汽车运输。大件货物运输具有不同于一般货物运输的特点。以上都是。

149. 铁路阔大货物通常包括（   ）。（2010 年）

A. 超限货物　　　B. 超长货物　　　C. 超重货物　　　D. 集重货物

答案：ABCD。随着国民经济的发展，经由铁路运输的大型设备、重型机械逐年增多。这些货物的特点是、长、大、笨、重，铁路把这些超限、超重、超长、集重的货物统称为"阔大货物"。

150. 以下要素中，处于物流主要功能要素地位的是（   ）。（2002 年）

A. 装卸搬运　　　B. 运输　　　C. 流通加工　　　D. 配送　　　E. 仓储

答案：BE。物流系统中最有实用价值的是物流系统的功能要素。在上述五种功能要素中，运输和仓储分别解决了供给者与需要者之间场所和时间的分离，分别是物流创造"场所效用"及"时间效用"的主要功能要素，因而在物流系统中处于主要功能要素的地位。

151. 现代物流发展的趋势包括（   ）。（2002 年）

A. 系统化　　　　　　　　　　　B. 信息化

C. 社会化和专业化　　　　　　　D. 现代化与综合体系化

答案：ABCD。现代物流发展的趋势包括：系统化，即提出了物流系统化或者总体物流管理的概念，并加以实施；信息化，即当前物流业正向高科技、现代化和信息化发展；社会化和专业化，即物流中心、批发中心、配送中心的社会化趋势，随着市场经济的发展，专业化分工越来越细；现代化与综合体系化，即商流、物流、信息流的一体化趋势已经逐步显现。

152. 按照仓储在社会中的作用分类，可以分为（   ）。（2002 年）

A. 通用仓库　　　　　　　　　　B. 生产储存仓库

　　　　C. 流通储存仓库　　　　　　　　　　D. 国家储备仓库

　　答案：BCD。按照仓储在社会中的作用分类，可以分为生产储存仓库、流通储存仓库、国家储备仓库。而通用仓库是在按仓库存储商品的性能分类时才形成的。

153. 以下属于物流系统目标的是（　　）。（2002年）

　　　　A. 加大货物流量　B. 准时供货　　　　C. 降低成本　　　　　　D. 合理库存

　　答案：BCD。物流系统目标，也就是建立的物流系统所具备的能力，一般有五个方面：（1）服务目标；（2）快速、及时目标；（3）节约目标；（4）规模化目标；（5）库存调节目标。

154. 仓储收入由哪几部分构成（　　）。（2002年）

　　　　A. 装卸费　　　　　　　　　　　　　B. 仓租费

　　　　C. 分捡、包装、整理等费用　　　　　D. 集装箱作业费

　　答案：ABCD。仓储收入构成主要有：货物进出库装卸费；货物存储的仓租费；货物进行挑选、分捡、整理、包装等费用；集装箱作业费；铁路专用线或码头费。

155. 第三方物流服务要为客户提供（　　）。（2002年）

　　　　A. 物流合理化设计　　　　　　　　　B. 降低物流成本

　　　　C. 可靠的质量保证　　　　　　　　　D. 可靠的时间保证

　　答案：ABCD。第三方物流企业必须以有吸引力的服务来满足客户，并且这些服务必须符合客户对第三方物流业的期望。

156. 海关对保税货物的监管包括（　　）。（2002年）

　　　　A. 货物存放　　　　　　　　　　　　B. 货物加工

　　　　C. 货物的使用　　　　　　　　　　　D. 货损的处理

　　　　E. 货物的检查

　　答案：ABCDE。其根据为1988年10月公布的《中华人民共和国海关的保税仓库及所存货物管理办法》。

157. 保税仓库的类型包括（　　）。（2002年）

　　　　A. 公共保税仓库　　　　　　　　　　B. 专用保税仓库

　　　　C. 保税工厂自备仓库　　　　　　　　D. 海关监管仓库

　　答案：ABD。根据国际上的通行做法及我国保税仓库允许存放货物的范围，我国目前保税仓库分为公共保税仓库、专用保税仓库和海关监管仓库。

158. 以下活动中，属于物流活动的有（　　）。（2003年）

　　　　A. 装卸搬运　　B. 运输　　　　C. 情报信息　　　　D. 仓储

　　答案：ABCD。物流活动包括运输、仓储、配送、流通加工、装卸搬运、包装和情报信息等活动。

159. 物流信息的特性主要是（　　）。（2003年）

　　　　A. 可得性　　　　B. 精确性　　　C. 及时性和灵活性　　D. 形式化

　　答案：ABCD。以上都是物流信息的特性。

160. 现代物流的发展趋势包括（　　）。（2003年）

　　　　A. 一体化　　　　B. 社会化　　　C. 标准化　　　　　　D. 信息化和网络化

　　答案：ABCD。以上都是现代物流的发展趋势。

161. 企业外部物流信息系统设计遵循的原则有（　　）。（2003年）

　　　　A. 安全性原则　　　　　　　　　　　B. 信息兼容性原则

　　　　C. 系统管理的原则　　　　　　　　　D. 经济合理的原则

　　答案：ABCD。企业外部物流信息系统设计遵循的原则有安全性原则、信息兼容性原则、系统

管理的原则和经济合理的原则。

162. 在物流仓储管理中，制定存储费率的依据主要包括（　　）。（2004 年）

    A. 货物保管的难易程度　　　　　　　　B. 货物价值

    C. 货物的包装　　　　　　　　　　　　D. 货物进出库场作业方式

  答案：ABD。在物流仓储管理中，制定存储费率的依据主要根据货物保管的难易程度、货物价值以及货物进出库场作业方式等制定，与货物的包装无多大关系。

163. 物流信息系统的主要功能为（　　）。（2004 年）

    A. 信息收集　　　B. 信息处理　　　C. 信息传输　　　D. 信息利用

  答案：ABCD。物流信息系统是实现物流信息功能的硬件系统，同时系统本身具有系统运行的软硬件子系统。物流信息系统的主要功能为信息收集、处理、传输和利用。

164. 根据我国 2003 年发布的《中华人民共和国海关对保税仓库及所存货物的管理规定》中第五条的规定，下列哪些货物经海关批准可以存入保税仓库（　　）。（2005 年）

    A. 加工贸易进口货物

    B. 转口货物

    C. 供应国际航行船舶和航空器的油料、物料和维修用零部件

    D. 未办结海关手续的一般贸易货物

  答案：ABCD。以上四个选项中的货物，根据《中华人民共和国海关对保税仓库及所存货物的管理规定》，经海关批准可以存入保税仓库。

165. 通过物流外包，外包企业可获得的利益有（　　）。（2005 年）

    A. 企业可以获得自己组织物流活动所不能得到的服务或物流服务所需要的生产要素

    B. 企业可将固定成本转变成可变成本，又可避免盲目投资而将资金用于其他活动，从而降低成本

    C. 可使公司的资源集中于公司核心业务中，同时也可获益于其他公司的核心经营能力

    D. 能产生战略利益

  答案：ABCD。通过物流外包，外包企业可获得的利益包括以上四项内容。

166. 根据《海关对保税仓库及所存货物的管理办法》规定，保税仓库允许存放的货物有（　　）（2006 年）

    A. 转口货物　　　　　　　　　　　B. 供维修外国产品所进口寄售的零配件

    C. 未办结海关手续的一般贸易货物　　D. 针对外资企业使用的进口货物

  答案：ABC。回答此问题，要看有关规定。根据根据我国 2003 年发布的《中华人民共和国海关对保税仓库及所存货物的管理规定》中第五条的规定，经海关批准可以存入保税仓库的货物包括（1）加工贸易进口货物；（2）转口货物；（3）供应国际航行船舶和航空器的油料、物料和维修用零部件；（4）供维修外国产品所进口寄售的零配件；（5）外商暂存货物；（6）未办结海关手续的一般贸易货物；（7）经海关批准的其他未办结海关手续的货物。

167. 在货物入库验收过程中，发现货物有问题时，仓库对此正确的处理方法是（　　）。（2006 年）

    A. 及时通知货主　　　　　　　　　　B. 不做处理，直接入库

    C. 获得送货人确认签字　　　　　　　D. 与送货人共同检查货物

  答案：ACD。很明显不做处理，直接入库肯定不对。其他三项则是仓库对此的正确处理方法。

168. 包装在物流运输环节中的基本功能有（　　）。（2006 年）

    A. 增加价值　　　B. 保护货物　　　C. 便利储存运输　　　D. 美观

  答案：BC。包装的基本功能就是保护货物和便利储存运输。

169. 仓储的作用主要有（　　）。（2007 年）

A. 为加速商品周转、加快流通起着保证作用

B. 具有调节商品价格的作用

C. 可以直接起到调节运输工具载运能力不平衡的作用

D. 是缩短商品流通时间、节约流通费用的重要手段

答案：ABCD。 仓储的作用主要有为加速商品周转、加快流通起着保证作用；具有调节商品价格的作用；可以直接起到调节运输工具载运能力不平衡的作用；是缩短商品流通时间、节约流通费用的重要手段。

170. 下列有关仓单的描述正确的是（　　）。（2008 年）

A. 仓单可以背书转让 　　　　B. 仓单不可以背书转让

C. 仓单是物权凭证 　　　　　D. 仓单不是物权凭证

答案：AC。 我国《合同法》第三百八十七条规定仓单是提取仓储物的凭证。存货人或者仓单持有人在仓单上背书并经保管人签字或者盖章的，可以转让提取仓储物的权利。从我国《合同法》该条的表述看，仓单应当可以作为物权凭证使用，且经过背书可以转让。

171. 供应链具有以下（　　）的特征。

A. 复杂性 　　　　　　　　　B. 动态性

C. 面向用户需求 　　　　　　D. 合作性

答案：ABCD。 供应链是生产与流通过程中涉及将产品或服务提供给最终用户活动的上游与下游企业所形成的网状结构。因此，供应链具有上述 ABCD 的特征。

五、问答题

1. 进口业务中，如发生货损货差，进口商通常应向哪些对象索赔。（2002 年）

答案要点：

（1）买卖合同的当事人；

（2）运输货物的承运人；

（3）保险人；

（4）货运代理人

2. 国际贸易中构成一项有效的接受必须具备的条件是什么？（2003 年）

答案要点：

（1）接受须由受盘人作出。

（2）接受须是同意发盘提出的交易条件。

（3）接受须在发盘有效期内作出。

（4）接受的传递方式符合发盘的要求。

3. 国际货物买卖合同对装运期限的规定应注意哪些主要问题？（2003 年）

答案要点：

（1）考虑货物和运输工具的实际情况。

（2）装运期要明确、具体。

（3）装运期规定应长短适度，不可过长、过短

（4）明确合理的规定开证日期，使两者互相衔接起来。

4. 简述商品运输标志的组成及其主要作用。

答案要点： 运输标志：是由一个简单的几何图形和一些字母、数字及简单的文字组成。

其作用主要是便于识别货物，便于收货人收货，也有利于运输、仓储、检验。

5. 根据《中华人民共和国国际货物运输代理业管理规定》，简述国际货代企业的经营范围有哪些？（2002 年）

答案要点：

（1）订舱、仓储；

（2）货物的监装、监卸、集装箱拼装拆箱；

（3）国际多式联运；

（4）国际快递，私人信函除外；

（5）报关、报检、报验、保险；

（6）缮制有关单证、交付运费、结算、交付杂费；

（7）其他国际货物运输代理业务。

6. 根据国际货运代理从事传统业务的责任分类，可将其责任具体划分为哪些？（2003 年）

答案要点：

①国际货运代理作为代理人的责任

国际货运代理人对其本身（在履行义务过程中）的过失及其雇员的过失负责，一般对运输公司、分包人等第三人的行为、疏忽不负责任，除非对第三人的行为负有法律责任。

②国际货运代理对海关的责任

有报关权的国际货运代理在替客户报关时应遵守海关的有关规定，向海关当局及时、正确、如实申报货物的价值、数量和性质，以免政府遭受税收损失。如报关有误，国际货运代理将会遭到罚款的惩罚，并难从客户那得到此赔偿。

③国际货运代理对第三人的责任

多指对装卸公司、港口当局等参与货物运输的第三人提出的索赔承担的责任。

④国际货运代理作为当事人的责任

国际货运代理作为当事人不仅对其本身和雇员的过失负责，而且对履行过程中提供的其他服务的过失也应负责。

7. 国际货运代理人在国际货物运输中发挥着重要作用。请简要回答国际货运代理人对委托人而言发挥着哪些作用。（2005 年）

答案要点： 国际货运代理人在国际货物运输中发挥着重要作用。国际货运代理人对委托人而言发挥着以下作用：（1）组织协调作用；（2）专业服务作用；（3）沟通控制作用；（4）咨询顾问作用；（5）降低成本作用；（6）资金融通作用。

8. 国际货运代理企业在经营过程中可能会产生一定的责任风险，为此需要投保国际货物代理责任险来分散风险并保护自己的利益。请问国际货运代理人所承担的责任风险主要产生于何种情况？（2006 年）

答案要点：

（1）国际货运代理本身的过失；

（2）分包人的过失；

（3）保险责任不合理。

9. 根据我国有关法律的规定，国际货运代理人作为代理人的义务有哪些？（2007 年）

答案要点：

（1）按照指示处理委托事务

（2）亲自处理委托事务

（3）向委托人报告委托事务处理情况

（4）披露委托人、第三人

（5）向委托人转交财产

（6）协助、保密

10．一项合理索赔必须具备哪些条件？（2003 年）

答案要点：

（1）索赔人要有索赔权。

（2）责任方必须负有实际赔偿责任。

（3）索赔的金额必须是合理的。

（4）在规定的期限内提出索赔。

11．阐述出入境检验、检疫工作的报检范围。（2002 年）

答案要点：

（1）国家法律、行政法规或规章规定的应检对象。

（2）有关国际公约规定须经出入境检验检疫机构检验检疫的对象。

（3）输入国有规定或与我国有协议/协定，必须凭检验检疫机构出具有关证书（明）方准入境的对象。

（4）对外贸易合同、信用证规定由检验检疫机构出证的出入境对象。

（5）对外贸易关系人申请的鉴定业务。

（6）委托检验检疫的业务。

（7）一般原产地证和普惠制产地证的签证业务。

（8）涉及出入境检验检疫内容的司法和行政机关委托的鉴定业务。

12．简述一般进出口货物通关的基本手续。（2003 年）

答案要点：

（1）进出境环节向海关申报。

（2）陪同海关查验。

（3）缴纳进出口税费。

（4）提取或装运货物。

13．美国对 FOB 的解释与 INCOTERMS2000 对 FOB 的解释的差异主要表现在哪几个方面？（2005 年）

答案要点： 美国对 FOB 的解释与 INCOTERMS2000 对 FOB 的解释的差异主要表现在以下几个方面：

（1）美国对 FOB 笼统地解释为在任何一种运输工具上交货。

（2）在风险划分上，不是以装运港船舷为界，而是以船舱为界。

（3）在费用负担上，规定买方要支付卖方协助提供出口单证的费用以及出口税和因出口而产生的其他费用。

14．报关业务具体包括哪些事项？（2006 年）

答案要点：

（1）按照规定如实申报进出口货物的商品编码、实际成交价格、原产地及相应优惠贸易协定代码等，并办理填制报关单、提交报关单证等与申报有关的事宜；

（2）申请办理缴纳税费和退税、补税事宜；

（3）申请办理加工贸易合同备案、变更和核销及保税监管等事宜；

（4）申请办理进出口货物减税、免税等事宜；

（5）申请办理进出口货物的查验、结关等事宜；

（6）当由报关单位办理的其他报关事宜。

15. 根据我国海关的有关规定，转关货物分为哪几类，其各自的含义是什么？（2007 年）

答案要点：

（1）进口转关货物：指由进境地入境，向海关申请转关、运往另一设关地点办理进口海关手续的货物。

（2）出口转关货物：指在起运地已办理出口海关手续，运往出境地口岸，由出境地海关监管出口的货物。

（3）境内转关货物：指从境内一个设关地点运往境内另一个设关地点，须经海关监管的货物。

16. 在空运危险品业务中，当该危险货物需要附托运人危险品申报单时，该危险品申报单的填制应注意哪些问题？（2006 年）

答案要点：

（1）托运人必须填写一式两份的危险品申报单，签字后一份交始发站留存，另一份随货物运至目地站。

（2）申报单必须由托运人填写、签字并对申报的所有内容负责。

（3）任何代理人都不可替代托运人签字。

17. 请结合货代企业的实际，简述在确定促销组合时应考虑哪些因素？（2002 年）

答案要点： 企业确定促销组合时要考虑许多因素，包括：

（1）产品类型。

（2）促销手段。

（3）产品市场寿命周期。

（4）促销方法。

18. 简述海上货运事故的责任划分。（2002 年）

答案要点：

（1）托运人的责任事故：不论是租船运输，还是班轮运输，托运人根据运输合同将货物交付承运人之前所发生的一切货损、货差，均由托运人负责。

（2）承运人的责任事故：货物在承运人监管过程中所发生的货损、货差事故，除由于上述的托运人的原因和不可抗力的原因外，原则上都由承运人承担责任。

（3）第三者的责任事故：第三方责任是港口装卸企业、陆路及水路运输企业、第三方船舶以及仓储企业等由于疏忽或操作不当等造成的货损、货差等。

19. 海运危险货物运输中一般要求的包装应符合什么条件？（2003 年）

答案要点：

（1）包装材质、容器与所装危险货物直接接触时不应发生化学反应或其他作用。

（2）包装应具有一定强度。

（3）包装及容器封口应适合货物的性质。

（4）包装应有适当的衬垫材料。

（5）包装应能经受一定范围内温度、湿度、压力的变化。

（6）包装的重量、体积、外形应便于运输、装卸和堆码。

20. 船期表的主要内容是什么？如何找到船期表？（至少举出三种不同方式）。（2003 年）

答案要点： 航线，船名，航次编号，始发港、中途港、终点港的港名，到达和驶离各港的时间，其他有关的注意事项等。报纸、杂志（中国远洋航务公报，航运交易公报，中国航务周刊）、上网查询、电话咨询船公司等。

21. 根据我国国际海运条例的规定，经营无船承运业务的，不得有哪些违规行为？（2004 年）

答案要点：

（1）以低于正常、合理水平的运价提供服务，妨碍公平竞争；

（2）在会计账簿之外暗中给予托运人回扣，承揽货物；

（3）滥用优势地位，以歧视性价格或其他限制性条件给交易对方造成损害；

（4）其他损害交易对方或者国际海上运输市场秩序的行为。

22. 倒签提单与预借提单有什么不同？已装船提单记载的日期应该是货物装船完毕的日期还是船舶开航的日期，为什么？（2005 年）

答案要点：

（1）倒签提单是指提单上记载的签发日期早于货物实际装船完毕的日期，预借提单是货物尚未装船或货物尚未装船完毕时所签发的提单。

（2）已装船提单记载的日期应该是货物装船完毕的日期，因为船舶开航日期并不一定是货物装船日期，信用证上规定的是货物装船完毕的日期。

23. 在海运集装箱运输实务中，不论由发货人自己装箱，还是由货运站装箱，负责装箱人都要制作装箱单。请问集装箱装箱单的主要作用有哪些？（2006 年）

答案要点：

（1）作为发货人、集装箱货运站与集装箱码头堆场之间货物的交接单证；

（2）作为向船方通知集装箱内所装货物的明细表；

（3）单据上所记载的货物与集装箱的总重量是计算船舶吃水差、稳性的基本数据；

（4）在卸货地点是办理集装箱保税运输的单据之一；

（5）当发生货损时，是处理货损事故的原始单据之一；

（6）卸货港集装箱货运站安排拆箱、理货的单据之一。

24. 实践中海运提单背书有记名背书、指示背书和不记名背书三种形式，请简述这三种背书的含义。（2007 年）

答案要点：

（1）记名背书是指背书人在提单背面写明被背书人（受让人）的名称，并由背书人签名的背书形式。

（2）指示背书是指背书人在提单背面写明"凭×××指示"的字样，同时由背书人签名的背书形式。

（3）不记名背书是指背书人在提单背面由自己签名，但不记载任何受让人的背书形式。

25. 无船承运人的船期表和船公司的船期表相比有什么特点？（2008 年）

答案要点：

（1）无船承运人船期表基于船公司的船期表产生。

（2）无船承运人船期表是船公司船期表的延伸。

（3）无船承运人的船期表是对船公司船期表的选择。

26. 承运人（AAA）、代理人（BBB）、船长（CCC）签发海运提单时，应分别如何签署？（2009 年）

答案要点：

（1）承运人（AAA）本人签发提单显示：AAA AS CARRIER。

（2）代理人（BBB）代签提单显示：BBB AS AGENT FOR AAA AS CARRIER。

（3）载货船船长（CCC）签发提单显示：CAPTAIN CCC AS MASTER。

27. 我国《海商法》给提单下的定义是什么？（10 年）

答案：提单是指用以证明海上货物运输合同和货物已经由承运人接收或装船，以及承运人保证据以交付货物的单证。提单中载明的向记名人交付货物，或者按照指示人的指示交付货物，或者向提单持有人交付货物的条款，构成承运人据以交付货物的保证。

28. 简述航空分运单（HAWB）与主运单（MAWB）的区别。（2002 年）

答案要点： 集中托运商收取货物后要填开两种运单：

分运单（HAWB）——与发货人（托运人）交接货物的凭证。

主运单（MAWB）——与承运人交接货物的凭证，同时又是承运人运输货物的正式文件。

29. 阐述航空危险品运输的操作原则。（2003 年）

答案要点：

①预先检查原则：组装集装器或装机之前，认真检查，包装件在完全符合要求的情况下，才可继续进行作业。检查的内容包括：外包装无漏洞、无破损，包装件无气味，无任何漏泄及损坏的迹象；包装件上的危险性标签和操作标签正确无误、粘贴牢固，包装件的文字标记（包括运输专用名称、UN 或 ID 编号、托运人和收货人的姓名及地址）书写正确，字迹清楚。

②方向性原则：装有液体危险物品的包装件均按要求贴有向上标签（需要时还应标注"THIS SIDE UP"）在搬运、装卸、装集装板或集装箱以及装机的全过程中，必须按该标签的指向使包装件始终保持直立向上。

③轻拿轻放原则：人工操作、机械操作必须轻拿轻放，切忌磕、碰、摔、撞。

④固定货物、防止滑动原则：危险物品应设法固定。防止在飞机飞行中倾倒或翻滚，造成损坏。

30. 简述航空索赔所需的文件。（2003 年）

答案要点：

(1) 正式索赔函 2 份（收货人/发货人向代理公司、代理公司向航空公司）；

(2) 货运单正本或副本；

(3) 货物商业发票、装箱清单和其他必要资料；

(4) 货物舱单（航空公司复印）；

(5) 货物运输事故签证（货物损失的客观详细情况）；

(6) 商检证明（货物损害后由商检等中介机构所做的鉴定报告）；

(7) 运输事故记录；

(8) 来往电传。

31. 简述航空集装运输的特点。（2003 年）

答案要点：

(1) 减少货物装运的时间，提高工作效率。

(2) 以集装运输替代散件装机，可以减少地面等待时间。

(3) 减少货物周转次数、提高完好率。

(4) 减少差错事故，提高运输质量。

32. 简述航空货运单的用途。（2004 年）

答案要点：

(1) 是承运人与托运人之间缔结运输凭证的运输契约。

(2) 是承运人收运货物的证明文件。

(3) 是运费结算凭证及运费收据。

(4) 是承运人在货物运输组织的全过程中运输货物的依据。

(5) 是国际进出口货物办理清关的证明文件。

(6) 是保险证明。

33. 在航空运输中使用指定商品运价时，所运输的货物满足哪些条件，运输始发站地和运输目

的地就可以直接使用指定商品运价？（2005 年）

答案要点：

（1）运输始发地至目的地之间有公布的指定商品运价。

（2）托运人所交运的货物，其品名与有关指定商品运价的货物品名相吻合。

（3）货物的计费重量满足指定商品运价使用时的最低重量要求。

34. 某客户向国际货运代理人咨询国际航协出版的运价手册（TACT）有关事宜，请简述 TACT 三部分内容。（2007 年）

答案要点：

（1）TACT Rules 包括了 IATA 在国际运输中所有规则。

（2）TACTRates—NorthAmerica 包括从北美出发或到北美的运价。

（3）TACT—Worldwide 包含了除北美外的全世界的运价。

35. 在国际航空货物运输中，直接使用指定商品运价需满足的条件有哪些？（2008 年）

答案要点：

（1）运输始发地至目的地之间有公布的指定商品运价。

（2）托运人所交运的货物，其品名与有关指定商品运价的品名相吻合。

（3）货物的计费重量满足指定商品运价使用时的最低重量要求。

36. 干冰（固体 CO_2）常被作为货物冷却剂。在国际航空货物运输中，对处理带有干冰的货物有哪些要求？（2009 年）

答案要点：

（1）应在货物包装、货运单以及仓单上注明。

（2）用干冰冷却的货物包装上应有使 CO_2 气体散出的漏孔。（3）根据 IATA 有关对限制物品的规定，在货物外包装上做好标记或贴有关标贴。

37. 构成国际多式联运的基本条件是什么？（2002 年）

答案要点：

（1）要有服务良好的国内外国际多式联运经营网络。

（2）要有能组织社会各种运输方式的能力。

（3）要具备多式联运线路。

（4）要在国内外建立集装箱场站。

（5）要有信息管理系统。

（6）要有国际多式联运的运输单证。

（7）要具备雄厚的资金。

（8）要有一支具备专业知识的队伍。

38. 简述国际多式联运的主要特征。（2002 年）

答案要点： 主要有

（1）必须有一个多式联运合同

（2）使用一份全程多式联运单据

（3）必须是至少两种以上不同运输方式的连贯运输

（4）必须是国际间的货物运输

（5）多式联运经营人对全程运输承担责任（全程单一负责制）

（6）实行全程单一费率

39. 简述多式联运经营人的责任形式及其含义。（2003 年）

答案要点：

（1）责任分担制（区段负责制），指多式联运经营人对货主并不承担全程运输责任，仅对自己完成区段负责；

（2）统一责任制，是指多式联运经营人对货主按统一原则承担全程运输责任；

（3）网状责任制，是指多式联运经营人对货主按各区段法律承担全程运输责任；

（4）统一修正责任制，是指在责任基础方面与统一责任制相同，而在赔偿限额方面与网状责任制相同。

40. 国际多式联运经营人具有哪些基本特征？（2003 年）

答案要点：

（1）国际多式联运经营人是本人，而非代理人。

（2）国际多式联运经营人在以本人身份开展业务的同时，并不妨碍其以代理人的身份开展业务工作。

（3）国际多式联运经营人是"中间人"。

（4）国际多式联运经营人即可以拥有运输工具也可以不拥有运输工具。

41. 货运代理人作为 MTO 安排多式联运业务，请回答国际多式联运公约对 MTO 交付货物的形式是如何规定的？（2004 年）

答案要点：依据国际多式联运公约有三种交货形式：

（1）将货物交给收货人；

（2）如收货人不向多式联运经营人（或其代表）提取货物，则按多式联运合同规定或按交货地点适用的法律规定或特定的行业惯例，将货物置于收货人的支配之下；

（3）将货物交给根据交货地点适用的法律、规章规定的必须向其交付的当局或其他第三方。

42. 货运代理人作为 MTO 安排多式联运业务，请回答国际多式联运公约对 MTO 交付货物形式是如何规定的？（2006 年）

答案要点：

第一，将货物交给收货人；

第二，如收货人不向多式联运经营人（或其代表）提取货物，则按多式联运合同规定或按交货地点适用的法律规定或特定的行业惯例，将货物置于收货人的支配之下；

第三，将货物交给根据交货地点适用的法律、规章规定的必须向其交付的当局或其他第三方。

43. 什么是国际铁路货物联运？（10 年）

答案： 国际铁路货物联运是指在两个或两个以上国家铁路全程货物运送中，使用一份运送票据，只使用铁路运输一种运输方式。

44. 简述公路运输的主要优势。（2002 年）

答案要点：

（1）灵活方便性；

汽车运输机动灵活、方便，可以延伸到社会各个角落，时空自由度最大。

（2）广泛适用性；

公路网纵横交错，干支结合，比其他运网稠密得多，适合各种用途、范围、层次、批量、条件的运输。

（3）快速及时性；

汽车运输可实现"门到门"运输，减少中间环节，缩短运输时间、便捷快速，非常适合现代市场经济发展的需要。

（4）共用开放性；

公路运输是一种全民皆可利用的运输方式。凡拥有汽车的社会和个人均可使用其基础设施。

（5）投资效益性；

汽车运输始建投资少，回收快。公路建设虽然投资大，但由于回收快，且兴办公路地方收益大，故筹资渠道多，兴建较容易。

（6）经济效应大。

公路运输的发展可直接带动汽车工业等相关产业的发展。

45. 什么是第三方物流？（2002 年）

答案要点：由货物有关的发货人和收货人之外的、提供物流服务项目的专业企业。其提供的服务可以是物流活动的全部，也可以是其一部分。现代物流的本质是物流服务的提供商通过综合运用信息技术和通讯网络，将传统的仓储、运输、装卸、包装等物流活动系统化、专业化，克服一体化供销链存在的效益背反思想，赋之以新的增值服务内容，实现在较大范围内降低产品在流通领域的整体成本。以达到满足客户要求、优化资源配置的目的。由于提供现代物流服务的主体是游离于生产商和客户之外的第三方企业，所以又称为第三方物流。

46. 简述仓储在国际贸易中的作用。（2002 年）

答案要点：

（1）仓储能调整生产和消费时间间隔的作用；

（2）仓储能对商品进入市场在质量上起保证作用；

（3）仓储为加速商品周转、加快流通起着保证作用；

（4）仓储具有调节商品价格的作用；

（5）仓储可以起到调节运输工具载运能力不平衡的作用；

（6）口岸仓储可实施货物运输作业减少货损货差的作用。

47. 第三方物流服务商的利润来源有哪些？（2003 年）

答案要点：

（1）基础服务收益：运输管理，仓储管理。

（2）增值服务收益：流通加工服务。

（3）信息服务收益。

（4）支持物流的财务服务收益。

48. 简述供应链的特征。（2007 年）

答案要点：

（1）用户需求为主导

供应链存在的前提是某种需求市场的存在，这种需求作为供应链的驱动力，促进节点企业的联盟、分工与合作，拉动供应链中信息、物资、资金的流动和交换，实现在为用户提供高质量产品或服务的同时价值的不断增值。

（2）动态性

供应链是在一定市场目标和环境下所建立的一种竞争合作模式，随着供应链目标、服务方式以及企业核心竞争力的不断变化，链上节点企业及其地位也会发生变化，这决定了供应链为适应市场需求，会不断进行节点企业的变更和重组。

（3）复杂性

供应链是在一定用户需求目标条件下实现企业横向择优与合作所建立起来的网链关系，链中的节点企业来自不同的区域、行业甚至不同的国度，根据自身核心竞争力情况在链中担当不同的角色，各企业在制度、技术、组织等方面的差异决定了供应链系统的复杂性。同时，供应链的动态变化特征进一步增加了这种复杂性。

（4）合作性

供应链的出现，是企业适应国际经济一体化形势，合理调整企业间存在的目标冲突和利益冲突，以供应链为共同目标，实现竞争向合作转化的结果，并且通过这种战略合作，完成对市场变化的快速反应，实现供应链企业的共赢。

（5）信息共享

以互联网为代表的信息技术是构筑供应链的基本条件，依靠它供应链才能跨越时空的界限，实现真正意义上的资源共享、择优合作，才能随时把握市场需求变化，消除传统销售链上所出现的信息需求失真放大的情况，即通常所说的"牛鞭效应"，协调、控制供应链整体，实现对用户需求的快速反应。

（6）虚拟性

在信息技术的支持下，供应链的功能不用依靠于一个集团或大企业去完成，可以将不同地域、不同国度、不同形式的各种企业以一种协作组织的形式联结起来，这种组织在一定目标条件下具有相对稳定性，但并不是具有确定机构的企业实体，这就是供应链的虚拟性。

49. 仓储实践中使用的射频技术的基本功能有哪些？（2008 年）

答案要点：

（1）具有一定的存储容量，用以存储被识别对象的信息。

（2）标签的数据能被读入或写入，而且可以编程，一旦编程后，就成为不可更改的永久数据。

（3）使用、维护都很简单，在使用期内不需要维护。

50. 物流系统的基本功能要素有哪些？（2009 年）

答案要点：

（1）包装（2）装卸搬运；（3）运输；（4）储存保管；（5）流通加工；（6）配送；（7）物流信息；

51. 什么是第一方物流、第二方物流和第三方物流？（2010 年）

答案：第一方物流是指产品的供应者自身对产品和物品进行的物流活动。第二方物流是商品需求者对其商品进行的物流活动。第三方物流是供方与需方以外的物流企业提供物流服务的业务模式。

六、计算题

1. 某外贸公司按 CIF 价格条件出口一批冷冻食品，合同总金额为 10 000 美元，加一成投保平安险、短量险，保险费率分别为 0.8% 和 0.2%，问保险金额和保险费各为多少？（2002 年）

答案：保险金额＝CIF×（1＋投保加成率）
＝USD10 000×（1＋10%）
＝USD11 000

保险费＝保险金额×保险费率
＝USD11 000×（0.8%＋0.2%）
＝USD88＋USD22＝USD110

保险金额为 11 000 美元，保险费为 110 美元。

2. 卖方出口一批体育用品，成交价为 CIF 目的港 USD20 000，卖方与买方在买卖合同中未特别约定货物运输保险事项，卖方在中国人保（PICC）依据其海洋运输保险条款投保货物一切险，并附加战争险。保险费率分别为 0.8%、0.6%，试计算：（分别列明计算公式）（2003 年）

（1）卖方依据保险惯例如何确定货物的保险金额？

（2）请问该批货物的保险金额是多少？

（3）应交纳多少保险费？

（3）应交纳多少保险费？

答案：（1）按 CIF 价格，加成 10％预期利润确定货物的最低保险金额

（2）保险金额＝CIF×110％＝20 000×110％＝22 000USD

（3）保险费＝保险金额×保险费率＝22 000USD×（0.8＋0.6）×100％＝22 000×0.014＝308USD

3. 一批出口货物 CFR 价格为 USD9 890，买方要求卖方代为在中国投保，卖方委托 A 货代公司按 CIF 加一成投保，保险费率为 1％，请问 A 货代公司代卖方来计算该批货物的保险金额是多少，应交纳的保险费是多少？（分别列明计算公式）（2004 年）

答案： CIF＝CFR/1－保险费率×（1＋投保加成率）＝9 890/（1－1％×110％）＝10 000

保险金额＝CIF×（1＋投保加成率）＝10 000×110％＝11 000

保险费＝保险金额×保险费率＝11 000×1％＝110USD

或：保险费＝CIF－CFR＝10 000－9 890＝110USD

4. 上海某贸易公司以 CFR 价出口一批货物到日本神户，数量为 10 公吨，货物的价值（成本）为 USD99580，上海～神户班轮条款运价为 USD200/公吨。国外买方要求卖方代为办理保险，加成 10％，将 CFR 价变更为 CIF 价，但未说明投保何种险别。卖方向中国人民财产保险公司投保了平安险（F.P.A.），保险费率为 0.2％。请计算：（2005 年）

（1）该批货物的运费总额

（2）该批货物的 CFR 价总额

（3）该批货物的 CIF 价总额

（4）该批货物的保险金额

（5）该批货物的保险费

答案：（1）该批货物的运费总额 200×10＝USD2 000

（2）该批货物的 CFR 价总额 CFR＝99 580＋2 000＝USD101 580

（3）该批货物的 CIF 价总额

CIF＝CFR/1－保险费率×（1＋投保加成率）＝101 580/1－0.2％（1＋10％）＝USD101 804

（4）保险金额＝101 804×110％＝USD111 984.4

（5）保险费＝111 984.4×0.2％＝USD223.97

5. 某进出口公司出口某种货物 100 件，每件重 300 公斤，成交价为 CFR 釜山，总金额 50 000 元人民币，运价为每吨 300 元人民币，出口税率为 10％，问该公司应付多少运费？应付多少出口关税？（要求列明计算过程）（2006 年）

答案：（1）先计算应付运费：

总运费＝0.30 吨×100 件×300（元/吨）＝9 000 元人民币

（2）计算离岸价

离岸价＝CFR－总运费＝50 000－9 000＝41 000（元）

（3）完税价格＝离岸价/（1＋出口税率）

＝41 000/（1＋10％）＝37 272.27（元）

（4）出口关税＝完税价格×出口税率

＝37 272.27×10％＝3 727.27（元）

6. 我国某贸易公司出口一批货物至伦敦，重量为 20 000 公斤，向英国客户报价为每公斤 12 美元 CIFC5％伦敦，客户要求改报 CFRC5％伦敦。查原报价按 CIF 加一成投保，保险费率为 0.5％。在保持与原报价格不变的情况下，请计算：（2007 年）

（1）CIF 净价为多少？

（2）保险费是多少？

（3）CFR 净价为多少？

（4）应报价多少？

（5）假设该批货物重量为 20 000 公斤，应支付多少佣金？

答案：

（1）CIF 净价＝12×（1－5％）＝USD11.4

（2）I＝11.4×（1＋10％）×0.5％＝USD 0.062 7

（3）CFR＝CIF－I

CFR＝11.4－0.062 7＝USD11.34

（4）CFRC5％＝11.34÷（1－5％）＝USD11.94

（5）（11.94－11.34）×20 000＝USD12 000

7. 我国某公司出口某产品 1 000 箱，最初对外报价为每箱 22 美元 FOBC3％青岛，国外进口商要求将价格改报为每箱 CIFC5％伦敦。已知运费为每箱 1 美元，保险金额为 CIF 加成 10％，投保一切险，保险费率为 0.8％。请计算：（2008 年）

（1）按最初对外报价每箱 FOB 青岛金额为多少？

（2）按最初对外报价每箱 CFR 伦敦金额为多少？

（3）按最初对外报价每箱保险费金额为多少？

（4）按最初对外报价每箱 CIF 伦敦金额为多少？

（5）要保持出口外汇净收入不变，CIFC5％伦敦应报价多少？

答案：

（1）FOB 金额为：22×97％＝21.34USD

（2）CFR 金额为：21.34＋1＝22.34USD

（3）保险金额为：则 I＝（22.34×1.1×0.008）/（1－1.1×0.008）＝0.198USD

（4）CIF 金额为：22.34＋0.198＝22.538USD

（5）CIFC5％伦敦：22.538/0.95＝23.72USD

8. 我国某公司出口一批货物，成交价为 CIF NEW YORK，货物的 CIF 价格为 USD 20 000，卖方与买方在买卖合同中未约定货物运输保险事项。该公司欲向中国人民财产保险公司依据其海洋运输保险条款投保货物保险。（保险费率：一切险为 0.2％，水渍险为 0.15％，平安险为 0.1％，战争、罢工险为 0.1％）。该公司业务员向国际货运代理人咨询以下事项，请解答：（2009 年）

（1）依据保险惯例，该公司应如何确定货物的保险金额？

（2）该批货物的保险金额是多少？

（3）应投保何种险别？交纳多少保险费？

答案：

（1）CIF 价值加成 110％确定其保险金额

（2）CIF×110％＝20 000×110％＝22 000USD

（3）平安险，22USD（即 22 000USD×0.1％）

9. 我国甲外贸企业向英国乙公司销售一批服装，共计 1000 件，装于一个 20 英尺的集装箱内，原报价为每件 USD30 FOB QINGDAO。乙公司要求甲外贸企业改报 CIFC3％ LONDON 的价格，甲外贸企业表示接受。已知从青岛至伦敦的海洋运输费用是每个 20 英尺的集装箱 USD3 000，投保一切险和战争险，保险费率分别为 0.1％和 0.05％，投保加成 10％。请计算甲外贸企业应该报出的单价最低是多少？（请列出计算过程）（2010 年）

答案：解：(1) $CIF = \dfrac{FOB + 运费}{1 - (1 + 投保加成) \times 保险费率}$

$= \dfrac{30 + 3\,000/1\,000}{1 - 110\% \times 0.15\%} = 33.05$（美元）

(2) 含佣价＝净价/（1—佣金率）

或 $CIFC3\% = 33.05/(1 - 3\%) = 34.07$（美元）

10. 某轮从广州港装载杂货——人造纤维，体积为 20 立方米、毛重为 17.8 公吨，运往欧洲某港口，托运人要求选择卸货港 Rotterdam 或 HamBurg，Rotterdam 和 HamBurg 都是基本港口，基本运费率为 USD80.0/FT，三个以内选卸港的附加费率为每运费吨加收 USD3.0，"W/M"。（2002 年）

请问：(1) 该托运人应支付多少运费（以美元计）？

(2) 如果改用集装箱运输，海运费的基本费率为 USD1 100.0/TEU，货币附加费 10％，燃油附加费 10％。改用集装箱运输时，该托运人应支付多少运费（以美元计）？

(3) 若不计杂货运输和集装箱运输两种方式的其他费用，托运人从节省海运费考虑，是否应选择改用集装箱运输？

答案：因为 M 大于 W

(1) FreightTon 为 20.0

Freight＝（80.0＋3.0）×20.0＝USD1 660.0

(2) 可选用 1 个 TEU，

Freight＝（1＋10％＋10％）×1 100＝USD1 320.0

或者 Freight＝1×1 100＋1 100×10％＋（1 100＋1 100×10％）×10％

　　　　＝1 100＋110＋121

　　　　＝USD1 331

(3) 因为（1）大于（2），所以应选择改用集装箱运输。

11. 某票货从张家港出口到欧洲费力克斯托（FELIXSTOWE），经上海转船。2×20' FCL，上海到费力克斯托的费率是 USD1 850.00/20'，张家港经上海转船，其费率在上海直达费力克斯托的费率基础上加 USD100/20'，另有货币贬值附加费 10％，燃油附加费 5％。问：托运人应支付多少运费？（2003 年）

答案 1：

基本运价＝（1 850＋100）×2＝3 900USD

货币贬值附加费＝（1 850＋100）×10％＝390USD

燃油附加费＝（1 850＋100）×（5％＋5％×10％）×2＝214.5USD

总额＝3 900＋390＋214.5＝4 504.5USD

答案 2：

基本运价＝（1 850＋100）×2＝3 900USD

货币贬值附加费＝（1 850＋100）×10％＝390USD

燃油附加费＝（1 850＋100）×5％×2＝195USD

总额＝3 900＋390＋195＝4 485USD

12. 某船于 6 月 5 日星期二 16 点抵达装货港，并于 16 点 40 分递交 N/R，6 月 6 日 8 点开始装货，直至 6 月 12 日 12 点装货完毕，其中 6 月 7 日零点至 4 点因下雨停工。该船于 6 月 24 日星期四 16 点抵达卸货港，并于 16 点 40 分递交 N/R，6 月 25 日星期五 8 点开始卸货，至 6 月 26 日星期六 20 点卸货完毕。合同规定"可用装货时间和卸货时间分别为 3WWDSHEXEIU，滞期费费率每天

3 000美元，速遣费费率为 1 500 美元。下午递交 N/R，次日 8 点起算装卸时间"。请按装卸时间平均计算方法统算滞期费或速遣费。（按滞期时间连续计算的方法和节省全部工作时间的方法计算）。（2003 年）

答案：装港滞期时间为 3 天

卸港速遣时间为 1.5 天

按平均计算 3 天—1.5 天＝1.5 天滞期

滞期费为 1.5 天×3 000＝4 500USD

13. 某进出口公司委托一国际货运代理企业代办一小桶货物以海运方式出口国外。货物的重量为 0.5 吨，小桶（圆的）的直径为 0.7 米，桶高为 1 米。货代最后为货主找到一杂货班轮公司实际承运该货物。货代查了船公司的运价本，运价本中对该货物运输航线、港口、运价等的规定为：基本运价是每运费吨支付 100 美元（USD100/Freight Ton）；燃油附加费按基本运费增收 10％（BAF10％）；货币贬值附加费按基本运费增收 10％（CAF10％）；计费标准是"W/M"；起码提单按 1 运费吨计算（Minimum freight：one freight ton）。你作为货运代理人，请计算该批货物的运费并告诉货主以下内容：（2004 年）

（1）货物的计费吨（运费吨）是多少？

（2）该批货物的基本运费是多少？

（3）该批货物的附加运费是多少？总的运费是多少？

答案：（1）不规则物品按最大正方原则计算计费吨，该桶的体积为 1×1×1 米＝1 立方米，又因为货物的重量为 0.5 吨，而起码提单按 1 运费吨计算，所以该货物的计费吨为 1 吨。

（2）该批货物的基本运费为 100 美元。

（3）由于该批货物适用起码提单规则，所以不再加收其他附加费用。所以附加费为 0 美元，总运费为 100 美元。

14. 某货主托运一票货，该货的积载因数是 1.6 立方米/吨。如将该票货装于某拼箱公司的国际标箱 1CC 箱中，已知该集装箱自重为 2.5 吨，最大总重量为 24 吨，计算亏箱后最大总容积为 29 立方米。（2005 年）

问：（1）1 个 1CC 箱中最多可装多少吨该票货物？

（2）如果货主仅托运 3 吨该票货物（计费标准按 LCL 条款，即 USD200W/M），该发货人应付的运费额是多少？

（要求写出计算过程）

答案：（1）24 吨—2.5 吨＝21.5 吨，该集装箱能装 21.5 吨货。

（2）29÷1.6＝18.125 吨，该集装箱实际最多能装 18.125 吨货物。

（3）3×200＝600 美元，按货物重量计收。

（4）3×1.6×200＝960 美元，按货物体积计收

（5）两者取大者，应为 960 美元

15. 出口商以 CFR 成交一批出口货物，货物成交价为 USD350000。出口商委托货运代理人查问这批货物从装货港到卸货港的海运费。货运代理人从船公司那里得知运输这批货物按从价运费的方式计收运费，并且"Ad. Val."是 0.6％。作为货运代理人，请告诉出口商运输这批货物所需要支付的海运费是多少？（要求列明计算过程）（2006 年）

答案：FOB＝CFR/（1＋Ad. Val.）＝350 000/（1＋0.6％）＝350 000/1.006＝347 912.53

海运运费＝347 912.53×0.6％＝2 087.47

16. 我国某出口商委托国际货运代理人出运一票货物，共装 10 个 20 英尺集装箱（TEU）。假设从国内某港口到国外某港口的基本费率是 USD1 600/20'（TEU），附加费 BAF 是 USD200/

TEU，EBS 是 USD80/TEU，PSS 是 150/TEU，CAF 是 USD100/TEU。请问：（2007 年）

（1）托运人应支付多少运费？

（2）如果该出口商要求货运代理人报"ALL IN RATE"，那么"ALL IN RATE"是多少？

（3）如果该出口商要求货运代理人报"ALL IN FREIGHT"，那么托运人应支付多少运费？

答案要点：

（1）（1 600＋200＋80＋150＋100）×10＝USD21 300

（2）（1 600＋200＋80＋150＋100）＝USD2 130/TEU

（3）（1 600＋200＋80＋150＋100）×10＝USD21 300

17. 我国某出口商委托国际货运代理人出运一票货物，共装 5 个 20 英尺集装箱（TEU）。假设从国内某港口到国外某港口的基本费率是 USD2 000/20'（TEU），附加费 BAF 是 USD700/TEU，EBS 是 USD200/TEU，PSS 是 USD300/TEU，CAF 是 USD200/TEU。请计算：（2008 年）

（1）托运人应支付多少运费？

（2）如果该出口商要求货运代理人报"ALL IN RATE"，那么"ALL IN RATE"是多少？

（3）如果该出口商要求货运代理人报"ALL IN FREIGHT"，那么托运人应支付多少运费？

答案要点：

（1）（2 000＋700＋200＋300＋200）×5＝USD17 000

（2）2 000＋700＋200＋300＋200＝USD3 400/TEU

（3）（2 000＋700＋200＋300＋200）×5＝USD17 000

18. 用集装箱装运一批木箱包装的货物从青岛运往国外某港口。木箱尺寸为：1m×1m×1m，共有 40m³；总重为 35T；整箱运输。可以选用的箱型为 ISO 标箱中的 1AA 或者 1CC。查运价本得：USD1 000/TEU，USD1 800/FEU。问：（2009 年）

（1）国际货运代理人为节省成本，应该如何选用集装箱？

（2）支付多少运费？

答案要点：

（1）选用两个 1CC 箱，

（2）运费为 USD2 000（2 分）。

19. 从我国 A 港通过海运向国外 C 港运输一件货物，因甲班轮公司无直达航线，途中需在 B 港转船，该票货物毛重 8 500Kgs，外形尺寸为 9.5m×1.8m×2.2m。该票货物按 W/M 计收运费，基本运费率为 USD80/FT，转船附加费为 USD20/FT。由于该票货物属于超重、超大货物，还应收取超长与超重附加费，超重附加费率为超出基准部分：USD100/MT，超长附加费率为超出基准部分：USD150/M。请计算该票货物的海运运费。（2010 年）

答案： 8 500KG＝8.5MT，9.5m×1.8m×2.2m＝37.62CBM，故该票货物运费吨为 37.62。

其基本运费为 37.62×80＝3 009.6USD，转船附加费为 37.62×20＝752.4USD。

超重附加费为（8.5－5）×100＝350USD，超长附加费为（9.5－9）×150＝75USD，两者择高计收，即 350USD，因途中又经一次转船，故共计收 700USD。

因此，该票货物的总运费为 3 009.6＋752.4＋700＝4 462USD。

20. 从上海运往巴黎一件玩具样品，毛重 5.3 公斤，体积尺寸为 41×33×20cm³，计算其航空运费。（2002 年）

公布运价如下：

SHANGHAI	CN		SHA
Y. RENMINBI	CNY		KGS
PARIS（PAR）	FRM		320.00
	N		42.81
	45		44.6
	100		40.93

答案：

Volume：41×33×20CM＝27 060cm³

Volume Weight：27 060cm³÷6 000cm³/kg＝4.51kgs＝5.0kgs

Applicable Rate：CNY 42.81PER KG 或者 CNY320

Chargeable Weight：5.5kgs

Weight charge：320.00 CNY

21. Routing：Beijing，CHINA（BJS）
　　　　　　to Tokyo，JAPAN（TYO）

Commodity：MOON CAKE

GrossWeight：1Piece，5.8kgs

Dimensions：1Piece 42×35×15CM

计算该票货物的航空运费。

公布运价如下：

BEIJING	CN		BJS
Y. RENMINBI	CNY		KGS
TOKYO	JP	M	230
		N	37.51
		45	28.13

答案：

Volume：42×35×15CM＝22 050CM³

Volume Weight：22 050CM³÷6 000CM³/KG＝3.68KGS＝4.0KGS

Gross Weight：5.8KGS

Applicable Rate：GCR N 37.51CNY/KG

Chargeable Weight：6.0KGS

Weight charge：6.0×37.51＝CNY225.06＜M＝CNY230.00

Weight charge：CNY230.00

22. Routing：Beijing，CHINA（BJS）
to Tokyo，JAPAN（TYO）

Commodity：MACHINERY

Gross Weight：2 Pieces EACH 18.9kgs

Dimensions：2 Pieces 70×47×35CM EACH

计算该票货物的航空运费。（2003 年）

公布运价如下：

BEIJING	CN		BJS
Y. RENMINBI	CNY		KGS
TOKYO	JP	M	230
		N	37.51
		45	28.13

答案：Volume：$70\times47\times35\times2=230\ 300CM^3$

Volume Weight：$230\ 300CM^3\div6\ 000CM^3/KG=38.38KGS=38.5KGS$

Gross Weight：$2\times18.9=37.8KGS$

Applicable Rate：GCR Q45 37.51CNY/KG

Chargeable Weight：45.0KGS

Weight charge：$45.0\times28.13=CNY1\ 265.85$

23. Routing：Beijing, CHINA（BJS）

　　To Portland，U.S.A（PDX）

Commodity：FIBRES

Gross Weight：22 Pieces，EACH 70.5KGS

Dimensions：22 Pieces，EACH $82\times68\times52CM$

计算该票货物的航空运费。（2003 年）

公布运价如下：

BEIJING	CN		BJS
Y. RENMINBI	CNY		KGS
PORTLAND，	U.S.A.	M	420.00
		N	59.61
		45	45.68
		100	41.81
		300	38.79
	2 211	300	27.29
	2 211	1 500	25.49

答案：Volume：$82\times68\times52CM\times22=6\ 378\ 944CM^3$

Volume Weight：$6\ 378\ 944CM^3\div6\ 000CM^3/KG=1\ 063.16KGS=1\ 063.5KGS$

Gross Weight：$70.5\times22=1\ 551.0KGS$

Applicable Rate：SCR 2211/Q1 500 25.49CNY/KG

Chargeable Weight：1 551.0KGS

Weight charge：$1\ 551.0\times25.49=CNY.\ 39\ 534.99$

24. Routing：Beijing, CHINA（BJS）（2005 年）

to Chicago，U.S.A.（CHI）

Commodity：Gold Coin

Gross Weight：24.7kgs

Dimensions：1 Piece $52\times49\times42CM$，

公布运价如下：

BEIJING	CN		BJS
Y. RENMINBI	CNY		KGS
Chicago	US	M	630
		N	69. 43
		45	60. 16
		100	53. 19
		300	45. 80

答案：

Volume：$52 \times 49 \times 42CM = 107\ 016cm^3$

Volume Weight：$107\ 016cm^3 \div 6\ 000cm^3/kgs = 17.\ 836kgs = 18kgs$

Chargeable Weight：25. 0kgs

Applicable Rate：S 200% of the Normal GCR

                   $200\% \times 69.\ 43CNY/kg = 138.\ 86CNY/kg$

Weight charge：$25.\ 0 \times 138.\ 86 = CNY3\ 471.\ 50$

因此，运费为 CNY3 471. 50

25. Routing：SHANGHAI, CHINA （SHA）

TONAGASAKI, JAPAN （NGS）

Commodity：Personal Effects

Gross Weight：TOTAL 6 PIECES, EACH 20. 4kgs

Dimensions：TOTAL 6 PIECES, EACH $89 \times 61 \times 35CM$

计算航空运费。（2006 年）

公布运价如下：

SHANGHAI	CN			SHA
Y. RENMINBI	CNY			KGS
NAGASAKI	JP		M	230
			N	38. 22
			45	28. 13
		000 8	300	18. 80
		030 0	500	20. 61
		109 3	100	18. 43
		219 5	500	18. 80

答案：

Volume：$89 \times 61 \times 35CM \times 6 = 1\ 140\ 090CM^3$

Volume Weight：$1\ 140\ 090CM^3 \div 6\ 000CM^3/KG = 190.\ 5KGS$

Gross Weight：$20.\ 4 \times 6 = 122.\ 4KGS$

Chargeable Weight：190. 5KGS

Applicable Rate：R 50% of the Normal GCR

                   $50\% \times 38.\ 22CNY/kg = 19.\ 11CNY/kg$

Weightcharge：$190.\ 5 \times 19.\ 11 = CNY3640.\ 46$

26. Routing：SHANGHAI, CHINA （SHA） TO PARIS, FRANCE （PAR）（2007 年）

Commodity：CHILDREN BOOKS

Gross Weight：485. 0KGS

Dimensions：20PIECES EACH $73 \times 67 \times 23CM$

公布运价如下：

BEIJING	CN		SHA
SHAY. RENMINBI	CNY		KGS
PARIS	FR	M	320
		N	66.20
		45	45.22
		100	41.22
		500	32.02
		1 000	30.71

答案：

Volume：$73 \times 67 \times 23 \times 20 = 2\ 249\ 860CM^3$

Volume Weight：$2\ 249\ 860CM^3 \div 6\ 000CM^3/KGS = 374.98KGS = 375.0KGS$

Applicable Rate：GCR Q500 32.02CNY/KG

Chargeable Weight：500.0KGS

Weight charge：$500.0 \times 32.02 = CNY16\ 010.00$

27. Routing：BEIJING, CHINA （BJS）

To Portland，U.S.A. （PDX）

Commodity：FIBRES

Gross Weight：10 Pieces，Each 98.3 KGS

Dimensions：10 Pieces，Each $95 \times 65 \times 48CM$

计算该票货物的航空运费。（2008 年）

公布运价如下：

BEIJING	CN			BJS
Y. RENMINBI	CNY			KGS
PORTLAND	US		M	420.00
			N	59.61
			45	45.68
			100	41.81
			300	38.79
		2 211	500	27.29
		2 211	1 500	25.49

Volume：_____

Volume Weight：_____

Gross Weight：_____

Applicable Rate：_____

Chargeable Weight：_____

Weight charge：_____

答案要点：

Volume：$95 \times 65 \times 48CM \times 10 = 2\ 964\ 000CM^3$

Volume Weight：$2\ 964\ 000CM^3 \div 6\ 000CM^3/KG = 494.0KGS$

Gross Weight：$98.3 \times 10 = 983.0KGS$

Applicable Rate：SCR 2211/Q50027.29CNY/KG

Chargeable Weight：983.0KGS

Weight charge：983.0×27.29＝CNY26 826.07

28. Routing：BEIJING，CHINA（BJS）

to ATLANTA，U.S.A.（ATL）

Commodity：MONKEYS

Gross Weight：TOTAL 3 PIECES，EACH 55.3 KGS

Dimensions：3 PIECES，EACH98×88×44CM

公布运价如下：

BEIJING	CN		BJS
Y. RENMINBI	CNY		KGS
ATLANTA	US	M	420
		N	75.95
		45	58.68
		100	52.34
		300	47.26

活动物运价表

ALLLIVE ANIMALS Except： Baby Poultry less than 72 hours old	Within1	Within2 (see also Rule3.7.1.3)	Within3	Between 1&2	Between 2&3	Between 3&1
	175% of Normal GCR	175% of Normal GCR	150% of Normal GCR	175% of Normal GCR	150% of Normal GCR	150% of Normal GCR

请计算航空运费：（2009 年）

Volume：_____

Volume Weight：_____

Gross Weight：_____

Applicable Rate：_____

Chargeable Weight：_____

Weight charge：_____

答案要点：

Volume：98cm×88cm×44cm×3＝1 138 368.0cm³

Volume Weight：1 138 368cm³÷6 000cm³/kgs＝189.7kgs＝190.0kgs

Gross Weight：55.3KGS×3＝165.9KGS＝166KGS

Applicable Rate：S 150% of Normal GCR

150%×75.95CNY/kg＝113.93CNY/kg

Chargeable Weight：190.0kgs

Weight charge：113.93×190.0＝CNY21 646.70

29. Routing：BEIJING，CHINA（BJS）to AMSTERDAM，HOLLAND（AMS）

Commodity：CLOTHES

GrossWeight：Total 37.1kgs

Dimensions：82×48×32CM

Applicable Published Rates：

BEIJING	CN		BJS
Y. RENMINBI	CNY		KGS
AMSTERDAM	NL	M	320.00
		N	50.22
		45	41.53
		300	37.52

计算该票货物的航空运费：（2010 年）

Volume：_____

Volume Weight：_____

Chargeable Weight：_____

Applicable Rate：_____

Weight Charge：_____

参考答案：

答：（1）按实际重量计算

Volume：$82×48×32CM=125\ 952cm^3$

Volume Weight：$125\ 952cm^3÷6\ 000cm^3/kg=20.992kgs=21kgs$

Chargeable weight：37.5kg

Applicable rate：GCR N 50.22CNY/KG

Weight charge：$37.5×50.22=CNY1\ 883.25$

（2）用较高重量点的较低运价计算

Chargeable weight：45.0kg

Applicable rate：GCR/Q45 41.53CNY/KG

Weight charge：$45.0×41.53=CNY1\ 868.85$

（3）该票货物的 Weight charge：（1）与（2）比较，取低者，即 CNY1 868.85

七、案例分析题

1. 我国 A 公司与某国 B 公司于 2001 年 10 月 20 日签订购买 52500 吨化肥的 CFR 合同。A 公司开出信用证规定，装船期限为 2002 年 1 月 1 日至 1 月 10 日，由于 B 公司租来运货的"顺风号"轮在开往某外国港口途中遇到飓风，结果装货至 2002 年 1 月 20 日才完成。承运人在取得 B 公司出具的保函的情况下，签发了与信用证条款一致的提单。"顺风号"轮于 1 月 21 日驶离装运港。A 公司为这批货物投保了水渍险。2002 年 1 月 30 日"顺风号"轮途经巴拿马运河时起火，造成部分化肥烧毁。船长在命令救火过程中又造成部分化肥湿毁。由于船在装货港口的延迟，使该船到达目的地时正遇上了化肥价格下跌，A 公司在出售余下的化肥时价格不得不大幅度下降，给 A 公司造成很大损失。请根据上述事例，回答以下问题：（2002 年）

（1）途中烧毁的化肥损失属什么损失，应由谁承担？为什么？

（2）途中湿毁的化肥损失属什么损失，应由谁承担？为什么？

（3）A 公司可否向承运人追偿由于化肥价格下跌造成的损失？为什么？

答案要点：

（1）途中烧毁的化肥属于单独海损，首先应由受损方 A 公司承担损失。因为依 CFR 术语，风险由 A 公司即买方承担，而 A 公司购买了水渍险，保险人承保范围包括失火造成的货损，因此最终由保险公司承担。

（2）湿毁的化肥属于共同海损，首先应由 A 公司与船公司分别承担，由于共同海损属于保险人承保范围，所以，最终由保险公司承担。

（3）可以。因为承运人迟延装船，又倒签提单，须对迟延交付负责。

2. 国外一家贸易公司与我国某进出口公司订立合同，购买小麦 500 吨。合同规定，2002 年 1 月 30 日前开出信用证，2 月 5 日前装船。1 月 28 日买方开来信用证，有效期至 2 月 10 日。由于卖方按期装船发生困难，故电请买方将装船期延至 2 月 17 日并将信用证有效期延长至 2 月 20 日，买方回电表示同意，但未通知开证银行。2 月 17 日货物装船后，卖方到银行议付时，遭到拒绝。（2002 年）

请问：（1）银行是否有权拒付货款？为什么？

（2）作为卖方，应当如何处理此事？

答案要点：

银行有权拒绝议付。理由如下：

（1）根据《UCP500》的规定，信用证虽是根据买卖合同开出的，但一经开出就成为独立于买卖合同的法律关系。银行只受原信用证条款约束，而不受买卖双方之间合同的约束。合同条款改变，信用证条款未改变，银行就只按原信用证条款办事。买卖双方达成修改信用证的协议并未通知银行并得到银行同意，银行可以拒付。

（2）作为卖方，当银行拒付时，可依据修改后的合同条款，直接要求买方履行付款义务。卖方也可以要求修改信用证。

3. 某货代公司接受货主委托，安排一批茶叶海运出口。货代公司在提取了船公司提供的集装箱并装箱后，将整箱货交给船公司。同时，货主自行办理了货物运输保险。收货人在目的港拆箱提货时发现集装箱内异味浓重，经查明，该集装箱前一航次所载货物为精萘，致使茶叶受精萘污染。（2002 年）

请问：（1）收货人可以向谁索赔？为什么？

（2）最终应由谁对茶叶受污染事故承担赔偿责任？

答案要点：

（1）可向保险人或承运人索赔。因为根据保险合同，在保险人承保期间和责任范围内，保险人应承担赔付责任；因为根据运输合同，承运人应提供"适载"的 COC，由于 COC 存在问题，承运人应承担赔偿责任；也可以向货代公司索赔，货主与货代之间有着委托代理关系。

（2）由于承运人没有提供"适载"的 COC，而货代在提空箱时没有履行其义务，即检查箱子的义务，并且在目的港拆箱时异味还很浓重，因此，承运人和货代应按各自过失比例承担赔偿责任。

4. 1998 年 5 月中国某粮油进出口公司 A 与欧洲某国一商社 B 订立出口大米的合同。该合同规定：大米规格水分最高 20%，破碎率 20%，杂质最高 1%，以中国商检局的检验报告为最后依据。单价为 USD360/MT，FOB 中国一港口，麻袋装，每袋净重 50KGS，买方应于 1998 年 9 月派船接运货物。B 公司未按期派船接运货物，一直延误到 12 月才派船接运货物。大米装船交货，承运人签发清洁提单，运到目的港后，买方发现大米生虫。于是委托当地的货物检验机构进行检验，并签发了虫害证明。买方 B 公司据此向卖方 A 公司提出索赔 20% 货款。当 A 公司接到 B 公司的索赔后，不仅不赔，而且要求 B 公司支付延迟装货的仓储费等。另保存在中国商检局的检验货样，到发生争议时仍完好无损，未发生虫害。（2003 年）

试分析：（1）A 公司要求 B 公司支付延迟装货的仓储费等能否成立？为什么？

（2）B 公司的索赔能否成立？为什么？

答案要点：

（1）A 公司的请求可以成立

因为 A 公司与 B 公司依法订立了 FOB 出口货物合同，合同真实有效，应予遵守。B 公司逾期未派船接运货物，违反合同，给 A 公司造成货物仓储费等损失，应依法承担违约赔偿责任。

（2）B 公司的索赔不能成立

因为 A 公司已交货完毕并取得了清洁装船提单；合同约定的装港商检报告和货样均完好，证明了卖方交付货物符合合同约定，故索赔不成立。

5. 某货主委托某货代公司出运一批货物，自上海到香港。该货代公司代表货主向船公司订舱后取得提单，船公司要求该货代公司暂扣提单，直到该货主把过去拖欠该船公司的运费付清以后再放单。后该货主向某海事法院起诉该货代公司违反代理义务擅自扣留提单造成货主无法结汇产生巨额损失。

根据上述案例，分析该货代公司对货主的损失是否承担责任？为什么？（2003 年）

答案要点：

某货代公司对货主的损失承担责任。因为此案某货代公司是接受货主委托，其是货主的代理人，应按货主的指示完成委托事宜，不应听从船公司的要求扣提单，从而损害货主利益，其行为违反了代理的职责，因此其应当对货主的损失承担责任。

6. 国内 A 贸易公司出口货物，并通过 B 货代公司向某国外班轮公司 C 公司订舱出运货物，货装船后，C 公司向 A 公司签发一式三份记名提单。货到目的港口，记名提单上的收货人未取得正本提单的情况下，从 C 公司手中提走货物。A 公司以承运人无单放货为由，在国内起诉 C 公司。（提单上注明适用美国法律。在美国，承运人向记名提单的记名收货人交付货物时，不负有要求记名收货人出示或提交记名提单的义务）（2003 年）

请根据题意分析并回答：

（1）本案适用何国法律，为什么？

（2）承运人是否承担无单放货责任。（请根据中国海商法和美国法分别阐述为什么）

答案要点：

（1）本案适用美国法律。因为我国海商法规定，合同当事人可以选择适用的法律，B/L 注明适用美国法律，所以应适用美国法律。

（2）①承运人无须承担无单放货责任。因为提单上注明适用美国法律。在美国，承运人向记名提单的记名收货人交付货物时，不负有要求记名收货人出示或提交记名提单的义务。②承运人承担无单放货责任。因为我国海商法规定，提单是承运人保证据以交付货物的单证，不论是记名提单或非记名提单，承运人均有义务凭正本提单交付货物。

7. 某货主委托承运人的货运站装载 1 000 箱小五金，货运站在收到 1 000 箱货物后出具仓库收据给货主。在装箱时，装箱单上记载 980 箱，货运抵进口国货运站，拆箱单上记载 980 箱，由于提单上记载 1 000 箱，同时提单上又加注"由货主装箱、计数"，收货人便向承运人提出索赔，但承运人拒赔。根据题意分析回答下列问题：（2003 年）

（1）提单上类似"由货主装载、计数"的批注是否适用拼箱货，为什么？

（2）承运人是否要赔偿收货人的损失，为什么？

（3）承运人如果承担赔偿责任，应当赔偿多少箱？

答案要点：

（1）不适用，因为是承运人的货运站代表承运人收货并装箱的，除非货运站代表货主装箱、计数。

（2）是，提单在承运人与收货人之间是绝对证据，收货人有权以承运人未按提单记载数量交货而提出赔偿要求。

（3）20 箱。

8. 中国 A 贸易出口公司与外国 B 公司以 CFR 洛杉矶、信用证付款的条件达成出口贸易合同。

合同和信用证均规定不准转运。A 贸易出口公司在信用证有效期内委托 C 货代公司将货物装上 D 班轮公司直驶目的港的班轮，并以直达提单办理了议付，国外开证行也凭议付行的直达提单予以付款。在运输途中，船公司为接载其他货物，擅自将 A 公司托运的货物卸下，换装其他船舶运往目的港。由于中途延误，货物抵达目的港的时间比正常直达船的抵达时间晚了 20 天，造成货物变质损坏。为此，B 公司向 A 公司提出索赔，理由是 A 公司提交的是直达提单，而实际则是转船运输，是一种欺诈行为，应当给予赔偿。A 公司为此咨询 C 货代公司。假如你是 C 货代公司，请回答 A 公司是否应承担赔偿责任？理由何在？B 公司可否向船公司索赔？（2004 年）

答案要点：

（1）A 公司对此货损不承担责任。

（2）因为 A 公司已按信用证的规定将货物如期装上直达班轮并提供了直达班轮提单，卖方义务已经履行。按 CFR 条件成交，货物在装运港装上驶往目的港的船舷时风险即转移。货物何时到达目的港，是否到达目的港，包括船公司中途擅自转船的风险概由买方承担，而与卖方无关。

（3）B 公司可凭直达提单向承运人索赔。

9. 我国货主 A 公司委托 B 货运代理公司办理一批服装货物海运出口，从青岛港到日本神户港。B 公司接受委托后，出具自己的 Order House B/L 给货主。A 公司凭此到银行结汇，提单转让给日本 D 贸易公司。B 公司又以自己的名义向 C 海运公司订舱。货物装船后，C 公司签发海运提单给 B 公司，B/L 上注明运费预付，收发货人均为 B 公司。实际上 C 公司并没有收到运费。货物在运输途中由于船员积载不当，造成服装玷污受损。C 公司向 B 公司索取运费，遭拒绝，理由是运费应当由 A 公司支付，B 仅是 A 公司的代理人，且 A 公司并没有支付运费给 B 公司。A 公司向 B 公司索赔货物损失，遭拒绝，理由是其没有诉权。D 公司向 B 公司索赔货物损失，同样遭到拒绝，理由是货物的损失是由 C 公司过失造成的，理应由 C 公司承担责任。（2004 年）

根据题意，请回答：

（1）本案中 B 公司相对于 A 公司而言是何种身份？

（2）B 公司是否应负支付 C 公司运费的义务，理由何在。

（3）A 公司是否有权向 B 公司索赔货物损失，理由何在。

（4）D 公司是否有权向 B 公司索赔货物损失，理由何在。

（5）D 公司是否有权向 C 公司索赔货物损失，理由何在。

答案要点：

（1）B 公司为无船承运人（承运人）；

（2）B 公司应负支付运费的义务，因为对 C 公司而言，它是托运人；

（3）A 公司无权向 B 公司索赔货物损失，因为提单已转让给 D 公司；

（4）D 公司有权向 B 公司索赔货物损失，因为 B 公司是（无船）承运人；

（5）D 公司有权向 C 公司索赔货物损失，因为 C 公司是实际承运人。

10. 中国 A 贸易公司就出口某产品与国外 B 公司达成销售合同，合同规定货物数量 100 公吨，可增减 10%，每公吨 USD500。国外 B 公司所在地 C 银行应 B 公司的申请开立信用证。信用证规定货物总金额为 USD50000，数量约 100 公吨。A 贸易公司在交货时，恰逢市场价格呈下跌趋势。A 贸易公司将 110 公吨货物交船公司托运，并取得船公司签发的正本提单。A 贸易公司凭商业发票（金额为 USD55000）、提单等单证到银行结汇，但遭到银行拒付，理由是单、证不符。请问：（2005 年）

（1）银行是否有权拒付，理由何在？

（2）A 贸易公司应交多少公吨货物才能既符合信用证的规定，又避免经济损失？

（3）假如银行有权拒付，作为卖方的 A 公司应当如何处理此事？

答案要点：

（1）有权。根据《UCP500》规定，凡"约"、"近似"、"大约"或类似意义措词用于信用证金额、数量或单价前，应理解为允许对数量、金额或单价有不超过 10％的增减幅度。本题中信用证金额前无约量的表示，故信用证金额不能增加，如果超过信用证规定金额，容易造成单、证不符，有被拒付的风险。

（2）本题我方应交货 100 公吨。

（3）作为卖方，应当即刻请求买方修改信用证，并按修改后的信用证重新再到银行议付。作为卖方还可以请求买方换用其他付款方式，如电汇等。

11. 某国际货运代理企业经营国际集装箱拼箱业务，此时他是 CONSOLIDATOR，由于他签发自己的提单，所以他是无船承运人（以下称为无船承运人）。2004 年 9 月 15 日，该无船承运人在 KOBE 港自己的 CFS 将分别属于六个不同发货人的拼箱货装入一个 20 英尺的集装箱，然后向某班轮公司托运。该集装箱于 2004 年 9 月 18 日装船，班轮公司签发给无船承运人 CY/CY 交接的 FCL 条款下的 MASTER B/L 一套；无船承运人然后向不同的发货人分别签发了 CFS/CFS 交接的 LCL 条款下的 HOUSE B/L 共六套，所有的提单都是清洁提单。2004 年 9 月 23 日载货船舶抵达提单上记载的卸货港。第二天，无船承运人从班轮公司的 CY 提取了外表状况良好和铅封完整的集装箱（货物），并在卸货港自己的 CFS 拆箱，拆箱时发现两件货物损坏。2004 年 9 月 25 日收货人凭无船承运人签发的提单前来提货，发现货物损坏。请问：（2005 年）

（1）收货人向无船承运人提出货物损坏赔偿的请求时，无船承运人是否要承担责任？为什么？

（2）如果无船承运人向班轮公司提出集装箱货物损坏的赔偿请求时，班轮公司是否要承担责任？为什么？

（3）无船承运人如何防范这种风险？

答案要点：

（1）要承担责任。无船承运人收到货物时签发的提单为清洁提单，表明货物状况良好，因此要对货物的损失承担责任。

（2）要承担责任。因为班轮公司是按照外表状况良好和铅封完整的集装箱（货物）在 CY 交给无船承运人的。

（3）应投保责任险；在提单上作批注或货主保函换取清洁提单或其他方式换货。

12. 2001 年 10 月，法国某公司（卖方）与中国某公司（买方）在上海订立了买卖 200 台电子计算机的合同，每台 CIF 上海 1000 美元，以不可撤销的信用证支付，2001 年 12 月马赛港交货。2001 年 11 月 15 日，中国银行上海分行（开证行）根据买方指示向卖方开出了金额为 20 万美元的不可撤销的信用证，委托马赛的一家法国银行通知并议付此信用证。2001 年 12 月 20 日，卖方将 200 台计算机装船并获得信用证要求的提单、保险单、发票等单据后，即到该法国议付行议付。经审查，单证相符，银行即将 20 万美元支付给卖方。载货船离开马赛港 10 天后，在航行途中由于船员航行操作过失，船舶触礁，救助无效，货船及货物全部沉入大海。此时开证行已收到了议付行寄来的全套单据，买方也已得知所购货物全部灭失的消息。因此，卖方拒绝支付货款，理由是其不能得到所期待的货物。根据中国海商法和国际贸易惯例，请回答：（2006 年）

（1）这批货物的风险自何时起由卖方转移给买方？

（2）买方能否因这批货物全部灭失而免除其所承担的付款义务？

（3）如投保 PICC 货物一切险条款，保险公司是否承担保险责任？为什么？

（4）作为承运人的船公司是否要承担责任？为什么？

答案要点：

（1）这批货物的风险自货物交到装运港的船上时从卖方转移给买方。

（2）买方不能因这批货物全部灭失而免除其所承担的付款义务。

（3）保险公司应承担保险责任，因为损失是在保险人的承保范围之内。

（4）承运人的船公司对此不承担责任，因为根据我国海商法的规定，承运人免责。

13. 我国 A 贸易公司委托同一城市的 B 国际货运代理公司办理一批从我国 C 港运至韩国 D 港的危险品货物。A 贸易公司向 B 国际货运代理公司提供了正确的货物名称和危险品货物的性质，B 国际货运代理公司为此签发其公司的 HOUSE B/L 给 A 贸易公司。随后，B 国际货运代理公司以托运人的身份向船公司办理该批货物的订舱和出运手续。为了节省运费，同时因为 B 国际货运代理公司已投保责任险，B 国际货运代理公司向船公司谎报货物的名称，亦未告知船公司该批货物为危险品货物。船公司按通常货物处理并装载于船舱内。结果在海上运输中，因为货物的危险性质导致火灾，造成船舶受损，该批货物全部灭失并给其他货主造成巨大损失。请根据我国有关法律规定回答下列问题：（2006 年）

（1）A 贸易公司、B 国际货运代理公司、船公司在这次事故中的责任如何？

（2）承运人是否应对其他货主的损失承担赔偿责任？为什么？

（3）责任保险人是否承担责任？为什么？

答案要点：

（1）B 国际货运公司承担责任；A 外贸公司、船公司不承担责任。

（2）承运人不承担责任，根据我国海商法的规定，承运人免责。

（3）责任保险人不承担责任，因 B 国际货运公司故意谎报行为，不在保险人的承保范围。

14. A 货主委托 B 货代公司出运一批货物，从青岛到新加坡。B 货代公司代表 A 货主向 C 船公司订舱，货物装船后，B 货代公司从 C 船公司处取得提单。C 船公司要求 B 货代公司暂扣提单，直到 A 货主把过去拖欠该船公司的运费付清以后再放单。随后 A 货主向海事法院起诉 B 货代公司违反代理义务，擅自扣留提单而造成其无法结汇产生的损失。

根据上述案例，请分析：（2007 年）

（1）B 货代公司对 A 货主的损失是否承担责任？为什么？

（2）C 船公司本身是否有权暂扣提单？为什么？

答案要点：

（1）货代公司 B 对货主 A 的损失承担责任。因为此案中，货代公司 B 是接受货主委托，其是货主的代理人，应按货主的指示完成委托事宜，不应听从船公司的要求扣留提单，从而损害货主利益，其行为违反了代理的职责，因此其应当对货主的损失承担责任。

（2）C 船公司无权扣留提单。因为 A 货主过去拖欠该船公司的运费与本次运输合同不是同一个债权债务关系。

15. 甲货运代理公司接受乙外贸公司委托，全权负责一批时令货物的运输。乙外贸公司问讯甲货运代理公司货物能否在规定时间内运抵目的港。甲货运代理公司查询丙班轮公司船期表后，认为没有问题，于是向乙外贸公司承诺货物可以按时运抵。货物装船后，因为船员驾驶船舶疏忽发生触礁搁浅，船舶比原船期表时间晚到目的港 5 天。请问：（2008 年）

（1）甲货运代理公司是否应当承担货物延迟交付的责任？为什么？

（2）丙班轮公司是否应当承担货物延迟交付的责任？为什么？

答案要点：

（1）承担。甲货运代理公司承诺货物能在规定时间内运抵，货物没有抵达属于违约。

（2）不承担。丙班轮公司并未承诺货物运抵时间，货物在合理时间抵达目的港，未违约。

16. 我国 A 公司与美国 B 公司签订了进口 3 套设备的贸易合同，FOB 美国西海岸，目的地为山东济南。A 公司委托 C 航运公司负责全程运输，C 航运公司从美国西雅图港以海运方式运输了装载于三个集装箱的设备到青岛港，C航运公司委托D货代公司负责青岛到济南的陆路运输，双方订立陆路运输合同。D货代公司并没有亲自运输，而是委托E汽车运输服务公司运输。货到目的地后，收货人发现两个集装箱破损，货物严重损坏。经查实发现涉案两个集装箱货物的损坏发生在青岛至济南的陆路运输区段。请分析并解答下列问题（本案适用中国法律）：（2008年）

（1）C航运公司是否对货物的损失承担责任，为什么？

（2）阐述C航运公司和D货代公司的法律地位。

（3）本案是否按照中国《海商法》关于承运人赔偿责任和责任限额的规定来确定当事人的赔偿责任，为什么？

答案要点：

（1）C航运公司对货物的损失承担责任，因为它是多式联运经营人，对全程负责；

（2）C航运公司为多式联运经营人，D公司为区段运输承运人；

（3）否，因为我国《海商法》规定，货物灭失或损害发生在某一区段的，适用调整该区段的有关法律规定。本案集装箱货物的损坏发生在青岛至济南的陆路运输区段，所以不能适用我国海商法的规定。

17.货主A公司向作为无船承运人的B货运代理公司订舱出运20个出口集装箱，B公司接受委托承运后签发了提单，又以自己的名义将其中10个集装箱交由C航运公司运输，将另外10个集装箱交由D航运公司运输。D航运公司的船舶在运输途中遇强风，部分装在甲板上的集装箱因绑扎不牢而落入海中灭失。收货人持B公司签发的B/L提货时发现少了3个集装箱，收货人向B公司索赔，B公司拒赔，从而引发诉讼。请分析：（2009年）

（1）B公司和D航运公司是否应对收货人承担赔偿责任？为什么？

（2）D航运公司对集装箱落海灭失是否适用免责条款？为什么？

答案要点：

（1）B、D公司都承担责任。因为B是承运人，D是实际承运人。

（2）不适用。因为绑扎不牢属于船员管货过失。

18.2005年5月20日，我国甲电力有限公司从欧洲进口一批发电机组及配套设备，委托我国乙货运代理公司负责全程运输。乙货运代理公司以托运人的身份向海运承运人订舱，装卸港口分别为A和B。货物从欧洲港口起运前，甲电力有限公司向我国丙财产保险股份有限公司投保海洋货物运输一切险，保险单上启运港和目的港分别为A和B。2005年6月9日，在发电设备被海运至我国B港后，乙货运代理公司又转委托中国丁运输有限公司将其运至甲电力有限公司在C地的工地，并向其支付陆运运费。发电设备在公路运输途中，从丁运输有限公司的车上侧移跌落地面，严重受损。请分析：（2009年）

（1）甲公司的货损应向谁索赔？为什么？

（2）丁运输有限公司是否要承担责任？为什么？

（3）保险公司是否承担责任？为什么？

答案要点：

（1）向乙索赔，因乙是多式联运经营人。（或向丁索赔，因为是实际承运人）。

（2）承担，货物造成损失。

（3）不承担，责任期间之外。

19.我国A公司以FOB贸易术语出口一批货物到德国，合同签订后接到德国买方来电，称租船较为困难，委托A公司代为租船，有关费用由买方承担。为了方便合同履行，A公司接受了对方的要求，但时间已到了装运期，A公司在规定的装运期内无法租到合适的船舶，因此到装运期满时，货仍未装船。买方因销售旺季即将结束，便来函以A公司未按期租船履行交货义务为由撤销合

同。请分析：买方是否有权解除合同，理由何在？（2010 年）

参考答案：买方无权解除合同。因为在 FOB 出口情况下，买方负责租船、订舱、支付运费的义务。卖方也可以接受买方的委托，代为租船订舱，费用和风险由买方负责，卖方不承担租不到船的责任。因此，买方无权解除合同。

20. 2008 年 6 月，我国 A 进出口公司委托 B 货运代理公司办理 600 个纸箱的男式羽绒滑雪衫出口日本的手续。B 公司将货物装上 C 船公司派来的船舶，并向 A 公司签发了清洁的多式联运提单，提单载明货物数量 600 纸箱，分装在 3 个集装箱内。6 月 29 日，该轮抵达神户港，同日，集装箱驳卸到岸上。7 月 7 日，这 3 个集装箱由 B 公司安排卡车运至东京收货人仓库，收货人发现货物由于集装箱有裂痕，雨水进入箱内造成货物损坏。2009 年 9 月 25 日，收货人以 B 货运代理公司和实际承运人 C 船公司为被告，向法院提起诉讼。

根据本案例，请分析：（2010 年）

（1）B 公司的身份是代理人还是承运人，为什么？

（2）依据我国海商法的规定，C 公司是否应承担赔偿责任，为什么？

（3）依据国际多式联运公约的规定，B 公司是否应承担赔偿责任，为什么？

参考答案：

（1）B 公司的身份为多式联运经营人，其原因在于接受货主委托后，以自己名义向货主签发了清洁多式联运提单，从而具备了多式联运经营人的构成要件。

（2）不承担。根据我国海商法规定，就海上货物运输向承运人要求赔偿的请求权，时效为 1 年，收货人在一年后提起诉讼，因时效已过，C 公司不承担责任。

（3）承担。根据国际多式联运公约的规定，货损发生在 B 公司责任期间，且诉讼时效为两年，因此应该承担责任。

21. 一票从北京运往伦敦的机器配件，在巴黎中转，货运单号 666－33783442，4 件，每件 25 公斤，当在巴黎中转时，由于临时出现问题，发货人向航空公司提出停止运输，且返回北京。（2003 年）

问：（1）发货人的请求是否可以得到航空公司的许可？为什么？

（2）返回的机器配件的运费由谁来支付？

答案要点：

（1）发货人的请求可以得到航空公司的许可。

根据《华沙公约》"托运人在履行运输合同所规定的一切义务的条件下，有权在始发地航空站或目的地航空站将货物退回，或在途中经停时中止运输，或在目的地或运输途中交给非航空货运单上所指定的收货人，或要求将货物退回始发地航空站，但不得因行使这种权利而使承运人或其他托运人遭受损失，并应偿付由此产生的一切费用。"

（2）返回的机器配件的运费由托运人来支付。

22. 一票从上海运往泰国的整套流水线机器，货运单号 777－89783442，由于机器比较庞大，用了 6 个箱子，每件重量 60 公斤，整套机器的价值 USD6000，无申明价值，在终点站接货时，发现一个箱子开裂，经检验，这个箱子的机器已完全受损，其他 5 个箱子完好。（2003 年）

问：航空公司应如何赔偿？

答案要点：

此批货物属于国际运输，根据《华沙公约》第二十二条第二款（B）"如交运的行李或货物的一部分或者货物中任何物件发生遗失、损坏或者延误，以致影响同一份货运单所列的另一包装件或者其他包装件的价值时，在确定责任限额时，另一包装件的总重量也应当考虑在内"。因此，6 件箱子的货物都受到影响，无法使用，必须按照整票货物来赔。

总重：6×60＝360 公斤　按照每公斤 20 美元，USD20×360＝USD7 200

由于 USD7200 大于实际价值，因此航空公司应赔偿 USD6 000。

23. 一票航空运输的货物，从新加坡经北京中转到天津，运输的是机器设备，货运单号 555-89783442（Airport of departure：新加坡；Airport of destination：天津），3 件货物重 178 公斤，计费重量共 206 公斤，从新加坡运往北京采用的是飞机运输，再从北京转运天津时，使用卡车航班。但在高速公路上，不幸发生车祸，设备全部损坏，请问：航空公司是否应赔偿？理由何在？如果赔偿，应赔偿多少？（2004 年）

答案要点：

（1）航空公司应该赔偿。

（2）此批货物属于国际运输，根据《华沙公约》第十八条第一款"对于交运的行李或货物因毁灭、遗失或损坏而产生的损失，如果造成这种损失的事故发生在航空运输期间，承运人应负责任"。航空运输，包括行李或货物在承运人保管的期间，不论在航空站内、在航空器上或在航空站外降停的任何地点。"此票货物的损害虽然是在公路上发生的，但是在承运人的保管期间。

航空公司应赔偿 USD20×178＝USD3 560。

24. 青岛某货主将一批价值 USD10 000，计 10 箱的丝织品通过 A 航空公司办理空运经北京出口至法国巴黎。货物交付后，由 B 航空公司的代理人 A 航空公司于 2003 年 1 月 1 日出具了航空货运单一份。该货运单注明：第一承运人为 B 航空公司，第二承运人是 C 航空公司，货物共 10 箱，重 250 千克。货物未声明价值。B 航空公司将货物由青岛运抵北京，1 月 3 日准备按约将货物转交 C 航空公司时，发现货物灭失。为此，B 航空公司于当日即通过 A 航空公司向货主通知了货物已灭失。为此，货主向 A 航空公司提出书面索赔要求，要求 A 航空公司全额赔偿。根据以上案情，请回答以下问题：（2005 年）

（1）本案中，A、B、C 航空公司的法律地位是什么？

（2）谁应当对货物的灭失承担责任？

（3）本案是否适用于《华沙公约》？

（4）货主要求全额赔偿有无依据？

（5）航空公司应该赔偿的数额是多少？

答案要点：

（1）A 是 B 航空公司的代理人；B 既是缔约承运人，也是第一区段的实际承运人；C 是第二区段的实际承运人。

（2）B 航空公司应当承担责任，因为货物灭失发生在转交 C 航空公司之前，责任在 B 航空公司。

（3）适用。此案始发站是青岛，中转站为北京，目的站为巴黎。根据《华沙公约》的规定，由几个连续的航空承运人所办理的运输，如经合同当事人认为是一个单一的运输业务，则无论他以一个合同或一系列合同的形式约定，在本公约的意义上，应视为一个不可分割的运输，并不因其中一个合同或一系列的合同完全在同一国家的领土内履行而丧失其国际性质。因此，即便青岛至北京段是中国境内，也是国际航空货物运输合同。

（4）无依据。

（5）由于此批货物没有声明价值，因此，实际赔偿数额不应超过法定限额，即应赔偿的数额为 250×20＝USD5 000。

25. A 货运代理公司空运部接受货主的委托将一台重 12 千克的红外线测距仪从沈阳空运至香港。该批货物价值 6 万余元人民币，但货物"声明价值"栏未填写。A 货运代理公司按照正常的业务程序，向货主签发了航空分运单，并按普通货物的空运费率收取了运费。由于当时沈阳无直达香港的航班，所有空运货物必须在北京办理中转。为此 A 货运代理公司委托香港 B 货运代理公司驻北京办事处办理中转业务。但是，由于航空公司工作疏忽，致使该货物在北京至香港的运输途中遗失。根据以上案情，请回答如下问题：（2006 年）

（1）A 货运代理公司和 B 货运代理公司的法律地位是什么？他们是否应对货物遗失承担责任？

（2）本案是否适用国际航空货运公约，为什么？

（3）货主认为应按货物的实际价值进行赔偿的主张是否有法律依据，为什么？

答案要点：

（1）本案中的 A 公司收取运费并签发分运单，因而是缔约承运人，应对货物的遗失承担责任。B 公司是货运代理的中转代理，对货物遗失不承担责任。

（2）本案始发站为沈阳，经停站为北京，目的站为香港。由于中国内地与中国香港之间的运输比照国际运输处理，因此，此案应适用国际航空货运公约。

（3）货主按货物的实际价值（6 万余元人民币）进行赔偿的主张无法律依据。此案中货主托运时并未声明货物价值，且承运人也是按普通货物费率收取运费，因此，此案的赔偿不应超过法定责任限额，即应赔偿 12 千克×20 美元/千克＝240 美元。

26. 一票从澳大利亚墨尔本空运到北京的奶酪：货运单号 999 - 89 783444，1 件 500 公斤，货物价值 20 000 美元。飞机于 2006 年 8 月 9 日到达北京机场，当天上午 9 点航空公司发出到货通知，收货人当天办理完海关手续后到机场提货时，发现货物并没有放在冷库保存，奶酪解冻后受损，收货人当时便提出异议。因为在货运单的操作注意事项栏中明显注明"KEEP COOL"字样，但工作人员在分拣时疏忽没有看到。最后经过挑选，损失达 60％左右。（2007 年）

请问：（1）收货人能否向承运人索赔，为什么？

（2）承运人如果赔偿，能否享受责任限额？为什么？

（3）赔偿总金额是多少？

答案要点：

（1）收货人能够向承运人索赔。因为双方当事人存在运输合同关系，依据合同规定，收货人有权就货物损失向承运人航空公司提出索赔。

（2）承运人可以享受责任限额。本案系工作人员过失所致，非承运人及其雇佣人员故意行为造成的，根据法律规定，承运人可以享受责任限额。

（3）货物 60％损坏，并不影响其他包装件的货物，因此，赔偿金额为：500×60％×20＝6 000 美元。

27. 2006 年 6 月 5 日，A 货主与 B 货代公司签订一份关于货物全程运输的协议，约定由 B 货代公司承运 A 货主的货物，包括从货主所在地汽车运输至香港、香港至新加坡的海上船舶运输，A 货主一次性支付全程运费。该协议并无关于运输烟花等危险品的约定，且 B 货代公司的经营范围仅为普通货物运输服务。在 A 货主处装车时，B 货代公司发现所运货物为 16 000 箱烟花并表示拒绝运输，但 A 货主坚持要 B 公司承运，B 货代公司遂接受了运输任务。在汽运过程中，由于司机违章抢道行驶与火车相撞，导致货物发生爆炸全损。AB 双方当事人就有关责任和赔偿发生纠纷并诉至法院。根据题意请分析回答：（2007 年）

（1）本案是否属于国际多式联运合同纠纷？为什么？

（2）A 货主对此是否有责任？为什么？

（3）B 货代公司是否有责任？为什么？

答案要点：

（1）属于国际多式联运合同纠纷；陆运、海运方式运至目的港，该运输方式属《中华人民共和国海商法》规定的国际多式联运。

（2）A 货主有责任，在未与 B 货代公司协商修改运输协议条款情况下直接指示其运输烟花的行为，违反了双方运输协议的约定，违约并违法。

（3）B 货代公司有责任，该行为实为明知其不具有危险品运输资质而客观上从事危险品运输，显然具有违法性。

28. 一票航空运输的电子产品，从法兰克福经北京中转，目的站为青岛，总计费重量为 102 公斤，未声明价值。在从北京到青岛的国内段操作中发生货物灭失。请问：（2008 年）

（1）本案是否适用华沙体制？为什么？

（2）承运人是否应该赔偿？赔偿多少？

答案要点：

（1）适用华沙体制，华沙体制主要应用于国际航空运输。国际航空运输主要指航空器的始发地点和目的地点位于两个国家的运输；或者同属一个国家，但航空器在另一个国家有一约定的经停点的运输。同时，国际航空运输的国际航班的国内段同样适用于华沙体制，而不要用国内航空法。本题航班从法兰克福经北京中转至青岛，如果货物在北京—青岛段发生问题，则解决方案适用华沙体制。

（2）对于交运的行李或货物因毁灭、遗失或损坏而产生的损失，如果造成这种损失的事故发生在航空运输期间，承运人应负责任。赔偿金额 USD20×102＝USD2 040。

29. 一票航空运输的精密设备，从新加坡到延吉市，货运单号 999－89 783 444。货物价值 6 万美元，声明价值 6 万美元。货运单上注明 Airport of departure：Singapore；Airport of destination：YanJi，货物重 20 公斤。货物从新加坡运往长春机场，再使用卡车运输运至延吉市。由于在长春至延吉的高速公路上发生车祸，精密设备受到损坏，相关检验部门对受损精密设备进行估价，其残值为 2.4 万美元。请分析：（2009 年）

（1）航空公司是否应赔偿？理由是什么？

（2）如果赔偿，应赔偿多少？为什么？

答案要点：

（1）航空公司应该赔偿。因为此批货物属于航空法律规定的国际运输，根据《华沙公约》第十八条第一款"对于交运的行李或货物因毁灭、遗失或损坏而产生的损失，如果造成这种损失的事故发生在航空运输期间，承运人应负责任"。航空运输，包括行李或货物在承运人保管的期间，不论在航空站内、在航空器上或在航空站外降停的任何地点。"此票货物的损害虽然是在公路上发生的，但是在承运人的责任期间。

（2）3.6 万美元。因为承运人不能享受责任限额，应按实际损失赔偿托运人已申明货物的价值。

30. 南京某货主出口一批价值 USD10 000、共 10 箱的丝织品，通过 B 航空公司的代理人 A 办理空运，经北京出口至法国巴黎。货物交付后，由代理人 A 于 2009 年 1 月 1 日出具了航空货运单一份。该货运单注明：第一承运人为 B 航空公司，第二承运人是 C 航空公司，货物共 10 箱，重260 千克，货物未声明价值。B 航空公司将货物由南京运抵北京，1 月 3 日准备按约将货物转交 C 航空公司时，发现货物灭失。B 航空公司于当日即通过代理人 A 向货主通知了货物已灭失。货主向代理人 A 提出书面索赔要求，要求代理人 A 全额赔偿损失。

请分析：（2010 年）

（1）代理人 A 是否承担责任？为什么？

（2）B 航空公司是否承担责任？为什么？

（3）货主获得的赔偿金额应为多少？

参考答案：

（1）代理人 A 不承担责任。代理人 A 作为 B 航空公司的代理人，对于 B 航空公司的航班运输的货物发生损失或者延误不承担责任。

（2）B 航空公司承担责任。在其责任范围之内造成货损。

（3）因货主未声明货物价值，故按照国际航空运输相关规定，最高的赔偿限额为每公斤 20 美元，故货主可获最高赔偿额为 USD20/kg×260kg＝USD5 200。

八、操作题

1. 依照所附海运提单（附表 3），回答下列问题：（2002 年）

附表 3

Shipper ABC Co., ltd.			B/L No.		
Consignee or order TO ORDER					
Notify address XYZ Co., ltd. Tel.NO.12345678			直运或转船提单 BILL OF LADING DIRECT OR WITH TRANSHIPMENT		

SHIPPED on board in apparent good order and condition (unless otherwise indicated) the goods or packages specified herein and to be discharged at the mentioned port of discharge or as near thereto as the vessel may safely get and be always afloat.

The weight, measure, marks and numbers, quality, contents and value, being particulars furnished by the Shipper, are not checked by the carrier on loading.

The Shipper, Consignee and the Holder of this Bill of Lading hereby expressly accept and agree to all printed, written or stamped provisions, exceptions and conditions of this Bill of Lading, including those on the back hereof.

IN WITNESS whereof the number of original Bills of Lading stated below have been signed, one of which being accomplished, the other(s) to be void.

Pre-carriage by	Port of loading shanghai
Ocean Vessel M.V.GLoria	Port of transhipment
Port of discharge YoKohama	Final destination

PARTICULARS FURNISHED BY SHIPPER

Container seal No.or marks and Nos. 1234CN/5678JP	Number and Kind of VEHICLES 2×20'S.T.C 4 UNITS COSU8001215 S.O.C802376	Description of goods packages	Gross weight (kgs). 36,000	Measurement(m³) 40

Freight and charges Freight Prepaid	REGARDING TRANSHIPMENT INFORMATION PLEASE CONTACT

	Prepaid at	Freight payable at	Place and date of issue
Ex. rate	Total Prepaid	Number of original Bs/L TWO	Signed for or on behalf of the Master DEF Co., Ltd. AS AGENT FOR GHI Co., Ltd. AS CARRIER

TERMS AND CONDITIONS AS PER ORIGINAL BILL OF LADING

国际货代实务试题 第 18 页（共 18 页）

（1）该提单应由谁首先背书？

（2）作为收货人的代理人，你如何知道找谁提货？

（3）收货人提货时应交出几份提单？

(4) 收货人提货时是否应支付海运费？

(5) 卸货港是哪里？

(6) 谁是承运人？

(7) 该提单下有几个集装箱？

(8) XYZ Co.，Ltd. 是否一定是收货人？

(9) 提单是否一定要经过 XYZ Co.，Ltd. 背书？

(10) 该提单由谁签署？

答案：（1）ABC CO. LTD.

（2）承运人 GHI CO. LTD.

（3）任一份（正本）B/L；或：任一份（正本）B/L 或者 2 份，

（4）否

（5）YOKOHAMA

（6）GHI CO. LTD.

（7）2 个

（8）不一定

（9）否

（10）DEF CO. LTD.

2. The ABC Bank（2003 年）

IrrevocaBle documentary credit

NumBer：LC123－258866

Date：August 24，1999

Date and place of expiry：OctoBer 30，1999 China

Advising Bank：Bank of China

Beneficiary：China XYZ import and export corp.

Applicant：UVW corporation.

Amount：USD52，500（Say U. S Dollars fifty two thousand five hundred only）

We hereby issue irrevocable documentary credit which is available with：

Any Bank

By negotiation of beneficiary's drafts at sight

For full invoice value

Drawn on the ABC Bank

Partial shipments：Not allowed

Transshipment：Not allowed

Shipment from：Shanghai

To：Tokyo Japan

At the latest：October 15，1999

Following documents required：

＋Signed commercial invoice in three copies

＋Full set of clean on board ocean bill of lading

＋Weight certificate in two copies

Covering：100 metric tons（5PCT MOL）of XY chemical in drums at USD 500 per M/T.

Special instructions：Insurance to be effected by buyer.

Instructions to advising bank：Please advise this credit to the beneficiary

We hereby undertake that drawers, endorsers in compliance with the terms of this credit will be duly honored upon presentation to the drawee bank.

Authorized signature

根据上述信用证，回答下列问题

（1）信用证的种类

（2）信用证号码

（3）开证行

（4）受益人

（5）通知行

（6）申请方

（7）信用证的最高金额

（8）货物名称

（9）货物总量

（10）货物单价

（11）信用证有效期

（12）装船期限

（13）可否分批装运

（14）可否转船

（15）装运港

（16）目的港

（17）汇票种类

（18）海运提单的种类

答案：

（1）irrevocable documentary credit

（2）LC123－258866

（3）ABC Bank

（4）China XYZ import & export Corp.

（5）Bank of China

（6）UVW Corporation

（7）52500USD

（8）XY chemical

（9）100 Metric Tons（5 pct mol）

（10）500USD per M/T

（11）October 30，1999

（12）at the latest October 15，1999

（13）not allowed

（14）not allowed

（15）Shanghai

（16）Tokyo，Japan

（17）Draft at sight

（18）clean，on board B/L（Full set）

3. "交货记录"标准格式一套共五联：（2003 年）

①到货通知书；②提货单；③费用账单（蓝色）；④费用账单（红色）；⑤交货记录。根据其流转程序填写相关的单证：

（a）船舶代理人在收到进口货物单证资料后，通常会向收货人或其代理人发出＿＿＿＿＿。

（b）收货人或其代理人在收到"到货通知书"后，凭＿＿＿＿＿（背书）向船舶代理人换取及场站、港区的＿＿＿＿＿联、＿＿＿＿＿联等四联。＿＿＿＿＿经船代盖章方始有效。

（c）收货人或其代理人持＿＿＿＿＿在海关规定的期限内备妥报关资料，向海关申报。海关验放后在＿＿＿＿＿的规定栏目内盖放行章。收货人或其代理人还要办理其他有关手续的，亦应办妥手续，取得有关单位盖章放行。

（d）收货人及其代理人凭已盖章放行的＿＿＿＿＿及＿＿＿＿＿和＿＿＿＿＿联向场站或港区的营业所办理申请提货作业计划，港区或场站营业所核对船代"提货单"是否有效及有关放行章后，将＿＿＿＿＿、＿＿＿＿＿联留下，作放货、结算费用及收费用收据。在第五联"交货记录"联上盖章，以示确认手续完备，受理作业申请，安排提货作业计划，并同意放货。

（e）收货人及其代理人凭港区或场站已盖章的＿＿＿＿＿联到港区仓库，或场站仓库、堆场提取货物，提货完毕后，提货人应在规定的栏目内签名，以示确认提取货物的无误。＿＿＿＿＿上所列货物数量全部提完后，场站或港区应收回＿＿＿＿＿联。

（f）场站或港区凭收回的＿＿＿＿＿联核算有关费用。填制＿＿＿＿＿一式两联，结算费用。将第三联（蓝色）"费用账单"联留存场站、港区制单部门，第四联（红色）"费用账单"联作向收货人收取费用的凭证。

（g）港区或场站将第二联"提货单"联及第四联"费用账单"联、第五联"交货记录"联留存归档备查。

答案：

（a）①到货通知书

（b）正本提单；②提货单；③/④费用账单；⑤交货记录；②提货单

（c）②提货单；②提货单；

（d）②提货单；③/④费用账单；⑤交货记录；②提货单；③/④费用账单

（e）⑤交货记录；⑤交货记录；⑤交货记录

（f）⑤交货记录；③/④费用账单

4. 依流程图所标序号写出由集拼经营人（货代企业）办理集装箱拼箱货的具体操作程序。（2004 年）

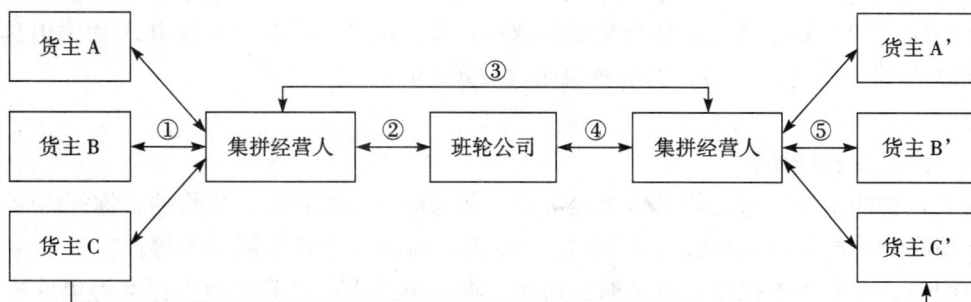

答案：

（1）A、B、C 不同货主（发货人）将不足一个集装箱的货物（LCL）交集拼经营人；集拼经营人签发 HOUSE B/L 给货主。

（2）集拼经营人将拼箱货拼装成整箱后，向班轮公司办理整箱货物运输；班轮公司签发海运提单给集拼经营人。

（3）集拼经营人将货物装船及船舶预计抵达卸货港等信息告知其卸货港的机构（代理人），同时，还将班轮公司 B/L 及 House‑B/L 的复印件等单据交卸货港代理人，以便向班轮公司提货和向收货人交付货物；

（4）集拼经营人在卸货港的代理人凭班轮公司的提单等提取整箱货；

（5）A、B、C 等不同货主（收货人）凭 House‑B/L 等在 CFS 提取拼箱货。

5. 日本 EC 海运公司于 2005 年 5 月 25 日从日本横滨装运 10 辆汽车到上海，货物装船后，船公司签发了没有批注的清洁提单，提单号为 YS‑016，船名"幸福"0422 航次。该船于 2005 年 6 月 2 日靠上海港 A 作业区五号泊位。在卸货时，发现其中 5 辆汽车外表损坏，理货公司制作货物残损单，船公司签字确认。收货人上海 B 汽车进出口公司提货时发现车辆受损。后来上海 B 汽车进出口公司对车辆进行修理，费用为 RMB20000，有修理发票。收货人欲向船公司索赔，但对索赔等事宜不熟悉。请你替收货人写一份索赔函。（2005 年）

答案： 索赔函的要点包括以下几个方面：

（1）索赔人的名称；（2）船名、抵达卸货港日期、装船港及接货地点名称；（3）货物名称、提单号码等有关情况；（4）残损情况、数量，并附理货公司残损报告；（5）索赔日期、索赔金额、索赔理由等。

6. 某货主委托国际货运代理企业办理一票集装箱海运出口货运事宜，要求承运人签发海运单。请写出海运单流转程序。（2006 年）

答案：

（1）承运人签发海运单给托运人。

（2）承运人在船舶抵达卸货港前向海运单上记名的收货人发出到货通知书。到货通知书表明这批货物的运输是根据海运单进行的。

（3）收货人在目的地出示有效身份证件证明他确系海运单上记载的收货人，并将其签署完的到货通知书交给承运人的办事机构或当地代理人，同时出示海运单副本。

（4）承运人或其代理人签发提货单给收货人。

（5）一旦这批货物的运费和其他费用结清，同时办好海关等所有按规定应办理的手续，收货人就可以提货。

7. A 货主委托 B 货代公司办理一个 20 英尺集装箱货物（500 箱服装）的出口事宜。装货港为青岛港，卸货港为日本神户港。B 货代公司到 C 船公司订舱完毕，货物顺利装箱、重箱入场、装船。船名：STAR 轮；航次：009。C 船公司签发 B/L（号码×××）给 B 货代公司。由于 D 收货人的需要，A 货主向 C 船公司申请对此票货物放弃提单，实行电放。C 船公司要求 A 货主出具海运电放保函，请你以 A 货主的名义书写一份电放保函。（2007 年）

答案：

（1）保函的开头和结尾；

（2）有关货物的情况，包括船名航次提单号、装卸港、箱型箱量、货物的名称等内容；

（3）申请将货物电放交付接收方具体的公司名称、地址、电话和联系人等；

（4）声明放弃全套正本提单，申请船公司无正本提单放货，由此承担无正本提单放货而产生的一切风险、责任和损失，并对船公司造成的损失承担责任；

（5）提供有关担保方。

8. A 货运代理公司作为无船承运人承运 B 托运人托运的 FCL 货物（3×20′GP）。该批货物由 C 班轮公司运输。货物装船后，C 班轮公司签发了 B/L 给 A 货运代理公司，A 货运代理公司也签发

附表 1

国际货物托运书（SHIPPERS LETTER OF INSTRUTION）

托运人姓名及地址 SHIPPER NAME AND ADDRESS CHINA INDUSTRY CORP., BEIJING. P.R.CHINA TEL: 86(10)64596666　FAX: 86(10)64598888	托运人账号 SHIPPERS ACCOUNT NUMBER	供承运人用 FOR CARRIAGE USE ONLY
		班期/日期　　　航班/日期 FLIGHT/DAY　　　FLIGHT/DAY CA921/30 JUL, 2002

收货人姓名及地址 Consignee's NAME AND ADDRESS NEWYORK　SPORT IMPORTERS, NEWYORK,U.S.A TEL:78789999	收货人账号 CONSIGNEE ACCOUNT NUMBER	已预留吨位 BOOKED
		运费　CHARGES CHARGES PREPAID

代理人的名称和城市
Issuing Carriers Agent Name and City
KUNDA　AIR　FRIGHT CO. LTD

ALSO notify

始发站　AIRPORT OF DEPARTURE
CAPTIAL INTERNATIONAL AIRPORT

到达站　AIRPORT OF DESTINATION
JOHN KENNEDY AIRPORT （JFK）

托运人声明价值 SHIPPERS DECLARED VALUE		保险金额 AMOUNTOF INSURANCE	所附文件 DOCUMENT TO ACCOMPANY AIR　WAYBILL
供运输用 FOR CARRIAGE NVD	供海关用 FOR CUSTOMS NCV	× × ×	1 COMMERCIAL INVOICE

处理情况（包括包装方式、货物标志及号码）
HANDING INFORMATION(INGL.METHOD OF PACKING IDENTFYING AND NUMBERS)

KEEP UPSIDE

件数 NO.OF PACKAGES	实际毛重 ACTUAL GROSS WEIGHT(KG.)	运价种类 RATE CLASS	收费重量 CHARGEABLE WEIGHT	费率 RATE/CHARGE	货物品名及数量(包括体积或尺寸) NATURE AND QUANTITY OF GOODS (INCL DIMENSION OF VOLUME)
4	53.8				MECHINERY DIMS: 70×47×35 CM ×4

了自己的 HOUSE B/L 给 B 托运人。但 B 托运人发现 HOUSE B/L 记载有误，要求重新签发提单。请写出换发提单的程序。（2008 年）

答案：

（1）B 提出申请和书面的更改通知

（2）A 公司核对发现有误，同意重新签发

（3）B 交回原来的全套 HOUSE B/L

（4）B 递交正确的全套 HOUSE B/L

（5）A 签发新的 HOUSE B/L

9. 在国际海上集装箱货物运输中，集装箱在装载货物之前，都必须进行严格检查。如果货运代理人不能亲自办理集装箱检查，则需要委托集卡（拖车）司机代为检查。货运代理人应将现场检查集装箱空箱的哪些具体操作事宜告之集卡司机。（2009 年）

附表2

IATA – FIATA INTRODUCTORY COURSE

BJS 或者 PEK

Shipper's Name and Address	Shipper's Account Number	Not Negotiable
CHINA INDUSTRY CORP. , BEIJING. P. R. CHINA TEL: 86(10) 64596666 FAX: 86(10) 64598888		r Waybill UED BY es 1,2 and 3 of this Air Waybill are originals and have the same validity.

Consignee's Name and Address	Consignee s Account Number	It is agreed that the goods described herein are accepted in apparent good order and condition (except as noted) for carriage SUBJECT TO THE CONDITIONS OF CONTRACT ON THE REVERSE HEREOF. ALL GOODS MAY BE CARRIED BY ANY OTHER MEANS INCLUDING ROAD OR ANY OTHER CARRIER UNLESS SPECIFIC CONTRARY INSTRUCTIONS ARE GIVEN HEREON BY THE SHIPPER, AND SHIPPER AGREES THAT THE SHIPMENT MAY BE CARRIED VIA INTERMEDIATE STOPPING PLACES WHICH THE CARRIER DEEMS APPROPRIATE. THE SHIPPER'S ATTENTION IS DRAWN TO THE NOTICE CONCERNING CARRIER'S LIMTATION OF LIABILITY. Shipper may increase such limitation of liability by declaring a higher value for carriage and paying a supplemental charge if required.
OSAKA SPORT IMPORTERS , OSAKA, JAPANTEL:78789999		

Issuing Carrier's Agent Name and City	Accounting Information
KUNDA AIR FRIGHTCO.LTD	

Agent's IATA Code	Account No.

Air 1g

CAPTIAL INTERNATIONAL AIRPORT

To	By First Carrier Routing and Destination	to	by	to	by	Curency CNY	CHGS Code	WT/VAL PPD COLL	Other PPD COLL	Declared Value for Carriage NVD	Declared Value for Customs NCV
JFK	CA							×	×		

HN KENNDY AIRPORT   CA921/30 JUL ,2002

Reference Number   Optical Shipping Information

Amount of Insurance × × ×   INSURANCE – If carrier offers Insruance, and such insurance is requested in accordance with the conditions thereof, indicate amount to be insured in figures in box marked "Amount of Insurance".

Handling Information   1 COMMERCIAL INVOICE   KEEP UPSIDE   SCI

No. of Pieces RCP	Gross Weight	kg lb	Rate Class Commodity Item No.	Chargeable Weight	Rate / Charge	Total	Natrue and Quantity of Goods (incl. Dimensions or Volume)
4	53.8	K Q		48.34	77.00	3722.18	MECHINERY DIMS:70×47×35 CM×4

Prepaid	Weight Charge	Collect	Other Charges
3722.18			
	Valuation Charge		AWC:50
	Tax		
	Total Other Charges Due Agent		Shipper certifie that the particulars on the face hereof are correct and that insofar as any part of the consignment contains dangerous goods , auch part is properly described by name and is in proper condition for carriage by air according to the applicable Dangerous Goods Regulations.
	Total Other Charges Due Carrier		
50			
			Signature of Shipper or his Agent
Total Prepaid	Total Collect		30 JUL 2002 BEIJING
3722.18			
Currrency Conversion Rates	CC Charges in Dest. Currency		Executed on (date) at(place) Signature of Issuing carrier or its Agent
For Carrier's Use only at Destination	Charges at Destination	Total Collect Chargea	

ORIGINAL 3(FOR SHIPPER)

答案：(1) 外部检查 (2) 内部检查 (3) 箱门检查 (4) 清洁检查 (5) 附属件的检查

10.A 货主委托 B 国际货运代理企业办理一票集装箱货物出口货运事宜，货物装船后，A 货主要求船公司"电放"。请简述此时"电放"的操作程序。(2010 年)

答案：

(1) 由托运人把全套提单交回船公司之后再填写电放申请及一份电放保函，表明电放操作产生的一切责任及后果由托运人承担。

（2）船公司接受申请及保函后给目的港船公司代理发一份电放通知，允许该票货物在不出示提单下可以提取货物。

（3）收货人出具保函换取提货单提货。

11. 依照所附国际货物托运书（附表1），将航空货运单（附表2）填制完整：（2002年）

12. 有一托运人准备从北京运往新加坡一只名贵犬，请问代理人如何向航空公司交运。（2003年）

（1）收运这只名贵犬各项注意事项应参照 IATA 出版的哪本手册？

（2）托运人应提交哪些文件？

（3）容器应贴有哪些标贴？

（4）能否办理运费到付？

（5）应如何注意运达目的站的时间？

答案：

（1）参照：IATA 每年出版一期《活动物规则》（Live Animal Regulations，LAR）

（2）活动物证明书；动物卫生检疫证明；有关国家的进出口许可证。

（3）①"动物"标贴（LIVE ANIMAL）；②"不可倒置"标贴（THIS SIDE UP）；

（4）不可以；

（5）尽量避开周末和节假日，以免动物运达后延误交付，造成动物死亡。

13. 航空货物入境时，与货物相关的单据（运单、发票、装箱单等）也随机到达，航空公司的地面代理需要向货运代理公司交接的有：国际货物交接清单、总运单、随机文件、货物。交接时要做到：单、单核对，即交接清单与总运单核对；单、货核对，即交接清单与货物核对。（2004年）

当出现以下问题时，问：采取何种处理方式？

问题	总运单	清单	货物	处理方式
1	有	无	无	总运单退回
2	有	无	有	清单上加主运单号
3	无	有	有	主运单后补
4	无	有	无	清单上划去
5	有	有	无	主运单退回
6	无	无	有	货物退回

14. 根据以下要求填制航空货运单。（2005年）

（1）如果始发站是北京首都国际机场，是否可以把"BEIJING"城市全称填在货运单中，若可以请填在该货运单中相应的位置上。

（2）如果没有供运输用的声明价值，在货运单上如何填写？请填在货运单中。

（3）如果托运人没有办理货物保险，在货运单上如何填写？请填在货运单中。

（4）如果运费是预付，在货运单中填入它的英文名称。

（5）如果货物从北京运往纽约，请在货运单中相应的位置上填入它的货币代号。

答案： （1）BEIJING （2）NVD （3）"×××" （4）CHARGES PREPAID
（5）CNY

航空货运单：

15. 有一托运人准备从上海运往巴黎的10枚金币，作为代理人应如何向航空公司交运。请回答：（2006年）

（1）如何包装这票货物？

（2）容器应贴有哪些标贴？

Shipper's Name and Address	Shipper's Account Number	Not Negotiable
		Air Waybill ISSUED BY
		Copies 1,2 and 3 of this Air Waybill are originals and have the same validity.
Consignee's Name and Address	Consignee s Account Number	It is agreed that the goods described herein are accepted in apparent good order and condition(except as noted) for carriage SUBJECT TO THE CONDITIONS OF CONTRACT ON THE REVERSE HEREOF. ALL GOODS MAY BE CARRIED BY ANY OTHER MEANS INCLUDING ROAD OR ANY OTHER CARRIER UNLESS SPECIFIC CONTRARY INSTRUCTIONS ARE GIVEN HEREON BY THE SHIPPER, AND SHIPPER AGREES THAT THE SHIPMENT MAY BE CARRIED VIA INTERMEDIATE STOPPING PLACES WHICH THE CARRIER DEEMS APPHOPRIATE. THE SHIPPER'S ATTENTION IS DRAWN TO THE NOTICE CONCERNING CARRIER'S LIMTATION OF LIABILITY.Shipper may increase such limitation of liability by declaring a higher value for carriage and paying a supplemental charge if required.
Issuing Carrier's Agent Name and City		Accounting Information
Agent's IATA Code	Account No.	**CHARGES PREPAID**
Airport of Departure(Addr. of First Carrier) and Repuested Routing		Reference Number / Optional Shipping Information

To	By First Carrier Routing and Destination BEIJING	to	by	to	by	Curency Code	CHGS Code	WT/VAL PPD COLL	Other PPD COL	Declared Value for Carriage	Declared Value for Customs

Airport of Destination	Flight/Date	For Camer llac only	Flight/Date	Amount of Insurance CNY XXX	INSURANCE - If carrier offers Insurance,and such insurance is requested in accordance with the conditions thereof,indicate amount to be insured in figures in box marked"Amount of Insurance".

Handling Information

No. of Pieces RCP	Gross Weight kg lb	Rate Class Commodity Item No.	Chargeable Weight	Rate / Charge	Total	Natrue and Quantity of Goods (incl. Dimensions or Volume)

Prepaid	Weight Charge	Collect	Other Charges
	Valuation Charge		
	Tax		
Total Other Charges Due Agent			Shipper certifie that the particulars on the face hereof are correct and that insofar as any part of the consignment contains dangerous goods, auch part is properly described by name and is in proper condition for carriage by air according to the applicable Dangerous Goods Regulations.
Total Other Charges Due Carrier			
			Signature of Shipper or his Agent
Total Prepaid	Total Collect		
Currrency Conversion Rates	CC Charges in Dest. Currenco		Executed on (date) at(place) Signature of Issuing carrier or its Agent
For Carrier's Use only at Destination	Charges at Destination	Total Collect Chargea	

（3）在货运单栏"Nature and Quantity of Goods"，应该注明什么字样？

（4）能否办理运费到付？

（5）这票货物的声明价值不得超过多少美元？

答案要点：

（1）贵重货物应用硬质木箱或铁箱包装，不得使用纸质包装，必要时外包装上应用"井"字铁条加固，并使用铅封或火漆封志；

（2）贵重货物只能使用挂签；除识别标签和操作标签外，贵重货物不需要任何其他标签和额外粘贴物；

（3）在货运单栏"Nature and Quantity of Goods"，应该注明 VALUABLE CARGO；

（4）可以；

（5）这票货物的声明价值不得 10 万美元。

16. 根据以下信息填写航空货运单（2007 年）

一批货物始发站是北京首都国际机场，目的站东京机场，没有供运输用的声明价值，托运人没有办理货物保险，运费是预付，计费重量是 300KGS。

答案要点：

（1）在 Airport of Departure and Requested Routing 栏填写 BEIJING

（2）在运费 PPD 栏填写×

（3）在 Declared Value for carriage 栏填写 NVD

（4）在 Airport of Destination 栏填写 TOKYO

（5）在 Amount of Insurance 栏填写×××

（6）在计费重量 chargeaBle weight 栏填写 300KGS

17. 托运人将以下所附航空货运单传真给国际货运代理人，并咨询关于货物运输的下列事宜，请你作为国际货运代理人的操作人员，给予答复（请用中文答复）。（2008 年）

（1）该票货物的始发站机场？

（2）该票货物的目的站机场？

（3）该票货物的航空承运人？

（4）该票货物的货币币种？

（5）该票货物的运费支付方式？

（6）该票货物的声明价值？

（7）该票货物的保险金额？

（8）该票货物的总运费？

（9）该票货物的 Rate Class 栏的"Q"的含义？

（10）该票货物的 Other Charges 栏的"AWC：50"的含义？

答案要点：

（1）北京

（2）纽约

（3）中国国航

（4）人民币

（5）运费预付

（6）没有

（7）没有

（8）3 722.18 元

（9）货物 45 公斤以上的运价

（10）承运人收取的货运单费是 50 元

18. 从广州运往美国的一票货物，品名是 ZIPPO 打火机专用燃油，货物重量 26KGS，货运单号 999 - 12345675。问：（2009 年）

（1）托运人必须填写一式两份的何种单证？

Shipper's Name and Address		Shipper's Account Number	Not Negotiable
			Air Waybill
			ISSUED BY
			Copies 1,2 and 3 of this Air Waybill are originals and have the same validity.
Consignee's Name and Address		Consignee s Account Number	It is agreed that the goods described herein are accepted in apparent good order and condition (except as noted) for carriage SUBJECT TO THE CONDITIONS OF CONTRACT ON THE REVERSE HEREOF. ALL GOODS MAY BE CARRIED BY ANY OTHER MEANS INCLUDING ROAD OR ANY OTHER CARRIER UNLESS SPECIFIC CONTRARY INSTRUCTIONS ARE GIVEN HEREON BY THE SHIPPER, AND SHIPPER AGREES THAT THE SHIPMENT MAY BE CARRIED VIA INTERMEDIATE STOPPING PLACES WHICH THE CARRIER DEEMS APPROPRIATE. THE SHIPPER' S ATTENTION IS DRAWN TO THE NOTICE CONCERNING CARRIER' S LIMITATION OF LIABILITY. Shipper may increase such limitation of liability by declaring a higher value for carriage and paying a supplemental charge if required.

(Air Waybill form — detailed layout)

Issuing Carrier's Agent Name and City		Accounting Information
Agent's IATA Code	Account No.	
Airport of Departure(Addr. of First Carrier) and Repuested Routing		Reference Number / Optioal Shipping Information

To	By First Carrier	Routing and Destination (1)	to	by	to	by	Currency	CHGS Code	WT/VAL PPD COLL	Other PPD COLL	Declared Value for Carriage	Declared Value for Customs

Airport of Destination	Flight/Date	For Camer liac only	Flight/Date	Amount of Insurance (2)	INSURANCE – If carrier offers Insurance, and such insurance is requested in accordance with the conditions thereof, indicate amount to be insured in figures in box marked "Amount of Insurance". (3)

Handling Information
(4)

(5)

No. of Pieces RCP	Gross Weight	kg lb	Rate Class / Commodity Item No.	Chargeable Weight	Rate / Charge	Total	Natrue and Quantity of Goods (incl. Dimensions or Volume)
						(6)	

Prepaid	Weight Charge	Collect	Other Charges
	Valuation Charge		
	Tax		
	Total Other Charges Due Agent		Shipper certifie that the particulars on the face hereof are correct and that insofar as any part of the consignment contains dangerous goods, auch part is properly described by name and is in proper condition for carriage by air according to the applicable Dangerous Goods Regulations.
	Total Other Charges Due Carrier		
			Signature of Shipper or his Agent
Total Prepaid	Total Collect		
Currency Conversion Rates	CC Charges in Dest. Currency		Executed on (date) at(place) Signature of Issuing carrier or its Agent
For Carrier's Use only at Destination	Charges at Destination	Total Collect Chargea	

（2）这两份单证分别如何处理？

（3）该票货物需要贴何种操作标签？

（4）在空运单"Handling Information"一栏如何填写？

答案要点：

（1）危险品申报单

（2）一份交给始发站留存，一份随货物运至目的站

附表 2

IATA – FIATA INTRODUCTORY COURSE

Shipper's Name and Address		Shipper's Account Number	Not Negotiable
CHINA INDUSTRY CORP. , BEIJING. P.R.CHINA TEL: 86（10）64596666 FAX: 86（10）64598888			**Air Waybill** ISSUED BY

Copies 1,2 and 3 of this Air Waybill are originals and have the same validity.

Consignee's Name and Address	Consignee s Account Number
NEWYORK SPORT IMPORTERS,NEWYORK,U.S.A. TEL:78789999	

It is agreed that the goods described herein are accepted in apparent good order and condition (except as noted) for carriage SUBJECT TO THE CONDITIONS OF CONTRACT ON THE REVERSE HEREOF. ALL GOODS MAY BE CARRIED BY ANY OTHER MEANS INCLUDING ROAD OR ANY OTHER CARRIER UNLESS SPECIFIC CONTRARY INSTRUCTIONS ARE GIVEN HEREON BY THE SHIPPER, AND SHIPPER AGREES THAT THE SHIPMENT MAY BE CARRIED VIA INTERMEDIATE STOPPING PLACES WHICH THE CARRIER DEEMS APPROPRIATE. THE SHIPPER'S ATTENTION IS DRAWN TO THE NOTICE CONCERNING CARRIER'S LIMTATION OF LIABILITY. Shipper may increase such limitation of liability by declaring a higher value for carriage and paying a supplemental charge if required.

Issuing Carrier's Agent Name and City

KUNDA AIR FRIGHTCO.LTD

Accounting Information

Agent's IATA Code	Account No.

Airport of Departure(Addr. of First Carrier) and Repuested Routing

Reference Number — Optional Shipping Information

To JFK	By First Carrier BEIJING CA	Routing and Destination	to	by	to	by	Curreny CNY	CHGS Code	WT/VAL PPD COLL ×	Other PPD COLL ×	Declared Value for Carriage NVD	Declared Value for Customs NCV

Airport of Destination NEW YORK	Flight/Date CA921/30 JUL ,2002	For Carrer liac only	Flight/Date	Amount of Insurance × × ×	INSURANCE – If carrier offers Insruance, and such insurance is requested in accordance with the conditions thereof, indicate amount to be insured in figures in box marked "Amount of Insurance".

Handling Information　1 COMMERCIAL INVOICE　KEEP UPSIDE

SCI

No. of Pieces RCP	Gross Weight	kg lb	Rate Class Commodity Item No.	Chargeable Weight	Rate / Charge	Total	Natrue and Quantity of Goods (incl. Dimensions or Volume)
4	53.8	K Q		77.00	48.34	3722.18	MECHINERY DIMS:70×47×35 CM×4

Prepaid 3722.18	Weight Charge	Collect	Other Charges
	Valuation Charge		
	Tax		AWC:50

Total Other Charges Due Agent	Shipper certifie that the particulars on the face hereof are correct and that insofar as any part of the consignment contains dangerous goods, auch part is properly described by name and is in proper condition for carriage by air according to the applicable Dangerous Goods Regulations.
Total Other Charges Due Carrier 50	
	Signature of Shipper or his Agent

Total Prepaid 3722.18	Total Collect	
Currrency Conversion Rates 3722.18	CC Charges in Dest. Currency	30 JUL 2002 BEIJING Executed on (date)　at(place)　Signature of Issuing carrier or its Agent
For Carrier's Use only at Destination	Charges at Destination	Total Collect Chargea

ORIGINAL 3(FOR SHIPPER)

（3）向上标签

（4）Dangerous Goods as per attached Shipper's Declaration

19. 长春 A 集团公司需要从德国 B 汽车制造公司进口一批零部件，合同约定的贸易术语为 FOB 汉堡。长春 A 集团公司计划采取集装箱海陆联运方式，经由大连转运至长春，并向社会公开招标。

现有一家国际货运代理企业欲投标，为此，需要测算其可能产生的多式联运成本。请列出：（2010年）

（1）该国际货运代理企业承运此业务会涉及哪些成本？

（2）该国际货运代理企业投标时可选择哪些计费方式？

答案：

（1）国际货运代理企业开展该业务时，需要借助于包括船公司、港口、内陆运输公司、装卸仓储公司等运输供应商来完成具体的运输业务。因此，总成本包括两大部分：一是企业为获得运输、仓储等而支付给各运输供应商的运输总成本。二是企业自身付出的经营管理费。此外，还涉及监管机构收取的与货物有关的费用，比如，报关费、检验费、检疫费等。

（2）如果招标企业对此无限制的话，该国际货运代理企业可采取灵活的费用计收方法，比如分项计收法、分项加总计收法、包干计收法、部分包干计收法、照实计收法等等。这些计收方式，归纳起来主要有单一制、分段制和混和制三种。

第二部分 国际货代英语试题

一、单项选择题

1. The （ ） is the person or company who has concluded a contract with the shipper for carriage of goods by sea. （2004 年）

　　A. Shipper　　　　　B. receiver　　　　　C. Consignee　　　　D. Carrier

　　答案：D。海上运输货物合同的当事人主要是托运人、收货人和承运人。与托运人订立海上运输合同的另一方当事人应是 Carrier。A 项 Shipper 为托运人不符合题意。B 和 C 为收货人，他们与托运人订立的合同通常是买卖合同，而不是运输合同。本题知识点是运输合同的当事人，要求考生掌握运输合同的双方当事人。

2. Under the trade term CIP, the （ ） must contract for the cargo transportation insurance. （2004 年）

　　A. buyer　　　　　B. seller　　　　　C. consignee　　　　D. carrier

　　答案：B。根据 INCOTERMS 2000 的规定，在 CIP 术语下，卖方有义务为买方与保险人订立货物运输保险合同，所以本题应选择 B。Buyer 和 Consignee 通常是在 FOB、CFR 等术语下办理保险业务。本题知识点是订立保险合同的当事人，要求考生掌握在不同贸易术语下，通常由卖方还是买方负责投保，与保险人订立海上货物保险合同。

3. The terms "middle" of a month in the letter of credit shall be construed as （ ）. （2004 年）

　　A. the 1st to the 10th　　　　　　　　B. the 11th to the 20th

　　C. the 5th to the 15th　　　　　　　　D. the 21st to the 30th

　　答案：B。根据 UCP500 的规定，对于 "middle" of a month 的解释，应是指本月的 11 日至 20 日，所以本题的正确答案为 B。本题知识点是 UCP500 的具体规定，要求考生掌握 UCP500 对有关词语的解释。

4. （ ） is defined as loss arising in the consequence of extraordinary and intentional sacrifice made, or expenses incurred, for the common safety of the ship and cargo. （2004 年）

　　A. Particular average　　B. General average　　C. Without average　　D. With average

　　答案：B。本题考的是共同海损的基本概念，从英文的表述上看对考生略有一定难度，但只要掌握关键词为船货共同安全所发生的损失，不难看出答案应是共同海损。A 为单独海损，C 为没有海损，D 为有海损，均不符合题意。

5. Which of the following risks is not covered by the All Risks coverage of marine cargo transportation insurance. （ ）. （2004 年）

　　A. delay　　　　　B. flood　　　　　C. lightning　　　　D. heavy weather

答案：A。海上货物运输保险一切险条款承保自然灾害、意外事故等原因造成的货物损失，但对于延迟、货物固有缺陷等原因造成的货物损失不负赔偿责任。本题知识要点为货物保险一切险的承保范围。要求考生掌握货物保险一切险的主要承保范围和除外责任。

6. （   ）means that a charterer hires a ship for a particular voyage. （2004 年）

    A. Time chartering   B. Voyage chartering

    C. bareboat chartering   D. A+B+C

答案：B。租船运输基本上分为航次租船、定期租船和光船租船三种形式。为特定航次而租船的方式为航次租船。本题知识要点是航次租船的概念，要求考生掌握不同租船方式的含义。

7. （   ）are those covering shipment between direct ports of loading and discharge. （2004 年）

    A. Shipped bills of lading   B. Clean bills of lading

    C. Straight bills of lading   D. Direct bills of lading

答案：D。提单有不同的分类，本题给出四种提单形式，即已装船提单、清洁提单、记名提单、直达提单。根据题意应选择 D。本题知识要点是提单的分类，要求考生掌握各种提单的含义。

8. When one of the original bills of lading was surrendered to the carrier, the others became（   ）. （2004 年）

    A. valid   B. validity   C. invalid   D. A+B

答案：C。航运实务中，虽然承运人签发几份正本提单，但其中一份交付给承运人提货后，其他几份自动失效。valid 和 validity 是同一个含义，均为有效，不符合题意。故正确答案应是 C，无效。本题知识要点为提单正本的效力问题，要求考生掌握在实践业务中提交正本提单提货的问题。

9. The total costs of providing the service of transportation consist of fixed costs and（   ）. （2004 年）

    A. variable costs   B. administrative costs

    C. costs of repairs   D. costs of crew

答案：A。海上货物运输费用通常分为固定费用（fixed costs）和变动费用，variable costs 意指变动费用，很明显本题的答案为 A。administrative costs 为管理费用，costs of repairs 为修理费用，costs of crew 为船员费用，这三者均属固定费用。本题知识要点为运输费用的构成，要求考生掌握运输费用的分类。

10. Which of the following trade terms may be used for any mode of transport, including multi-modal transport.（   ）. （2004 年）

    A. FOB   B. CIP   C. CIF   D. CFR

答案：B。根据 INCOTERMS2000 的规定，FOB、CIF、CFR 三种贸易术语仅适用于海运，因此在本题中，能适用各种不同运输方式的术语只能是 CIP。本题知识要点为贸易术语适用范围，要求考生掌握主要贸易术语所使用的运输方式。

11. The CMR convention is the convention on contract for international carriage of goods by（   ）. （2004 年）

    A. rail   B. sea   C. air   D. road

答案：D。CMR 是国际公路运输合同公约，调整公路运输当事人权利义务的法律。本题的关键词是 CMR，掌握其含义，很容易选择正确答案是 D，即公路。

12. If the L/C simply stipulates an expiry date without a shipment date, it means that（   ）. （2004 年）

    A. two dates are not the same   B. two dates are the same

C. shipment date is earlier than expiry date.　　D. expiry date is earlier than shipment date

答案：B。题干是"如果信用证仅规定了有效期，而没有规定装运期的话，意味着————"。根据UCP500 的规定，如果信用证仅规定了有效期，而没有规定装运期，装运期与有效期为同一天。本题知识要点为信用证关于装运期的规定，要求考生掌握相关的规定。

13.（　　）system concerns itself with shipment of containers overland as a part of a sea - land or a sea - land - sea route.（2004 年）

　　A. Sea/air　　　　　B. Land bridge　　　　C. Rail/road　　　　D. Piggyback

答案：B。多式联运有几种不同的联运方式，如海运/空运，铁路/公路，陆桥运输，驮背运输，海运/铁路等。本题的知识要点为不同的联运方式，要求考生掌握这几种不同的联运方式的具体含义。

14.（　　）is subsequently exchanged for the marine bill of lading.（2004 年）

　　A. Booking note　　　B. Delivery order　　　C. Mate's receipt　　D. Cargo manifest

答案：C。换取提单的主要单证应是大副收据或场站收据。Booking notes 是托运单（订舱单），Delivery order 是提货单，Cargo manifest 是货物舱单。本题的知识要点为各种单证的作用，要求考生掌握大副收据的具体作用。

15. As a consolidator, the forwarder will provide the service in his own name and issue a（　　）.（2004 年）

　　A. master bill of lading　　　　　　　B. house bill of lading

　　C. straight bill of lading　　　　　　D. sea waybill

答案：B。货运代理作为拼箱集运人签发的提单通常称为 house bill of lading, master bill of lading 是海运提单，straight bill of lading 是记名提单，sea waybill 是海运单，这三种提单通常都由船公司签发。本题知识要点为提单的签发，要求考生掌握货运代理人作为拼箱集运人签发的提单通常称为 house bill of lading。

16. A regular service between fixed sea ports is（　　）.（2004 年）

　　A. tramp service　　　　　　　　　　B. liner service

　　C. door to door service　　　　　　　D. forwarding service

答案：B。固定港口之间的定期运输服务是班轮运输。本题知识要点为运输服务的特点，要求考生掌握不同形式运输服务的特点。

17. The（　　）can not be transferred to third parties.（2004 年）

　　A. straight B/L　　　B. direct B/L　　　C. shipped B/L　　　D. order B/L

答案：A。海运提单除记名提单外，都可以转让给第三方。因而不能转让的提单是记名提单。本题知识要点为提单的转让流通问题，要求考生掌握不同提单的流通转让性。

18. The（　　）is the most important document for air cargo transportation.（2004 年）

　　A. B/L　　　　　　　B. AWB　　　　　　C. SWB　　　　　　D. NOR

答案：B。在航空货物运输中的最重要的单证是航空货运。本题的知识要点为航空货运单证，要求考生掌握在航空货运中，最为重要的单证是航空货运单，而且要掌握单证的缩写名称。

19. To the individual consignors, the consolidator is the（　　）while to the actual carrier, he is the（　　）.（2004 年）

　　A. carrier/actual carrier　　　　　　B. carrier/consignor

　　C. consignor/carrier　　　　　　　　D. consignor/consignor

答案：B。本题知识要点为集拼经营人的地位，要求考生掌握集拼经营人与托运人和承运人之间的关系问题。作为集拼经营人与单个发货人而言，他是承运人；当其以自己的名义与承运人订立运输合同时，他是托运人。

20. Documentary credit means payment against （　　）. （2004 年）

    A. ship   B. cargo   C. documents   D. money

答案：C。 跟单信用证意味着凭单付款，只要发货人提交的单证符合信用证的规定，银行保证付款。本题知识要点为跟单信用证含义。

21. The scope of freight forwarder's service on behalf of consignors includes （　　）. （2005 年）

    A. booking space with consignee   B. paying the freight to the insurer

    C. arranging import customs clearance   D. booking space with carrier

答案：D。 订舱、支付运费、报关均为货运代理的业务范畴。由于本题是货运代理为出口商办理出口货运业务，所以通常情况下，进口货运报关不属于其服务范畴，故不选择 C。货运代理人只能向承运人订舱，支付运费给承运人，所以正确答案应是 D。本题知识要点为货运代理业务范畴，要求考生掌握货运代理为出口商或进口商办理货运服务的具体业务范围。

22. According to INCOTERMS 2000, which group of the following trade terms mean that the seller must contract for the carriage of the goods to the named port (or place) of destination. （　　） （2005 年）

    A. FOB、CFR、CIF   B. FCA、CFR、CIF

    C. FOB、FCA、CIP   D. CFR、CIF、CIP

答案：D。 根据 INCOTERMS 2000 的规定，在 CFR、CIF、CIP 术语下，卖方有义务与承运人订立货物运输合同，负责将货物运到目的地。所以本题应选择 D。本题知识点是贸易术语的内涵，要求考生掌握在不同贸易术语下，通常由卖方还是买方负责订立货物运输合同。

23. Under the CFR term, the risk of loss of or damage to the goods is transferred from the seller to the buyer when the goods pass the ship's rail in the （　　）. （2005 年）

    A. port of destination   B. port of discharge

    C. port of shipment   D. port of delivery

答案：C。 根据 INCOTERMS 2000 的规定，在 CFR 术语下，卖方与买方之间风险转移在装船港的船舷，所以本题应选择 C。其他三个选项 ABD 均指目的港，故不对。本题知识点是贸易术语的内涵，要求考生掌握在不同贸易术语下，风险转移点。

24. According to UCP500, the terms "end" of a month in the letter of credit shall be construed as （　　）. （2005 年）

    A. from the 1st to the last day of the month

    B. from the 11th to the last day of the month

    C. from the 15th to the last day of the month

    D. from the 21st to the last day of the month

答案：D。 根据 UCP500 的规定，对于 "end" of a month 的解释，应是指本月的 21 日至本月的最后一天，所以本题的正确答案为 D。本题知识点是 UCP500 的具体规定，要求考生掌握 UCP500 对有关词语的解释。

25. A document signed by the Chief Officer acknowledging the receipt of cargo on board ship, and later exchanged for a B/L is called （　　）. （2005 年）

    A. seaway bill   B. booking note

    C. mate's receipt   D. bill of lading

答案：C。 换取已装船提单的主要单证应是大副收据。Seaway bill 是海运单，Booking notes 是托运单（订舱单），bill of lading 是提单。本题的知识要点为各种单证的作用，要求考生掌握大副收据的具体作用。

26. The booking note is issued by the （　　） requesting allocation of shipping space. （2005年）

    A. carrier to the agent   B. carrier to the shipper

    C. shipper to the carrier   D. carrier to the consignee

答案：C。 Booking notes 是托运单（订舱单），是由托运人签发的，向承运人申请办理货物运输的书面凭证。本题的知识要点为托运单的签发人，要求考生掌握的是托运人签发托运单而不是承运人。

27. A container with several consignments from various shippers is normally called （　　） shipment. （2005年）

    A. FCL   B. LCL   C. D/R   D. M/R

答案：B。 LCL 为拼箱货，是指由承运人的集装箱货运站负责装箱和计数，填写装箱单，并加封志的集装箱货物，通常会涉到几个托运人。FCL 为整箱货，是指由货方负责装箱和计数，填写装箱单，并加封志的集装箱货物，通常只有一个托运人和一个收货人。本题的知识要点拼箱货和整箱货的区别。

28. Which of the following costs are payable by the charterer under a time charter party. （　　）（2005年）

    A. capital cost and demurrage   B. hull insurance and port charges

    C. port charges and bunker costs   D. wages of crew and hull insurance

答案：C。 在定期租船合同下，承租人通常对营运费用负责，包括燃油、港口使费和装货费。本题知识要点为定期租船合同的费用分摊，要求考生掌握船东和租船人在定期租船合同下有关费用的承担范围。

29. Which of the following charter forms is used in a voyage charter. （　　）（2005年）

    A. GENCON   B. BALTIME   C. NYPE   D. BARECON

答案：A。 GENCON 是航次租船合同最常使用的合同范本，BALTIME 和 NYPE 是定期租船合同最常使用的合同范本，而 BARECON 则是光船租船合同使用的合同范本。本题知识要点为各种常用的租船合同范本。

30. The CMR convention has been ratified only by countries in（　　）. （2005年）

    A. Europe   B. Asia   C. Africa   D. America

答案：A。 CMR 是国际公路运输合同公约，调整公路运输当事人权利义务的法律，仅适用于欧洲大陆。本题知识要点为 CMR 的适用范围。

31. Piggyback is a system of unitized multimodal land transport by（　　）. （2005年）

    A. road and sea   B. road and rail

    C. road and air   D. road and road

答案：B。 多式联运有几种不同的联运方式，如海运/空运、铁路/公路、陆桥运输、海运/铁路等。本题的知识要点为不同的联运方式，要求考生掌握着几种不同的联运方式的具体含义。

32. In air cargo transportation，（　　） are rates which are applicable to named type of air cargo. （2005年）

    A. General Cargo Rates   B. Class Rates

    C. Bulk Unitization Rates   D. Specific Commodity Rates

答案：D。 以上几种航空货物运价适用的范围不同，Specific Commodity Rates 是指适用于指定货物的运价。本题知识要点为航空运价的适用范围，要求考生掌握航空货运运价的适用范围。

33. Which of the following risks are covered by the All Risks coverage of PICC Ocean Marine Cargo Clauses. （　　）（2005 年）

  A. war and fire   B. strike and delay

  C. aflatoxin and on deck   D. heavy weather and fire

答案：D。海上货物运输保险一切险条款承保自然灾害、意外事故等原因造成的货物损失，但对于延迟、货物固有缺陷、罢工等原因造成的货物损失不负赔偿责任。本题知识要点为货物保险一切险的承保范围。要求考生掌握货物保险一切险的主要承保范围和除外责任。

34. Which of the following coverage does not cover partial loss or damage resulting from natural calamities. （　　）（2005 年）

  A. WA   B. FPA

  C. Institute Cargo Clause（B）   D. Institute Cargo Clause（A）

答案：B。海上货物运输保险 FPA 、WA、Institute Cargo Clause（B）和 Institute Cargo Clause（A）均承保自然灾害等原因造成的货物损失，但 FPA 仅承保自然灾害造成的货物的全部损失，部分损失不负赔偿责任。本题知识要点为货物保险平安险等几种险别的区别。要求考生掌握货物保险的主要承保范围和除外责任。

35. Which of the following organizations is the largest non‑governmental organization in the field of freight forwarding industry （　　）. （2005 年）

  A. IATA   B. FIATA   C. MTO   D. UIC

答案：B。国际货运代理协会联合会是货代行业的最大的非政府间组织，而不是政府间组织。本题知识要点为 FIATA 组织的性质。

36. The scope of freight forwarder's service on behalf of consignor includes （　　）. （2006 年）

  A. booking space with exporter   B. paying the freight to the exporter

  C. arranging export customs clearance   D. booking space with the insurer

答案：C。货运代理为出口商办理出口货运业务服务范围包括很多事宜，例如，订舱、报关、保险、包装、仓储等。通常情况下，出口货运报关属于其服务范畴，故选择 C。货运代理人只能向承运人订舱，支付运费给承运人，而不是向出口商本人订舱，支付运费，也不是向保险人订舱，所以不能选择 A 和 B 和 D。本题知识要点为货运代理业务范畴，要求考生掌握货运代理为出口商或进口商办理货运服务的具体业务范围。

37. According to Incoterms 2000，（　　）means that the sellers delivers the goods, cleared for export, to the carrier nominated by the buyer at the named place. （2006 年）

  A. FCA   B. FOB   C. CFR   D. CPT

答案：A。根据 INCOTERMS 2000 的规定，FOB 是指当货物在指定的装运港越过船舷，卖方即完成交货。CFR 是指当货物在装运港越过船舷，卖方即完成交货，但卖方还必须支付货物运至目的地的运费。FCA 是指卖方只要将货物在指定的地点交给由买方指定的承运人，并办理出口清关手续，即完成交货。CPT 是指卖方向其指定的承运人交货，但卖方还必须支付货物运至目的地的运费。本题知识点是贸易术语的内涵，要求考生掌握不同贸易术语具体含义。

38. According to UCP500, the terms "beginning" of a month in the letter of credit shall be construed as （　　）. （2006 年）

  A. from the 1st to the last day of the month

  B. from the 1st to the 15th of the month

C. from the 1st to the 10th of the month

D. from the 1st to the 5th of the month

答案：C。 根据 UCP500 的规定，对于 "beginning" of a month 的解释，应是指本月的 1 日至本月的 10 日，所以正确答案为 C。本题知识点是 UCP500 的具体规定，要求考生掌握 UCP500 对有关词语的解释。此题难度适中，只要掌握 UCP500 的规定，则比较容易回答。

39. Which of the following insurance coverage does not cover total loss of or damage to cargo caused by earthquake or lightning.（　　）（2006 年）

    A. WA　　　　　　　　　　　　B. FPA

    C. Institute Cargo Clause（B）　　　D. Institute Cargo Clause（C）

答案：D。 海上货物运输保险平安险和水渍险以及英国 ICC（B）承保自然灾害包括地震和闪电等原因造成的货物全部损失，但英国 ICC（C）不予承保。本题知识要点为不同货物运输保险险别的承保范围。要求考生掌握货物运输保险的主要承保范围和除外责任。

40. Which of the following standard charter party forms is used in a voyage charter.（　　）（2006 年）

    A. GENCON　　　B. BALTIME　　　C. NYPE　　　D. BARECON

答案：A。 GENCON 是航次租船合同最常使用的合同范本，BALTIME 和 NYPE 是定期租船合同最常使用的合同范本，而 BARECON 则是光船租船合同使用的合同范本。本题知识要点为各种常用的租船合同范本。

41. Laytime and demurrage clauses normally appeared in the（　　）charter party.（2006 年）

    A. time　　　　B. voyage　　　　C. bareboat　　　D. TCT

答案：B。 航次租船合同的特点就是船舶出租人负责营运，为了避免船期损失，通常在航次租船合同中规定装卸时间和滞期费条款。定期、光租和航次期租都是船舶承租人负责营运，所以没有这类条款。本题知识要点为各种租船方式的特点。

42. Which of the following terms on the B/L shows that the bill of lading is clean B/L.（　　）（2006 年）

    A. insufficient packing　　　　　B. one carton short

    C. in apparent good order and condition　　　D. missing safety seal

答案：C。 本题比较简单，清洁提单指没有任何有关货物残损，包装不良或其他有碍于结汇的批注的提单。提单正面已印有 "外表状况明显良好" 的词句，若承运人或其代理人在签发提单时未加任何相反的批注，则表明承运人确认货物装船时外表状况良好的这一事实。其他三项表明提单上加注有货物及包装状况不良或存在缺陷，如水湿、油渍、污损、锈蚀等批注的提单。

43. The number of original bills of lading required by the L/C may be expressed as 3/3，which means（　　）.（2006 年）

    A. 3 originals and 3 copies

    B. 6 originals

    C. 3 originals and all should be tendered to the bank

    D. 6 originals and all should be tendered to the bank

答案：C。 信用证对提单签发份数通常都有规定，一般要求是全套三份正本提单。假如信用证规定提单 3/3，表明签发三份正本提单，都要递交到银行结汇。

44. When determining the freight rate, the age—old principle of "what the traffic can bear" is increasingly substituted by the（　　）principle nowadays.（2006 年）

    A. open market rate　　B. surcharges　　C. service cost　　D. stowage factor

答案：C。 决定运价水平的高低取决于许多因素，最初的 "what the traffic can bear" 原则，现在逐渐被考虑服务成本原则所替代。

45. Which of the following modes of container transport may not be FCL/FCL. （　　）（2006年）

  A. CY/CY   B. DOOR/DOOR C. DOOR/CY   D. CFS/CFS

答案：D。 FCL 为整箱货，是指由货方负责装箱和计数，填写装箱单，并加封志的集装箱货物，通常只有一个托运人和一个收货人。目前集装箱运输中货物的交接地点有集装箱堆场（container yard - CY）、集装箱货运站（container freight station - CFS）、货主的工厂或仓库大门（door）。集装箱货运站通常涉及的是拼箱货交接。

46. The responsible period of the carrier for the loss of or damage to the cargo as well as delay in delivery under CMR convention is between （　　）. （2006年）

  A. the port to port B. the door to door C. the rail to rail

  D. the time the carrier taking over the goods and the time of delivery

答案：D。 根据 CMR convention 的规定，承运人的责任期间是从接收货物时起到交付货物时止，故本题答案应是 D。本题的知识要点 CMR 下承运人的责任期间。

47. The term under which the shipowner is not responsible for loading and discharging, stowage and trimming costs is （　　）. （2006年）

  A. FOBST   B. FIOST   C. FIOS   D. FIO

答案：B。 回答这一问题，需要清楚了解各种缩写术语的具体含义。FOBST 是贸易术语关于买卖双方对装船费用的划分。FIOST 指船舶出租人不负担装卸费、堆舱费和平舱费。FIOS 指船舶出租人不负担装卸费、堆舱费条款。FIO 指船舶出租人不负担装卸费。因此，B 项是正确的选择。本题知识要点是装卸费用的划分，要求学生掌握各种缩写术语的具体含义。

48. For a supply chain to realize the maximum strategic benefit of logistics, the full range of functional work must be （　　）. （2006年）

  A. managed   B. integrated   C. transported   D. supplied

答案：B。 供应链管理的目的是通过对供应链各个环节的活动的协调整合，实现物流的最佳业务绩效。掌握供应链的含义，就比较能够回答问题。本题知识要点是供应链概念。

49. The rate of FAK refers to （　　）. （2006年）

  A. freight for class   B. freight of all kinds

  C. weight/measure rate   D. near ocean cruise rate

答案：B。 FAK（freight of all kinds）是指包箱费率，对单位集装箱计收的运费率。采用包箱费率计算集装箱运费时，只需包箱费率乘以箱数即可。实务中将基本运费和附加费合并在一起，以包干费的形式计收运费。此时的运价称为包干费率，又称 "全包价"。本题知识要点为包干费率的表述方法。

50. Which of the followings is not belonged to the Advisory Body of FIATA. （　　）（2006年）

  A. AFI   B. ABDG   C. ABIT   D. ABVT

答案：A。 国际货运代理协会联合会是一个非营利性的国际货运代理行业组织，其宗旨是保障和提高国际货运代理在全球的利益。国际货运代理协会联合会的最高权力机构是会员代表大会，下设三个研究机构和五个咨询机构。AFI（Airfreight Institute）是航空货运研究机构，不是咨询机构。ABDG、ABIT 和 ABVT 是其咨询机构。本题知识要点国际货运代理协会联合会的组织机构。

51. The scope of freight forwarder's services on behalf of consignee（CIF term）includes （　　）. （2007年）

A. packing the goods

B. paying the freight to the marine carrier

C. arranging import customs clearance

D. booking space with the marine carrier

答案：C。以上四个选择答案都属于货运代理的货运业务服务范围，但此题的题干是关于在 CIF 价格术语下，货运代理为进口商提供的货运业务服务范围。只要掌握 CIF 价格术语下买卖双方的责任划分，不难判断此题的正确答案应是 C，进口货运报关属于其服务范畴。因为通常情况下，包装货物、向承运人订舱、支付运费给承运人都属于 CIF 价格术语下卖方的责任，而不是买方即进口商的责任，所以不能选择 A 和 B 和 D。本题知识要点为货运代理业务范畴，要求考生掌握货运代理为出口商或进口商办理货运服务的具体业务范围。

52. According to INCOTERMS 2000，（　　） means that the seller delivers when the goods pass the ship's rail at the named port of shipment.（2007 年）

A. FCA　　　　　　　B. FOB　　　　　　　C. CFR　　　　　　　D. CPT

答案：B。根据 INCOTERMS 2000 的规定，FCA 是指卖方只要将货物在指定的地点交给由买方指定的承运人，并办理出口清关手续，即完成交货。FOB 是指当货物在指定的装运港越过船舷，卖方即完成交货。CFR 是指当货物在装运港越过船舷，卖方即完成交货，但卖方还必须支付货物运至目的地的运费。CPT 是指卖方向其指定的承运人交货，但卖方还必须支付货物运至目的地的运费。本题知识点是贸易术语的内涵，要求考生掌握不同贸易术语具体含义。

53. According to UCP600，the terms "middle" of a month in the L/C shall be construed as （　　）.（2007 年）

A. from the 10th to the 20th of the month

B. from the 11th to the 20th of the month

C. from the 11th to the 21st of the month

D. from the 10th to the 21st of the month

答案：B。根据《UCP600》的规定，对于月初、月中、月末应分别理解为每月的 1 日至 10 日、11 日至 20 日和 21 日至月末最后一天，所以正确答案为 B。本题知识点是《UCP600》的具体规定，要求考生掌握《UCP600》对有关词语的解释。此题难度适中，只要掌握《UCP600》的规定，则比较容易回答。

54. The insurer is not responsible for partial loss of or damage to cargo caused by natural calamities under the （　　）.（2007 年）

A. WA

B. FPA

C. All risks

D. Institute Cargo Clause （A）

答案：B。我国海上货物运输保险水渍险和一切险以及英国 ICC（A）承保自然灾害包括地震和闪电等原因造成的货物全部或部分损失，但我国海上货物运输保险平安险对自然灾害造成的货物部分损失不予承保，所以正确答案为 B。本题知识要点为我国和英国有关货物运输保险险别的不同承保范围，要求考生掌握货物运输保险的主要承保范围和除外责任。

55. （　　） ordinarily means that the shipowner promises to satisfy the charterer's need for transport capacity over a certain period of time，often one year or several years.（2007 年）

A. Voyage chartering

B. Time chartering

C. Bareboat chartering

D. Contract of affreightment

答案：D。本题考的知识点为租船运输方式的含义，目前，主要的租船运输经营方式有航次租船（voyage charter，trip charter）、定期租船（time charter，period charter）、光船租船（bare—boat charter，demise charter）、包运租船（contract of affreightment，COA）、航次期租（time charter on trip basis，TCT）等基本形式等形式。包运租船是指船舶出租人向承租人提供一定吨位

的运力，在确定的港口之间，按事先约定的时间、航次周期和每航次较为均等的运量，完成合同规定的全部货运量的租船方式。

56. Payment of freight clauses normally appeared in the （　　） charter party. （2007 年）

　　A. time　　　　　　　B. voyage　　　　　　C. bareboat　　　　　　D. TCT

答案：B。 航次租船合同的特点就是船舶出租人负责营运，承租人负责完成货物的组织，支付运费及支付相关的费用。而在定期、光租和航次期租合同下都是船舶承租人负责营运，并支付租金，所以有关支付运费条款通常出现在航次租船合同中。本题知识要点为各种租船方式的特点。

57. Marine Bs/L perform a number of functions, which of the followings is not correct. （　　　）
（2007 年）

　　A. evidence of the contract of carriage　　　　B. receipt for the goods shipped

　　C. document of title to the goods　　　　　　D. non - negotiable document

答案：D。 中华人民共和国海商法第七十一条给提单下的定义是："提单，是指用以证明海上货物运输合同和货物已经由承运人接收或者装船，以及承运人保证据以交付货物的单证。提单中载明的向记名人交付货物，或者按照指示人的指示交付货物，或者向提单持有人交付货物的条款，构成承运人据以交付货物的保证。"根据我国海商法的规定，提单作用归纳如下：提单是海上货物运输合同的证明；提单是证明货物已由承运人接管或已装船的货物收据；提单是承运人保证凭以交付货物的物权凭证。本题知识点是海运提单的作用。

58. Documentary credit means payment against （　　） instead of against goods. （2007 年）

　　A. contracts　　　　B. documents　　　　C. cargoes　　　　D. bank draft

答案：B。 信用证是一种银行开立的有条件的承诺付款的书面文件，对出口商来说，只要按信用证规定条件提交了单据，在单单一致、单证一致的情况下，即可从银行得到付款；对进口商来说，只要在申请开证时，保证收到符合信用证规定的单据即行付款并交付押金，即可从银行取得代表货物所有权的单据。因此，银行开立信用证实际是进行单据的买卖，只要发货人提交的单证符合信用证的规定，银行保证付款。本题知识要点为信用证的作用。

59. From legal point of view, the （　　） on the bill of lading is not the party of the contract of carriage of goods by sea. （2007 年）

　　A. carrier　　　　　　B. shipper　　　　　　C. consignee　　　　　　D. notify party

答案：D。 从法律角度上看，海上货物运输合同的当事人是承运人和托运人、收货人。提单上关于通知方的规定，只是便利承运人通知有关方前来提货，并不意味通知方是合同的当事人，所以本题正确答案是 D。本题知识要点为海上货物运输合同的当事人。

60. （　　） may be the modes of container transport for LCL/LCL. （2007 年）

　　A. CY/CY　　　　　B. DOOR/DOOR　　　　C. DOOR/CY　　　　D. CFS/CFS

答案：D。 集装箱运输改变了传统的货物流通途径，在集装箱货物的流转过程中，其流转形态分为两种，一种为整箱货，另一种为拼箱货。拼箱货 ［Less than Container（cargo）Load：LCL］ 是指由承运人的集装箱货运站负责装箱和计数，填写装箱单，并加封志的集装箱货物，通常每一票货物的数量较少，因此装载拼箱货的集装箱内的货物会涉及多个发货人和多个收货人。承运人负责在箱内每件货物外表状况明显良好的情况下接受并在相同的状况下交付拼箱货。在目前的货运实践中，主要由拼箱集运公司从事拼箱货的货运业务，集装箱货运站通常涉及的是拼箱货交接。本题的知识要点是拼箱货的交接地点。

61. The responsible period of the carrier for the loss of or damage to the cargo as well as delay in delivery under （　　） is between the time the carrier taking over the goods and the time of delivery. （2007 年）

A. CMR convention
B. the Hague Rules
C. the Hamburg Rules
D. the Hague‐Visby Rules

答案：A。本题考的知识要点是相关国际公约对承运人责任期间的规定。CMR convention 规定，承运人的责任期间是从接收货物时起到交付货物时止；海牙规则和海牙‐维斯比规则规定从货物装上船起至卸完船为止的期间；汉堡规则规定则从装船至卸船改为从港口到港口。故本题答案应是 A。

62. (　　) are rates which are applicable to named types of freight in air cargo transportation. (2007 年)

A. Class Rates
B. Specific Commodity Rates
C. Bulk Unitization Rates
D. General Cargo Rates

答案：B。按照 IATA 货物运价公布的形式划分，国际货物运价可分为公布直达运价和非公布直达运价。公布直达运价包括普通货物运价，指定商品运价，等级货物运价和集装货物运价。指定商品运价是指适用于自规定的始发地至规定的目的地运输特定品名货物的运价，故本题的答案应是 B。知识要点为航空货物运价分类。

63. The movement of finished product to customers is (　　). (2007 年)

A. market distribution
B. procurement
C. manufacturing support
D. inventory

答案：A。物流运作分为几个方面，市场分销、制造支持和采购。实现成品到消费者手上的运作自然应是市场分销，所以正确答案应是 A。掌握以上几个术语的含义，就比较能够回答问题。本题知识要点是市场分销概念。

64. (　　) is a letter from a bank to a foreign bank authorizing the payment of a specified sum to the person or company named. (2007 年)

A. Letter of Delivery
B. Letter of Credit
C. Letter of Indemnity
D. Letter of Guarantee

答案：B。Letter of Delivery 为交货单；Letter of Credit 为信用证；Letter of Indemnity 和 Letter of Guarantee 为保函。本题知识要点为信用证的基本概念。

65. FIATA has fives Advisory Bodies and three Institutes，which of the followings carries out the technical work of the Federation. (　　) (2007 年)

A. ABVT
B. ABPR
C. ABLM
D. AFI

答案：D。国际货运代理协会联合会是一个非营利性的国际货运代理行业组织，其宗旨是保障和提高国际货运代理在全球的利益。国际货运代理协会联合会的最高权力机构是会员代表大会，下设三个研究机构和五个咨询机构。研究机构开展协会的技术工作，AFI（Airfreight Institute）是航空货运研究机构，不是咨询机构。ABDG、ABIT 和 ABVT 是其咨询机构。本题知识要点国际货运代理协会联合会的组织机构。

66. The seller had made a sales contract under the CFR term with the buyer，therefore the scope of freight forwarder's service on behalf of the buyer includes (　　). (2008 年)

A. arranging export customs clearance
B. booking space with the NVOCC
C. arranging import customs clearance
D. booking space with the marine carrier

答案：C。以上四个选择答案都属于货运代理的货运业务服务范围，但此题的题干是关于在 CFR 价格术语下，货运代理为进口商/买方提供的货运业务服务范围。只要掌握 CFR 价格术语下买卖双方的责任划分，不难判断此题的正确答案应是 C，进口货运报关属于其服务范畴。因为通常情况下，出口货运报关、向承运人或向无船承运人订舱都属于 CFR 价格术语下卖方的责任，而不是买方即进口商的责任，所以不能选择 A 和 B 和 D。本题知识要点为货运代理业务范畴，要求考生掌握货运代理为出口商或进口商办理货运服务的具体业务范围。

67. According to INCOTERMS 2000，CPT means that the seller delivers the goods to the carrier nominated by the （   ） but the seller must in addition pay the cost of carriage necessary to bring the goods to the named destination. （2008 年）

    A. buyer   B. seller   C. carrier   D. forwarder

答案：B。根据《INCOTERMS 2000》的规定，CPT 是指卖方向其指定的承运人交货，但卖方还必须支付货物运至目的地的运费。这里"其"是指卖方，因此，正确选项应是 B，卖方。本题知识点是贸易术语的内涵，要求考生掌握不同贸易术语具体含义。

68. According to UCP600，the term "middle" of a month in the letter of credit shall be construed as from the 11th to the 20th of the month and the term "first half" of a month shall be construed as （   ） . （2008 年）

    A. from the 10th to the 20th of the month   B. from the 1st to the 15th of the month

    C. from the 1st to the 10th of the month   D. from the 10th to the 21st of the month

答案：B。根据《UCP600》的规定，对于月初、月中、月末应分别理解为每月的 1 日至 10 日、11 日至 20 日和 21 日至月末最后一天。而对于术语"上半月"和"下半月"应分别理解为自每月"1 日至 15 日"和"16 日至月末最后一天"，包括起迄日期，所以本题正确答案为 B。本题知识点是《UCP600》关于日期释义的具体规定，要求考生掌握《UCP600》对有关词语的解释。

69. The risks covered in FPA coverage basically means that only total or constructive total loss of the whole consignment of cargo but no partial loss or damage is recoverable from the insurer resulting from natural calamities，such as （   ）, lightning, tsunami, earthquake and flood. （2008 年）

    A. salvage charges   B. general average   C. ship collision   D. heavy weather

答案：D。我国海上货物运输保险水渍险和一切险以及英国 ICC（A）承保自然灾害包括地震和闪电等原因造成的货物全部或部分损失，但我国海上货物运输保险平安险对自然灾害造成的货物部分损失不予承保，自然灾害包括恶劣天气、闪电、海啸、地震、洪水等，所以正确答案为 D。本题知识要点为我国和英国有关货物运输保险险别的不同承保范围，要求考生掌握货物运输保险的主要承保范围和除外责任。

70. （   ） means that the shipowner provides a designated manned ship to the charterer，and the charterer employs the ship for a specific period against payment of hire. （2008 年）

    A. Voyage chartering   B. Time chartering

    C. Bareboat chartering   D. Contract of affreightment

答案：B。目前，主要的租船运输经营方式有航次租船（voyage charter）、定期租船（time charter）、光船租船（bareboat charter）、包运租船（contract of affreightment）、航次期租（time charter on trip basis）等基本形式。定期租船是指船舶所有人提供给承租人一艘特定的配备船员的船舶，由承租人使用一定期限并支付租金。本题考的知识点为租船运输方式，要求考生掌握各种租船运输方式的含义。

71. The bill of lading by itself is not a contract of carriage as it signed only by the carrier. However，it provides evidence of contract of carriage. It serves as a receipt for goods delivered to the carrier. Besides，the bill of lading serves as a document of title enabling the goods to be transferred from the shipper to the consignee or any other party by endorsement. The （   ） can not be transferred to the third parties by endorsement. （2008 年）

A. shipped B/L　　　　B. clean B/L　　　　C. straight B/L　　　　D. order B/L

答案：C。提单，是指用以证明海上货物运输合同和货物已经由承运人接收或者装船，以及承运人保证据以交付货物的单证。海运提单除记名提单外，可以背书转让给第三方。根据我国《海商法》的规定，记名提单不能背书转让。本题知识要点为提单的转让流通问题，要求考生掌握不同类型提单的流通转让性。

72. The UCP published by the （　　　）, contains detailed provisions dealing with the operation of documentary credit. （2008 年）

A. CIFA　　　　B. FIATA　　　　C. BIMCO　　　　D. ICC

答案：D。为了规范信用证业务的运作，国际商会在 1933 年制定了《商业跟单信用证统一惯例》。此后经 1951 年、1962 年、1974 年、1983 年和 1993 年多次修订，最新文本是 2007 年的《跟单信用证统一惯例》（国际商会第 600 号出版物，UCP600）。该惯例被世界各国银行处理信用证业务所适用。本题知识要点为跟单信用证，要求考生掌握跟单信用证的有关知识。

73. The documents commonly used in carriage of goods by sea are bills of lading，sea waybills，manifests，booking notes and delivery orders etc. Most of these documents are signed by the carrier or his agent except （　　　）. （2008 年）

A. booking notes　　　B. delivery orders　　　C. sea waybills　　　D. bills of lading

答案：A。海上货物运输中经常使用的单证包括提单、海运单、舱单、托运单和交货单等。这些单证通常都是由承运人签发给相关当事人，像提单、海运单、交货单等。托运单指由托运人根据买卖合同和信用证的有关内容向承运人或他的代理人办理货物运输的书面凭证，自然应当由托运人签发。本题知识要点为海运单证，要求考生掌握这些单证的签发方。

74. Liner freight rates are fixed by liner operators；they are related more to the costs of operation and which remain comparatively steady over a period of time. The liner rates are also subject to surcharges or adjustment factors which may be levied from time to time in order to enable the shipping lines to meet certain price variations in their inputs such as （　　　）, the bunker adjustment factor and port congestion surcharges. （2008 年）

A. currency adjustment factor　　　　　　B. crew adjustment factor

C. water adjustment factor　　　　　　　D. administrative adjustment factor

答案：A。此题是关于海运附加费的问题，为了在特定情况下保持一定水平的收益，应对各种不稳定因素引起的额外成本支出，承运人就需要通过附加费的形式，按照合理分担有关费用的定价原理确定附加运费。附加运费的种类包括燃油附加费、货币贬值附加费、港口拥挤附加费、转船附加费、超长超重附加费、超额责任附加费等等。本题四个选项中只有 A 项属于附加费范畴，故 A 为正确答案。本题知识要点为海运附加费，要求考生掌握常见的海运附加费。

75. Which of the following modes of container transport may be FCL/FCL? （　　　）（2008 年）

A. CY/CFS　　　　B. CY/CY　　　　C. CFS/CY　　　　D. CFS/CFS

答案：B。集装箱运输改变了传统的货物流通途径，在集装箱货物的流转过程中，其流转形态分为两种，一种为整箱货，另一种为拼箱货。整箱货（FCL）是指由货方负责装箱和计数，填写装箱单，并加封志的集装箱货物，通常只有一个发货人和一个收货人。拼箱货（LCL）是指由承运人的集装箱货运站负责装箱和计数，填写装箱单，并加封志的集装箱货物，通常每一票货物的数量较少，因此装载拼箱货的集装箱内的货物会涉及多个发货人和多个收货人。在目前的货运实践中，主要由拼箱集运公司从事拼箱货的货运业务，集装箱货运站通常涉及的是拼箱货交接。门到门、门到场、场到场、场到门的货物交接形态都是整箱交接，所以正确答案应为 B。本题的知识要点是整箱货的交接地点，要求考生掌握整箱货不同交接地点。

76. The CMR convention is the convention on contract for international carriage of goods by road，according to the CMR，the carrier is responsible for（   ）.（2008 年）

    A. any wrongful act of the consignor   B. inherent vice of the goods

    C. neglect of the consignor   D. omissions of carrier's servants

答案：D。 根据《国际公路运输合同公约》的规定，承运人对其代理人和受雇人的行为负责。对于发货人的过失以及货物本身的固有缺陷造成的损失不负责任。本题知识要点是公路运输承运人的责任，要求考生掌握《国际公路运输合同公约》对承运人责任范围的具体规定。

77. Currently，different types of multimodal transport operations involving different combinations are taking place.（   ）is similar to the roll‐on，roll‐off system except that in the place of the ro‐ro vehicle a rail car is used so that geographically separated rail systems can be connected by the use of an ocean carrier.（2008 年）

    A. Sea/air   B. Air/road   C. Sea train   D. Piggyback

答案：C。 多式联运有几种不同的联运方式，如海运/空运，铁路/公路，陆桥运输，海运/铁路等。本题的知识要点为多式联运方式，要求考生掌握着各种不同的多式联运方式的具体含义。

78.（   ）is concerned with purchasing and arranging inbound movement of materials，parts，and/or finished inventory from suppliers to manufacturing or assembly plants，warehouses，or retail stores.（2008 年）

    A. Market distribution   B. Procurement

    C. Manufacturing support   D. Inventory

答案：B。 物流运作分为几个方面，市场分销、制造支持和采购。实现原材料到生产制造的运作自然应是采购，所以正确答案应是 B。掌握以上几个术语的含义，就比较能够回答此问题。本题知识要点是采购的概念，要求考生掌握物流运作几个方面的含义。

79. Each air waybill may have over ten copies. They are sent to the shipper，the consignee，and various departments of the carrier. The copy marked（   ）is the copy that would normally be presented under a documentary credit.（2008 年）

    A. "Original 1"   B. "Original 2"   C. "Original 3"   D. "Original 4"

答案：C。 我国国际航空货运单由一式十二联组成，包括三联正本，六联副本和三联额外副本。其中，正本 3 的托运人联，在货运单填制后，此联交给托运人作为托运货物及货物预付时交付运费的收据。同时，也是托运人与承运人之间签订的有法律效力的运输文件。本题知识要点是国际航空货运单，要求考生掌握国际航空货运单份数及分发对象。

80.（   ），"International Federation of Freight Forwarders Associations"，was founded in Vienna Austria on 31 May 1926.（2008 年）

    A. IFFFA   B. IATA   C. ICIFA   D. FIATA

答案：D。 国际货运代理协会联合会是一个非营利性的国际货运代理行业组织，其宗旨是保障和提高国际货运代理在全球的利益。国际货运代理协会联合会的简写为 FIATA，是法文全称的简写。本题知识要点为国际货运代理协会联合会的名称，要求考生掌握 FIATA 的含义。

81. The seller had made a sales contract with the buyer under the FOB term，therefore the scope of freight forwarder's service on behalf of the buyer normally does not include（   ）.（2009 年）

    A. arranging import customs clearance

    B. taking delivery of the goods from the carrier

    C. arranging export customs clearance

D. booking space with the marine carrier

答案：C。 以上四个选择答案都属于货运代理的货运业务服务范围，但此题的题干是关于在 FOB 价格术语下，货运代理为进口商/买方提供的货运业务服务范围。只要掌握 FOB 价格术语下买卖双方的责任划分，不难判断此题的正确答案应是 C，出口货运报关不属于其服务范畴。因为通常情况下，出口货运报关属于 FOB 价格术语下卖方的责任，而不是买方即进口商的责任。A、B 和 D 都属于其服务范畴。本题知识要点为货运代理业务范畴，要求考生掌握货运代理为出口商或进口商办理货运服务的具体业务范围。

82. (　　) means that the seller delivers the goods to the carrier nominated by him but the seller must in addition pay the cost of carriage necessary to bring the goods to the named place of destination instead of the named port of destination. （2009 年）

    A. CPT　　　　　　　　B. FCA　　　　　　　　C. CFR　　　　　　　　D. FOB

答案：A。 根据《INCOTERMS 2000》的规定，CPT 是指卖方向其指定的承运人交货，但卖方还必须支付货物运至目的地的运费。因此，正确选项应是 A。本题知识点是贸易术语的内涵，要求考生掌握不同贸易术语具体含义。

83. According to UCP600, the term "shipment to be made at the end of May" in the letter of credit shall be construed as (　　). （2009 年）

    A. from the 25th to the 31st of May

    B. from the 20th to the 31st of May

    C. from the 21st to the 31st of May

    D. from the 16th to the 31st of May

答案：C。 根据《UCP600》的规定，对于月初、月中、月末应分别理解为每月的 1 日至 10 日、11 日至 20 日和 21 日至月末最后一天。所以正确答案为 C。本题知识点是《UCP600》的具体规定，要求考生掌握《UCP600》对有关词语的解释。此题难度适中，只要掌握《UCP600》的规定，则比较容易回答。

84. The general additional risks such as rain damage risks and shortage risks are covered under (　　) in PICC Ocean Marine Cargo Clauses. （2009 年）

    A. FPA　　　　　　　　B. WPA　　　　　　　　C. All Risks　　　　　　　D. War clause

答案：C。 我国海洋货物运输保险条款包括三种基本险别，即平安险、水渍险和一切险。海洋货物运输保险一切险条款的责任范围除包括"平安险"和"水渍险"的所有责任外，还包括货物在运输过程中因一般外来原因所造成的被保险货物的全部或部分损失，一般附加险被包括在一切险的承包范围内。本题知识要点为货物保险一切险的承保范围。要求考生掌握货物保险一切险的主要承保范围和除外责任。

85. Time chartering means that the shipowner provides a designated manned ship to the charterer, and the charterer employs the ship for a specific period against payment of hire. Under time chartering, the charterer is not liable for costs such as (　　). （2009 年）

    A. bunker costs　　　　B. crew wages　　　　C. port charges　　　　D. loading costs

答案：B。 在定期租船合同下，承租人通常对营运费用负责，包括燃油、港口使费和装货费。船员的工资仍然由船舶出租人负责。本题知识要点为定期租船合同的费用分摊，要求考生掌握船舶出租人和承租人在定期租船合同下有关费用的承担范围。

86. The documents commonly used in carriage of goods by sea are bills of lading, sea waybills, cargo manifests, booking notes and delivery orders etc. Please point out the (　　) serve as a document of title enabling the goods to be transferred from the shipper to the consignee or any other par-

ty by endorsement. （2009 年）

    A. bills of lading   B. delivery orders

    C. sea waybills   D. cargo manifests

答案：A。以上四种海运单证只有提单是可以通过背书转让，而其他三种单证，海运单、提货单和舱单都不能背书转让。本题知识要点为提单的功能。

87. International trade is difference from domestic trade, please point out which of the following descriptions is not right. （   ）（2009 年）

    A. International trade is more costly

    B. International trade is less costly

    C. International trade is restricted to trade in goods and services

    D. International trade is also a branch of economics

答案：B。国际贸易与国内贸易相比较而言自然成本更高，所以 B 不正确。

88. According to UCP600，for the examination of documents the banks now have a maximum of （   ） following the day of presentation. （2009 年）

    A. 7 banking days   B. 5 banking days

    C. 3 banking days   D. 1 banking days

答案：B。最新修订的 UCP600 规定，银行在收到单据后的五个银行营业日之内合理谨慎地审核信用证的所有单据，以确定其表面上是否与信用证条款相符，并告知有关当事人。

89. To the individual consignor, the consolidator is the carrier, while in his relationship with the actual carrier, he is the （   ）. （2009 年）

    A. agent   B. carrier   C. consignor   D. broker

答案：C。本题知识要点为集拼经营人的地位，要求考生掌握集拼经营人与托运人和承运人之间的关系问题。作为集拼经营人与单个发货人而言，他是承运人；当其以自己的名义与承运人订立运输合同时，他是托运人。

90. In international air cargo transportation，（   ） are rates which are applicable to named types of air cargo. （2009 年）

    A. General Cargo Rates   B. Class Rates

    C. Bulk Unitization Rates   D. Specific Commodity Rates

答案：D。以上几种航空货物运价适用的范围不同，Specific Commodity Rates 是指适用于指定货物的运价。本题知识要点为航空运价的适用范围，要求考生掌握航空货运运价的适用范围。

91. In the contract of carriage of goods by road in Europe，the rights, duties and responsibilities of the road carrier may be governed by （   ）. （2009 年）

    A. IMF   B. IATA   C. IMDG   D. CMR

答案：D。CMR 是国际公路运输合同公约，调整公路运输当事人权利义务的法律，仅适用于欧洲大陆。本题知识要点为 CMR 的适用范围。

92. Currently, different types of multimodal transport operations involving different combinations are taking place. （   ） is one types of multimodal transport operations but not involving rail mode. （2009 年）

    A. Land bridge   B. Air/sea   C. Sea train   D. Piggyback

答案：B。多式联运有几种不同的联运方式，如海运/空运，铁路/公路，陆桥运输，海运/铁路等。本题考的是四个选项中哪个不包括铁路运输，很显然答案是 B。本题知识要点为不同的联运方式，要求考生掌握这几种不同的联运方式的具体含义。

93. The objective in （　　） is to achieve desired customer service with the minimum inventory commitment. （2009 年）

  A. order processing   B. inventory strategy

  C. transport   D. facility network

答案：B。 库存策略的目标是以最低存货量实现对客户的服务。

94. （　　） is the written promise of a bank to act at the request and on the instructions of the applicant and to undertake payment to the beneficiary in the amount specified in the credit. （2009 年）

  A. Letter of Delivery   B. Letter of Credit

  C. Letter of Indemnity   D. Letter of Guarantee

答案：B。 Letter of Delivery 为交货单；Letter of Credit 为信用证；Letter of Indemnity 和 Letter of Guarantee 为保函。本题知识要点为信用证的基本概念。

95. The AWB is one of important documents in cargo transport and it serves as （　　）. （2009 年）

  A. evidence of contract of carriage of goods by sea

  B. evidence of contract of carriage of goods by air

  C. evidence of contract of carriage of goods by rail

  D. evidence of contract of carriage of goods by road

答案：B。 本题关键是看考生是否理解 AWB 术语的含义，AWB 是航空货运单的简称，所以本题的答案是 B。

96. In international trade，redemption of documents under L/C operations means that （　　）. （2010 年）

  A. the beneficiary must pay the proceeds in order to get documents from the bank

  B. the applicant must pay the proceeds in order to get documents from the bank

  C. the beneficiary must tender the document to the bank in order to get the goods

  D. the applicant must tender the document to the bank in order to get the goods

答案：B。 国际贸易中，信用证下的付款赎单是指开证申请人向银行支付货款，取得包括提单在内的有关单证。

97. The seller had made a sales contract with the buyer under the CFR term，therefore the scope of freight forwarder's service on behalf of the seller normally does not include （　　）. （2010 年）

  A. arranging import customs clearance

  B. deliverying the goods to the carrier at the port of shipment

  C. arranging export customs clearance

  D. booking space with the marine carrier

答案：A。 贸易术语 CFR 下，卖方主要义务包括自费订立按通常条件、惯常航线将货物运至指定目的港的运输合同，并在约定的日期或期限内，将符合销售合同规定的货物交至指定装运港的船上，并于交货后充分通知买方；承担货物在指定的装运港越过船舷之前的一切风险和费用；自担风险和费用，取得出口许可证或其他官方许可，并负责办理货物出口清关手续及支付关税、税款和其他费用。

98. According to《INCOTERMS 2000》，（　　） means that the seller delivers the goods to the carrier nominated by him but the seller must in addition pay the cost of carriage necessary to bring

the goods to the named place of destination and also to procure insurance for the goods during the carriage. （2010 年）

    A. CPT   B. CIP   C. CFR   D. CIF

答案：B。 按照《国际贸易术语解释通则 2000》的规定，CIP 术语下，卖方除按约定向指定承运人交货外，还必须支付将货物运至指定目的地的运费，交货后的一切风险和费用则由买方承担。同样，如果存在多个承运人，则风险自货物交给第一承运人处置时转移。另外，在 CIP 术语下，卖方还必须负责订立货运保险合同，并支付保险费。

99. According to 《UCP600》, the term "shipment to be made at the middle of May" in the letter of credit shall be construed as （   ）. （2010 年）

    A. from the 11th to the 20th of May   B. from the 15th to the 25th of May

    C. from the 10th to the 20th of May   D. from the 16th to the 31st of May

答案：A。 根据《UCP600》规定：术语月初（beginning）、月中（middle）和月末（end）应分别理解为每月 1 日至 10 日、11 日至 20 日和 21 日至月末最后一天，包括起迄日期。

100. The All Risks in PICC Ocean Marine Cargo Clauses does not cover the risks of （   ）. （2010 年）

    A. shortage   B. rain damage   C. import duty   D. taint of odour

答案：C。 一切险（All Risks）的责任范围除包括"平安险"和"水渍险"的所有责任外，还包括货物在运输过程中因一般外来原因所造成的被保险货物的全部或部分损失。import duty 进口税、输入税的意思，不是一切险的承保范围。

101. The vessel's cubic capacity is usually stated both in grain capacity and in bale capacity. The （   ） is the volume of a vessel's holds to carry packaged dry cargo such as pallets, boxes, cartons etc. （2010 年）

    A. grain capacity   B. bale capacity   C. gross tonnage   D. net tonnage

答案：B。 船舶的货舱容积是指船舶货舱内实际能够装货物的空间，一般分为散装舱容（容积）与包装舱容（容积）两种。散装容积（grain capacity）是指货舱内实际能够装载散装货物的空间。

102. The documents commonly used in carriage of goods by sea are bills of lading, sea waybills, cargo manifests, booking notes and delivery orders etc. Please point out the （   ） are issued by the shippers or their agents. （2010 年）

    A. booking notes   B. delivery orders   C. sea waybills   D. cargo manifests

答案：A。 在海上货物运输中通常使用的单证包括：提单、海运单、载货清单、订舱单和提货单等。由托运人或其代理人签发的单证是订舱单 booking notes。

103. According to 《UCP600》, the commercial invoice must be made out in the same currency as the （   ）. （2010 年）

    A. bill of lading   B. sales contract   C. letter of credit   D. insurance policy

答案：C。 根据《UCP600》的规定，发票的总值不能超过信用证规定的最高金额，在信用证支付方式下，发票要在表面上看来系由受益人出具，对收货人的填写须做成以申请人的名称为抬头，且必须将发票币别做成与信用证相同币种，但无须签字。

104. Please point out which of the following expressions is not the characteristics of settlement by letters of credit. （   ）（2010 年）

    A. L/C is a self-sufficient instrument

    B. L/C is a document transaction

    C. The issuing bank's liabilities for payment

D. L/C is a cargo transaction

答案：D。信用证的特点一是信用证交易过程的独立性，是独立于买卖合同或任何其他合同之外的交易，开立信用证的基础是买卖合同，但银行与买卖合同无关，也不受其约束。二是信用证交易的标的物是单据，凭单付款，不以货物为准。三是银行提供信用，开证银行负首要付款责任。

105. In international air cargo transportation，（　　）are rates which are applicable to any types of air cargo.（2010 年）

    A. General Cargo Rates   B. Class Rates

    C. Bulk Unitization Rates   D. Specific Commodity Rates

答案：A。在国际航空货物运输中，General Cargo Rates（普通货物运价）是指除了等级货物运价和指定商品运价以外的适合于普通货物运输的运价，适用于各种货物，对危险货物的尺寸也没有限制。

106. The CMR convention is the convention on contract for international carriage of goods by road，according to the CMR，the carrier is responsible for（　　）.（2010 年）

    A. any wrongful act of the consignor   B. inherent vice of the goods

    C. neglect of the consignor   D. omissions of carrier's servants

答案：D。CMR（International Convention Concerning the Carriage of Goods by Road）《国际公路货物运输合同公约》，由联合国所属欧洲经济委员会负责草拟，该公约虽仅被欧洲国家所认可，但仍是当前国际公路货物运输方面的一部重要法律。承运人对于承运人的代理人、受雇人或其他人的作为或不作为承担责任。负责自承运人接管货物到交付期间发生的货物灭失或损害或迟延交付。

107. Establishing only one agency to deal with is one of advantages in multimodal transport operation，here agency means（　　）.（2010 年）

    A. agent of cargo owner   B. agent of shipowner

    C. MTO   D. broker

答案：C。多式联运经营人（Multi-modal transport operator——MTO）是指本人或通过其代表订立多式联运合同的任何人，他是事主，而不是发货人的代理人或代表或参加多式联运的承运人的代理人或代表，并且负有履行合同的责任。由此可见，国际多式联运经营人，是指本人或者委托他人以本人名义与托运人订立一项多式联运合同并以承运人身份承担完成此项合同责任的人。他既对全程运输享有承运人的权利，也负有履行多式运输合同的义务，并对责任期间所发生的货物的灭失、损害或迟延交付承担责任。

108. In most supply chains, customer requirements are transmitted in the form of（　　）.（2010 年）

    A. order   B. inventory   C. transport   D. warehousing

答案：A。在多数供应链中的客户需求以订单形式传送，订单处理包括管理客户需求的各方面。

109. （　　）is a lump sum rate for the carriage of a container loaded with a particular commodity in marine container transportation.（2010 年）

    A. CIF   B. CBR   C. BAF   D. CAF

答案：B。CBR 和 FAK 是常见的集装箱包箱费率，以每个集装箱为计费单位。CBR 是以特定货物的装箱情况，即一个集装箱大致能装多少这样的货物为计费基础的整笔运费。FAK 对每一个集装箱不细分箱内货类，收取均一运价。

110. The marine bill of lading is one of the most of important documents in marine cargo transport and it serves as（　　）.（2010 年）

    A. contract of carriage of goods by sea

B. evidence of contract of carriage of goods by sea

C. contract of carriage of goods by air

D. evidence of contract of carriage of goods by air

答案：B。根据国际货物和我国通商法的规定，提单具有三项主要的功能或作用。提单是海上货物运输合同的证明（Evidence of the Contract of Carriage）；提单是证明货物已由承运人接管或已装船的货物收据（Receipt for the Goods Shipped）；提单是承运人保证凭以交付货物的物权凭证（Document of Title）。

二、判断题

1. Mate's receipt is issued by the forwarder to the shipper . （　　）（2004 年）

答案：错误。大副收据是大副签发给托运人，表明船方已收到该票货物并已装上船的凭证。并不是货运代理人签发给托运人的单证。

2. The CFR term can be used only for sea and inland waterway transport. （　　）（2004 年）

答案：正确。根据 INCOTERMS2000 的规定，CFR 贸易术语仅适用海运和内河货物运输。

3. FOB means that the seller delivers when the goods pass the ship's rail at the named port of discharge. （　　）（2004 年）

答案：错误。port of discharge 如改为 port of loading 则是正确的。

4. A delivery order is issued by the carrier or his agent to enable the consignee or his agent to take delivery of the cargo from the vessel. （　　）（2004 年）

答案：正确。航运实务中，承运人或其代理人签发提货单给收货人，以便收货人或其代理人提货。

5. To unite the freight forwarding industry worldwide is one of FIATA's main objectives.（　　）

答案：正确。FIATA 的目标之一是团结全世界货运代理行业。

6. Insurance contract is essentially a contract between the insurer and the insured. （　　）（2004 年）

答案：正确。保险合同是保险人与被保险人之间订立的合同。

7. Under the voyage chartering, the shipowner is responsible for the fixed running expenses as well as for the voyage expenses. （　　）（2004 年）

答案：正确。在航次租船合同下，船舶出租人对固定费用和营运费用负责任。

8. Fumigation ordered because of illness of the crew under time chartering shall be for charterer's account. （　　）（2004 年）

答案：错误。在定期租船合同下，因为船员的原因而导致熏蒸费用应由船舶出租人负责，而不是由承租人负责。

9. Shipper is the person who has concluded a contract with the carrier for carriage of goods. （　　）（2004 年）

答案：正确。与承运人订立货物运输合同的人是托运人。

10. Normally tramp rates fluctuate with market conditions of supply and demand. （　　）（2004 年）

答案：正确。通常情况下不定期船运价根据市场供求关系波动。

11. One of the advantages in the intermodal transport is to provide faster transit of goods. （　　）（2004 年）

答案：正确。多式联运的优势之一是提供快捷的货物运输服务。

12. A foul bill of lading means that the bill of lading is very dirty. （　　）（2004 年）

答案：错误。不清洁提单是指提单上有记载不利于结汇的批注，而不是指其本身的状况。

13. A clean bill of lading means that the bill of lading is very clean. （　　）（2004 年）

答案：错误。清洁提单是指提单上没有记载不利于结汇的批注，而不是指其本身的状况。

14. Shipped in apparent good order and condition means that the vessel looks very good. （　　）（2004 年）

答案：错误。表面状况良好是指已装上船的货物而言，而不是针对船舶而言。

15. Under FCA term, if the chosen place of delivery occurs at the seller's premises, the seller is not responsible for loading. （　　）（2004 年）

答案：错误。根据 INCOTERMS 2000 的规定，FCA 术语下如果选择的交货地点在卖方所在地，则货物的装载费由卖方负责。如果选择的交货地点不在卖方所在地，则货物的卸载费不应由卖方负责。

16. Partial loss or damage is not recoverable from the insurers resulting from natural calamities under FPA coverage. （　　）（2004 年）

答案：正确。平安险承保范围不包括由于自然灾害造成的货物部分损失或损坏，仅对由于自然灾害造成的货物全部损失负责赔偿。

17. Specific Commodity Rates are normally lower than General Cargo Rates in air cargo transportation. （　　）（2004 年）

答案：正确。在航空货物运输中，指定运价通常情况下比普通货物运价要低。

18. Multi-modal transport refers to a transport system usually operated by a carrier with more than one mode of transport under the control or ownership of one operator. （　　）（2004 年）

答案：正确。多式联运是指多式联运经营人以两种或两种以上不同的运输方式组织完成全程货物运输工作。

19. FIATA is the largest governmental organization in the field of freight forwarding industries. （　　）（2004 年）

答案：错误。国际货运代理协会联合会是货代行业的最大的非政府间组织，而不是政府间组织。

20. If the shipment date is "on or about May 20", then the goods must be shipped before that date. （　　）.（2004 年）

答案：错误。根据 UCP500 的规定，"on or about 20th" 的解释为包括此日之前的五天和此日之后的五天，故本题是错误的。

21. If the L/C stipulate that the expiry date is July 31st without a shipment date, then the latest shipment date is also July 31st. （　　）（2005 年）

答案：正确。根据 UCP500 的规定，如果信用证仅规定了有效期，而没有规定装运期，装运期与有效期为同一天。本题知识要点为信用证关于装运期的规定，要求考生掌握相关的规定。

22. Cargo insurance contract is not a contract of indemnity. （　　）（2005 年）

答案：错误。货物保险合同是一种赔偿性质的合同。本题知识要点为货物保险合同的性质。

23. Consolidation can only benefit both shippers and consignee. （　　）（2005 年）

答案：错误。货物集拼运输方式不但有利于托运人和收货人，同时也有利于承运人。本题知识要点为集拼运输方式的优点。

24. General Cargo Rates are normally higher than Specific Commodity Rates in air cargo trans-

portation. （　　　）（2005 年）

答案：正确。在航空货物运输中，普通货物运价通常要高于指定货物运价。本题知识要点为航空运价的比较。

25. General average and salvage charges are covered both in FPA and WA coverage. （　　　）（2005 年）

答案：正确。在海上货物运输保险 FPA 和 WA 条款中，保险人的承保范围都包括共同海损和救助费用。本题知识要点为货物保险的承保范围。

26. If the shipment date is "second half of May" in the credit，then the goods must be shipped before May 20. （　　　）（2005 年）

答案：错误。根据 UCP500 的规定，对于"second half" of a month 的解释，应是指本月的 16 日至月底，所以本题的答案为错误。本题知识点是 UCP500 的具体规定，要求考生掌握 UCP500 对有关词语的解释。

27. The freight forwarder takes delivery of the goods from the carrier and issues the Forwarders' Certificate of Receipt. （　　　）（2005 年）

答案：错误。货运代理人从货主处收取货物后签发收货凭证给货主。本题知识要点为 FCR 的含义。

28. The objective in inventory strategy is to achieve desired customer service with the minimum inventory commitment. （　　　）（2005 年）

答案：正确。库存策略的目标是以最低的库存成本实现所企盼的客户服务。本题知识要点为库存策略的目标。

29. The port charges are payable by shipowner during the period of voyage charter. （　　　）（2005 年）

答案：正确。在航次租船合同下，承运人通常对营运费用负责，包括燃油、港口使费和装货费。本题知识要点为航次租船合同的费用分摊，要求考生掌握船东和租船人在航次租船合同下有关费用的承担范围。

30. The charge for a telex is not based on the distance the message has to travel and the time spent in transmission. （　　　）（2005 年）

答案：错误。电传的收费是根据距离和时间计算的。本题知识要点为电传收费的依据。

31. Institute Cargo Clause (C) does not cover risks of war，strike，but covers loss of or damage to cargo caused by earthquake. （　　　）（2005 年）

答案：错误。Institute Cargo Clause (C) 承保范围既不包括战争和罢工风险，也不包括地震等自然灾害造成的货物损失。本题知识要点为 ICC（C）险承保范围。

32. Time chartering means that the charterer hires the vessel for a period of time without crew. （　　　）（2005 年）

答案：错误。本题考定期租船合同的含义，但给出的是光船租船合同的基本概念。

33. Time of Shipment refers to the time limit for loading the goods at the port of shipment. （　　　）（2005 年）

答案：正确。装运期是指在装运港装货的期限。本题知识要点为装运期的概念。

34. LCL/LCL denotes the container service where the shipper is responsible for stuffing and the carrier is responsible for stripping. （　　　）（2005 年）

答案：错误。LCL 为拼箱货，是指由承运人的集装箱货运站负责装箱和计数，填写装箱单，并加封志的集装箱货物，并在承运人的集装箱货运站拆箱，将货物交给收货人。

35. Documentary credit means payment against goods instead of against documents. (　　) (2005 年)

答案：错误。跟单信用证意味着承单付款，只要发货人提交的单证符合信用证的规定，银行保证付款。

36. Assisting the consignee，if necessary，in warehousing and distribution is one of the services provided by the freight forwarder on behalf of the consignee. (　　) (2006 年)

答案：正确。代表收货人从事货物的仓储和分拨均为货运代理的业务服务范畴。

37. The CPT term may be used irrespective of the mode of transport including multimodal transport and this term requires the buyer to clear the goods for export. (　　) (2006 年)

答案：错误。CPT 适合各种运输方式，在该术语下卖方负责订立货物运输合同，将运费付到约定的目的地，并负责货物出口清关，而不是由买方承担出口清关。

38. The words " to，until，till，from" applying to any date or period in the credit referring to shipment will be understood to include the date mentioned. (　　) (2006 年)

答案：正确。根据 UCP500 的规定，对于" to，until，till，from"用于信用证中关于装运日期或期限时，将被理解为包括该日期。本题知识点是 UCP500 的具体规定，要求考生掌握 UCP500 对有关词语的解释。此题难度适中，只要掌握 UCP500 的规定，则比较容易回答。

39. The All Risks of PICC Ocean Marine Cargo Clause does not cover risks of war and special additional risks but cover the general additional risks. (　　) (2006 年)

答案：正确。在海上货物运输保险一切险条款中，保险人的承保范围不包括战争险和特别附加险，但包括普通附加险。

40. A booking note is a commitment on the part of the shipper to ship the goods and serves as the basis for the preparation of the bill of lading. (　　) (2006 年)

答案：正确。托运单是指由托运人根据买卖合同和信用证的有关内容向承运人或他的代理人办理货物运输的书面凭证。经承运人或其代理人对该单的签认，即表示已接受这一托运，承运人与托运人之间对货物运输的相互关系即告建立。托运单是提单制作的基础。

41. The UCP 500 published by the International Chamber of Commerce contains detailed provisions dealing with the operation of sales contract. (　　) (2006 年)

答案：错误。国际商会出版的《跟单信用证统一惯例》(UCP 500) 是关于信用证方面的规定，而不是有关买卖合同的规定。

42. The voyage charter means that the vessel is put at the disposal of the charterer for a certain period employment without any crew. (　　) (2006 年)

答案：错误。题干是关于光船租船合同的描述，而不是航次租船合同的描述。

43. Straight bills of lading are not negotiable and cannot be transferred to third parties. (　　) (2006 年)

答案：正确。记名提单指在提单"收货人"一栏内具体填上特定的收货人名称的提单。记名提单只能由提单上所指定的收货人提取货物。根据我国海商法的规定，记名提单，不得转让。

44. From legal point of view，the Notify Party on the bill of lading is not the party of the contract of the carriage of goods by sea. (　　) (2006 年)

答案：正确。海上货物运输合同的当事人是承运人和托运人、收货人。提单上关于通知方的规定，只是便利承运人通知有关方前来提货，并不意味通知方是合同的当事人。

45. The road transport in the countries outside Europe is to a great extent governed by the CMR convention. (　　) (2006 年)

答案：错误。 CMR 国际公约是有关国际公路运输方面的国际公约，但它仅适用欧洲。

46. One of the advantages in the multimodal transport is to minimize time loss at transshipment point. （   ）（2006 年）

答案：正确。 国际多式联运的优点包括：提高运输组织水平，减少中转时间，降低运输成本，节约运杂费用等。

47. The primary objective of information flow management is to reconcile these differentials to improve overall supply chain performance. （   ）（2006 年）

答案：正确。 物流信息是指有关物流活动本身的，以及与物流活动有关的其他活动的信息，是伴随着物流业务活动而发生的，以及在物流业务活动以外发生的但对物流业务活动有影响的一切信息。信息流管理的主要目标是提升整个供应链运作水平。

48. The figure like 1/10/2005 in British English will be understood as January 10，2005，while in American English will be understood as October 1，2005. （   ）（2006 年）

答案：错误。 美国英语和英国英语对日期的表述方式是不同的，1/10/2005 在英国理解为日/月/年，即 2005 年 10 月 1 日。在美国则理解为 2005 年 1 月 10 日，本题正好反向，所以是错误的。本题要求学生掌握书写商业信函时注意事项。

49. According to the text book，E - business not only involves exchanges among customers，business partners and the vendor，but also includes operations that handled within the business it-self. （   ）（2006 年）

答案：正确。 根据课文的内容，在线企业的表述不仅包括客户、商业伙伴、卖方间的交易，还包括企业自身内部的经营活动。

50. Usually，an air waybill is non - negotiable，that is，the goods must be sent to the consignee titled in the air waybill. （   ）（2006 年）

答案：正确。 航空货运单是由托运人或者以托运人的名义填制，是托运人和承运人之间在承运人的航线上运输货物所订立的运输契约。航空货运单不可转让。

51. The forwarders usually book spaces with ocean carrier on behalf of consignor basis on the FCA terms in the sales contract made by the consignor as the seller with the buyer. （   ）（2007 年）

答案：错误。 在 FCA 价格术语下，通常由买方负责租船订舱，安排货物运输，所以货运代理人不可能代理发货人向承运人订舱。

52. The CIP term may be used irrespective of the modes of transport including multimodal trans-port and this term requires the seller to clear the goods for export. （   ）（2007 年）

答案：正确。 CIP 适合各种运输方式，在该术语下卖方负责订立货物运输合同，将运费付到约定的目的地，并负责货物出口清关。

53. The word "between" applying to any date or period in the credit referring to shipment will be understood to include the date mentioned. （   ）（2007 年）

答案：正确。 根据 UCP600 的规定，对于"to，until，till，from，between"用于信用证中关于装运日期或期限时，将被理解为包括各该日期。此题难度适中，只要掌握 UCP600 的规定，则比较容易回答。

54. The marine cargo insurance is based on the principles of insurable interest，utmost good faith，and indemnity，etc. （   ）（2007 年）

答案：正确。 在海上货物运输保险中，必须遵守的基本原则为保险利益、最大诚信、赔偿等原则。

55. A delivery order is a commitment on the part of the shipper to ship the goods and serves as the basis for the preparation of the bill of lading. （　　）（2007 年）

答案：错误。本题的概念是托运单的含义而不是提货单的含义，托运单指由托运人根据买卖合同和信用证的有关内容向承运人或他的代理人办理货物运输的书面凭证，托运单是提单制作的基础。提货单是收货人凭以向现场（码头仓库或船边）提取货物的凭证。

56. UCP600 published by the International Chamber of Commerce will come into force on Oct. 1，2007 （　　）（2007 年）

答案：错误。最新修订的《UCP600》于 2007 年 7 月 1 日生效，而不是 10 月 1 日。

57. The time chartering means that the shipowner provides a designated manned ship to the charterer，and the charterer employs the ship for a specific period against payment of hire. （　　）（2007 年）

答案：正确。目前，主要的租船运输经营方式有航次租船、定期租船、光船租船、包运租船、航次期租等基本形式等形式。定期租船是指由船舶出租人向承租人提供约定的由出租人配备船员的船舶，由承租人在约定的时间内按照约定的用途使用，并支付租金的一种租船方式。

58. The words "in apparent good order and condition" indicated on the bills of lading are not accepted by the bank due to its unclear meaning. （　　）（2007 年）

答案：错误。清洁提单指没有任何有关货物残损，包装不良或其他有碍于结汇的批注的提单。提单正面已印有"外表状况明显良好"的词句，若承运人或其代理人在签发提单时未加任何相反的批注，则表明承运人确认货物装船时外表状况良好的这一事实，银行予以接受。

59. A vessel which has brought any imports or has loaded exports can leave the port only when written permission，known as "port clearance"，is granted by the local authorities. （　　）（2007 年）

答案：正确。任何装运进出口货物的船舶，只有拿到船舶结关单，才能离港。

60. The carrier shall be relieved of liability by reason of the defective condition of the vehicle used by him in order to perform the carriage under the CMR convention. （　　）（2007 年）

答案：错误。根据 CMR 公约，公路承运人对于为履行运输而使用的车辆的不良状态造成的灭失、损坏或延误要承担责任，不能免责。

61. One of the advantages in the multimodal transport is only to reduce the burden of documentation and formalities for the multimodal transport operators. （　　）（2007 年）

答案：错误。国际多式联运的优点包括：提高运输组织水平，减少中转时间，降低运输成本，节约运杂费用、减少文件和手续的繁琐等。这些优点并不仅针对多式联运经营人而言，同样也针对托运人。

62. Procurement is concerned with purchasing and arranging outbound movement of materials，parts，and/or finished inventory from suppliers to customers. （　　）（2007 年）

答案：错误。企业的物流活动包括了几个阶段的物流活动，从采购物流、内部的生产物流到销售物流。采购就是有选择性的购买。也就是要选择合适的供应商，合适的价格进行购买合格材料。

63. General Cargo Rates are applicable to any types of commodity，without the restriction of hazardous consignment size. （　　）（2007 年）

答案：正确。航空运价包括普通货物运价，指定商品运价，等级货物运价和集装货物运价等。普通货物运价是指除了等级货物运价和指定商品运价以外的适合于普通货物运输的运价。

64. FIATA is recognized as representing the freight forwarding industry by many other governmental organizations，governmental authorities，private international organizations in the field of

transport. (   )（2007 年）

答案：正确。国际货运代理协会联合会是一个非营利性的国际货运代理行业组织，其宗旨是保障和提高国际货运代理在全球的利益。作为世界运输领域最大的非政府间国际组织，国际货运代理协会联合会被国际商会、国际航空运输协会、国际铁路联盟、国际公路运输联盟、世界海关组织、世界贸易组织等一致确认为国际货运代理业的代表。

65. Consolidation can benefit all concerned such as exporters and shippers, carrier and forwarder. (   )（2007 年）

答案：正确。集拼业务对出口商、承运人、货运代理都是有利的。

66. The forwarder can book spaces with ocean carrier on behalf of consignor basis on the CIF/CFR terms in the sales contract made by the consignor as the seller with the buyer. (   )（2008年）

答案：正确。在 CIF/CFR 价格术语下，通常由作为发货人的卖方负责租船订舱，安排货物运输，所以货运代理人可以代理发货人向承运人订舱。本题知识要点为货运代理业务范围。

67. If the expression "on or about" or similar expressions are used in the L/C according to UCP600，banks will interpret them as a stipulation that shipment is to be made during the period from five days before to five days after the specified date, both end days excluded. (   )（2008年）

答案：错误。根据《UCP600 》的规定，对于"on or about"的解释，等文字用于信用证中关于装运日期或期限时，将被理解为包括各该日期。excluded 一字为不包括该日期，所以本题的答案为错误。本题知识要点为《UCP600 》对有关词语的解释。

68. Under FCA term，if the buyer nominates a person other than a carrier to receive the goods，the seller is deemed to have fulfilled his obligation to deliver the goods when they are delivered to that person. (   )（2008 年）

答案：正确。FCA 是指卖方只要将货物在指定的地点交给由买方指定的承运人，并办理出口清关手续，即完成交货。若买方指定承运人以外的人领取货物，则当卖方将货物交给此人时，即视为已履行了交货任务。本题知识要点为价格术语的含义。

69. Cargo insurance is one of the most important parts in international trade. The minimum amount insured for the cargoes should be the CIF or the CIP value of the goods plus 10%. (   )（2008 年）

答案：正确。货物保险金额一般应由买卖双方经过协商确定，按照国际保险市场习惯，货物最低保险金额通常按 CIF 或 CIP 总值加 10％计算。所加的百分率称为保险加成率，它作为买方的经营管理费用和预期利润。本题知识要点为货物保险金额。

70. The sea waybill is a non - negotiable document and made out to a consignee who is allowed，upon production of proper identification，to claim the goods without presenting the sea waybill. (   )（2008 年）

答案：正确。海运单是发货人和承运人之间订立海上货物运输合同的证明，又是承运人接管货物或者货物已经装船的货物收据。但是，海运单不是一张转让流通的单据，不是货物的"物权凭证"。由于海运单不是物权凭证，收货人在卸货港提取货物时并不需要持有和出具正本的海运单，只需要确认自己的收货人身份后就可以取得提货单提货。本题知识要点为海运单的含义。

71. There are some standard forms of time charter party used in the time chartering business. The two major forms are NYPE and Gencon. By far the largest number of time chartering are fixed on the basis of the Gencon Charter Party. (   )（2008 年）

答案：错误。租船合同范本根据租船货运经营方式不同又可分为航次租船合同范本，定期租船合同范本，光船租船合同范本。"金康（GENCON）"，是国际上标准的航次租船合同范本。它是一个不分货种和航线，使用范围比较广泛的航次租船合同的标准格式。目前，我国航次租船实务中大多使用金康合同范本。"土产格式"是目前使用最为广泛的定期租船标准合同。本题知识要点为各种常用的租船合同范本。

72. Received for shipment bill of lading states definitely that the goods have been received by the carrier and confirms that the goods are actually on board the vessels. （　　）（2008 年）

答案：错误。收货待运提单（Received for shipment B/L）简称待装提单或待运提单，是指承运人虽已收到货物但尚未装船，应托运人要求而向其签发的提单。当货物装船后，承运人在待运提单上加注装运船舶的船名和装船日期，就可以使待运提单成为已装船提单。本题知识要点为收货待运提单的含义。

73. The clean bill of lading bears an indication that the goods were received without damages, irregularities or short shipment, usually the word "apparent good order and condition" is indicated on the B/L. （　　）（2008 年）

答案：正确。清洁提单（Clean B/L）指没有任何有关货物残损，包装不良或其他有碍于结汇的批注的提单。提单正面已印有"外表状况明显良好"的词句，若承运人或其代理人在签发提单时未加任何相反的批注，则表明承运人确认货物装船时外表状况良好的这一事实，承运人必须在目的港将接受装船时外表状况良好的同样货物交付给收货人。本题知识要点为清洁提单的含义。

74. Any export goods or import goods can be loaded or discharged only when written permission, known as "port clearance", is granted by the local authorities to the cargo owners. （　　）（2008 年）

答案：错误。"port clearance"是针对船舶而言，而非针对货物而言。任何装运进出口货物的船舶，只有拿到船舶结关单，才能离港。本题知识要点为船舶结关单的含义。

75. The carrier shall not be relieved of liability by reason of the defective condition of the vehicle used by him in order to perform the carriage under the CMR convention. （　　）（2008 年）

答案：正确。根据《国际公路运输合同公约》的规定，承运人对其代理人和受雇人的行为负责。承运人对于为履行运输而使用的车辆的不良状态造成的灭失、损坏或延误要承担责任，不能免责。本题知识要点为国际公路运输承运人的责任。

76. The policy must be issued and signed by an insurance company or its agent. If more than one original is issued and is so indicated in the policy, all the originals must be presented to the bank, unless otherwise authorized in the letter of credit according to UCP600. （　　）（2008 年）

答案：正确。根据《UCP600》对提交货物运输保险单的规定，保险单据，例如保险单或预约保险项下的保险证明书或者声明书，必须看似由保险公司或承保人或其代理人或代表出具并签署。如果保险单据表明其以多份正本出具，所有正本均须提交。本题知识要点为货物运输保险单。

77. For a supply chain to realize the maximum strategic benefit of logistics, the full range of functional work must be integrated. （　　）（2008 年）

答案：正确。供应链管理的目的是通过对供应链各个环节的活动的协调整合，实现物流的最佳业务绩效。掌握供应链的含义，就比较能够回答问题。本题知识要点为供应链管理概念。

78. In international air cargo transportation, General Cargo Rates are applicable to named types of commodity and Specific Commodity Rates are applicable to any type of commodity. （　　）（2008 年）

答案：错误。航空运价包括普通货物运价，指定商品运价，等级货物运价和集装货物运价等。

普通货物运价是指除了等级货物运价和指定商品运价以外的适合于普通货物运输的运价。题干将普通货物运价和指定商品运价的含义颠倒，所以是错误的。本题知识要点为航空运价。

79. FIATA has created several documents and forms to establish an uniform standard for use by freight forwarders worldwide. FWB is one of them that means negotiable FIATA Multimodal Transport Bill of Lading. （　　）（2008 年）

答案：错误。国际货运代理协会联合会制定一些标准单证，包括 FWR 和 FWB。FWB 是不可转让联运运单，而不是可转让联运提单。本题知识要点为国际货运代理协会联合会制定的标准单证的含义。

80. Consolidation means the assembly of small parcels of cargo from several consignors at one point of origin intended for several consignees at another point of destination, dispatching the parcels as one consolidated consignment to the consolidator's agent at the destination and delivering them to their respective consignees. （　　）（2008 年）

答案：正确。集中托运将多个托运人的货物集中起来作为一票货物交付给承运人，用较低的运价运输货物。货物到达目的站，由分拨代理商统一办理海关手续后，再分别将货物交付给不同的收货人。本题知识要点为集拼的含义。

81. The WTO is described as an umbrella organization under which the agreements that came out of the Uruguay Round of multilateral trade negotiations are gathered. （　　）（2009 年）

答案：正确。1986 年关贸总协定乌拉圭回合谈判启动后，欧共体和加拿大于 1990 年分别正式提出成立世贸组织的议案，1994 年 4 月在摩洛哥马拉喀什举行的关贸总协定部长级会议正式决定成立世贸组织。1995 年 1 月 1 日正式开始运作，负责管理世界经济和贸易秩序，总部设在瑞士日内瓦莱蒙湖畔。世贸组织是具有法人地位的国际组织，在调解成员争端方面具有更高的权威性。世贸组织与世界银行、国际货币基金组织一起，并称为当今世界经济体制的"三大支柱"。

82. The forwarder can book spaces with ocean carrier on behalf of consignor basis on the FOB/FAS terms in the sales contract made by the consignor as the seller with the buyer. （　　）（2009 年）

答案：错误。在 FOB/FAS 价格术语下，通常由作为收货人的买方负责租船订舱，安排货物运输，所以货运代理人通常不可能代理发货人向承运人订舱。本题知识要点为货运代理业务范围。

83. The words "to, until, till, from, between, after, before" applying to any date or period in the credit referring to shipment will be understood to include the date mentioned. （　　）（2009 年）

答案：错误。根据 UCP600 的规定，对于" to, until, till, from, between"用于信用证中关于装运日期或期限时，将被理解为包括该日期。但对于"after, before"被理解为不包括该日期。此题难度适中，只要掌握 UCP600 的规定，则比较容易回答。

84. UCP600 does not apply unless it is expressly mentioned in the text of the L/C. （　　）（2009 年）

答案：正确。国际商会出版的《跟单信用证统一惯例》（UCP 600）是关于信用证方面的规定，它适用于所有在正文中标明按该惯例办理的跟单信用证。

85. Cargo insurance is one of the most important parts in international trade. Insurance policy is an evidence of government policy referring to insurance market. （　　）（2009 年）

答案：错误。在国际贸易中，货物运输保险是一个不可缺少的组成部分。保险单（Insurance Policy）是保险人和被保险人之间成立保险合同关系的正式凭证，是被保险人向保险人索赔或对保险人上诉的正式文件，也是保险人理赔的主要依据。本题考的是对保险单概念的理解。

86. Under a voyage charter the shipowner retains the operational control of the vessel and is responsible for the operating expenses. Therefore, loading and discharging costs are normally paid by the shipowner. ( )（2009 年）

答案：错误。 在航次租船合同下，承运人通常对营运费用负责，包括燃油、港口使费等。但对于货物的装卸费用需要在合同中加以明确。目前实务中通常规定由承租人承担。本题知识要点为航次租船合同的费用分摊，要求考生掌握船东和承租人在航次租船合同下有关费用的承担范围。

87. The sea waybill serves as same functions as marine bill of lading used in carriage of goods by sea and who is allowed, upon production of proper identification, to claim the goods without presenting the sea waybill. ( )（2009 年）

答案：错误。 海运单（Sea waybill：SWB），是证明海上货物运输合同和货物已经由承运人接管或装船，以及承运人保证将货物交给指点收货人的一种不可转让的单证。海运单与海运提单的在作用方面有很大的不同，海运单不具有提单"物权凭证"的作用。本题知识要点为海运单的功能。

88. The clean bill of lading bears an indication that the goods were received without damages, irregularities or short shipment, usually the word "apparent good order and condition" is indicated on the B/L. ( )（2009 年）

答案：正确。 清洁提单（Clean B/L）指没有任何有关货物残损，包装不良或其他有碍于结汇的批注的提单。提单正面已印有"外表状况明显良好"的词句，若承运人或其代理人在签发提单时未加任何相反的批注，则表明承运人确认货物装船时外表状况良好的这一事实，承运人必须在目的港将接受装船时外表状况良好的同样货物交付给收货人。本题知识要点为清洁提单的含义。

89. Shipped bills of lading and received for shipment bills of lading state definitely that the goods have been received by the carrier and confirm that the goods are actually on board the vessels. ( )（2009 年）

答案：错误。 已装船提单和收货待运提单是不同的，收货待运提单是指承运人虽已收到货物但尚未装船，应托运人要求而向其签发的提单。当货物装船后，承运人在待运提单上加注装运船舶的船名和装船日期，才可以使待运提单成为已装船提单。本题知识要点为已装船提单和收货待运提单的含义。

90. Under CMR convention, the carrier is responsible for loss of or damage to the goods occurring between the time he takes over the goods and the time of delivery as well as for any delay in delivery. ( )（2009 年）

答案：正确。 根据 CMR convention 的规定，承运人的责任期间是从接收货物时起到交付货物时止。本题的知识要点 CMR 下承运人的责任期间。

91. The risks covered in FPA, WPA and All Risks in PICC Ocean Marine Cargo Clauses are not the same but none of them cover loss or damage caused by the intentional act of the insured. ( )（2009 年）

答案：正确。 我国海洋货物运输保险条款包括三种基本险别，即平安险、水渍险和一切险。三种基本险承保责任范围是不相同的，一切险的责任范围除包括"平安险"和"水渍险"的所有责任外，还包括货物在运输过程中因一般外来原因所造成的被保险货物的全部或部分损失。但保险人对归因于被保险人故意的不法行为造成的损失或费用，均不负赔偿责任。本题的知识要点为海上保险承保范围和除外责任。

92. Consolidation can not only benefit exporters, shippers and forwarders but also benefit carriers. ( )（2009 年）

答案：正确。 货物集拼运输方式不但有利于托运人和收货人，同时也有利于承运人。本题知识要点为集拼运输方式的优点。

93. In international air cargo transportation，Bulk Unitization Rates are only given for cargo which is prepackaged into an aircraft Unit Load Device that can be loaded directly into the aircraft. （   ）（2009 年）

答案：正确。 散装货物的集装化运价仅仅适用预先装在航空集装器中，可直接进入飞机的货物。本题的知识要点为航空运价概念。

94. In addition to the routine of arranging for pickup and delivery，booking the shipments on flights，and filling out air waybill，the air freight agent is also involved in such problems as tracing lost or strayed shipment and dealing with claims on damaged shipment. （   ）（2009 年）

答案：正确。 航空货物代理人除了安排提货交货、预订运货班机以及填写航空货运单等日常工作外，还要涉及如查询丢失或错运的货物，处理赔偿损坏货物等问题。本题的知识要点为航空货物代理人的职责。

95. Network design is a primary responsibility of logistical management since a firm's facility structure is used to ship products and materials to customers. （   ）（2009 年）

答案：正确。 物流管理的目的就是要在尽可能最低的总成本条件下实现既定的客户服务水平，即寻求服务优势和成本优势的一种动态平衡，并由此创造企业在竞争中的战略优势。现代物流通常被认为是由运输、存储、包装、装卸、流通加工、配送和信息诸环节构成。物流设施是组织物流系统运行的基础物质条件，包括物流场站、物流中心、仓库、物流线路、建筑、公路、铁路，港口等。

96. One of the WTO basic functions is to implement，administer，and carry out IMF Agreement and it annexes. （   ）（2010 年）

答案：错误。 WTO 主要作用是执行 WTO 自己的有关决议和文件，而不是执行国际货币基金组织的决议。

97. The forwarders take delivery of the goods from the consignor and issue the document of Forwarders' Certificate of Receipt to the consignor. In this case the forwarders are also considered to be the agent of the consignor. （   ）（2010 年）

答案：错误。 国际货运代理人从出口商（托运人）接收货物，并签发收货凭证，表明其身份是当事人而不是代理人。

98. The "beginning of a month" has the similar expression as "first half of a month" in the credit referring to shipment according to《UCP600》. （   ）（2010 年）

答案：错误。 根据《UCP600》规定：术语月初（beginning）应理解为每月 1 日至 10 日，而 "first half of a month" 应为每月 1 日至 15 日。

99. 《UCP600》applies to all letters of credit no matter weather it is expressly mentioned or not in the text of the L/C. （   ）（2010 年）

答案：错误。《UCP600》适用于所有在正文中标明按本惯例办理的跟单信用证。除非信用证中另有规定，本惯例对一切有关当事人均具有约束力。如果信用证中不列明，则不具有约束力。

100. An irrevocable confirmed documentary credit is one that contains the guarantee of payment to the beneficiary by both the issuing bank and confirming bank so long as the terms and conditions of the credit are met. （   ）（2010 年）

答案：正确。 只要符合不可撤销保兑信用证条款有关规定，开证行和保兑行就应该付款给受益人。

101. The charters retain the property in bunkers which have been supplied and paid for by shipo-

wner on board the vessel during the period of voyage charter.　（　　）（2010 年）

答案：错误。航次租船中，船舶燃油费用由船东负责，而不是承租人。

102. The sea waybill serves as same functions as marine bill of lading used in carriage of goods by rail and road and who is allowed，upon production of proper identification，to claim the goods without presenting the sea waybill.　（　　）（2010 年）

答案：错误。海运单与海运提单最大的不同是海运单是一种不可流通的单证，且指定收货人，该收货人在提供身份证明后，无须出示提单即可提货。两者适用于国际海上货物运输。

103. Both order bill of lading and straight bill of lading can be transferred to the third party by endorsement.　（　　）（2010 年）

答案：错误。指示提单可以通过背书进行转让，而记名提单载有特定的收货人，不能流通，不能转让给第三方。

104. The port clearance means that the cargo owner has got the permission of the customs authorities for import or export cargo.　（　　）（2010 年）

答案：错误。进出境货物要由货主向海关申报，海关放行后方能进出境。对于进出境运输工具，如船舶的清关，常表示为 port clearance。

105. Under CMR convention，the carrier is responsible for loss of or damage to the goods occurring between the goods loaded on board the ship and the time of delivery at discharging port.　（　　）（2010 年）

答案：错误。CMR 公约是指国际公路货物运输合同公约，仅被欧洲国家认可。公约中规定公路货物运输承运人负责自他接管货物到交付货物期间发生的灭失和损害和迟延交付。

106. The risks covered in FPA，WPA and All Risks in PICC Ocean Marine Cargo Clauses are not the same but all of them cover loss or damage caused by the intentional act of the insured.　（　　）（2010 年）

答案：错误。被保险人故意行为造成的货损货差，PICC 海洋货物运输保险三种险别均不承保。

107. Consolidation can not only benefit exporters，shippers and forwarders but also benefit carriers，because the carrier can take advantage of the FCL tariff rates.　（　　）（2010 年）

答案：错误。合并运输对托运人、承运人都是有益的。为托运人提供更低廉的运价，为承运人节省时间和工作成本，而不是在整箱货运价上获利。

108. In international air cargo transportation，Specific Commodity Rates are only applicable to named types of cargo .　（　　）（2010 年）

答案：正确。指定商品运价是指适用于自规定的始发地至规定的目的地运输特定品名货物的运价。

109. According to《INCOTERMS 2000》，FCA may not be used for sea and inland waterway transport.　（　　）（2010 年）

答案：错误。FCA 术语适用于各种运输方式，包括多式联运。

110. A sound inventory is a primary responsibility of logistical management since a firm's facility structure is used to ship products and materials to customers.　（　　）（2010 年）

答案：错误。库存策略的目标是以最低库存量实现对客户的服务，而不是运输产品和原材料给客户。

三、多项选择题

1. The following services（　　）are performed by the forwarder on behalf of the exporter.

（2004 年）

    A. book space   B. pack the goods

    C. export customs clearance   D. import customs clearance

答案：ABC。 订舱、货物包装、报关均为货运代理的业务范畴。由于本题是货运代理为出口商办理出口货运业务，所以通常情况下，进口货运报关不属于其服务范畴，故不选择 D。

本题知识要点为货运代理业务范畴，要求考生掌握货运代理为出口商或进口商办理货运服务的具体业务范围。

2. The All Risks of marine cargo transportation insurance covers risks of（   ）（2004 年）

    A. war and strike   B. general average

    C. inherent vice of goods   D. stranding of ship

答案：BD。 海上货物运输保险一切险条款承保自然灾害、意外事故等原因造成的货物损失，但对于延迟、货物固有缺陷、战争、罢工等原因造成的货物损失不负赔偿责任。本题知识要点为货物保险一切险的承保范围。要求考生掌握货物保险一切险的主要承保范围和除外责任。

3. Multimodal transport has the advantages such as（   ）（2004 年）

    A. providing faster transit of goods

    B. reducing cost of exports

    C. saving costs

    D. reducing the burden of documentation and formalities

答案：ABCD。 多式联运的优点包括以上四点。本题知识要点为多式联运的基本概念，要求考生掌握多式联运与其他运输方式相比较的特点。

4. The following trade terms（   ）can be used only for sea or inland waterway transport.（2004 年）

    A. CIF   B. CIP   C. FCA   D. FOB

答案：AD。 根据 INCOTERMS2000 的规定，FOB、CIF 贸易术语仅适用于海运，因此在本题中，能适用各种不同运输方式的术语是 CIP 和 FCA。本题知识要点为贸易术语适用范围，要求考生掌握主要贸易术语所使用的运输方式。

5. When the forwarder pack the goods on behalf of exporter, he should consider the（   ）（2004 年）

    A. mode of transport   B. nature of the goods

    C. quantity of the goods   D. quality of the goods

答案：AB。 货运代理人为出口商办理货物包装服务业务时，应考虑运输方式和货物本身的性质。通常情况下无需考虑货物的数量和质量。本题知识要点为包装业务，要求考生掌握为货物包装时应考虑哪些因素。

6. Under CMR convention, the carrier is responsible for（   ）（2004 年）

    A. the acts of his agent   B. any wrongful act of the consignor

    C. inherent vice of the goods   D. the act of his servants

答案：AD。 根据国际公路运输合同公约的规定，承运人对其代理人和受雇人的行为负责。对于发货人的过失以及货物本身的固有缺陷造成的损失不负责任。本题知识要点是公路运输承运人的责任，要求考生掌握有关法律对承运人责任范围的规定。

7. FIATA has created several documents and forms, they are（   ）（2004 年）

    A. FWR   B. FWB   C. FOB   D. FCA

答案：AB。 国际货运代理协会联合会制定一些标准单证，包括 FWR 和 FWB。FOB 和 FCA 是贸易术语。本题知识要点为货代使用的单证，要求考生掌握国际货运代理协会联合会为货代制定的若干货运单证，如 FCR、FCT、FWR、FBL、FWB、SDT、SIC、FFI 等。

8. The Air Waybill serves as （   ）（2004 年）

    A. a document of title   B. a contract for transportation

    C. a receipt and delivery of shipment   D. a convention for air transport

答案：BC。航空货运单的作用为运输合同和货运收据。本题知识要点为航空货运单的作用，要求考生掌握航空货运单有哪些作用。

9. Normally the marine bill of lading has three functions，namely （   ）（2004 年）

    A. evidence of the contract of carriage   B. a receipt of goods

    C. a document of title to the goods   D. the contract of carriage

答案：ABC。海运提单是海上货物运输中一份非常重要的单证，其作用是运输合同的证明、货物收据和物权凭证。本题知识要点为提单的主要作用，要求考生掌握提单有哪些作用。

10. Under a time charter party，the charterer pays for （   ）（2004 年）

    A. capital cost   B. fuel   C. loading costs   D. wages of crew

答案：BC。在定期租船合同下，承租人通常对营运费用负责，包括燃油和装货费。本题知识要点为定期租船合同的费用分摊，要求考生掌握船东和租船人在定期租船合同下有关费用的承担范围。

11. Which of the following services are performed by the forwarder on behalf of the consignee. （   ）（2005 年）

    A. Taking delivery of the goods from the carrier

    B. Packing the goods for export

    C. Arranging export customs clearance

    D. Arranging import customs clearance

答案：AD。订舱、货物包装、报关均为货运代理的业务范畴。由于本题是货运代理为收货人办理进口货运业务，所以通常情况下，出口货运报关和货物包装不属于其服务范畴，故不选择 BC。本题知识要点为货运代理的服务范围。

12. Institute Cargo Clause （B）covers loss of or damage to cargo caused by （   ）（2005 年）

    A. earthquake   B. grounding

    C. lightning   D. fire or explosions

答案：ABCD。英国海上货物运输保险（B）条款承保自然灾害、意外事故等原因造成的货物损失，负赔偿责任。本题知识要点为英国海上货物运输保险（B）条款的承保范围。要求考生掌握英国海上货物运输保险（B）条款的主要承保范围和除外责任。

13. Which of the following words applying to any date or period in the credit referring to shipment will be understood to include the date mentioned. （   ）（2005 年）

    A. until   B. from   C. after   D. to

答案：ABD。根据 UCP500 的规定，类似 until、from 、to 等文字用于信用证中关于装运日期或期限时，将被理解为包括各该日期。After 一字将被理解为不包括该日期。本题知识要点为跟单信用证统一惯例对有关词语的解释。

14. Which of the following trade terms can be used irrespective of the mode of transport，including multi-modal transport. （   ）（2005 年）

    A. CIF   B. CIP   C. FCA   D. CPT

答案：BCD。根据 INCOTERMS2000 的规定，CIF 贸易术语仅适用于海运，因此在本题中，能适用各种不同运输方式的术语是 CIP、FCA 和 CPT。本题知识要点为贸易术语适用范围，要求考生掌握主要贸易术语所使用的运输方式。

15. The L/C stipulates that shipment date：on or about May 20，2003，it means that the goods can be shipped on board the vessel between（   ）（2005 年）

  A. May 15 to May 25   B. May 20 to May 25

  C. May 20 to May 30   D. May 10 to May 20

答案：AB。根据 UCP500 的规定，对于"on or about"的解释，应是指所述日期前后各五天之内装运，起讫日期均计算在内，所以本题的正确答案为 AB。本题知识点是 UCP500 的具体规定，要求考生掌握 UCP500 对有关词语的解释。

16. The Air Waybill number is the identification of each consignment and comprises three parts：（   ）（2005 年）

  A. the main portion identifying the consignment

  B. a three‐digit prefix identifying the carrier

  C. the main portion identifying the carrier

  D. the last check digit for accounting and security purposes

答案：ABD。航空货运单号码是货运单不可缺少的重要组成部分，它分为三部分。前三位数为航空公司代码；中间部分为货运单序号；最后一位数为检验号。本题 B 为错误。本题知识要点为航空货运单号码。

17. The marine cargo insurance premium rates may vary depending on factors such as（   ）（2005 年）

  A. type of goods   B. value of the goods

  C. mode of transportation   D. the type of risks covered

答案：ABCD。海上货物运输保险费率的高低取决于货物的种类、价值、运输方式以及保险的承保范围。本题知识要点为海上货物运输保险费率。要求考生掌握影响海上货物保险费率的主要因素。

18. Logistics is the process of planning，implementing and controlling the efficient，effective flow and storage of（   ）from point of origin to the point of consumption for the purpose of conforming to customer requirements.（2005 年）

  A. facility   B. goods   C. services   D. information

答案：BCD。物流是指以满足客户需求为目的，对货物、服务及相关信息从最初地到消费地进行计划、实施和控制的过程。本题知识要点为物流的概念。

19. E‐commerce involves exchange among（   ）（2005 年）

  A. customers   B. vendors

  C. business partner   D. corporate infrastructure

答案：ABC。电子商务包含客户、商业伙伴、卖主间的交易。本题知识要点为电子商务的含义。

20. The principles of writing business letters are（   ）（2005 年）

  A. correct grammar   B. no punctuation

  C. appropriate layout   D. suitable style

答案：ACD。书写商业信函的原则是正确的语法、拼写和标点符号，合理的布局，合适的格式和语气等。B 没有标点符号肯定不对。本题知识要点为书写商务信函的原则。

21. Which of the followings belong to logistics activities?（   ）（2006 年）

A. facility network
B. transportation
C. warehousing
D. inventory

答案：ABCD。 物流是指物品从供应地向接收地的实体流动过程。根据实际需要，将运输、储存、装卸、搬运、包装、流通加工、配送、信息处理等基本功能实施有机结合。物流以满足客户需求为目的，对货物、服务及相关信息从最初地到消费地进行计划、实施和控制的过程。上述四个选项都对。本题知识要点为物流基本概念。

22. According to INCOTERMS 2000，which group of the following trade terms mean that the seller should contract for the carriage of the goods . （　　）（2006 年）

A. CFR、CIF
B. CPT、CIP
C. FOB、FAS
D. CPT、FCA

答案：AB。 INCOTERMS 2000 规定的 13 种贸易术语中订立货物运输合同，支付主运费的义务依 EFCD 四组而有明显区别。在 EF 组的 EXW、FAS、FOB、FCA 术语下，卖方无订立货物运输合同，支付主运费的义务。它属于卖方合同主运费不付的贸易术语；而 CD 组的 CIF、CFR、DES、DEQ、CIP、CPT、DAF、DDU、DDP 术语下，卖方负有订立货物运输合同，支付主运费的义务，将货物在约定地点交付于承运人或在目的地交付给买方提取货物。它属于卖方合同主运费支付的贸易术语。本题知识点是贸易术语的内涵，要求考生掌握不同贸易术语具体含义。

23. Which of the following insurance coverage cover general average and salvage charges . （　　）（2006 年）

A. WA
B. FPA
C. All Risks
D. Institute Cargo Clause（A）

答案：ABCD。 共同海损和救助费用属于海上货物运输保险承保范围，不论是我国的一切险、水渍险、平安险还是英国的协会货物保险条款都给予承保。本题知识点是货物运输保险的承保范围。

24. The Air Waybill is the most important document for a batch of air cargo transportation. It serves as （　　）.（2006 年）

A. receipt and delivery of shipment

B. evidence of contract of air cargo transportation

C. customs declaration

D. document of title

答案：ABC。 航空货运单是托运人或其代理人所使用的最重要的货运文件，其作用归纳如下：是承运人与托运人之间缔结运输凭证的运输契约；是承运人收运货物的证明文件；是运费结算凭证及运费收据；是承运人在货物运输组织的全过程中运输货物的依据；是国际进出口货物办理清关的证明文件。航空货运单不是物权凭证。本题知识点是航空货运单的作用。

25. A voyage charter party mainly contains the （　　）clauses.（2006 年）

A. payment of freight
B. delivery and redelivery
C. payment of hire
D. time for loading and discharging

答案：AD。 航次租船合同中都规定可用于在港装卸货物的时间，装卸时间的计算方法，滞期和速遣以及滞留损失、运费的支付等规定。定期、光租和航次期租都是船舶承租人负责营运，所以没有此类条款。本题知识要点为航次租船合同的主要内容。

26. FIATA has created several documents and forms，they are （　　）（2006 年）

A. FWB
B. FCR
C. FWR
D. FCT

答案：ABCD。 国际货运代理协会联合会制定了 FIATA 运送指示、FIATA 货运代理运输凭证、

FIATA 货运代理收货凭证、FIATA 托运人危险品运输证明、FIATA 仓库收据、FIATA 可转让联运提单、FIATA 不可转让联运提单、FIATA 发货人联运重量证明八种货运代理单证格式。本题知识要点为国际货运代理协会联合会制定的单证缩写名称。

27. The carrier is relieved of liability under CMR convention if the loss，damage or delay is due to（　　）（2006 年）

    A. any wrongful act of the consignor　　B. inherent vice of the goods
    C. the acts of his agent　　D. the act of his servants

答案：AB。根据 CMR 公约，公路承运人对于因托运人的过失、或货物的潜在缺陷造成的灭失、损坏或延误不承担责任。本题知识要点为 CMR 公约下承运人的责任和免责。

28. From the logistical system viewpoint，three factors are fundamental to transportation performance，these are（　　）（2006 年）

    A. consistency　　B. cost　　C. speed　　D. housing

答案：ABC。从物流体系角度来看，运输履行重要的因素是协调、成本和时间。

29. The principles of writing business letters are（　　）（2006 年）

    A. correct grammar　　B. logically connected ideas
    C. appropriate layout　　D. suitable style

答案：ABCD。书写商业信函的原则是正确的语法、符合逻辑的思维、拼写和标点符号，合理的布局，合适的格式和语气等。本题四个选项都属于书写商业信函的原则。

30. FIATA's main objectives are（　　）（2006 年）

    A. to unite the freight forwarding industry worldwide
    B. to assist with vocational training for freight forwarders
    C. to unite the transport industry worldwide
    D. to assist with vocational training for importer and exporters

答案：AB。国际货运代理协会联合会是一个非营利性的国际货运代理行业组织，其宗旨是团结全世界货运代理行业，培训货运代理人，保障和提高国际货运代理在全球的利益等。因此，AB 两项是正确答案。本题知识要点为国际货运代理协会联合会的宗旨。

31. A sound inventory strategy is based on a combination of five aspects of selective deployment：they are core customer segmentation，and（　　）（2007 年）

    A. product profitability　　B. transportation integration
    C. time - based performance　　D. competitive performance

答案：ABCD。一项合理的库存策略建立在以下五方面选择性调度结合的基础之上：核心客户的分离、产品利润率、运输整合、时间性绩效及竞争性绩效。因此，上述四个选项都对。

32. According to INCOTERMS 2000，（　　）mean that the seller must pay the costs and freight necessary to bring the goods to the named port of destination or must in addition pay the cost of carriage necessary to bring the goods to the named destination.（2007 年）

    A. CFR、CIF　　B. CPT、CIP
    C. FOB、FCA　　D. CPT、FCA

答案：AB。INCOTERMS 2000 规定的 13 种贸易术语中订立货物运输合同，支付主运费的义务依 EFCD 四组而有明显区别。在 EF 组的 EXW、FAS、FOB、FCA 术语下，卖方无订立货物运输合同，支付主运费的义务。它属于卖方合同主运费不付的贸易术语；而 CD 组的 CIF、CFR、DES、DEQ、CIP、CPT、DAF、DDU、DDP 术语下，卖方负有订立货物运输合同，支付主运费的义务，将货物在约定地点交付于承运人或在目的地交付给买方提取货物。它属于卖方合同主运费支付的贸易术语。本题知识点是贸易术语的内涵，要求考生掌握不同贸易术语具体含义。

33.（　　）do not cover cargo damage due to fresh water or rain.（2007 年）

A. WA
B. FPA
C. All Risks
D. Fresh water and/or rain damage risks

答案：AB。淡水雨淋险属于我国海洋运输货物保险的附加险，不在平安险和水渍险承保范围，但包括在一切险承保范围。

34. The sea waybill is one of the shipping documents used for sea transportation and serves as（　　）（2007 年）

A. cargo receipt

B. document of title

C. evidence of contract of cargo transportation

D. negotiable document

答案：AC。海运单不同于海运提单，其作用归纳如下：是承运人与托运人之间缔结运输凭证的运输契约；是承运人收运货物的证明文件。海运单不是物权凭证，不能流通转让。

35. Usually the（　　）charter parties provide a period of time for vessel employment.（2007 年）

A. voyage
B. time
C. bareboat
D. TCT

答案：BC。航次租船和航次期租合同基本上都是以完成航次的形式出租船舶的，而定期租船和光船租船则是规定一定期限出租船舶的。

36. FIATA has created several documents and forms，they are（　　），etc.（2007 年）

A. FBL
B. FDT
C. FFI
D. FOB

答案：AC。国际货运代理协会联合会制定了 FIATA 运送指示、FIATA 货运代理运输凭证、FIATA 货运代理收货凭证、FIATA 托运人危险品运输证明、FIATA 仓库收据、FIATA 可转让联运提单、FIATA 不可转让联运提单、FIATA 发货人联运重量证明八种货运代理单证格式。本题知识要点为国际货运代理协会联合会制定的单证缩写名称。

37.（　　）can be transferred to third parties.（2007 年）

A. Order bills of lading
B. Copy bills of lading
C. Straight bills of lading
D. Bearer bills of lading

答案：AD。根据我国海商法的规定，记名提单不得转让，指示提单和不记名提单可以转让。

38.（　　）are the documents used in air cargo transportation.（2007 年）

A. SLI
B. SWB
C. AWB
D. cargo manifest

答案：ACD。在航空货运中，使用的单证为托运单、航空货运单、货物舱单。SWB 为海运单，在海上货物运输中使用。

39. Scope of freight forwarding services on behalf of the consignor usually includes（　　）（2007 年）

A. weighing and measuring the goods
B. packing the goods
C. arranging for import clearance
D. booking space with carrier

答案：ABD。货运代理为出口商办理出口货运业务服务范围包括很多事宜，例如，订舱、出口报关、保险、包装、仓储等。对于进口报关，通常不属于其服务范围。

40. An international freight forwarder should be familiar with（　　）（2007 年）

A. international trade routes
B. location of ports
C. pattern of international trade
D. provisions of the letter of credit

答案：ABCD。作为货运代理，为能更好地为客户服务，必须熟悉相关的业务内容。因此，上述四个选项都是货运代理应当熟悉和掌握的业务内容。

41. From the logistical system viewpoint, (   ) are fundamental factors to transportation performance.（2008 年）

    A. cost   B. speed   C. consistency   D. procurement

答案：ABC。从物流体系来看，履行运输的主要因素包括成本、速度和协调。

42. According to INCOTERMS 2000, (   ) mean that the seller must pay the costs and freight necessary to bring the goods to the named port of destination and the risk of loss of or damage to the goods ends when the goods pass the ship's rail in the port of shipment.（2008 年）

    A. CFR   B. CIF   C. CPT   D. CIP

答案：AB。根据 INCOTERMS 2000 的规定，在 CFR 和 CIF 术语下，卖方与买方之间风险转移在装船港的船舷，所以本题应选择 AB。其他两个选项 CD 风险转移均不在装船港的船舷，故不对。本题知识点是贸易术语的内涵，要求考生掌握在不同贸易术语下，风险转移点。

43. The basic coverage in PICC Ocean Marine Cargo Clauses is FPA, WA and All Risks coverage. The general additional risks including (   ) are covered in All Risks coverage.（2008 年）

    A. theft, pilferage & non - delivery risks   B. intermixture and contamination risks
    C. failure to delivery risks   D. fresh water and/or rain damage risks

答案：ABD。我国海洋货物运输保险条款包括三种基本险别，即平安险、水渍险和一切险。海洋货物运输保险一切险条款的责任范围除包括"平安险"和"水渍险"的所有责任外，还包括货物在运输过程中因一般外来原因所造成的被保险货物的全部或部分损失，一般附加险被包括在一切险的承包范围内。但对于延迟、货物固有缺陷、战争、罢工等原因造成的货物损失不负赔偿责任。本题知识要点为货物保险一切险的承保范围。要求考生掌握货物保险一切险的主要承保范围和除外责任。

44. The documents such as bill of lading, air waybill, sea waybill and insurance policy used for international trade play very important roles for the parties concerned. Please point out which of the following documents serve as evidence of contract of cargo transportation. (   ).（2008 年）

    A. bill of lading   B. sea waybill   C. insurance policy   D. air waybill

答案：ABD。提单、航空货运单、海运单、保险单等单证在国际贸易中对有关当事人起着非常重要的作用。这些单证都起着合同凭证的作用，只不过提单、航空货运单、海运单是运输合同的证明，而保险单则是保险合同的证明，所以根据题意，正确的选项应为 ABD。

45. A voyage charter party shall mainly contain the names of the parties, the name and nationality of the ship, its bale or grain capacity, description of the goods to be loaded, port of loading and discharge, time for loading and discharge, (   ) and other relevant matters.（2008 年）

    A. payment of freight   B. payment of hire
    C. demurrage   D. delivery/redelivery

答案：AC。航次租船合同的特点就是船舶出租人负责营运，承租人负责完成货物的组织，支付运费及支付相关的费用。而在定期、光租和航次期租合同下都是船舶承租人负责营运，并支付租金，所以有关支付运费和滞期费条款通常出现在航次租船合同中。本题知识要点为航次租船方式的特点。

46. FIATA has created several documents and forms, some of them including (   ) are signed by the forwarders to the cargo owners and some of them are signed by the cargo owners to the forwarders.（2008 年）

A. FBL　　　　　　B. FWB　　　　　C. SDT　　　　　D. FCR

答案：ABD。 国际货运代理协会联合会制定一些标准单证，包括 FIATA 运送指示、FIATA 货运代理运输凭证、FIATA 货运代理收货凭证、FIATA 托运人危险品运输证明、FIATA 仓库收据、FIATA 可转让联运提单、FIATA 不可转让联运提单、FIATA 发货人联运重量证明八种货运代理单证格式。这些单证或由货运代理人签发给货主或由货主签发给货运代理人，其中货主签发给货运代理人的单证包括 FIATA 托运人危险品运输证明、FIATA 运送指示和发货人联运重量证明。本题知识要点为国际货运代理协会联合会为货代制定的若干货运单证的特点。

47. Nowadays many documents are used in international cargo transportation, some of the documents can be transferred to the third parties and some can not be transferred to the third parties. Please point out which statements are right. （　　）（2008 年）

A. insurance policy can be transferred to the third parties

B. insurance policy can not be transferred to the third parties

C. sea waybill can be transferred to the third parties

D. sea waybill can not be transferred to the third parties

答案：AD。 从选项的设计上来看，只有两个答案。保险单是可以转让的，而海运单是不能转让的，所以正确答案应是 AD。

48. The Air Waybill（AWB）is the most important document for a batch of air freight goods. The AWB number is the identification of each consignment. It comprises three parts：（　　）.（2008 年）

A. a three‐digit prefix identifying the carrier

B. the main portion identifying the consignment

C. the main portion identifying the carrier

D. the last check digit for accounting and security purposes

答案：ABD。 航空货运单号码是货运单不可缺少的重要组成部分，它分为三部分。前三位数为航空公司代码；中间部分为货运单序号；最后一位数为检验号。本题 C 为错误。

49. Scope of freight forwarding services on behalf of the consignor includes（　　）in the sales contract made by the consignor as the seller with the buyer.（2008 年）

A. booking space with the selected carrier basis on the CIF terms

B. arranging cargo sea transport insurance basis on the FOB terms

C. arranging for export clearance basis on the CIF terms

D. arranging for export clearance basis on the FOB terms

答案：ACD。 订舱、报关均为货运代理的业务范畴。由于本题是货运代理为出口商办理出口货运业务，通常情况下，货物海上运输保险在 FOB 术语下不属于出口商的责任，故货运代理人的服务范畴不包括此项，所以不能选择 B，其他几项均属于货运代理人的服务范畴。

本题知识要点为货运代理业务范畴，要求考生掌握货运代理为出口商或进口商办理货运服务的具体业务范围。

50. Please point out which of the following statements are right（　　）.（2008 年）

A. The time of shipment should be stipulated in a clear and flexible way in the L/C

B. The time of shipment should not be stipulated in a clear and flexible way in the L/C

C. If the L/C simply stipulates an expiry date without a shipment date which means these two dates are not the same.

D. If the L/C simply stipulates an expiry date without a shipment date which means these two dates are the same.

答案：AD。从选项的设计上来看，只有两个答案。根据 UCP600 的规定，如果信用证仅规定了有效期，而没有规定装运期，装运期与有效期为同一天。另外，装运时间的规定应当清楚和灵活。本题知识要点为信用证关于装运期的规定，要求考生掌握相关的规定。

51. WTO functions include（　　）.（2009 年）

    A. to implement，administer，and carry out WTO Agreement and it annexes

    B. to act as a forum for ongoing multilateral trade negotiations

    C. to serve as a tribunal for resolving disputes

    D. to review the trade policies and practices of member states

答案：ABCD。世界贸易组织的基本职能包括：一是履行、实施和监督多边贸易规则，包括货物贸易、服务贸易、与贸易有关的知识产权、与贸易有关的投资措施等。二是组织多边贸易谈判。经过 8 个回合的多边谈判，各成员大幅度削减了关税和非关税壁垒，提高了国际贸易自由化和便利化程度。三是解决成员之间的贸易争端。成员之间的贸易争端，可以通过起诉的方式提交 WTO 争端解决机构解决，四是审议各成员国的贸易政策和事务。

52. According to INCOTERMS 2000，the groups of following trade terms（　　）mean that the sellers must pay the costs and freight necessary to bring the goods to the named port or place of destination.（2009 年）

    A. CFR、CIF   B. CPT、CIP

    C. FOB、FCA   D. FOB、EXW

答案：AB。INCOTERMS 2000 规定的 13 种贸易术语中订立货物运输合同，支付主运费的义务依 EFCD 四组而有明显区别。在 EF 组的 EXW、FAS、FOB、FCA 术语下，卖方无订立货物运输合同，支付主运费的义务。它属于卖方合同主运费不付的贸易术语；而 CD 组的 CIF、CFR、DES、DEQ、CIP、CPT、DAF、DDU、DDP 术语下，卖方负有订立货物运输合同，支付主运费的义务，将货物在约定地点交付于承运人或在目的地交付给买方提取货物。它属于卖方合同主运费支付的贸易术语。本题知识点是贸易术语的内涵，要求考生掌握不同贸易术语具体含义。

53. PICC Ocean Marine Cargo Clauses such as FPA，WPA and All Risks do not cover loss or damage caused by（　　）.（2009 年）

    A. general average and salvage charges   B. war and strike

    C. inherent vice of the goods   D. delay in transit

答案：BCD。我国海上货物运输保险的一切险、水渍险、平安险条款承保自然灾害、意外事故等原因造成的货物损失，但对于延迟、货物固有缺陷、战争、罢工等原因造成的货物损失不负赔偿责任。本题知识要点为货物保险的承保范围。要求考生掌握货物保险的主要承保范围和除外责任。

54. Please point out（　　）are the characteristics of settlement by letters of credit.（202009 年）

    A. L/C is a self-sufficient instrument   B. L/C is a document transaction

    C. L/C is not a self-sufficient instrument   D. L/C is a cargo transaction

答案：AB。信用证的特点表现在三方面：一是交易过程的独立性，信用证是独立于买卖合同或任何其他合同之外的交易，开立信用证的基础是买卖合同，但银行与买卖合同无关，也不受其约束；二是交易的标的物是单据，银行开立信用证实际是进行单据的买卖；三是银行提供信用。本题知识要点为信用证的特点，要求考生掌握有关信用证事宜。

55. In marine chartering business，the relationship between the parties is govered by the charter party. The payment of hire and delivery/redelivery clauses normally appear in forms of（　　）.

（2009 年）

  A. GENCON   B. NYPE

  C. BALTIME   D. BIMCO

  答案：BC。 GENCON 是航次租船合同最常使用的合同范本，BALTIME 和 NYPE 是定期租船合同最常使用的合同范本，而 BIMCO 则不是任何租船合同范本的缩写。定期租船是指由船舶出租人向承租人提供约定的由出租人配备船员的船舶，由承租人在约定的时间内按照约定的用途使用，并支付租金的一种租船方式。租约中往往订有有关交船和还船以及停租的规定。本题知识要点为定期租船方式的特点。

  56. An applicant is the party which applies to the bank for opening a letter of credit. It is usually the （　　） in the sales contract. （2009 年）

  A. buyer   B. seller   C. importer   D. exporter

  答案：AC。 信用证结算方式的基本当事人有三个，即开证申请人、开证行和受益人。另外还涉及其他关系人，如通知行、保兑行、议付行、承兑行、付款行等。开证申请人（Applicant for L/C）是指向银行提出申请开立信用证的人。在国际贸易结算中，通常是进口商，即买卖合同的买方。因此，本题正确答案是 AC。本题知识要点为信用证的有关当事人。

  57. Normally the banks accept the following marine bills of lading. （　　）（2009 年）

  A. order bills of lading   B. shipped bills of lading

  C. clean bills of lading   D. foul bills of lading

  答案：ABC。 信用证通常规定受益人到银行结汇要提供"指示、清洁、已装船"的提单。银行对于不清洁提单是不予接受的。本题知识要点为海运提单的种类，要求考生掌握哪些提单可以到银行结汇。

  58. There are some risks in multilateral trade. They mainly include economic risks and political risks. The economic risks include （　　）. （2009 年）

  A. risk of confiscation of the import's company

  B. risk of exchange rate

  C. risk of failure of payment by buyer

  D. risk of war

  答案：BC。 多边贸易存在一些风险。风险的分类从不同角度有不同的分类，若从经济角度考虑，风险包括汇率波动风险和国外客户资信风险。本题知识要点为贸易风险。

  59. Comparing with UCP500，the major changes introduced by the UCP 600 include （　　）. （2009 年）

  A. the commercial invoice must be made out in the same currency as the L/C

  B. the commercial invoice may not be made out in the same currency as the L/C

  C. Bs/L may now allow transshipment，provided that the entire carriage is covered by one and the same bill of lading

  D. Bs/L may not allow transshipment，provided that the entire carriage is covered by one and the same bill of lading

  答案：AC。 从选项的设计上来看，只能有两个答案。最新修订的 UCP600 规定，商业发票币种必须与信用证币种相同；另外 UCP600 第 20 条规定，转运意指在信用证规定的装货港到卸货港之间的海运过程中，将货物由一艘船卸下再装上另一艘船的运输。只要同一提单包括运输全程，则提单可以注明货物将被转运或可被转运。银行可以接受注明将要发生或可能发生转运的提单。本题知识要点为 UCP600 与 UCP500 的主要区别。

60. Please point out which of the following statements are not right. （　　）（2009 年）

A. Order processing is one of areas of logistic work.

B. Order processing is not one of areas of logistic work.

C. Transportation is one of areas of logistical work .

D. Transportation is not one of areas of logistical work .

答案：BD。 从选项的设计上来看，只能有两个答案。现代物流通常被认为是由运输、存储、包装、装卸、流通加工、配送和信息诸环节构成。所以本题正确答案应是 BD。本题知识要点为物流功能。

61. When the freight forwarder packs the goods on behalf of the exporter，he should take into account （　　）. （10 年）

A. the mode of transport　　　　B. the nature of the goods

C. the applicable regulations　　　D. the route of transport

答案：ABCD。 货代公司在包装货物时应该考虑的事项包括运输路线和方式，货物的性质，出口国、中转国和进口国等国家的相关适用规则。

62. According to 《INCOTERMS 2000》，the following trade terms （　　）mean that the sellers must arrange goods transportation from port of shipment to the named port of destination . （2010 年）

A. CFR　　　　B. FCA　　　　C. FOB　　　　D. CIF

答案：AD。 根据《INCOTERMS 2000》规定，CFR 和 CIF 贸易术语为卖方负责到目的港的货物运输，FCA 贸易术语为货交承运人（指定地点），FOB 贸易术语为装运港船上交货（买方负责租船订舱等工作）。

63. PICC Ocean Marine Cargo Clauses such as FPA，WPA and All Risks do not cover loss of or damage to cargo caused by （　　）. （2010 年）

A. fire or explosion　　　　B. fall of market prices

C. sinking of the vessel　　　D. delay in transit

答案：BD。 PICC 平安险、水渍险和一切险承保范围不包括由于市场价格变动和运输延误引起的货损货差。运输工具沉没和失火等意外事故引起的货损货差是三种险别的承保范围。

64. Currently，different types of multimodal transport operations involving different combination are taking place. The following combinations （　　）are involving rail transport. （2010 年）

A. sea/air　　　B. mini-bridge　　　C. land bridge　　　D. air/road

答案：BC。 在多式联运中涉及铁路运输的联运组合方式有小陆桥运输和陆桥运输。海空联运和空路联运不涉及铁路运输。

65. In marine voyage chartering business，the shipowner is responsible for costs such as （　　）. （10 年）

A. bunker　　　B. port charges　　　C. freight　　　D. demurrage

答案：AB。 在航次租船运输中，船舶出租人负责船舶营运所支付的费用，包括：资本费用（船舶成本、船舶资本借贷偿还、资本金利息）、固定营运费用（船员工资和伙食、船舶物料、船舶保养费用、船舶保险费用、润滑油、企业事务费用等）和可变营运费用（燃料费、港口使费、引水费、合同规定的装卸费、其他费用）。运费和滞期费是船舶承租人支付的费用。

66. A beneficiary refers to the party in whose favor an L/C is opened. It usually refers to the （　　）. （2010 年）

A. buyer　　　B. seller　　　C. importer　　　D. exporter

答案：BD。信用证中的受益人通常指卖方或出口方。

67. Normally the banks will not accept the marine bills of lading which contained the following words（　　）.（2010 年）

    A. apparent good order and condition　　　B. insufficient packing

    C. one carton short　　　D. missing safety seal

答案：BCD。银行一般只接受清洁海运提单。如果提单记载包装不足、货物短少和铅封遗失等内容则为不清洁提单，因为加了不良批注。外表状况良好不是不良批注。

68. There are some risks in multilateral trade. They mainly include economic risks and political risks. The economic risks include（　　）.（2010 年）

    A. risk of insolvency of the buyer　　　B. risk of exchange rate

    C. risk of failure of payment by buyer　　　D. risk of non-acceptance

答案：ABCD。在多边贸易中有很多经济风险和政治风险。买方破产、市场价格变动、买方付款能力丧失和无法承兑等风险属于经济风险范围。

69. Comparing with 《UCP500》, the major changes introduced by the 《UCP600》 include（　　）.（2010 年）

    A. the banks now have a maximum of five banking days for the examination of documents

    B. the banks now have a maximum of seven banking days for the examination of documents

    C. Bs/L may now allow transshipment

    D. Bs/L may not allow transshipment

答案：AC。都是 UCP600 变更的新内容，不同于 UCP500 的规定。

70. Please point out which of the following statements are not right.（　　）（2010 年）

    A. Inventory is one of areas of logistical work.

    B. Inventory is not one of areas of logistical work.

    C. Facility network is one of areas of logistical work.

    D. Facility network is not one of areas of logistical work.

答案：BD。物流模块包含五部分：订单处理，库存，运输，仓储、物资搬运及包装，设施网络。

四、英汉互译题

1. 汉译英题

（1）关税税则

答案：customs tariff

（2）保险单

答案：insurance policy

（3）装运通知

答案：shipping advice

（4）交付货物

答案：delivery of the goods

（5）尺码吨

答案：measurement ton

（6）共同海损

答案：general average

（7）预付运费

答案：freight prepaid

（8）托运人和收货人

答案：shipper and consignee

（9）已装船提单

答案：shipped bill of lading

（10）班轮公会

答案：shipping conference

（11）国际多式联运

答案：international multimodal transport

（12）货运收货证书

答案：Forwarders Certificate of Receipt

（13）集运

答案：consolidation

（14）腹舱货运

答案：belly pit freight service

（15）集装设备

答案：unit load devices

（16）运输单据

答案：shipping document

（17）转船附加费

答案：transshipment additional

（18）航空货运单

答案：air waybill

（19）单独海损

答案：particular average

（20）固有缺陷

答案：inherent vice

（21）国际贸易

答案：international trade

（22）推定全损

答案：constructive total loss

（23）装卸准备就绪通知书

答案：notice of readiness

（24）海关手续

答案：customs formalities

（25）陆上货物运输

答案：carriage of goods by road

（26）保险利益

答案：insurable interest

（27）供应链管理

答案：supply chain management

（28）清洁提单

答案： clean bill of lading

（29）商业伙伴

答案： business partner

（30）银行汇票

答案： bank draft

（31）通知方

答案： notify party

（32）水渍险

答案： with particular average

（33）记名提单

答案： straight bill of lading

（34）救助费用

答案： salvage charges

（35）信用证

答案： letter of credit

（36）包装舱容

答案： bale capacity

（37）保险费

答案： insurance premium

（38）价值链

答案： value chain

（39）开证行

答案： issuing bank，opening bank

（40）贸易术语

答案： trade terms

（41）平安险

答案： free from particular average

（42）清关

答案： customs clearance

（43）提货单

答案： delivery order

（44）装货单

答案： shipping order

（45）直达提单

答案： direct bill of lading

（46）推定全损

答案： constructive total loss

（47）委托代理人

答案： commission agent

（48）积载因数

答案： stowage factor

（49）迟延交付

答案： delay in delivery

（50）货物灭失或损坏

答案： loss of or damage to the cargo

（51）出口舱单

答案： export manifest

（52）装运期

答案： time of shipment

（53）航次租船合同

答案： voyage charter party

（54）可转让单据

答案： negotiable document

（55）保险凭证

答案： insurance certificate

（56）指定货物运价

答案： specific cargo rate

（57）通讯系统

答案： communication system

（58）知识产权

答案： intellectual property

（59）海运提单

答案： marine bill of lading

（60）运输整合

答案： transportation integration

（61）客户需求

答案： customers requirement

（62）库存战略

答案： inventory strategy

（63）集拼服务

答案： consolidation service

（64）仓储和配送

答案： warehousing and distribution

（65）场站收据

答案： dock receipt

（66）正本提单

答案： original bills of lading

（67）物流条形码

答案： logistic barcode

（68）商业信函

答案： business correspondence

（69）整箱货

答案： Full container load

（70）包装舱容

答案：bale capacity

（71）公共承运人

答案：common carrier

（72）保险批单

答案：insurance endorsement

（73）自然灾害

答案：natural calamities

（74）跟单信用证

答案：documentary credit

（75）租购合同

答案：hire/purchase contract

（76）货物的固有缺陷

答案：inherent vice of the goods

（77）供应链管理

答案：supply chain management

（78）记名提单

答案：straight bills of lading

（79）提货单

答案：delivery order

（80）散装舱容

答案：grain capacity

（81）无船公共承运人

答案：non‐vessel operating common carrier

（82）保险单

答案：insurance policy

（83）市场调研

答案：market research

（84）保险费

答案：insurance premium

（85）客户需求

答案：customers requirement

（86）物流系统

答案：logistical system

（87）高密度货物

答案：high-density cargoes

（88）货物舱单

答案：cargo manifest

（89）延迟交付

答案：delay in delivery

（90）销售代表

答案：sales representatives

（91）买卖合同

答案： sales contract

（92）保险批单

答案： insurance endorsement

（93）普通货物运价

答案： general cargo rates

（94）市场分销

答案： market distribution

（95）服务质量

答案： service quality

（96）港口拥挤附加费

答案： port congestion surcharge

（97）救助费用

答案： salvage charges

（98）航次租船合同

答案： voyage charter party

（99）港口当局

答案： port authorities

（100）保兑信用证

答案： confirmed credit

（101）货代运输凭证

答案： forwarder's certificate of transport

（102）保险费

答案： insurance premium

（103）除非另有规定，公司对于下列原因造成的任何损失不承担任何责任：客户或其代理的行为或疏忽；遵循客户的指示；货物包装或标识不良；货物固有的缺陷。

答案： Unless a special agreement is made（Except under special arrangements previously made），the company shall be relieved of liability for any loss or damage if and to the extent that such loss or damage is caused by：Acts or omissions of the customer or its agents；In pursuance of the customer's instructions；Improper packing or marking；Inherent defect of the goods.

（104）提单，是指用以证明海上货物运输合同和货物已经由承运人接收或者装船，以及承运人保证据以交付货物的单证。提单中载明的向记名人交付货物，或者按照指示人的指示交付货物，或者向提单持有人交付货物的条款，构成承运人据以交付货物的保证。

答案： "Bill of lading" means a document which evidences a contract of carriage by sea and the taking over or loading of the goods by the carrier, and by which the carrier undertakes to deliver the goods against surrender of the document. A provision in the document that the goods are to be delivered to the order of a named person, or to order, or to bearer, constitutes such an undertaking.

（105）订舱、仓储；货物的监装、监卸；多式联运、国际快递；缮制单证、交付运费；包装、计量货物。

答案： Booking space, warehousing；supervision of the loading and unloading of cargo；multimodal transport, international express delivery；drawing up documents, pay freight；pack, weigh and measure the goods

（106）提单的转让，依照下列规定执行：记名提单，不得转让；指示提单，经过记名背书或者空白背书转让；不记名提单，无需背书，即可转让。

答案：The negotiability of a bill of lading shall be governed by the following provisions：A straight bill of lading is not negotiable；An order bill of lading may be negotiated with endorsement to order or endorsement in blank；A bearer bill of lading is negotiable without endorsement.

2. 英译汉

（1）freight forwarder

答案：货运代理人

（2）documentary credit

答案：跟单信用证

（3）marine cargo insurance

答案：海上货物保险

（4）negotiating bank

答案：议付银行

（5）free from particular average

答案：平安险

（6）delivery order

答案：提货单

（7）endorsement in blank

答案：不记名背书

（8）bunker adjustment factor

答案：燃油附加费

（9）mate's receipt

答案：大副收据

（10）stowage factor

答案：积载因数

（11）aircargo agency

答案：航空货运代理

（12）FIATA

答案：国际货运代理协会联合会

（13）electronic data interchange

答案：电子数据交换系统

（14）SLI

答案：·货物托运书

（15）cargo manifest

答案：货物舱单

（16）customs clearance

答案：清关

（17）general cargo

答案：普通货物

（18）insurance premium

答案：保险费

(19) partial shipments

答案： 分批装运

(20) port congestion surcharge

答案： 港口拥挤附加费

(21) shipping order

答案： 装货单

(22) class rate

答案： 等级运价

(23) Uniform Customs and Practice for Documentary Credit

答案： 跟单信用证统一惯例

(24) container freight station

答案： 集装箱货运站

(25) letter of indemnity

答案： 保函

(26) grain capacity

答案： 散装舱容

(27) BIMCO

答案： 波罗的海国际海事协会

(28) business correspondence

答案： 商业信函

(29) constructive total loss

答案： 推定全损

(30) subject matter insured

答案： 保险标的

(31) measurement ton

答案： 尺码吨

(32) time charter

答案： 定期租船

(33) non-vessel operating common carriers

答案： 无船承运人

(34) document of title

答案： 物权凭证

(35) contract of affreightment

答案： 包运合同

(36) general cargo rates

答案： 普通货物运价

(37) finished product

答案： 制成品

(38) foreign exchange transaction

答案： 外汇业务

(39) financial activity

答案： 金融活动

（40）import manifest

答案： 进口舱单

（41）inherent vice

答案： 固有缺陷

（42）inland waterway transport

答案： 内河运输

（43）natural calamities

答案： 自然灾害

（44）utmost good faith

答案： 最大诚信

（45）insufficient packing

答案： 包装不良

（46）insurable interest

答案： 保险利益

（47）supply chain management

答案： 供应链管理

（48）clean bill of lading

答案： 清洁提单

（49）business partner

答案： 商业伙伴

（50）bank draft

答案： 银行汇票

（51）notify party

答案： 通知方

（52）with particular average

答案： 水渍险

（53）straight bill of lading

答案： 记名提单

（54）salvage charges

答案： 救助费用

（55）letter of credit

答案： 信用证

（56）bale capacity

答案： 包装舱容

（57）value chain

答案： 价值链

（58）issuing bank

答案： 开证行

（59）trade terms

答案： 贸易术语

（60）free from particular average

答案： 平安险

(61) delivery order

答案：提货单

(62) direct bill of lading

答案：直达提单

(63) THC

答案：码头作业费

(64) IATA

答案：国际航空运输协会

(65) UCP

答案：跟单信用证统一惯例

(66) EDI

答案：电子数据交换

(67) BAF

答案：燃油附加费

(68) UIC

答案：国际铁路联盟

(69) TCT

答案：航次期租

(70) AWB

答案：航空货运单

(71) INCOTERMS

答案：国际贸易术语解释通则

(72) MTO

答案：多式联运经营人

(73) commission agent

答案：委托代理人

(74) time of shipment

答案：装运期

(75) general average

答案：共同海损

(76) notify party

答案：通知方

(77) CAF

答案：货币贬值附加费

(78) CMR

答案：国际公路货物运输合同公约

(79) FWR

答案：仓库收据

(80) ICC

答案：国际商会

(81) constructive total loss

答案：推定全损

（82）export manifest

答案： 出口舱单

（83）factors of production

答案： 生产要素

（84）World Trade Organization

答案： 世界贸易组织

（85）redemption of documents

答案： 赎单

（86）multilateral trade

答案： 多边贸易

（87）deferred payment credits

答案： 延期付款信用证

（88）stowage factor

答案： 积载因数

（89）supply chain

答案： 供应链

（90）particular average

答案： 单独海损

（91）inspection certificate

答案： 检验证书

（92）weight breaks

答案： 重量分界点

（93）exchange control

答案： 外汇管制

（94）International Monetary Fund

答案： 国际货币基金组织

（95）Multilateral Trade Negotiation

答案： 多边贸易谈判

（96）documentary formalities

答案： 单证手续

（97）commercial invoice

答案： 商业发票

（98）Facility network

答案： 设施网络

（99）irrevocable documentary credit

答案： 不可撤销信用证

（100）non-vessel operating common carrier

答案： 无船承运人

（101）grain capacity

答案： 散装舱容

（102）insurance policy

答案： 保险单

（103）FIATA's main objectives are：

To unite the freight forwarding industry worldwide.

To represent, promote and protect the interests of the industry.

To familiarize trade and industry and the public at large with the services rendered by freight forwarders.

To improve and promote the quality of services rendered by freight forwarders

To assist with vocational training for freight forwarders.

答案：团结全世界货运代理行业；代表、促进和保护货代业的利益；使各界熟悉货运代理人提供的服务；促进货运代理的服务质量；协助货运代理人进行职业培训。

（104）The latest date for shipment shall not be extended by reason of the extension of the expiry date and/or the period of time after the date of shipment for presentation of documents. If no such latest date for shipment is stipulated in the credit, banks will not accept transport documents indicating a date of shipment later than the expiry date.

答案：最迟装运日期不得由于有效期及/或交单期的延期而顺延。如果信用证未规定最迟装运日期，银行将不接受表明装运日期迟于信用证规定的有效期的运输单证。

（105）Unless notice of loss or damage is given in writing by the consignee to the freight forwarder at the time of delivery of the goods to the consignee, such delivery shall be deemed to be prima facie evidence of the goods carried and delivered in apparent good order and condition.

答案：除非收货人在接受货物时将货物灭失或损坏以书面形式通知货运代理人，否则这种交付视为表明货物表面状况良好的初步证据。

（106）At the time of shipment of dangerous goods, the shipper shall, in compliance with the regulations governing the carriage of such goods, have them properly packed, distinctly marked and labelled and notify the carrier in writing of their proper description, nature and the precautions to be taken. In case the shipper fails to notify the carrier or notified him inaccurately, the carrier may have such goods landed, destroyed or rendered innocuous when and where circumstances so require, without compensation. The shipper shall be liable to the carrier for any loss, damage or expense resulting from such shipment.

答案：运人托运危险货物，应当依照有关海上危险货物运输的规定，妥善包装，作出危险品标志和标签，并将其正式名称和性质以及应当采取的预防危害措施书面通知承运人；托运人未通知或者通知有误的，承运人可以在任何时间、任何地点根据情况需要将货物卸下、销毁或者使之不能为害，而不负赔偿责任。托运人对承运人因运输此类货物所受到的损害，应当负赔偿责任。

五、完形填空题

1. In container cargo transportation, the bill of lading serves as a receipt for goods, an evidence of the contract of carriage, and a document of title to the goods. The carrier issues the B/L according to the information in the <u>1</u>. The shipped B/L must indicate that the goods have been loaded on board or shipped on a named vessel, and it must be signed by the carrier or the <u>2</u> or the agent on behalf of the carrier. The originals are marked as "original" on their face and all have equal value, that is, all have the same validity. The original B (s) /L are <u>3</u>, one of which must be surrendered to the <u>4</u> at destination, duly endorsed in exchange for the goods or the delivery order. When one of the originals being surrendered to the carrier, the others become <u>5</u>. （2005 年）

1. A. dock receipt   B. delivery order   C. cargo manifest   D. sea waybill

    2. A. crew   B. master   C. tallyman   D. chief officer

    3. A. evidence of the contract of carriage   B. a receipt of goods

       C. proof of ownership of goods   D. the contract of carriage

    4. A. shipper   B. consignee   C. carrier   D. importer

    5. A. valid   B. effective

       C. invalid   D. be returned to the shipper

本短文是关于海运集装箱提单方面的概述。

第1题答案为 A，在集装箱货物运输中，换取正本提单的单据应是场站收据，承运人根据场站收据记载的内容签发提单给托运人。

第2题答案为 B，有权签发提单的人除了承运人、承运人授权的代理人外，载货船的船长也有权签发提单。在四个选项中，只有 B 为正确。

第3题答案为 C，提单具有货物运输合同的证明、货物收据和物权凭证的作用，本题中特指提单的物权作用，收货人凭提单提取货物。

第4题答案为 C，在目的港收货人提货，必须将正本提单交付承运人以换取提货单提货。因此正确答案应是 C，承运人。

第5题答案为 C，通常正本提单一式三份，各份具有同等的效力，其中一份完成提货后，其余各份自行失效。

    2. The ___6___ is the party who requests and instructs the issuing bank to open a letter of credit in favor of the beneficiary. The ___7___ usually is the importer or the buyer of goods and/or services. The ___8___ is the party in whose favor a letter of credit is opened by the issuing bank. The ___9___ usually is the exporter or the seller of goods and/or services. The issuing bank opens a letter of credit in favor of the beneficiary, at the request and on the instructions of the applicant. The issuing bank usually is located in the applicant's country. The advising bank advises the beneficiary that a letter of credit opened by the issuing bank is available to him/her and informs the ___10___ about the terms and conditions of the L/C. The advising bank is not necessarily responsible for the payment of the credit which it advises.（2005 年）

    6. A. beneficiary   B. applicant   C. exporter   D. shipper

    7. A. beneficiary   B. applicant   C. issuing bank   D. advising bank

    8. A. beneficiary   B. applicant   C. importer   D. consignee

    9. A. beneficiary   B. applicant   C. importer   D. consignee

    10. A. beneficiary   B. applicant   C. exporter   D. shipper

本短文是关于信用证关系人方面的概述。

第6题答案为 B，向银行申请开信用证的人，自然应是 applicant，其他三个选项都不符合题意，基本上可以理解为买卖合同中的卖方。

第7题答案为 B，因为申请开信用证的人通常都是买卖合同中的买方，即进口商。

第8题答案为 A，信用证的受益人为 beneficiary。

第9题答案为 A，因为信用证的受益人通常都是买卖合同中的卖方，即出口商。

第10题答案为 A，买方通过银行开来信用证后，作为买方要仔细审核信用证的条款。

    3. ___11___ means the assembly of small parcels of cargo from several consignors at one point of origin intended for several consignees at another point of destination. As a consolidator, the freight forwarder will provide the service in his own name and issue a ___12___. To the individual consignors, the consolidator is the ___13___, while in his relationship with the actual carrier, he is the ___14___.

Consolidation can benefit all concerned，e. g. exporters and shippers，carrier and forwarder. For exporters and shippers，they get the benefit of a rate lower than they would have normally paid to the carrier. And shippers find it advantageous to deal through a freight forwarder who provides consolidation services to a wide range of destinations instead of approaching several ___15___ ，each of which may be offering services only on routes which they operate. （2006 年）

11. A. Transshipment   B. Distribution   C. Transportation   D. Consolidation
12. A. master B/L   B. shipped B/L   C. house B/L   D. direct B/L
13. A. carrier   B. agent   C. consignor   D. Consignee
14. A. broker   B. carrier   C. consignor   D. agent
15. A. shipping lines   B. trading firms   C. receivers   D. consignees

本短文是关于集拼货运和集拼人的法律地位的概述。

第 11 题答案为 D，集装箱运输的货物分为整箱货（FCL）和拼箱货（LCL）两种，有条件的货代公司也能承办拼箱业务，即接受客户尺码或重量达不到整箱要求的小批量货物，把不同收货人、同一卸货港的货物集中起来，拼成一个 20 英尺或 40 英尺整箱，这种做法，称为集拼（consolidation）。因此正确答案应是 D，集拼。

第 12 题答案为 C。从事集拼业务的国际货运代理企业签发了自己的提单给托运人，这种提单通常称之（house B/L）。

第 13 题答案为 A。集拼货运代理因与货主订立运输合同而对货物运输负有责任，他签发了提单，就应受该提单条款约束，对货主而言，他是承运人。

第 14 题答案为 C。集拼货运代理对真正运输货物的集装箱班轮公司而言，他又是货物托运人。

第 15 题答案为 A。集拼货运业务对于托运人而言也是有益的，它能提供较大的运输服务范围，而班轮公司提供有限范围航线上的运输服务。

4. A ___16___ system can be made up of many different functional activities，some of which are described briefly below. Information links all areas of the logistics system together. Information processing is becoming increasingly automated，complex，and rapid. It is key to the efficient functioning of system. ___17___ is a broad area concerning all movements of raw materials，work in process，or finished goods within a factory or warehouse. ___18___ processing is the system a firm has for getting orders from customers，checking on the status of orders and communicating to customers about them，and actually filling the order and making it available to the customer. ___19___ involves selection of the mode，the routing of the shipment，compliance with regulations in the region of the country，and selection of the carriers. ___20___ and storage activities relate to warehouse layout，design，ownership，automation，training of employees，and related issues. （2006 年）

16. A. management   B. logistics   C. information   D. shipping
17. A. Order processing   B. Transportation   C. Warehousing   D. Material handling
18. A. Order   B. Information   C. Storage   D. Shipping
19. A. Procurement   B. Inventory   C. Transportation   D. Packing
20. A. Merchandising   B. Shipping   C. Warehousing   D. Information

本短文是关于物流方面的概述。

第 16 题答案为 B，物流是指物品从供应地向接收地的实体流动过程。根据实际需要，将运输、储存、装卸、搬运、包装、流通加工、配送、信息处理等基本功能实施有机结合。

第 17 题答案为 D，因为描述的是物资搬运的问题。

第 18 题答案为 A，因为描述的是订单处理问题。

第 19 题答案为 C，因为描述的是运输问题。

第 20 题答案为 C，因为描述的是仓储问题。

5. Transportation is one of the most significant areas of ___21___ because of its impact on customer service and the firm's cost structure. The primary transportation value proposition is product movement up and down the supply chain. Without reliable transportation, most commercial activities could not function. The international ___22___ is nowadays frequently carried out in containers. Containers are particularly suitable for ___23___. If the exporter intends to fill a full container load, the forwarder or shipping line will prepare an empty container to the exporter for loading. If the cargo is ___24___, the exporter sends it to the container freight station, where it will be ___25___ with the goods of other exporters in a container. （2007 年）

21. A. logistics　　　　　B. inventory　　　　　C. warehousing　　　　D. packaging
22. A. Transshipment　　B. Transportation　　　C. Handling　　　　　D. Consolidation
23. A. air transport　　　B. road transport　　　　C. rail transport　　　D. multimodal transport
24. A. LCL　　　　　　　B. FCL　　　　　　　　C. large quantity　　　D. bulk cargo
25. A. stuffed　　　　　　B. consolidated　　　　　C. loaded　　　　　　D. filled

本短文是关于运输方面的概述。

第 21 题答案为 A。物流是指物品从供应地向接收地的实体流动过程。根据实际需要，将运输、储存、装卸、搬运、包装、流通加工、配送、信息处理等基本功能实施有机结合。其中运输环节在物流体系中长有重要地位。

第 22 题答案为 B。目前国际货物运输主要以集装箱运输为主。

第 23 题答案为 D。集装箱运输特别适合国际多式联运。

第 24 题答案为 A。集装箱运输的货物分为整箱货（FCL）和拼箱货（LCL）两种，集装箱货运站通常承办拼箱业务，即接受客户尺码或重量达不到整箱要求的小批量货物。

第 25 题答案为 B。把不同收货人、同一卸货港的货物集中起来，拼成一个 20 英尺或 40 英尺整箱，这种做法，称为集拼（consolidation）。因此正确答案应是 B。

6. A large number of documents are used in the modern international trade such as marine bills of lading, letter of credit, insurance policy, commercial invoice, packing list, air waybill etc. The ___26___ is a document of title, the holder of which can get the goods at the port of destination from the carrier. ___27___ is the most common method of making international payments. The ___28___ mainly functions as a receipt of the goods for dispatch, evidence of the contract of carriage between the carrier and the consignor in air transportation. ___29___ is an evidence of insurance contract issued by the insurer to the assured in which stipulating each party's rights and responsibilities. ___30___ is a document issued by the authorized body in the exporter's country stating the country of origin of the goods. （2007 年）

26. A. sea waybill　　　　B. ocean bill of lading　C. air waybill　　　　D. invoice
27. A. Invoice　　　　　　B. Letter of credit　　　C. Check　　　　　　D. Bill
28. A. insurance policy　　B. ocean bill of lading　C. air waybill　　　　D. invoice
29. A. Insurance policy　　B. Ocean bill of lading　C. Air waybill　　　　D. Invoice
30. A. Packing list　　　　B. Certificate of origin　C. Invoice　　　　　　D. Dock receipt

本短文是关于货物单证方面的概述。

第 26 题答案为 B。根据题意，物权凭证和目的港两个关键词可以判断应当选择为海运提单。

第 27 题答案为 B。国际支付方式主要是信用证。

第 28 题答案为 C。根据题意，应选择航空货运单。

第 29 题答案为 A。根据题意，应选择保险单。

第 30 题答案为 B。根据题意，应选择原产地证书。

7. The five primary modes of transportation are rail，road，pipeline，water，and air. Each has different economic and service characteristics. （41） offers the cost‐effective，energy‐efficient transport of large quantities of goods over long distances. （42） offers more flexibility and versatility to the shipper than virtually any other forms of transportation. （43） are primarily used to move petroleum，natural gas，and chemicals. For suitable commodities，pipelines are the most efficient mode of transport. They offer a closed system with little risk of loss or damage to the products moved and extremely low costs. The most expensive of all the modes，（44） offers the fast service but at a relative high price. （45） occurs on inland waterways and oceans. Though slower than other modes，this form of movement is also relatively inexpensive. （2008 年）

41. A. Rail transport   B. Road transport   C. Truck transport   D. Air transport

42. A. Water transport   B. Road transport   C. Rail transport   D. Pipelines

43. A. Air transport   B. Rail transport

     C. Pipelines   D. Multimodal transport

44. A. air transport   B. CY/CY   C. sea train   D. rail transport

45. A. Road transport   B. Water transport   C. Pipelines   D. Truck transport

完形填空要求阅读整个短文后，就给出的四个选项作出选择，类似于单项选择题。本短文是关于不同运输方式的概述。

第 41 题答案为 A。铁路运输能远距离有效运送大批量货物，运费负担小、安全、受自然和天气影响小、运输准时性较高。

第 42 题答案为 B。公路运输可以进行门到门运输，使用灵活，可以满足多种需要。

第 43 题答案为 C。管道运输运量大，运输安全可靠，连续性强，适合液体和气体货物。

第 44 题答案为 A。航空运输速度快，安全性高，同样费用也比较高。

第 45 题答案为 B。水路运输运量大，成本低。

8. Documentary credits are separate transactions from the contract of sales with which they are related. In documentary credits ____（46）____ are concerned only with documents，and their decision whether or not to pay，accept or negotiate under a credit depends solely on whether the documents presented conform to the terms and conditions in the (47) . When the beneficiary submits documents that contain discrepancies or errors，the banks will reject the documents and return them to the (48) for resubmission after corrections. Seen from a different perspective，even if the importer becomes bankrupt after the shipment，the beneficiary is entitled to payment by the issuing bank as long as he is able to present the correct (49) stipulated in the credit. That banks deal only with documents and not performance of the (50) is key to the operation of documentary credits. （2008 年）

46. A. sellers   B. buyers   C. banks   D. carriers

47. A. sales contract   B. credit   C. shipping order   D. bill of lading

48. A. applicant   B. beneficiary   C. opening bank   D. importer

49. A. money   B. drafts   C. bills   D. documents

50. A. contract of sales   B. credit   C. bill of lading   D. booking note

本短文是关于跟单信用证的概述。

第 46 题答案为 C。在信用证业务中，银行所关注的是单据，银行开立信用证实际是进行单据的买卖。在单单一致、单证一致的情况下，银行保证付款。

第 47 题答案为 B。银行只负责审核信用证的所有单据，以确定其表面上是否与信用证条款相符。

第 48 题答案为 B。银行仔细审核单证，发现与信用证条款不符时，退还给信用证的受益人，让其更改。

第 49 题答案为 D。在信用证交易中，银行根据信用证取代买方承担了作为第一付款人的义务；日后只要卖方提供了符合信用证的单据，即使买方破产，卖方也能从银行得到付款保证。

第 50 题答案为 A。信用证是独立于买卖合同或任何其他合同之外的交易，开立信用证的基础是买卖合同，但银行与买卖合同无关，也不受其约束。

9. A large number of documents are used in the modern international trade such as marine bill of lading, letter of credit, insurance policy, commercial invoice, packing list, air waybill, certificate of origin, packing list, multimodal transport document, parcel post receipt, rail waybill etc. The (41) evidences the contact of carriage of goods by at least two modes of transport. The (42) evidences the contact of carriage of goods by air. Unlike B/L, (43) evidences the contract of carriage but is not a document of title and is not negotiable. The document issued by the carrier or his agent to enable the consignee or his forwarding agent to take delivery of the imported cargo from the vessel or port is called (44). (45) is a document issued by the authorized body in the exporter's country stating the country of origin of the goods. （2009 年）

41. A. MTD　　　　B. B/L　　　　C. AWB　　　　D. L/C
42. A. MTD　　　　B. B/L　　　　C. AWB　　　　D. L/C
43. A. insurance policy　　　　　　B. ocean bill of lading
　　C. rail waybill　　　　　　　　D. invoice
44. A. bill of lading　　　　　　　B. mate's receipt
　　C. delivery order　　　　　　　D. booking note
45. A. Packing list　　　　　　　　B. Certificate of origin
　　C. Invoice　　　　　　　　　　D. Dock receipt

完形填空要求阅读整个短文后，就给出的四个选项作出选择，类似于单项选择题。本短文是关于货物运输单证方面的概述。

第 41 题答案为 A。MTD 为多式联运单据；B/L 为海运提单；AWB 为航空货运单；L/C 为信用证。题意为证明两种以上运输方式的货物运输合同的单据是哪种，答案自然应是 MTD。

第 42 题答案为 C。紧跟上题证明航空货物运输合同的单据是哪种，答案自然应是 AWD。

第 43 题答案为 C。题意为证明运输合同，但又不是物权凭证，不能转让的单据是哪种。根据四个选项来看，只有 C、rail waybill 符合题意。

第 44 题答案为 C。根据题意，海运实务中，收货人持承运人或其代理人签发的提货单提货。

第 45 题答案为 B。很明显，本题答案为 B，产地证书。

10. Documentary credits are separate transactions from the sales contract with which they are related and Letters of Credit can be divided into many kinds depending on the circumstances. A documentary credit may be available by payment, by negotiation or by acceptance. (46) means that the nominated bank will pay the beneficiary the full amount due once he submits the correct documents required under the credit. Under a (47), the beneficiary is given double assurance of payment since the confirming bank has added its own undertaking to that of the opening bank. If a credit can be

transferred by the original beneficiary to one or more parties, it is a (48). If a credit stipulated that its amount can be renewed without specific amendment to the credit being made, it is then a (49). (50) are those that cannot be amended or revoked without the consent of all the parties concerned. (2009 年)

46. A. Confirmed credit   B. Payment credit
     C. Negotiation credit   D. Acceptance credit
47. A. confirmed credit   B. payment credit
     C. negotiation credit   D. acceptance credit
48. A. sight credit   B. transferable credit
     C. revolving credit   D. back—to—back credit
49. A. sight credit   B. transferable credit
     C. revolving credit   D. back—to—back credit
50. A. Clean credits   B. Sight credits
     C. Revolving credits   D. Irrevocable credits

完形填空要求阅读整个短文后，就给出的四个选项作出选择，类似于单项选择题。本短文是关于跟单信用证分类方面的概述。

跟单信用证（Documentary Credit）是开证行凭跟单汇票或单纯凭单据付款的信用证。保兑信用证（Confirmed Credit）是指另外一家银行接受开证行的要求，对其开立的信用证承担保证兑付责任的信用证；付款信用证（Payment L/C）是指受益人（出口商）凭运输单据即可向指定银行提示请求付款的信用证；议付信用证（Negotiation L/C）是指允许受益人向某一指定银行或任何银行交单议付的信用证；承兑信用证（Acceptance Credit）是指开证行或付款行在收到符合信用证条款的汇票和单据后，先办承兑手续，等汇票到期时才履行付款的信用证；即期付款信用证（Sight L/C）是指受益人（出口商）根据开证行的指示开立即期汇票、或无须汇票仅凭运输单据即可向指定银行提示请求付款的信用证；可转让信用证（Transferable L/C）是开证银行向中间商（受益人）提供对信用证条款权利履行转让便利的一种结算方式；循环信用证（Revolving L/C）是指其金额被全部或部分使用，无需经过信用证修改，根据一定条件就可以自动、半自动或非自动地更新或还原再被使用，直至达到规定的使用次数、期限或规定的金额用完为止的信用证；对背信用证又称转开信用证，是指受益人要求原证的通知行或其他银行以原证为基础，另开一张内容相似的新信用证；光票信用证（Clean L/C）是凭不附单据的汇票付款的信用证；不可撤销信用证（Irrevocable L/C）是指信用证一经开出，在信用证有效期内，如果未得到信用证有关当事人的同意，开证行不能单方面撤销或修改信用证条款。

第 46 题答案为 B。 第 47 题答案为 A。第 48 题答案为 B。第 49 题答案为 C。第 50 题答案为 D。

11. The use of containers, which started more than 40 years ago, in intercontinental traffic is now available in most sea cargo transport worldwide. The unit (41) is used to express the relative number of containers based on the equivalent length of a 20' container. The (42) container service broadly means that the whole container received by the carrier is packed at the shipper's or the forwarder's premises, and the delivery of that same whole container to the consignees. The (43) container service broadly means that the whole container received by the carrier is packed at the shipper's or the forwarder's premises, and that same whole container is emptied at the carrier's container freight station at the port of destination. The (44) broadly means that the delivery of the loose cargo to the carrier's container freight station at the port of origin is packed into the whole container, and the delivery of that same whole container to the consignees. The (45) container service broadly

means that the delivery of the loose cargo to the carrier's container freight station at the port of origin is packed into the whole container, and that same whole container is emptied at the carrier's container freight station at the port of destination. （2010 年）

41. A. 30FT	B. FEU	C. TEU	D. 10FT
42. A. CY/CY	B. CY/CFS	C. CFS/CFS	D. CFS/CY
43. A. CY/CY	B. CY/CFS	C. CFS/CFS	D. CFS/CY
44. A. CY/CY	B. CY/CFS	C. CFS/CFS	D. CFS/CY
45. A. CY/CY	B. CY/CFS	C. CFS/CFS	D. CFS/CY

答案：**41C，42A，43B，44D，45C**。本段落主要介绍了集装箱交接中的几个主要问题。通常是以长度为 20 英尺的集装箱为国际计量单位，也称国际标准箱单位。通常用来表示船舶装载集装箱的能力，也是集装箱和港口吞吐量的重要统计、换算单位。CY－CY 交接方式只从船公司场站接受货物到卸货港场站交付货物。CY－CFS 指从装货港场站接收货物到卸货港货运站交付货物。CFS－CY 指从装货港货运站接收货物到卸货港场站交付货物。CFS－CFS 指从装货港货运站接收货物到卸货港货运站交付货物。在 CY 接收或交付的是整箱货物，在 CFS 进行货物的装箱、铅封等事宜。

12. According to China Maritime Code, unless notice of loss or damage is given in writing by the consignee to the carrier at the time of delivery of the goods by the （46），such delivery shall be deemed to be （47） of the delivery of the goods by the carrier as described in the transport documents and of the apparent good order and condition of such goods. Where the loss of or damage to the goods is not apparent，the provisions of the preceding paragraph shall apply if the consignee has not given the notice in writing within （48） from the next day of the delivery of the goods，or，in the case of containerized goods，within （49） from the next day of the delivery thereof. The notice in writing regarding the loss or damage need not be given if the state of the goods has，（50），been the subject of a joint survey or inspection by the carrier and the consignee. （2010 年）

46. A. carrier to the consignee 　 B. shipper to the consignee
　 C. consignee to the carrier 　 D. consignee to the shipper
47. A. conclusive evidence 　 B. prima facie evidence
　 C. absolutely evidence 　 D. evidence of contract
48. A. three consecutive days 　 B. five consecutive days
　 C. seven consecutive days 　 D. ten consecutive days
49. A. 1 day 　 B. 3 days 　 C. 7 days 　 D. 15 days
50. A. at the time of delivery 　 B. at the time of shipment
　 C. at the time of arrival 　 D. at the time of loading

答案：**46A，47B，48C，49D，50A**。根据我国海商法有关规定，承运人向收货人交付货物时，收货人未将货物灭失或者损坏的情况书面通知承运人的，此项交付视为承运人已经按照运输单证的记载交付以及货物状况良好的初步证据。货物灭失或者损坏的情况非显而易见的，在货物交付的次日起连续七日内，集装箱货物交付的次日起连续十五日内，收货人未提交书面通知的，适用前款规定。货物交付时，收货人已经会同承运人对货物进行联合检查或者检验的，无需就所查明的灭失或者损坏的情况提交书面通知。承运人自向收货人交付货物的次日起连续六十日内，未收到收货人就货物因迟延交付造成经济损失而提交的书面通知的，不负赔偿责任。

六、英文单证操作题

1. 根据下列所提供的信用证条款的主要内容及有关制单资料，填制集装箱海运提单中（1）至

（15）项内容，海洋运输货物保险单中（1）至（5）项内容。（2004 年）

Irrevocable documentary credit

Number：LC123 - 258866

Date：August 24，2003

Date and place of expiry：October 30，2003 China

Advising bank：Bank of China

Beneficiary：China XYZ Import and Export Corp.

Applicant：UVW Corporation.

Total amount：USD9000（SAY US DOLLARS NINE THOUSAND ONLY）

Shipment from：Qingdao China

To：Osaka Japan

At the latest：October 15，2003

Description of goods：100％ Cotton Towel as per S/C No. CH200

Total quantity：8000 pieces packing：800 Cartons

Total gross weight：20000 KGS

Total measurement：30CBM

Price term：CIF Osaka

Following documents required：

＋Signed commercial invoice in three copies.

＋Full set of clean on board ocean bill of lading made out to order and endorsed in blank and marked "freight prepaid" and notify applicant.

＋Insurance policy for 110 PCT of the invoice value covering the Institute Cargo Clauses（A），the Institute War Clauses.

Ocean Vessel："Golden Star" Voy. No. ：018E

Container No GSTU3156712/20'

Marks & Nos：ITOCHU OSAKA NO. 1 - 800

Laden on board the vessel：October 14，2003

B/L date：October 14，2003

B/L signed by BBB shipping agency

Carrier：AAA Shipping Co.

Shipper (1)			B/L NO.	

Consignee (2)

Notify Party (3)

Pre - carriage by	Place of Receipt	AAA Shipping Co. Bill of Lading
Ocean Vessel Voy. No. (4)	Port of Loading (5)	
Port of Discharge (6)	Place of Delivery	

Container No.	Seal No. Marks & Nos.	No. of Containers or P kgs	Kinds of Packages; Description of Goods	Gross Weight kgs	Measurement
(7)	(8)	(9)	(10)		(11)

TOTAL NUMBER OF   SAY ONE CONTAINER ONLY
CONTAINER OR PACKAGES (IN WORD)

Freight & Charge (12)	Revenue Tons	Rate	Per	Prepaid	Collect

Ex. Rate.	Prepaid at	Payable at	Place and date of Issue (13)
	Total Prepaid	No. of Original B (s) /L (14)	Signed for Carrier, (15)

LADEN ON BOARD THE VESSEL
DATE

(TERMS PLEASE FIND ON BACK OF ORIGINAL B/L)

中保财产保险有限公司

The people's insurance (Property) Company of China，Ltd.

发票号码 保险单号次

Invoice No. Policy No.

海洋货物运输保险单

MARINE CARGO TRANSPORTATION INSURANCE POLICY

被保险人：（1）

Insured：..

中保财产保险公司（以下简称本公司）根据被保险人的要求，及其所缴付约定的保险费，按照本保险单承担险别和背面所载条款与下列特别条款承保下列货物运输保险，特签发本保险单。

This policy of Insurance witness that The People's Insurance (Property) Company of China，Ltd.（hereinafter called "The Company"），at the request of the Insured and in consideration of the agreed premium paid by the Insured，undertakes to insure the undermentioned goods in transportation subject to the conditions of this Policy as per the Clauses printed overleaf and other special clauses attached hereon.

保险货物项目 Description of Goods	包装　单位　数量 Packing Unit Quantity	保险金额 Amount Insured
（2）	800 Cartons	（3）

承保险别 货物标记

Conditions Marks of Goods

（4）

总保险金额：

Total Amount Insured：..

保费　　as agreed 载运工具 开航日期

Premium .... Per conveyance S. S .... Slg. On or Abt ....

起运港 目的港

From .... To ....

所保货物，如发生本保险单项下可能引起索赔的损失或损坏，应立即通知本公司下述代理人查勘。如有索赔，应向本公司提交保险单正本（本保险单共有 2 份正本）及有关文件。如一份已用于索赔，其余正本则自动失效。

In the event of loss or damage which may result in a claim under this Policy，immediate notice must be given to the Company's agent as mentioned hereunder. Claims，if any，one of the Original Policy which has been issued in Original (s) together with the relevant documents shall be surrendered to the Company，if one of the Original Policy has been accomplished，the others to be void.

中保财产保险有限公司

THE PEOPLE'S INSURANCE (PROPERTY) COMPANY OF CHINA，LTD.

赔偿地点　　Osaka, Japan

Claim payable at ....

日期　（5）　　在　Qingdao, China

Date .... at ....

地址 Address：

参考答案：

Shipper (1) China XYZ import and export corp.	B/L NO.

Consignee (2) to order	

Notify Party (3) UVW corporation.	

Pre‑carriage by	Place of Receipt	AAA Shipping Co. Bill of Lading
Ocean Vessel Voy. No. (4) Golden Star	Port of Loading (5) Qingdao China；	
Port of Discharge (6) Osaka Japan；	Place of Delivery	

Container No.	Seal No. Marks & Nos.	No. of Containers or P kgs	Kinds of Packages; Description of Goods	Gross Weight kgs	Measurement
(7) GSTU 3156712	(8) ITOCHU OSA-KA NO. 1‑800；	(9) 800 Cartons；	(10) 100% Cotton Towel	(11) 20000 KGS；	

TOTAL NUMBER OF
CONTAINER OR PACKAGES (IN WORD)　　　SAY ONE CONTAINER ONLY

Freight & Charge (12) freight prepaid；	Revenue Tons	Rate	Per	Prepaid	Collect

Ex. Rate.	Prepaid at	Payable at	Place and date of Issue (13) Qingdao，October 14，2003.
	Total Prepaid	No. of Original B (s) /L (14 Three (3)	Signed for Carrier，(15) BBB shipping agency as agent for AAA shipping Co. as carrier；

LADEN ON BOARD THE VESSEL
DATE

（TERMS PLEASE FIND ON BACK OF ORIGINAL B/L）

中保财产保险有限公司

The people's insurance (Property) Company of China，Ltd.

发票号码   保险单号次

Invoice No.   Policy No.

海洋货物运输保险单

（一）MARINE CARGO TRANSPORTATION INSURANCE POLICY

被保险人：（1）China XYZ import and export corp.

Insured：..

　　中保财产保险公司（以下简称本公司）根据被保险人的要求，及其所缴付约定的保险费，按照本保险单承担险别和背面所载条款与下列特别条款承保下列货物运输保险，特签发本保险单。

　　This policy of Insurance witness that The People's Insurance（Property）Company of China，Ltd.（hereinafter called "The Company"），at the request of the Insured and in consideration of the agreed premium paid by the Insured，undertakes to insure the undermentioned goods in transportation subject to the conditions of this Policy as per the Clauses printed overleaf and other special clauses attached hereon.

保险货物项目 Description of Goods	包装　单位　数量 Packing Unit Quantity	保险金额 Amount Insured
（2） 100% Cotton Towel	800 Cartons	（3） USD9900

承保险别   货物标记

Conditions   Marks of Goods

（4）

Covering the Institute Cargo Clauses（A），the Institute War Clauses.

总保险金额：

Total Amount Insured：...

保费　　as agreed   载运工具   开航日期

Premium .... Per conveyance S. S .... Slg. On or abt ....

起运港   目的港

From .... To ....

　　所保货物，如发生本保险单项下可能引起索赔的损失或损坏，应立即通知本公司下述代理人查勘。如有索赔，应向本公司提交保险单正本（本保险单共有2份正本）及有关文件。如一份已用于索赔，其余正本则自动失效。

　　In the event of loss or damage which may result in a claim under this Policy，immediate notice must be given to the Company's agent as mentioned hereunder. Claims，if any，one of the Original Policy which has been issued in Original（s）together with the relevant documents shall be surrendered to the Company, if one of the Original Policy has been accomplished，the others to be void.

中保财产保险有限公司

THE PEOPLE'S INSURANCE（PROPERTY）COMPANY OF CHINA，LTD.

赔偿地点　　Osaka，Japan

Claim payable at ....

日期　（5）　　　　在　Qingdao，China

Date. October 14，2003 at. ....

地址

Address：

2. 根据下列所提供的信用证条款的主要内容及有关制单资料，填制集装箱海运托运单中（1）至（15）项内容和商业发票中（1）至（5）项内容。（2005 年）

Irrevocable documentary credit

Number：LC123 - 268866

Date：January 2，2003

Date and place of expiry：February 20，2003 China

Advising bank：Bank of China

Beneficiary：China AAA import and export corp.

Applicant：Japan BBB corp.

Shipment from：Shanghai to Kobe，Japan not later than February 10，2003

Partial shipments：Not allowed

Transshipment：Not allowed

Description of goods：100％ Cotton Towel as per S/C No. CH2006

Total amount：USD10000 (SAY US DOLLARS TEN THOUSANDS ONLY)

Total quantity：40000 pieces packing in 200 Cartons

Total gross weight：20000 KGS

Total measurement：29CBM

Price term：CIF Kobe，Japan

Following documents required：

＋Signed commercial invoice in triplicate

＋Packing list in triplicate

＋Full set of clean on board ocean bill of lading made out to order of shipper and endorsed in blank and marked "freight prepaid" and notify applicant.

＋Insurance Policy in duplicate for full CIF value plus 10％ covering Ocean Marine Cargo Clauses All Risks and War Risk Clauses of The People's Insurance Company of China and stating claims payable in Kobe，Japan in the currency of the credit.

Information：

Ocean Vessel："Blue sky" Voy. No. ：003E

B/L No. 0028

Container No. ：COSU8001215

Marks & Nos：CT KOBE NO. 1 - 200

	D/R No：

Shipper
(1)

Consignee
(2)

Notify Party
(3)

集装箱货物托运单
货主留底

Pre‐carriage by   Place of Receipt

Ocean Vessel	Voy. No.	Port of Loading
(4)	(5)	(6)

Port of Discharge   Place of Delivery   Final Destination for
Merchant's Reference（7）

Container No. (8) KGS 29CBM	Seal No. Marks & Nos (9)	No. of containers or P' kgs (10)	Kind of Packages：Description of Goods (11)	Gross Weight	Measurement 20000
TOTAL NUMBER OF CONTAINERS OR PACKAGES (IN WORDS)		SAY ONE CONTAINER ONLY			

FREIGHT & CHARGES (12)	Revenue Tons	Rate	Per	Prepaid	Collect

Ex. Rate.	Prepaid at	Payable at	Place and date of Issue
	Total Prepaid	No. of Original B (s) /L THREE	

Service Type on Receiviny □- CY，□- CFS，□- DOOR	Service Type on Delivery □- CY，□- CFS，□- DOOR	Reefer Temperature Required F ℃
TYPE OF GOODS	□ Ordinary，□ Reefer，□ Dangerous，□ Auto □ Liquid □ Live Animal □ Bulk □_____	危险品	Class Property IMDG Code Page UN No.

可否转船：(13)	可否分批：(14)
装期：(15)	有效期：February 20，2003 China
金额：	
制单日期：	

CHINA AAAC IMP. & EXP. COP.

18 ZHONG SHAN ROAD，SHANGHAI，CHINA

COMMERCIAL INVOICE

To：(1)   Invoice Number：

AAA2003-015   Contract Number：   (2)

FEB. 1，2003   Date of Invoice

From   SHANGHAI   To   KOBE，JAPAN

Letter of Credit No. LC123-268866   Issued by THE JAPAN BANK

Marks & Numbers	Description and Quantities	Unit price	Amount
(3)	(4)	CIF KOBE USD50.00/CARTON	(5)

CHINA AAA IMP. & EXP. COP.

集装箱货物托运单（货主留底）**答案：**

(1) China AAA import and export corp. ；

(2) to order of shipper；

(3) Japan BBB corporation. ；

(4) "Blue sky"

(5) 003E

(6) SHANGHAI

(7) KOBE

(8) COSU8001215

(9) CT KOBE NO. 1-200

(10) 40000 pieces packing in 200 Cartons

(11) 100% Cotton Towel as per S/C No. CH2006

(12) freight prepaid

(13) Not allowed

(14) Not allowed

(15) not later than February 10，2003

COMMERCIAL INVOICE 填写答案：

(1) Japan BBB corporation；

(2) S/C No. CH2006

(3) CT KOBE NO. 1 - 200

(4) 100％ Cotton Towel as per S/C No. CH2006，40000 pieces packing in 200 Cartons

(5) USD10000 (SAY US DOLLARS TEN THOUSANDS ONLY)

3. 根据下列所提供的信用证条款的主要内容及有关信息，审核集装箱托运单、海运提单、保险单和商业发票中填写不正确的项目，并予改正。（注意：仅对已填写项目的内容进行审核；将错误的项目划掉，并填写上正确的内容）（2006 年）

Irrevocable documentary credit

Number：LC223 - 5866686

Date：March 5，2004

Date and place of expiry：April 30，2004 Qingdao，China

Advising bank：Bank of China

Beneficiary：China ABC Import and Export Corp.

Applicant：U. K. Tom Corp.

Shipment from：Qingdao to London，on or about April 5，2004

Partial shipments：Not allowed

Transshipment：Not allowed

Description of goods：100％ Cotton Towel as per S/C No. CH2004

Total amount：USD10000 (SAY US DOLLARS TEN THOUSANDS ONLY)

Total quantity：200 Cartons

Total gross weight：20500 KGS

Total measurement：30CBM

Price term：CIF London，U. K.

Following documents required：

＋Signed commercial invoice in triplicate

＋Packing list in triplicate

＋Full set of clean on board ocean bill of lading made out to order of shipper and endorsed in blank and marked "freight prepaid" and notify applicant.

＋Insurance Policy in duplicate for full CIF value plus 10％ covering All Risks as per Ocean Marine Cargo Clauses of the PICC dated 1/1/1981 and stating claims payable in London，UK in the currency of the credit.

Information：

Date of Invoice：March 25，2004

Ocean Vessel："BBB" Voy. No. ：005E

B/L No. 0128

Container No. ：CBHU0180286

Marks & Nos：CT LONDON NO. 1 - 200

Forwarder：China CCC Forwarder Co. （acting as agent of the China ABC Import and Export Corp.）

Shipper

China ABC Import and Export Corp

Consignee

To Order of Bank of China

Notify Party

China CCC Forwarder Co

集装箱货物托运单
货主留底

Pre‐carriage by	Place of Receipt

Ocean Vessel	Voy. No.	Port of Loading
BBB	005E	Qingdao

Port of Discharge	Place of Delivery	Final Destination for
London		Merchant's Reference

Container No. COSU8661215	Seal No. Marks & Nos	No. of containers or P' kgs 200 Cartons	Kind of Packages: Description of Goods 100% Cotton Towel as per S/ C No. CH2004	Gross Weight 20500 KGS	Measurement 30CBM

TOTAL NUMBER OF CONTAINERS OR PACKAGES (IN WORDS)	

FREIGHT & CHARGES Freight to Collect	Revenue Tons	Rate	Per	Prepaid	Collect

Ex. Rate.	Prepaid at	Payable at	Place and date of Issue
	Total Prepaid	No. of Original B (s) /L Three	

Service Type on Receivin □‐ CY, □‐ CFS, □‐ DOOR	Service Type on Delivery □‐ CY, □‐ CFS, □‐ DOOR	Reefer Temperature Required F ℃
TYPE OF GOODS	□ Ordinary, □ Reefer, □ Dangerous, □ Auto □ Liquid □ Live Animal □ Bulk □_____	危险品	Class Property IMDG Code Page UN No.

可否转船：Not allowed	可否分批：Permitted	
装期：before April 15, 2004	效　期：	
金额：		
制单日期：		

Shipper China CCC forwarder co			B/L NO. 0128	

Consignee U. K. Tom Corp.

Notify Party U. K. Tom Corp.

AAA Shipping Co.
Bill of Lading

Pre-carriage by	Place of Receipt

Ocean Vessel Voy. No. "BBB" 005E	Port of Loading Qingdao

Port of Discharge London	Place of Delivery

Container No.	Seal No. Marks & Nos.	No. of Containers or P kgs	Kinds of Packages; Description of Goods	Gross Weight kgs	Measurement
CBHU 0180286	CT LONDON NO. 1 - 200		100% Cotton Towel as per S/C No. CH2004	20500 KGS	30CBM

TOTAL NUMBER OF
CONTAINER OR PACKAGES (IN WORD)

Freight & Charge Freight prepaid	Revenue Tons	Rate	Per	Prepaid	Collect

Ex. Rate.	Prepaid at	Payable at	Place and date of Issue Qingdao，April 15，2004
	Total Prepaid	No. of Original B (s) /L Three	Signed for Carrier， AAA Shipping Co. as carrier

ADEN ON BOARD THE VESSEL
DATE　April 15，2004

(TERMS PLEASE FIND ON BACK OF ORIGINAL B/L)

CHINA ABC IMP. & EXP. COP.
18 ZHONG SHAN ROAD, QINGDAO, CHINA

COMMERCIAL INVOICE

To：

China ABC Imp. & Exp. Cop.
18 Zhong Shan Road，Qingdao，China

ABC2004‑018
Invoice Number：
Contract Number：CH2006
Date of Invoice   April 20，2004

From   QINGDAO   To   LONDON
Letter of Credit No. LC123‑268866 Issued by THE U. K BANK

Marks & Numbers	Description and Quantities	Unit price	Amount
CTLONDON NO. 1‑200	100％ Cotton Towel as per S/C No. CH2004，200 Cartons	CIF LONDON USD50. 00/CARTON	USD10000

CHINA ABC IMP. & EXP. COP.

中保财产保险有限公司

The people's insurance (Property) Company of China, Ltd.

发票号码 ABC2004 - 200 保险单号次

Invoice No. Policy No.

海洋货物运输保险单

MARINE CARGO TRANSPORTATION INSURANCE POLICY

被保险人：U. K Tom Corp.

Insured：

中保财产保险公司（以下简称本公司）根据被保险人的要求，及其所缴付约定的保险费，按照本保险单承担险别和背面所载条款与下列特别条款承保下列货物运输保险，特签发本保险单。

This policy of Insurance witness that The People's Insurance (Property) Company of China, Ltd. (hereinafter called "The Company"), at the request of the Insured and in consideration of the agreed premium paid by the Insured, undertakes to insure the undermentioned goods in transportation subject to the conditions of this Policy as per the Clauses printed overleaf and other special clauses attached hereon.

保险货物项目 Description of Goods	包装　单位　数量 Packing Unit Quantity	保险金额 Amount Insured
100% Cotton Towel as per S/C No. CH2004,	200 Cartons	USD10000

承保险别 货物标记

Conditions Marks of Goods

Ocean Marine Cargo Clauses Free from particular average and War Risk Clauses of The People's Insurance Company of China

总保险金额：

Total Amount Insured：

保费　as agreed 载运工具 开航日期

Premium Per conveyance S. S Slg. On or Abt

起运港 目的港

From QINGDAO To LONDON, U. K

所保货物，如发生本保险单项下可能引起索赔的损失或损坏，应立即通知本公司下述代理人查勘。如有索赔，应向本公司提交保险单正本（本保险单共有 2 份正本）及有关文件。如一份已用于索赔，其余正本则自动失效。

In the event of loss or damage which may result in a claim under this Policy, immediate notice must be given to the Company's agent as mentioned hereunder. Claims, if any, one of the Original Policy which has been issued in Original (s) together with the relevant documents shall be surrendered to the Company, if one of the Original Policy has been accomplished, the others to be void.

中保财产保险有限公司

THE PEOPLE'S INSURANCE (PROPERTY) COMPANY OF CHINA, LTD.

赔偿地点　QINGDAO

Claim payable at

日期　　在

Date April 15, 2004.. at

地址

Address：

答案要点：

（1）在集装箱货物托运单中主要有以下错误：

①收货人一栏中 To Order of Bank of China 应该成 To Order of Shipper（To order）；

②通知方一栏中 China CCC Forwarder Co 应改成 U. K. Tom Corp.

③集装箱号码 COSU8661215 应改成 CBHU0180286

④运费支付方式 Freight to Collect 应改成 Freight prepaid

⑤可否分批栏中 Permitted 应改成 not allowed

⑥装期栏中 before April 15，2004 应改成 on or about April 5，2004（注意 April 1ˢᵗ/10ᵗʰ之间均可，以下相同）

（2）在 AAA 航运公司提单中主要有以下错误：

①托运人栏中 China CCC forwarder co 应改成 China ABC Import and Export Corp

③收货人一栏中 U. K. Tom Corp 应改成 To Order of Shipper（To order）

③提单签发地和日期栏中 April 15，2004 应改成 April 1ˢᵗ/10ᵗʰ之间

④装船日期 DATE April 15，2004 应改成 April 1ˢᵗ/10ᵗʰ之间

（3）在发票单证中主要有以下错误：

①Contract Number：CH2006 应改成 CH2004

②China ABC Imp. & Exp. Cop. 18 Zhong Shan Road，Qingdao，China 应改成 U. K. Tom Corp.

③Date of Invoice April 20，2004 应改成 Mach 25，2004

④LC123 - 268866 应改成：LC223－5866686

（4）在保险单证中主要有以下错误：

①ABC2004 - 200 -应改成 ABC2004 - 018

②被保险人：U. K. Tom Corp. 应改成 China ABC Import and Export Corp

③USD10000 应改成 USA 11000

④Ocean Marine Cargo Clauses Free from Particular Average and War Risk Clauses of The People's Insurance Company of China 应改成 covering All Risks as per Ocean Marine Cargo Clauses of the PICC dated 1/1/1981

⑤赔偿地点 QINGDAO 应改成 London

⑥Date：April 15，2004 应改成 和提单一致的日期（April 1ˢᵗ/10ᵗʰ之间）。

4. 根据下列所提供的销售合同主要条款，请修改信用证条款的主要内容，再根据修改后的信用证条款审核并修改集装箱货物托运单。（注意：对信用证和托运单的内容进行审核，将错误的项目划掉，并填写上正确的内容）（2007 年）

（1）有关销售合同的主要条款

合同号：CH200501

卖方：青岛 AAA 进出口公司

买方：新加坡 BBB 贸易公司

商品：100％棉衬衫

数量：300 箱，每箱 20 件，总重量 20 500 公斤，总体积为 30 立方米

单价：CFR 新加坡每箱 2 000 美元

总金额：600 000 美元

装运期：2005 年 3 月 31 日前自中国青岛港装运，可转运，但不可分批装运

保险：买方自理

付款条件：不可撤销的即期信用证方式付款，议付有效期为上述装运期后 15 天内，在中国青

岛到期。

（2）信用证主要内容

Revocable documentary credit

Number：LC223－5866686

Date：March 1，2005

Date and place of expiry ：March 31，2005 Singapore

Advising bank：Bank of China

Beneficiary：Singapore BBB Trading Company.

Applicant：Qingdao AAA Import and Export Corp

Shipment from：Qingdao to Singapore，on or about March 31，2005

Partial shipments：Not allowed

Transshipment：Not allowed

Description of goods：100％ Cotton Shirt as per S/C No. CH2004

Total amount：USD660000 （SAY US DOLLARS SIXTY－SIX THOUSANDS ONLY）

Total quantity：300 Cartons

Total gross weight：20500 KGS

Total measurement：30CBM

Price term：CIF Singapore.

Following documents required：

＋Signed commercial invoice in triplicate

＋Packing list in triplicate

＋Full set of clean on board ocean bill of lading made out to order of shipper and endorsed in blank and marked "freight prepaid" and notify applicant.

＋Insurance Policy in duplicate for full CIF value plus 10％ covering All Risks as per Ocean Marine Cargo Clauses of the PICC dated 1/1/1981 and stating claims payable in London，UK in the currency of the credit.

Shipper

Qingdao AAA Import and Export Corp

Consignee

To Order of Bank of China

Notify Party

Qingdao AAA Import and Export Corp

Pre－carriage by   Place of Receipt

集装箱货物托运单
货主留底

Ocean Vessel	Voy. No.	Port of Loading
CCC	005E	Shanghai

Port of Discharge Destination for Merchant's Reference Place of Delivery   Final

Singapore

Container No. COSU8661215	Seal No. Marks & Nos	No. of containers or P' kgs 300 Cartons	Kind of Packages：Description of Goods 100％ Cotton Shirtas per S/C No. CH2004	Gross Weight 20500 KGS	Measurement 30CBM

TOTAL NUMBER OF CONTAINERS OR PACKAGES (IN WORDS)						

FREIGHT & CHARGES Freight to Collect		Revenue Tons	Rate	Per	Prepaid	Collect

Ex. Rate.	Prepaid at	Payable at		Place and date of Issue	
	Total Prepaid	No. of Original B（s）/L Three			

Service Type on Receiviny □- CY，□- CFS，□- DOOR		Service Type on Delivery □- CY，□- CFS，□- DOOR		Reefer Temperature Required F ℃	
TYPE OF GOODS	□ Ordinary, □ Reefer, □ Dangerous, □ Auto		危险品	Class Property IMDG Code Page UN No.	
	□ Liquid □ Live Animal □ Bulk □_____				

可否转船：Not allowed		可否分批：Not allowed			
装期：April 1，2005		效期：March 31，2005			
金额：USD660000					
制单日期：April 1，2005					

答案要点：

（1）信用证条款中主要不正确点

①Revocable 应改成 Irrevocable documentary credit

②Date and place of expiry：March 31，2005 Singapore 应改成为 April 15，2005；Qingdao China

③Beneficiary：Singapore BBB Trading Company 应改成 Qingdao AAA Import and Export Corp

④Applicant：Qingdao AAA Import and Export Corp 应改成 Singapore BBB Trading Company

⑤Shipment from：Qingdao to Singapore，on or about March 31，2005 应改成 not later than

⑥Transshipment：Not allowed 应改成 permitted

⑦Description of goods：100％ Cotton Shirt as per S/C No. CH2004 应改成 CH200501

⑧Total amount：USD660000 (SAY US DOLLARS SIXTY－SIX THOUSANDS ONLY) 应改成 USD600000 (SAY US DOLLARS SIXTY THOUSANDS ONLY)

⑨Price term：CIF Singapore. 应改成 CFR

⑩Insurance Policy in duplicate for full CIF value plus 10％ covering All Risks as per Ocean Marine Cargo Clauses of the PICC dated 1/1/1981 and stating claims payable in London，UK in the currency of the credit 应删掉，因为卖方不负责保险。

（2）集装箱货物托运单主要不正确点

①收货人一栏中To Order of Bank of China 应改成 To Order of Shipper；

②通知方一栏中Qingdao AAA Import and Export Corp 应改成 Singapore BBB Trading Company

③装货港一栏中Shanghai 应改成 QINGDAO

④货物说明一栏中No. CH2004 应改成 No. CH200501

⑤运费支付方式Freight to Collect 应改成 Freight prepaid

⑥可否转船一栏中Not allowed 应改成 allowed

⑦装期一栏中April 1，2005 应改成 March 31，2005

⑧效期一栏中：March 31，2005 应改成 April 15，2005

⑨金额一栏中USD660000 应改成 USD600000

⑩制单日期一栏中April 1，2005 应改成 March 20-31，2005

5. 根据下列所提供的信用证条款的主要内容及有关信息，填写集装箱托运单和商业发票有关项目。（2008 年）

Irrevocable documentary credit

Number：LC223-5866686

Date：March 5，2004

Date and place of expiry ：April 30，2004 Qingdao，China

Advising bank：Bank of China

Beneficiary：China ABC Import and Export Corp.

Applicant：U. K. Tom Corp.

Shipment from：Qingdao to London，on or about April 5，2004

Partial shipments：Not allowed

Transshipment：Not allowed

Description of goods：100% Cotton Towel as per S/C No. CH2004

Total amount：USD10000 (SAY US DOLLARS TEN THOUSANDS ONLY)

Total quantity：200 Cartons

Total gross weight：20500 KGS

Total measurement：30CBM

Price term：CIF London，U. K.

Following documents required：

+Signed commercial invoice in triplicate

+Packing list in triplicate

+Full set of three clean on board ocean bills of lading made out to order of shipper and endorsed in blank and marked "freight prepaid" and notify applicant.

+Insurance Policy in duplicate for full CIF value plus 10% covering All Risks as per Ocean Marine Cargo Clauses of the PICC dated 1/1/1981 and stating claims payable in London，UK in the currency of the credit.

Information：

Date of Invoice：March 25，2004

Ocean Vessel："BBB" Voy. No. 005E

B/L No. ：0128

Container No. ：CBHU0180286

Marks & Nos：CT LONDON NO. 1-200

Forwarder：China CCC Forwarder Co. （ acting as agent of the China ABC Import and Export Corp.）

Shipper
(1)

Consignee
(2)

集装箱货物托运单
货主留底

Notify Party
(3)

Pre‐carriage by	Place of Receipt	
Ocean Vessel BBB	Voy. No. 005E	Port of Loading (4)
Port of Discharge (5)	Place of Delivery	Final Destination for Merchant's Reference

Container No. (6)	Seal No. Marks & Nos (7) .	No. of contain- ers or P' kgs (8)	Kind of Packages: De- scription of Goods (9)	Gross Weight (10)	
					Measurement (11)
TOTAL NUMBER OF CONTAINERS OR PACKAGES (IN WORDS)					

FREIGHT & CHARGES	Revenue Tons	Rate	Per	Prepaid	Collect
Ex. Rate.	Prepaid at	Payable at		Place and date of Issue	
	Total Prepaid	No. of Original B (s) /L (12)			

Service Type on Receiviny □- CY, □- CFS, □- DOOR	Service Type on Delivery □- CY, □- CFS, □- DOOR	Reefer Temperature Required F ℃	
TYPE OF GOODS	□ Ordinary, □ Reefer, □ Dangerous, □ Auto	危险品	Class Property IMDG Code Page UN No.
	□ Liquid □ Live Animal □ Bulk □_____		
可否转船：(13)	可否分批：(14)		
装期：on about April 5，2004	效期：(15)		
金额：			
制单日期：			

CHINA ABC IMP. & EXP. COP.

18 ZHONG SHAN ROAD, QINGDAO, CHINA

COMMERCIAL INVOICE

To:
(16)

Invoice Number：ABC2004 - 018

Contract Number：　(17)

Date of Invoice　(18)

From　QINGDAO　　To　LONDON

Letter of Credit No.　LC123-268866 Issued by THE U. K BANK

Marks & Numbers	Description and Quantities	Unit price	Amount
(19)	(20)	CIF LONDON USD50.00/CARTON	USD10000

CHINA ABC IMP. & EXP. COP.

答案

Shipper

<u>(1) China ABC Import and Export Corp.</u>

Consignee

<u>(2) To order of shipper</u>

Notify Party

<u>(3) U. K. Tom Corp.</u>

集装箱货物托运单
货主留底

Pre - carriage by		Place of Receipt	

Ocean Vessel	Voy. No.	Port of Loading	
BBB	005E	(4) Qingdao	

Port of Discharge	Place of Delivery	Final Destination for
(5) London		Merchant's

Reference Container No. (6) CBHU0180286	Seal No. Marks & Nos (7) CT. LONDON NO. 1 - 200	No. of con tainers or P' kgs (8) 200Cartons	Kind of Packages: De- scription of Goods (9) 100%Cotton Towel as per S/C No. CH2004	Gross Weight (10) 20500KGS	Measurement (11) 30CBM
TOTAL NUMBER OF CONTAINERS OR PACKAGES (IN WORDS)					

FREIGHT & CHARGES	Revenue Tons	Rate	Per	Prepaid	Collect

Ex. Rate.	Prepaid at	Payable at	Place and date of Issue
	Total Prepaid	No. of Original B (s) /L (12) Three	

Service Type on Receiviny ☐- CY, ☐- CFS, ☐- DOOR	Service Type on Delivery ☐- CY, ☐- CFS, ☐- DOOR	Reefer Temperature Required F ℃
TYPE OF GOODS	☐ Ordinary, ☐ Reefer, ☐ Dangerous, ☐ Auto ☐ Liquid ☐ Live Animal ☐ Bulk ☐_____	危险品	Class Property IMDG Code Page UN No.

可否转船：(13) not allowed	可否分批：(14) not allowed	
装期：on about April 5, 2004	效期：(15) April 30, 2004	
金额：		
制单日期：		

CHINA ABC IMP. & EXP. COP.

18 ZHONG SHAN ROAD, QINGDAO, CHINA

COMMERCIAL INVOICE

To: Invoice Number：ABC2004‑018

(16) U. K. Tom Corp.   Contract Number：(17) CH2004

Date of Invoice (18) Mar. 25，2004

From   QINGDAO   To   LONDON

Letter of Credit No. LC123‑268866 Issued by THE U. K BANK

Marks & Numbers	Description and Quantities	Unit price	Amount
(19) CTLONDON NO. 1‑200	(20) 100% Cotton Towel as per S/C No. CH2004 200 Cartons	CIF LONDON USD50.00/CARTON	USD10000

CHINA ABC IMP. & EXP. COP.

6. 根据下列所提供的信用证条款的主要内容及有关信息，填写海运集装箱提单和海运货物保险单有关项目。（2009 年）

Irrevocable documentary credit

Number：LC666‑12345678

Date：March 5，2008

Date and place of expiry ：April 30，2008 Shanghai, China

Advising bank：Bank of China

Beneficiary：China AAA Import and Export Corp.

Applicant：U. K. BBB Corp.

Shipment from Shanghai to London，on or about April 5，2008

Partial shipments：Not allowed

Transshipment：Not allowed

Description of goods：100% Cotton Towel as per S/C No. CH2008

Total amount：USD10000 (SAY US DOLLARS TEN THOUSANDS ONLY)

Total quantity：200 Cartons

Total gross weight：17300 KGS

Total measurement：26CBM

Price term：CIF London, U. K.

Following documents required：

+Signed commercial invoice in triplicate

　　+Packing list in triplicate

　　+Full set of three clean on board ocean bills of lading made out to order of shipper and endorsed in blank and marked "freight prepaid" and notify applicant.

　　+Insurance Policy in duplicate for full CIF value plus 10% covering All Risks as per Ocean Marine Cargo Clauses of the PICC dated 1/1/1981 and stating claims payable in London, UK in the currency of the credit.

　　Information:

　　Ocean Vessel: "CCC" Voy. No. : 005E

　　Invoice No. AAA2008－0218

　　B/L No. 0688

　　Container No. : CBHU0180286

Shipper (2)		B/L NO. (1)
Consignee (3)		ABC Shipping Co. Bill of Lading
Notify Party (4)		

Pre‐carriage by	Place of Receipt
Ocean Vessel　Voy. No. "CCC"　005E	Port of Loading (5)
Port of Discharge (6)	Place of Delivery

Container No. (7) 26CBM	Seal No. Marks & Nos (二)	No. of containers or P' kgs CT LONDON	Kind of Packages: Description of Goods 100% Cotton Towel	Gross Weight kgs	Measurement 17300KGS
NO. 1‐120			as per S/C No. CH2008		

TOTAL NUMBER OF

CONTAINERS OR PACKAGES (IN WORD)

Freight & charges (8)	Revenue Tons	Rate	Per	Prepaid	Collect

Ex. Rate.	Prepaid at	Payable at	Place and date of Issue (9)
	Total Prepaid	No. of Original B (s) /L (10)	Signed for Carrier, ABC Shipping Co. as carrier

LADEN ON BOARD THE VESSEL

DATE

　　　　　　　　　　　　　　　　(TERMS PLEASE FIND ON BACK OF ORIGINAL B/L)

中保财产保险有限公司

The people's insurance (Property) Company of China, Ltd.

发票号码（11）　　　　　　　　　　　　　　　　保险单号次

Invoice No.　　　　　　　　　　　　　　　　　　　　Policy No.

海洋货物运输保险单
MARINE CARGO TRANSPORTATION INSURANCE POLICY

被保险人：（12）

Insured：...

　　中保财产保险公司（以下简称本公司）根据被保险人的要求，及其所缴付约定的保险费，按照本保险单承担险别和背面所载条款与下列特别条款承保下列货物运输保险，特签发本保险单。

　　This policy of Insurance witness that The People's Insurance (Property) Company of China, Ltd. (hereinafter called "The Company"), at the request of the Insured and in consideration of the agreed premium paid by the Insured, undertakes to insure the undermentioned goods in transportation subject to the conditions of this Policy as per the Clauses printed overleaf and other special clauses attached hereon.

保险货物项目 Description of Goods	包装　单位　数量 Packing Unit Quantity	保险金额 Amount Insured
（13）	（14）	（15）

承保险别　　　　　　　　　　　　　　　　　　　　　　　货物标记

Conditions　　　　　　　　　　　　　　　　　　　　　Marks of Goods

（16）

总保险金额：

Total Amount Insured：...

保费　　as agreed　　　　　　　载运工具　　　　　　　　开航日期

Premium ....　Per conveyance S. S ....　Slg. On or Abt ....

起运港　　　　　　　　　　　　　目的港

From　　　　（17）　　　　　　　To　　　　（18）

　　所保货物，如发生本保险单项下可能引起索赔的损失或损坏，应立即通知本公司下述代理人查勘。如有索赔，应向本公司提交保险单正本（本保险单共有（19）2 份正本）及有关文件。如一份已用于索赔，其余正本则自动失效。

　　In the event of loss or damage which may result in a claim under this Policy, immediate notice must be given to the Company's agent as mentioned hereunder. Claims, if any, one of the Original Policy which has been issued in 2 Original (s) together with the relevant documents shall be surrendered to the Company, if one of the Original Policy has been accomplished, the others to be void.

中保财产保险有限公司

THE PEOPLE'S INSURANCE (PROPERTY) COMPANY OF CHINA, LTD.

赔偿地点

Claim payable at ....

日期　　　　　在

Date ....（20）.....................at ....

地址

Address：

参考答案：

Shipper
China AAA Import and Export Corp.

Consignee
To order of Shipper（to order）

Notify Party
U. K. BBB Corp

Pre - carriage by	Place of Receipt

B/L NO. 0688

ABC Shipping Co.
Bill of Lading

Ocean Vessel　Voy. No. "CCC" 005E	Port of Loading Shanghai（China）

Port of Discharge　　Place of Delivery
London（U. K.）

Container No. CBHU0180286 26CBM	Seal No. Marks & Nos. （三）	No. of Con-tainers or Pkgs CT LONDON	Kind of Packages：De-scription of Goods 100％ Cotton Towel	Gross Weightkgs	Measurement 17300KGS

NO. 1 - 120　　　　　as per S/C No. CH2008

TOTAL NUMBER OF
CONTAINER OR PACKAGES（IN WORD）

Freight & Charges Freight prepaid	Revenue Tons	Rate	Per	Prepaid	Collect

Ex. Rate.	Prepaid at	Payable at	Place and date of Issue Shanghai,（China）April 1 - 10, 2008
	Total Prepaid	No. of Original B（s）/L Three（3）	Signed for Carrier, ABC Shipping Co. as carrie

LADEN ON BOARD THE VESSEL
DATE

（TERMS PLEASE FIND ON BACK OF ORIGINAL B/L）

中保财产保险有限公司

The people's insurance (Property) Company of China，Ltd.

发票号码AAA2008－0218

保险单号次

Invoice No.

Policy No.

海洋货物运输保险单

MARINE CARGO TRANSPORTATION INSURANCE POLICY

被保险人：China AAA Import and Export Corp.

Insured：

中保财产保险公司（以下简称本公司）根据被保险人的要求，及其所缴付约定的保险费，按照本保险单承担险别和背面所载条款与下列特别条款承保下列货物运输保险，特签发本保险单。

This policy of Insurance witness that The People's Insurance（Property）Company of China，Ltd.（hereinafter called "The Company"），at the request of the Insured and in consideration of the agreed premium paid by the Insured，undertakes to insure the undermentioned goods in transportation subject to the conditions of this Policy as per the Clauses printed overleaf and other special clauses attached hereon.

保险货物项目 Description of Goods	包装　单位　数量 Packing Unit Quantity	保险金额 Amount Insured
100％ Cotton Towel as per S/C No. CH2008，	200 Cartons	USD11000

承保险别

货物标记

Conditions

Marks of Goods

Covering All Risks per Ocean Marine Cargo Clauses of the PICC dated 1/11981

总保险金额：

Total Amount Insured：

保费　　as agreed　　　　　　　　载运工具　　　　　　　　　　开航日期

Premium　　　　　　　Per conveyance S. S　　　　　Slg. On or Abt

起运港　　　　　　　　　　　　　目的港

From　　　　　Shanghi.　（China）　　　　　　　　To　　　　　LONDON，U. K

所保货物，如发生本保险单项下可能引起索赔的损失或损坏，应立即通知本公司下述代理人查勘。如有索赔，应向本公司提交保险单正本（本保险单共有2份正本）及有关文件。如一份已用于索赔，其余正本则自动失效。

In the event of loss or damage which may result in a claim under this Policy, immediate notice must be given to the Company's agent as mentioned hereunder. Claims, if any, one of the Original Policy which has been issued in Original(s) together with the relevant documents shall be surrendered to the Company, if one of the Original Policy has been accomplished, the others to be void.

中保财产保险有限公司

THE PEOPLE'S INSURANCE (PROPERTY) COMPANY OF CHINA, LTD.

赔偿地点　　London

Claim payable at

日期　　　　在

Date　　　　April 10, 2008.（4月1—10号）. at

地址

Address：

7. 根据下列所提供的信用证条款的主要内容及有关信息，填写海运集装箱提单有关项目。（2010 年）

Irrevocable documentary credit

Number：LC666 - 12345678

Date：March 5，2009

Applicable Rules：UCP Latest Version

Date and Place of Expiry ：April 30，2009 Qingdao，China

Advising Bank：Bank of China，Shandong Branch

Beneficiary：Qingdao AAA Textile Import and Export Corp. ，Ltd.

Applicant：Thailand BBB Corp.

Shipment from Qingdao to Bangkok，on or about April 10，2009

Partial Shipments：Not allowed

Transshipment：Not allowed

Description of Goods：100％ Cotton Towel as per S/C No. CH2009 Dated on Jan. 15，2009

Total amount：USD20000 (SAY US DOLLARS TWENTY THOUSANDS ONLY)

Total quantity：200 Cartons

Total gross weight：15000 KGS

Total measurement：28CBM

Price term：CIF Bangkok，Thailand

Following documents required：

＋Signed commercial invoice in triplicate

＋Packing list in triplicate

＋Full set of three clean on board ocean bills of lading made out to order of shipper and endorsed in blank and marked "freight prepaid" and notify applicant.

＋Insurance Policy in duplicate for full CIF value plus 10％ covering All Risks as per Ocean Marine Cargo Clauses of the PICC dated 1/1/1981 and stating claims payable in Bangkok，Thailand in the currency of the credit.

Additional Conditions：Bills of lading only acceptable if issued and titled by one of the following shipping companies：ABC Shipping Co. ；CDE Shipping Co. ；EFG Shipping Co.

Other Information：

Goods Marks & Nos：CT Bangkok NO. 1 - 200

Ocean Vessel："Green Star" Voy. No. ：006S ，Cargo loaded on board April 12，2009

B/L No. 110688，Place and date of Issue：Qingdao April 12，2009

Container No. ：CBHU0180286

Shipper

(3)

Consignee

(4)

Notify Party

(5)

Pre - carriage by	Place of Receipt	B/L NO. (1)
Ocean Vessel Voy. No.	Port of Loading	(2) Shipping Co.
(6) (7)	(8)	

Port of Discharge   Place of Delivery

(9)

Container No. (10)	Seal No. Marks & Nos (11)	No. of Containers or Pkgs (12)	Kind of Packages; Description of Goods (13)	Gross Weight kgs (14)	Measurement (15)

TOTAL NUMBER OF   (16)

CONTAINER OR PACKAGES (IN WORDS)

Freight & Charge Freight Prepaid	Revenue Tons	Rate	Per	Prepaid	Collect

Ex. Rate.	Prepaid at	Payable at	Place and date of Issue (17)
	Total Prepaid	No. of Original B (s) /L (18)	Signed for Carrier, (19)

LADEN ON BOARD THE VESSEL

DATE   (20)

(TERMS PLEASE FIND ON BACK OF ORIGINAL B/L)

答案：

Shipper

(3) Qingdao AAA Textile Import and Export Corp. , Ltd.

Consignee

(4) To order of Shipper（或 to order）

Notify Party

(5) Thailand BBB Corp.

B/L NO.（1）

110688

（2）ABC（或 CDE，或 EFG）

Shipping Co.

Pre‑carriage by	Place of Receipt
Ocean Vessel　Voy. No.（6） " Green Star"　　（7）	Port of Loading 006S Qingdao（China（8）

Port of Discharge　　　　Place of Delivery

Bangkok（9）

Container No. (10) CBHU0180286	Seal No. Marks & Nos （四）（11） 15000KGS	No. of Containers or Pkgs CT Bangkok (15) 28CBM	Kinds of Packages; Description of Goods (12) 200Cartons (13)	Gross Weightkgs 100％ Cotton Towel	Measurement (14)

NO. 1‑200　　　　　　　　as per S/C No. CH2009

TOTAL NUMBER OF　　　　　（16）Say one container only.（Say two hundred cartons only.）

CONTAINER OR PACKAGES（IN WORDS）

Freight & Charge Freight Prepaid	Revenue Tons	Rate	Per	Prepaid	Collect
Ex. Rate.	Prepaid at	Payable at		Place and date of Issue Qingdao April 12，2009（17）	
	Total Prepaid	No. of Original B（s）/L Three（3）（18）		Signed for Carrier， ABC（或 CDE，或 EFG）Shipping Co. as carrier (19) 与第 2 空格相对应	

LADEN ON BOARD THE VESSEL

DATE　April 12，2009（20）

（TERMS PLEASE FIND ON BACK OF ORIGINAL B/L）

附录：国际货运代理资格考试答题指导

一、客观题（选择题和判断题）答题指导

1. 单项选择题

单项选择题由题干和 4 个备选答案即选项组成，做单项选择题要注意以下几点：

（1）4 个选项中只有一个正确的答案，多选不得分；

（2）答案相似时，从中选一个最切合题意的选项；

（3）当对答案难以做出判断时，可以用排除错误选项的方法找出正确选项。

2. 判断题

判断题由一个扼要的句子组成，由考生来判断此段文字所述的意思是正确还是错误。做判断题要注意以下几点：

（1）此类题只有正确与错误之分，不能模棱两可；

（2）通读全句，从整个句子所要表达的意思来判断正确与否；

（3）判断题只要求答对错，不要求说明理由。

3. 多项选择题

多项选择题同单项选择题一样，由题干和 4 个备选答案即选项组成，做多项选择题要注意以下几点：

（1）4 个选项中至少有 2 个或 2 个以上是正确的；

（2）注意在 4 个备选答案中多选、少选、错选均不得分，只有全部选对才得分；

（3）此类题的难度要大于单选题，当对答案难以做出判断时，可用排除法来完成。

（提示：①客观题一般量比较大，时间比较紧，因此考生应注意：一不要在某一道题上思考时间过长，以免影响其他题的答题时间和答题质量；二答案必须涂在答题卡上，只写在卷面上的答案无效；注意答题与涂卡的时间要合理安排好。三从前四年考试情况看，对客观题不存在答错倒扣分的问题，因此，当对答案确实难以判断时，可适当使用"猜测法"，尽量不要空题不答。②专业英语的考试一般来说以考核专业英语知识为主，对语法的掌握要求不是很高。）

4. 完形填空（英文部分）

答题要点同单项选择题

二、涂写答题卡说明

货代考试客观题从 2003 年起采用答题卡形式，在涂写答题卡时注意：

1. 首先将姓名及准考证号（阿拉伯数字）用钢笔或签字笔写在答题卡上方"姓名"、"准考证号"栏中的空格内；然后再将每位准考证号码下相对应的涂写框中的数字用 2B 铅笔涂黑。注意：一定要涂写正确，不涂或涂写不正确、不规范者，读卡机不识别该答题卡。

2. 涂准考证号及答案时，一定要用2B铅笔。因读卡机是根据光学原理识别，读卡机不识别2B铅笔以外的任何笔，包括HB铅笔。

3. 涂写答题卡时，下面最好放一张平滑的硬质衬垫。否则会造成答题卡凹凸不平，读卡机不容易识别，或产生误差。

4. 修改答案前一定用橡皮擦干净，不能留有任何痕迹，否则读卡机会按错误处理。

5. 涂写答题卡时一定要按照答题卡左上方的图例把涂写框涂满，注意要有一定浓度，涂写不规范（如两个框连涂等）或涂写浓度不够，读卡机不能识别。

三、主观题答题指导

（一）问答题答题指导

1. 问答题不同于简答题，要求不仅要答出要点，而且还要对要点作一定的解释和说明，否则不能得全分；

2. 问答题又不同于论述题，因此要抓住要点，对要点的解释说明不要过多展开论述；否则会影响整个答卷时间；

3. 答题时要条理清楚，尽量按要点分层、列目，切忌眉毛胡子一把抓。

（二）计算题答题指导

1. 计算题一定要列明计算步骤，列式不全或只写答案者不能得全分。

2. 计算步骤尽量分步列明，避免直接列出一个式子。直接列一个式子容易出错。

3. 计算题计算结果有单位的一定要带有单位，不能省略，特别是空运计算题。

（三）案例分析题答题指导

1. 认真审题，根据所问的问题进行回答，不要答非所问；

2. 先给结论，后分析。说明理由时要抓住要点，简明扼要；

3. 逻辑清楚，层次分明，论述精确简练；

4. 尽量避免粗心大意、漏题、答错题的现象出现。

（四）操作题答题指导（中、英文）

1. 此类题主要考查常用的专业中、英文单证的缮制、业务操作流程的描述及相关业务文件的处理等；

2. 根据要求做题，注意不要漏项，填位准确；

3. 英文单证要求全部用英文填写，不能出现任何中文字样；

4. 字迹要清晰、拼写要正确。除习惯用法外，英文单词不能省略、缩写或简写。

（五）英汉互译题答题指导

英汉互译题分为两部分，包括英译汉和汉译英。

1. 做汉译英时，要给出英文单词全拼，不能缩写和简化；

2. 此类题把英文单词的拼写作为评分的标准之一，拼写要正确，不正确则不得分；

3. 字迹要清楚，不能模糊不清，否则影响成绩；

4. 做英译汉时，要给出准确的中文专业词汇，不能省略。